일하는 크리스천을 위한
서신서 · 요한계시록

Theology of Work Bible Commentary 4

THEOLOGY ᴼᶠ WORK ╲ PROJECT

TOW 일의 신학 성경 주석 4

일하는 크리스천을 위한
서신서 · 요한계시록

지은이 | TOW 프로젝트
옮긴이 | G&M글로벌문화재단
초판 발행 | 2017. 10. 16
등록번호 | 제1988-000080호
등록된 곳 | 서울특별시 용산구 서빙고로65길 38
발행처 | 사단법인 두란노서원
영업부 | 2078-3333   FAX | 080-749-3705
출판부 | 2078-3332

책값은 뒤표지에 있습니다.
ISBN 978-89-531-2944-3 04230
ISBN 978-89-531-2930-6 04230(세트)

독자의 의견을 기다립니다.
tpress@duranno.com   www.duranno.com

두란노서원은 바울 사도가 3차 전도 여행 때 에베소에서 성령 받은 제자들을 따로 세워 하나님의 말씀으로 양육
하던 장소입니다. 사도행전 19장 8-20절의 정신에 따라 첫째 목회자를 돕는 사역과 평신도를 훈련시키는 사역,
둘째 세계선교™와 문서선교단행본·잡지 사역, 셋째 예수문화 및 경배와 찬양 사역, 그리고 가정·상담 사역 등을 감
당하고 있습니다. 1980년 12월 22일에 창립된 두란노서원은 주님 오실 때까지 이 사역들을 계속할 것입니다.

TOW 일의 신학 성경 주석 4

일하는 크리스천을 위한
서신서 · 요한계시록

TOW 프로젝트 지음 | G&M글로벌문화재단 옮김

두란노

TOW 프로젝트는 우리가 하는 일에 대한 성경의 가르침을 알려 줌으로써 목회자와 모든 교회에 절실히 필요한 자료를 제공한다. 복음이 어떻게 우리가 일하는 방식을 변화시키고 때로는 우리가 하는 일마저 변화시키는지 모든 목사가 정기적으로 설교했으면 좋겠다. 그리고 모든 크리스천이 자기 일이 하나님의 일과 어떤 식으로 연결되는지 알게 되기를 바란다!

팀 켈러 _리디머장로교회 담임목사, 《일과 영성》 저자

맨 처음부터 하나님은 우리를 일하는 존재로 지으셨다. 우리 각자에게 있는 은사와 부르심은 다른 사람을 섬기는 가운데 하나님의 영광을 되비추고 성취감을 얻게 하고자 주신 것이다. 이 주제를 다루는 여러 자료가 있지만, 이 특별한 주석은 '일'이라는 중요한 성경 주제에 대한 포괄적인 전망을 제시한다. 웹사이트에서 추가 자료까지 볼 수 있는 이 시리즈는 목회자와 전문 실업가 모두에게 귀중한 자료다.

라비 재커라이어스 _재커라이어스국제사역 창립자, 《오직 예수》 저자

당신이 하는 일이 당신의 신앙과 무슨 관련이 있는지 궁금한 적이 있는가? 간단하게 답하자면, 모든 면에서 관련이 있다. 이 'TOW 일의 신학 성경 주석' 시리즈에서 그 모든 면을 확인할 수 있다. 이 책을 진심으로 추천한다.

에릭 메택시스 _《디트리히 본회퍼: 목사 순교자 예언자 스파이》 저자

나는 일의 신학을 오랫동안 지지한 사람으로서, 사람들에게 성경을 우리 직장생활의 안내서로 보라고 촉구해 왔다. 이 놀라운 주석을 읽으면서 하나님의 말씀이 참으로 얼마나 풍성한 안내서인지 한층 새롭게 깨닫고 큰 영감을 얻었다!

리처드 마우 _풀러신학교 명예총장 겸 신앙과 공공생활 교수

이 책은 모든 신자와 관련이 있는 문제를 탐구해 밝혀 준다. 성경이 직장생활에 영향을 미치기를 바라는 모든 사람에게 훌륭한 자료다. 전심으로 추천한다.

마이클 린지 _고든대학교 총장

성경을 설교하고 가르치면서 오늘날 교회가 한사코 외면하는 거대한 문제가 있다. 사람들은 깨어 있는 시간의 대부분을 일하고 경력을 쌓는 데 보내건만, 정작 교회는 그 문제를 다루는 데 거의 시간을 쓰지 않는다. 그 결과, 사람들은 성경이 자신의 실제 경험을 다루지 않는다고 무의식적으로 생각하게 된다. 그러나 그 생각은 틀렸다. 이 책에서 당신은 신앙과 일을 연결시키는 데 도움이 되는 자료를 발견할 것이다.

그레고리 앨런 손베리 _뉴욕 킹스칼리지 총장

이 시리즈는 예수님을 직장생활의 주인으로 삼으려는 진지한 크리스천과 목회자들이 오래 기다려 온 반가운 자료다. 이 주석은 일급 성경학자는 물론이고 '현장의' 실업가를 포함한 다양한 사람으로 구성된 팀이 이룬 성과물이다. 저자들의 통찰과 주석 못지않게 귀중한 건, 이 책이 성경의 모든 페이지에서 일에 대해 말씀하실지 모르는 하나님의 음성에 주의 깊게 귀를 기울이라고 우리에게 지속적이고 암묵적으로 촉구한다는 점이다.

데이비드 길 _고든콘웰신학교 일터신학과 사업윤리 모클러-필립스 석좌교수

어떤 이는 근대 산업사회가 노동을 근대인의 주된 관심사로 만들었다고 한다. 그러나 창세기의 창조기사에서는 하나님을 엿새 동안 일하시고 일곱째 날에 '휴식'을 취하시는 노동자로 제시한다. 남자를 만드시는 대목에서는 토기장이로, 여자를 만드실 때는 성전 건축가로 묘사한다(아담과 하와의 창조를 말할 때 각각 사용된 다른 단어에서 이런 이미지를 유추할 수 있다-옮긴이 주). 더욱이, 성경에서 인류가 생육하라는 것 다음으로 받은 첫 번째 의무는 에덴 동산을 경작하라(work)는 것이었다. 참으로, 노동이라는 주제가 성경 전체에 스며 있다. 노동의 교리를 다룬 대중적은 많지만 일의 신학을 다룬 책은 별로 없다. 그러나 'TOW 일의 신학 성경 주석' 시리즈는 하나님 관점에서 일에 대한 통찰력을 얻기 위해 성경 본문을 책별로 하나하나 연구한 첫 번째 책이다. 불행히도, 일은 하나님과 별도로 크리스천의 삶을 스며들어 그것을 지배한다. 그러나 이 책은 일하는 크리스천이 자신의 노동을 하나님과 연결시키고 그로 인해 그들의 일을 거룩하고 의미 있게 만들도록 돕는다.

브루스 월키 _캐나다 리젠트칼리지 구약학 명예교수

이 주석은 혁명적 문서다! 이 책은 다른 어떤 주석도 못한 일을 해냈는데, 바로 우리를 돌려세워 성경이 일에 대해 실제로 말하는 내용을 보게 한 것이다. 우리는 깨어 있는 시간에 주로 일을 한다. 이제는 하나님의 말씀이 우리가 매일 하는 일에 의미와 목적, 균형 감각과 실질적 지침을 제공한다는 것을 봐야 할 때가 되었다. 변화를 가져오는 실로 아름다운 것에 열광하지 않기란 어렵다. 이 주석은 하나님의 백성이 월요일부터 금요일까지 온전히 하나님을 섬기게 만들어 교회를 뒤집어 놓을 수 있다.

폴 스티븐스 _리젠트칼리지 시장신학 명예교수, 《일의 신학》 저자

신앙을 가진 리더들이 자기 소명을 감당할 수 있도록 틀을 형성해 주는 것이 나의 소명이기에 나는 예수님을 따르는 사람이 현실에서 하나님 음성을 참으로 듣도록 돕는 자료를 늘 찾았다. 이 시리즈는 그 일을 감당하기에 딱 맞는 도구다. 진지한 성경 연구와 예리한 목회적 시각, 지혜로운 멘토의 통찰력을 더한 이 주석은 우리가 월요일부터 금요일까지의 렌즈로 성경을 읽게 도와준다. 즉 일, 소명, 경력, 관계, 가족, 우정, 일요일에도 생활의 속도를 늦추기가 쉽지 않은 세상에서 하나님 음성을 듣고 그 음성에 주목하는 능력에 영향을 주는 모든 것을 렌즈로 삼아 성경을 읽는 것이다. 신학생, 목회자, 동료 일꾼 모두에게 추천한다.

토드 볼싱어 _풀러신학교 실천신학 조교수

성경은 우리에게 주님을 가까이 따르라고 권한다(시 63:8). 그런데 특히 우리가 하는 일에서 매일 그렇게 하도록 도와주는 새로운 참고 자료가 나왔다. 하나님의 말씀을 사랑하는 전문가들이 만들어 낸 작품, TOW 프로젝트 팀의 탄탄한 학문적 역량, 시의적절한 통찰력, 지혜는 모든 세대를 위한 선물이다.

존 베케트 _베케트 사 회장, 《다니고 싶은 회사 만들기》 저자

기업에서 일한 첫 10년 동안 나는 내가 하는 일에서 의미를 찾으려고 몸부림쳤다. 주로 혼자서, 한밤중에 고민을 했다. 그러다 내가 일을 완전히 잘못 바라보고 있었음을 서서히 깨달았다. 나는 내가 하는 일에 의미를 부여하는 대신 내 일에서 의미를 끌어내려 했다. 'TOW 일의 신학 성경 주석' 시리즈는 우리 일의 궁극적 의미의 원천인 하나님의 시각을 솜씨 좋게 설명해 준다. 이 책은 내가 한 번도 가져 본 적이 없는 유용한 안내서다. 이 책을 읽고 당신의 직장생활에 활력이 생기기를 바란다.

배리 로완 _쿨플래닛에너지시스템스 부사장 겸 최고재무책임자

이 시리즈는 기독교 윤리학에서 가장 소홀했던 주제 중 하나에 어마어마하게 기여한다. 저자들은 성경에서 몇 개의 증거 본문을 찾아 현대의 일에 적용하는 손쉬운 시대착오적 오류를 피하고, 성경의 독특한 음성과 더 넓은 주제로 우리의 직장생활을 환히 비춰 준다. 이 시리즈 덕분에 신앙과 일에 대한 대화가 더욱 깊고 풍성해졌다.

앤디 크라우치 _〈크리스채너티 투데이〉 편집장, 《컬처 메이킹》 저자

이 주석은 신앙과 일을 매일매일 통합하기를 추구하는 이들을 위해 쓰였고, 하나님이 세상에게 교회로 가라고 부르신 것이 아니라 교회에게 세상으로 가라(그 말씀을 따르기에 우리 일터만한 곳은 없다!)고 부르셨음을 상기시키는 탁월한 책이다. 35년간 영리 부문과 비영리 부문에서 국경을 넘어 리더십을 발휘했던 나로서는 '이 시리즈에서 나눠 주는 통찰을 여러 해 전에 접할 수 있었다면 얼마나 좋았을까' 하고 아쉬워할 뿐이다.

보니 뷔르츠바허 _런던 월드비전본부 자원개발 책임자, 코카콜라주식회사 前 수석부사장

매일 하는 일 가운데 소명의 힘을 되찾을지 여부는 전적으로 성경이 우리 일에 대해 뭐라고 말하는지 이해하는 데 달렸다. 이 주석 시리즈는 우리 일상생활에 주신 주님의 창조적 부르심을 자신과 자기 교회에 연결시키기 원하는 목회자에게 귀중한 자원이다.

대니얼 해럴 _에디나 콜로니얼교회 담임목사

소명과 선교의 통합에 관심이 커지는 이때, 이 시리즈가 탁월하고 중대한 힘을 보탰다. 당신이 경영주건 바리스타건, 혹은 기계공, 정책결정자, 국제구호원이건, 이 시리즈는 직책과 상관없이 하나님이 허락하신 일에서 리더로서 역할을 감당해 나갈 때 도움을 주는 도구다.

트래비스 몬 _애틀랜타 페러비터교회 문화회복 사역 책임지

CONTENTS

일하는 크리스천을 위한
서 신 서

일하는 크리스천을 위한
요 한 계 시 록

일과 신앙을
하나로 통합하는
일의 신학

해돈 W. 로빈슨

TOW 프로젝트 명예회장

고든콘웰신학교 해럴드-오켄가 설교학 석좌교수

'TOW 일의 신학 성경 주석' 시리즈는 성경 전체가 일에 대해 무엇을 말하는지 탐구한다는 점에서 독특하다. 이 주석은 스무 명의 학자, 목사, 다양한 직업군의 크리스천으로 구성된 국제적 운영위원회가 제시하는 방향에 따라 16개국 약 140명의 집필자가 5년 이상 진행한 연구의 성과물이다. 이 책을 독자 앞에 내놓게 해 주신 하나님께 감사드린다.

'일의 신학'(Theology of Work)은 왜 필요할까? '신학'을 이야기할 때 무덤처럼 답답한 느낌이 들 수 있다. 신학은 아무도 묻지 않는 질문들로 씨름하고 실제로 제기된 적이 없는 문제를 해결하는 학자의 영역이 아니던가.

그러나 신학을 말할 때 우리는 사실상 하나님에 대해 아는 바나 모르는 바를 말하게 되며, 즉 모든 사람이 신학을 한다. 하나님을 믿지 않는다고 말하는 무신론자도 이미 신학을 하는 것이다. 자신이 하나님의 뜻을 행한다고 확신하는 사람들은 신학을 놓고 전쟁을 벌인다. 그들에게 동의하든 안 하든, 어디서나 누구나 신학을 하고 있다. 일터에서 만나는 비신자도 매일 모종의 방식으로 신학에 대처한다. 우리가 하나님에 대해 던지는 질문은 단지 종교적인 질문에 그치지 않는다. 그것은 궁극적으로 삶을 변화시킨다. 사실 하나님에 대해 믿는 내용이 당신이 하는 생각들의 가장 중요한 주제일 수 있다. 이것이 바로 신학이다!

신학이 '일'을 적극적으로 다루는 경우는 많지 않다. 나는 덴버신학교 총장으로 있던 초기에 실업가들과 함께 아침 성경공부 모임을 했다. 성경공부가 끝나면 우리는 아침 식사를 하면서, 리더들이 일터에서 직면하는 수많은 딜레마를 논의했다. 그 자리에서 나는 거듭거듭 이런 말을 들었다. "제 신앙이 제가 하는 일과 어떻게 연결되는지 이렇게 적극적으로 말씀해 주신 목사님은 총장님이 처음입니다." 그때 나는 교회 리더들과 그들이 준비시키도록 부름받은 교인들의 일상생활에 큰 괴리가 있음을 깨달았다.

하나님과 일상의 일이 서로 멀게만 보이는 것은 본질적으로 신학적인 문제다. 대부분의 크리스천은 우리가 다른 사람과 어떤 관계를 맺고 하나님과는 어떤 관계를 맺는지, 속이고 훔치거나 십계명을 어기는지 여부에 하나님이 관심을 가지신다고 믿는다. 하나님이 우리가 하는 일을 중요하게 보신다는 것을 알면 많은 신자가 놀랄 것이다. 하나님은 우리가 생계를 위해 무슨 일을 하는지, 그 일을 어떻게 하는지, 받은 능력을 어떻게 사용하는지에 큰 관심을 가지신다.

알고 보면, 성경은 '일'에 관해 많은 말을 한다. 사실, 일은 성경의 주요 주제다. 하나님은 사람을 일하게(work; 어떤 곳을 일터로 삼다, 맡다, 관리하다) 하려고 창조하셨다는 창세기 2장 15절의 놀라운 진술을 보라(개역개정은 '경작하다'로 번역했다-옮긴이 주). 여기서 일은 형벌이 아닌 즐거움으로, 하나님과 관계하는 방식으로 등장한다.

성경은 일에 의미를 부여하고, 일하는 법과 일의 원리를 제공한다. 성경 66권에 《경영전후서》나 《기독교 배관공에게 보내는 서한》 같은 책은 없지만, 하나님이 일을 어떻게 보시는가에 대한 가르침은 성경 안에 분명히 심겨 있다. 성경 저자들은 대체로 사람이 하는 일을 직접 거론하지 않는다. 일에 대한 생각을 전제하고 있을 뿐이다. 가령, 십계명 중 하나는 이렇게 선포한다. "안식일을 기억하여 거룩히 지키라"(출 20:8). 이 말만 들으면 마치 하나님이 안식일에만 관심을 가지시는 것 같다. 그러나 이 계명은 이렇게도 말한다. "너희는 엿새 동안 모든 일을 힘써 하여라"(출 20:9, 새번역). 우리가 쉬는 안식일만 다루는 것이 아니라 일하도록 정해진 주중의 다른 날도 다룬다.

이 주석 시리즈는 성경 66권을 죽 살피면서 첫눈에 잘 들어오지 않았던 일에 대한 가르침을 하나하나 짚어 준다. 예를 들어, 성경의 마지막 책 요한계시록을 생각해 보라. 요한계시록에 나오는 여러 환상과 그 환상이 보여 주는 사건이 언제 벌어질지에만 관심이 쏠린 나머지 성경이 지금과 앞으로의 일(노동)도 말하고 있음을 보지 못할 수 있다. 사랑의 시인 아가서 기자가 일꾼과 일 이야기를 얼마나 많이 하는지 알면 깜짝 놀랄 것이다. 이 주석 시리즈는 성경을 연구함으로써 '우리가 하는 일이 하나님께 중요한가?'라는 질문에 답변을 시도한다.

이 주석은 일의 신학을 다룬다. 그런 의미에서 이 주석은 제한적이다. 그러나 다른 의미에서는 매우 포괄적이기도 하다. 이 주석은 일만 다루지만, 일은 세상 사람이 다양한 만큼이나 다양하다. 당장 떠오를 법한

한 가지 질문은 '일이 무엇인가?'다. 이 질문에 대한 답은 분명해 보인다. 일은 생계를 꾸리기 위해 감당하는 것이다. 그러나 이렇게 말하면 사람들이 한 주에 40-50시간을 일하는 이유가 나머지 시간을 위해서라는 말이 된다.

일에는 이보다 더 많은 의미가 있다. 예를 들어, 농부가 생계를 꾸리기 위해서만 일을 하는 게 아니다. 밭을 갈고 작물을 심고 추수하는 것 자체가 바로 그의 삶이다. 사람들이 '생계를 꾸리기 위해 일한다'는 말의 의미는 그들이 월급을 받기 위해 일한다는 것이다. 그러나 자비를 들여 다른 나라로 가서 지진이나 홍수로 어려움을 겪는 사람을 돕는 자원봉사자들은 어떤가? 자녀를 기르고, 음식을 준비하고, 집에서 살림을 하는 주부는 어떤가? 이들은 분명히 일하고, 그것도 열심히 일하지만 급여를 따로 받지 않는다. 그렇다면 우리는 그들의 '일'을 어떤 의미로 말해야 하는 걸까?

어떤 사람은 일의 반대가 '놀이'라고 주장한다. 그들은 "드디어 불금이야! 주말이 오고 있어!"(TGIF!)라고 말한다. 주말에 즐기는 오락이나 여가활동은 우리가 주중에 투입하는 노동과 정반대의 것이다. 그렇다면 직업 농구 선수나 테니스 선수는 어떨까? 그들은 일을 하는 걸까? 그들의 '일'은 오락과 어떻게 다를까?

당신이 사업체 소유주라면 당신의 회사 직원, 당신 회사의 제품이나 서비스를 구매하는 고객에게 어떤 책임의식을 가져야 할까? 당신이 직원이라면, 당신이 만드는 제품이나 그 제품을 광고하는 방식에 하나님이 관심을 가지실까? 당신이 직장 동료와 커피를 마시며 대화하는 내용이 하나님께 중요할까? 하나님은 당신 삶의 큰 부분을 차지하는 일과 어떤 관련이 있으실까?

이 글을 읽는 당신이 목사라면, 지난 주일 예배당 회중석 뒤에서 여덟 번째 줄 셋째 자리에 앉아 있던 금융업에 종사하는 성도, 또는 그 뒤에 앉았던 병원에서 간호사로 근무하는 성도가 떠오를 수 있다. 혹은 그들과 반대편 자리에 앉아 있던, 최근에 가진 재산을 다 투자해 식당을 차린 부부? 아니면 목사인 자신을 생각할 수도 있겠다. 당신은 일을 하고 있는가? 어쩌면 당신은 이렇게 말하고 싶을지도 모르겠다. "물론 전 일을 합니다. 하지만 제가 하는 일은 달라요. 전 하나님께 특별한 부르심(calling)을 받았어요."

이 대답은 또 다른 질문으로 이어진다. '부르심'(소명)은 무엇을 말하는가? 그것은 선교사, 신학교 교수, 성경 번역자만의 몫인가? 당신이 섬기는 교회에 출석하는 개인 사업자나 보험회사 부사장, 버스 기사는 하나님의 부르심을 받았을까? 기업, 정부, 비영리 기관에서 일하는 남녀를 하나님이 그 자리로 부르신 걸까? 하나님이 목사를 세상 속 일로 돌아가라고 '부르시는' 것을 상상할 수 있을까? 이런 식의 사고방식은 성경을 충실히 반영하는가?

보다시피, 일이라는 단순한 개념에 대해서도 질문거리가 아주 많다. 실제로 일에 대해 대답이 필요한 질문이 매일같이 우리에게 쏟아진다. 이 주석은 몇 가지 정해진 규칙을 제공하는 식으로 이런 까다로운 사안에 답하지 않을 것이다. 다만 독자가 나름의 결정을 내리게 방향을 제시할 것이다. 따지고 보면, 성경은 지도보다는 나침반에 가깝다. 여행을 떠날 때는 나침반이 큰 도움이 된다. 이 시리즈는 우리가 하나님 말씀의 깊이를 헤아리도록 돕는다. 그래서 일상의 일이라는 부르심 가운데 예수님의 음성을 듣고 그 음성에 반응할 수 있게 해 준다.

'TOW 일의 신학 성경 주석' 시리즈
기획 의도

윌리엄 메신저

TOW 프로젝트 편집장

    일은 사람의 소명일 뿐 아니라 하나님의 소명이기도 하다. "태초에 하나님이 천지를 창조하시니라." 하나님은 일을 하심으로 우리를 창조하셨고, 일하라고 우리를 창조하셨다. "여호와 하나님이 그 사람을 이끌어 에덴 동산에 두어 그것을 경작하며 지키게 하시고"(창 2:15). 타락한 세상에서는 이것을 잘 보기 어렵지만, 하나님은 일이 선한 것이 되도록 창조하셨다. 오늘날까지도 하나님은 일을 해 스스로 생계를 꾸리고 다른 사람들을 섬기는 삶으로 우리를 부르신다(엡 4:28).

    우리는 일을 통해 우리를 향한 하나님의 뜻을 많은 부분 성취할 수 있다. 음식과 거처 같은 기본적인 필요를 채울 뿐 아니라 성취감과 기쁨도

맛볼 수 있다. 우리의 일은 사람들이 번성하도록 돕는 방편이 될 수 있고 하나님의 창조 세계의 깊은 비밀을 발견하게 하며, 동료 및 우리의 일로부터 유익을 얻는 사람들(고객, 소비자, 환자 등)과 멋진 관계를 맺게 해 줄 수 있다.

하지만 많은 사람이 직장에서 단조롭고 힘든 업무, 지루함, 노동 착취에 직면한다. 못된 상사, 껄끄럽거나 적대적인 관계, 어려운 작업 환경으로 고통도 당한다. 자신의 일이 쓸모없어 보이거나 인정받지 못한다고 느끼고, 부족하고 불만스럽게 여겨질 수 있다. 급여가 충분하지 않다. 지금하는 일이 장래성이 없거나 정리해고를 당하거나 직장을 잃는다. 실패한다. 가진 기술이 시대에 뒤떨어진 것이 되어 버린다. 간신히 먹고살기도 버겁다. 하나님이 일을 선한 것이 되도록 창조하셨다면 어떻게 이럴 수가 있을까? 우리는 지금 상황에서 무엇을 할 수 있을까? 이런 질문들에 주시는 하나님의 답변이 성경 어딘가에 있을 것이 분명하다. 하지만 어디에 있단 말인가?

'TOW 프로젝트'의 사명은 성경이 일에 관해 말하는 내용을 연구하여 우리의 일에 기독교 신앙을 적용하게 해 줄 참고 자료를 개발하는 것이었다. 알고 보면 성경 66권은 우리가 일을 더 잘하고, 직장에서의 인간관계를 개선하며, 생계를 꾸리고, 다른 사람들을 보다 효과적으로 섬기면서, 자신의 일에서 의미와 가치를 발견하도록 돕는 실질적이고 적절한 지침을 제시한다. 성경은 어떻게 하면 우리가 (일을 포함해) 모든 삶을 그리스도 안에서 살 수 있는지 보여 준다. 우리와 우리의 일은 '예수님 안에서만' 하나님이 항상 의도하신 대로 축복으로 변화될 수 있다.

달리 표현하면 이렇다. 우리가 직장에서 보내는 십만 시간 동안 그리스도를 따르지 않는다면, 과연 그리스도를 따른다고 말할 수 있을까? 일주일 중 교회에서 보내는 하루는 우리 삶의 일부일 뿐이다. 하나님은 일주일의 모든 날에 관심을 갖고 계신다. 그렇다면 어떻게 해야 직장에서 예수님을 따르도록 준비할 수 있을까? 그리스도 안에서 삶의 모든 측면이 준비되는 것과 마찬가지 방식이다. 설교를 듣고, 다른 사람들의 사례를 본보기로 삼고, 하나님의 인도하심을 구하며 기도하고, 무엇보다 성경을 연구하고 실천에 옮기는 것이다.

'TOW 일의 신학 성경 주석' 시리즈에 성경과 기독교 신앙을 우리 일에 적용하도록 도와줄 다양한 내용을 담았다. 신학 훈련을 받았거나 신학적 관심이 있는 이들이 성경의 여러 구절들과 책들을 깊이 있게 조사하게 돕기 위해 이 주석을 기획했다. 목회자들은 특정한 구절이나 주제를 설교할 때 이 책에서 일에 대한 성경의 여러 시각을 검토할 수 있을 것이다. 또한 교수들은 수업 준비를 위한 참고 자료나 교과서로 활용할 수 있을 것이다. 일반 성도들은 직장에서 여러 결정을 내리는 데 실질적인 도움을 받을 것이며, 개인이나 그룹 성경공부의 일환으로 이 책을 읽을 수도 있다.

오늘날의 크리스천들은 각자의 일 안에서 그 일을 통해 우리를 부르시는 하나님을 인식한다. 그 부름은 우리 자신을 위한 것이기도 하고 우리가 섬기는 이들을 위한 것이기도 하다. 하나님이 이 시리즈를 사용하셔서 당신이 생활과 일의 모든 영역에서 그리스도를 따르도록 도우시기를 기도한다.

THEOLOGY OF WORK
BIBLE COMMENTARY
4

Part 1

일하는 크리스천을 위한
서신서

01

로마서 & 일의 신학

"누구도 혼자 일할 수 없다"

○
서론

로마인들에게 보낸 바울의 편지(서신)는 그리스도의 십자가와 부활을 통해 인류에게 베푸시는 하나님의 자비로운 섭리에 대한 비전으로 유명하다.

> 이 복음은 모든 믿는 자에게 구원을 주시는 하나님의 능력
> 이 됨이라 (롬 1:16).

우리 개개인과 온 세상은 크고 중대한 문제를 가지고 있으며, 우리는 이 잘못된 상태에서 구원받아야만 한다. 로마서는 바로 하나님이 어떻게 우리를 여기서 구원하시는지 말해 준다.

로마서는 대단히 신학적이지만, 결코 추상적이지는 않다. '하나님의 구원'은 로마서를 분석하고 논의하기 위해 존재하는 개념이 아니라, 삶에서 행동으로 실천하라는 부르심이다 (롬 6:22). 바울은 하나님의 구원이 우리의 지혜와 정직성, 관계, 판단력, 좌절을 견디는 능력, 인격, 윤리적 추론에 어떤 영향을 미치는지 알려 주는데, 이 모든 요소들은 우리가 하는 일에 꼭 필요한 것들이다. 우리가 사는 세상 속에서 하나님의 구원은 인간관계의 본질과 선한 일을 하고자 하는 갈망 가운데 강력하게 힘을 발휘한다.

로마 황제 네로의 통치 기간(AD 54-68년) 중에 기록된 만큼, 로마서는 유대인과 그리스도께 회심한 이방인으로 이루어진 로마 가정교회들을 둘러싼 위험과 어둠을 담아낸다. 회중 가운데는 AD 49년 클라우디오 황제가 발표한 칙령에 따라 로마에서 추방당했다가 돌아온 지 얼마 안 된 유대인 신자들도 있었는데, 아마 그 기간 동안에 그들은 재산을 손해 보고 재정적 안정에 큰 타격을 입었을 것이다(행 18:2). 로마에 널리 퍼져 있던 반유대인 정서는 분명히 교회에 압박으로 작용했을 것이다.

바울은 이 서신에서 유대인과 이방인 양쪽 모두를 향한 하나님의 신실하심을 집중적으로 묵상한다. 이는 하나님의 방식에 대해 추상적으로 생각하는 것이 아니라, 역사적인 사건들과 그 결과들을 신학적으로 전문가답게 숙고한 것이다. 덕분에 사람들은 살아가며 일하는 모든 영역에서 새로운 생활의 질에 이르게 해 주는 도덕적 결정을 내려야 하는 순간에 로마서 말씀에서 실질적인 도움을 많이 받는다.

로마서는 기독교 신학 발전에 매우 중요한 역할을 해 왔다. 마르틴 루터(Martin Luther)는 로마 가톨릭이 이해하는 로마서와 자신이 이해하고 있던 로마서가 다르다는 이유로 교황과 갈라섰으며, 칼 바르트(Karl Barth)가 쓴 《로마서》(Der Romerbrief, 복있는사람 역간)는 단언컨대 20세기의 가장 영향력 있는 신학 작업이었다.[1]

로마서와 바울이 쓴 나머지 서신서들을 두고, 지난 25-30년 동안 구원과 선한 행위 간의 관계와 관련해 심각한 신학적 논쟁이 제기돼 왔다. 이를 흔히 "바울에 대한 새 관점"이라 부른다. 로마서를 다룬 일반 주석들은 이 쟁점을 길게 다룬다. 우리는 이 서신이 특별히 어떤 점에서 일의 신학에 기여하는지 초점을 맞추고자 한다. 물론 그것들을 일에 적용하기에 앞서 바울이 말하는 일반적 요점들을 기본적으로 이해하고 있어야 하므로, 필요하다면 어느 정도 일반적인 신학적 탐구도 할 생각이다.

바울의 사명,
구원의 복음이었다
롬 1:1-17

로마서의 첫 구절은 하나님께서 바울을 부르셔서 하게 하신 일, 즉 말과 행위로 '하나님의 복음'을 전파하는 바울의 사명(vocation)을 선언한다. 그렇다면 하나님의 복음은 무엇인가? 바울은 말한다. "이 복음은 모든 믿는 자에게 구원을 주시는 하나님의 능력이 됨이라 먼저는 유대인에게요 그리고 헬라인에게로다 복음에는 하나님의 의가 나타나서 믿음으로 믿음에 이르게 하나니 기록된 바 오직 의인은 믿음으로 말미암아 살리라 함과 같으니라"(롬 1:16-17).

바울에게 복음은 단순한 말 그 이상이다. 그것은 구원을 주시는 하나님의 능력이다. 그는 이 구원이 어떤 한 무리의 사람들만을 위한 것이 아니며, 이 땅의 모든 사람이 믿음으로 하나님의 백성 가운데 있게 되도록 도우려는 것임을 강조한다. 로마서는 무엇보다 하나님의 구원에 관한 이야기다.

구원이란 무엇인가? 구원은 인간이 하나님과, 그리고 서로서로와 올바른 관계를 맺게 해 주는 하나님의 역사하심이다. 잠시 후에 보겠지만 구원받는다는 것은, 이 세상에 있는 죄와 사망의 악한 세력들이 풀려 나오는 바람에 깨어진 하나님과의 관계 및 다른 사람들과의 관계에서 구원받는 것이다. 그러므로 구원은 무엇보다 먼저 깨어진 관계의 치유이며, 창조주와 피조물, 곧 하나님과 우리 사이를 화목케 하는 치유를 시작하는 것이다. 하나님과 우리의 화목은 죄에서 자유롭게 해 주고, 사망에 의해 제한받지 않는 생명의 새로움에 이르게 해 준다.

크리스천들은 때때로 바울의 복음을 "예수님을 믿으세요. 그러면 죽어서 천국에 갈 수 있어요"로 요약하곤 한다. 천국과 관련해서 하는 말이라면 맞는 말이지만, 전체적으로는 부적절하다. 무엇보다 이런 식의 진술에는 개인과 하나님 사이의 관계에 관한 설명이 전혀 없다. 하지만 바울은 사람과 사람 사이는 물론, 사람과 '하나님께 지음받은 다른 피조물'과의 관계에 관해서도 쉬지 않고 말한다. 또 나아가 믿음, 예수님의 생애, 하나님 나라, 죽음 전후의 삶의 특질 등 단순히 한마디로는 표현할 수 없는 내용을 말하고 있었다.

구원 또한 마찬가지여서 시간의 개념에서 특정한 어느 순간이라 말할 수가 없다. 바울은 '우리가 구원받았다'(롬 8:24)라고도 말하고, '우리가 구원받을 것이다'(예를 들면, 롬 5:9)라고도 말한다. 구원은 한순간의 사건이라기보다는 계속되는 과정이다. 하나님은 시간의 흐름 속에서 신성한 은혜와 인간의 신실함이 어우러지는 가운데 각 개인과 소통하신다. 물론 구원받는 과정에는 결단의 순간이 있다. 가장 핵심적인 순간은 십자가에서 그리스도가 죽으셨다가 죽음에서 부활하신 순간이다. 바울은 우리가 '그의 아들의 죽으심으로 말미암아 하나님과 화목하게 되었다'라고 말하고(롬 5:10), 또 "그리스도 예수를 죽은 자 가운데서 살리신 이가 …… 너희 죽을 몸도 살리시리라"(롬 8:11)라고 선포한다.

우리 모두는 각자가 처음으로 '예수님을 믿습니다'라고 말했던 그때를 우리 구원에서 결단의 순간이라 말한다. 그러나 로마서는 구원이 과거에 일어난 사건일 뿐이라거나 그리스도께서 다시 오실 때까지 창고에

저장해 둘 물건으로 말하지 않는다. 로마서는 개인의 구원을 어느 한순간이라 말한 적이 한 번도 없다. 바울은 그리스도께서 세상에 구원을 가져다주신 순간인 그리스도의 죽으심과 부활을 말할 때만 구원을 과거시제로 사용한다. 개별 신자의 경우와 관련해서 바울은 구원의 지속적 과정을 항상 현재와 미래시제로 말한다. "사람이 마음으로 믿어 의에 이르고 입으로 시인하여 구원에 이르느니라"(롬 10:10). '믿었고'나 '시인했고'라는 과거시제가 아니다. 이것은 "누구든지 주의 이름을 부르는 자는 구원을 받으리라"(롬 10:13)라는 미래시제로 연결된다. 구원은 우리에게 (과거에) 주어진 어떤 것이 아니다. 구원은 항상 우리에게 (현재) 주어진다.

우리가 구원의 지속적인 행동을 강조하는 이유는, 삶에서 우리가 역량을 가장 잘 발휘할 수 있는 장소가 일(터)이기 때문이다. 만약 구원이 우리에게 과거에만 일어난 사건이라면, 우리가 일하는 행위는 아무 상관이 없다고 봐야 한다. 그러나 만약 구원이 우리 삶에서 지금도 계속되는 것이라면, 그 구원은 우리 삶에서 열매를 맺는다. 좀 더 정확하게 말하면, 구원이 깨어진 관계의 회복이기 때문에 구원의 과정이 자리를 잡아 갈수록, 일에서 (그리고 인생의 모든 영역에서) 우리와 하나님의 관계, 우리와 다른 사람들과의 관계, 그리고 우리와 다른 피조물들과의 관계는 점점 더 좋아질 것이다. 몇 가지만 예를 들어 보면, 우리가 사람들에게는 인기가 없는 진리를 말하기 위해 용기를 낼 때, 불쌍히 여기는 마음으로 다른 사람들의 말에 귀 기울일 때, 직장 동료들의 목표를 달성하도록 도와줄 때, 그리고 다른 사람들이 잘되도록 도와주는 제품들을 생산해 낼 때, 우리의 구원은 더욱 분명해진다.

이것은 구원받으려면 일해야 한다는 의미인가? 절대 아니다! 구원은 오로지 "하나님의 은혜와 또한 한 사람 예수 그리스도의 은혜로 말미암은 선물"로만 가능하다(롬 5:15). 그것은 "믿음"(롬 4:16)만 의지하지, 다른 그 어떤 것도 의지하지 않는다. 톰 라이트(N. T. Wright)가 말한 대로 "참되신 한 분 하나님께서 자기 백성들에게 예수 그리스도 안에서, 또 예수 그리스도를 통해서 주시는 위대한 그 선물을 가리켜 우리가 어떤 용어, 어떤 언어를 사용하더라도 그것은 정확하게 선물 그대로 남아 있다. 이는 결코 우리의 능력으로 얻을 수 있는 것이 아니다. 하나님은 절대 우리에게 빚을 지는 분이 아니시다. 오히려 우리가 그분께 늘 빚을 지고 있다."[2]

우리는 일을 해서 구원받는 게 아니다. 구원받고 있기 때문에 우리는 하나님을 위해 열매 맺는 노동을 하는 것이다(롬 7:4). 이 이야기는 뒤에 로마서 3장을 다루는 섹션에서 '다시 구원이 어떻게 우리에게 주어졌는가?'라는 질문으로 살펴보겠다.

한마디로 구원은 세상에서 그리스도께서 하시는 가장 궁극적인 일이며, 바울이 묘사한 대로 신자들이 항상 "푯대를 향하여"(빌 3:14) 나아가야 할 목적지다. 구원은 바울과 모든 신자가 삶과 일에서 하는 모든 것의 기반이다.

우리 삶의 현장에
구원이 절실하다
롬 1:18-1:32

구원은 하나님의 화해로 시작한다(롬 1:1-17). 사람들은 자기들의 "경건하지 않음과 불의"(롬 1:18) 때문에 하나님에게서 멀어졌다. 그들은 '하나님을 알되 하나님을 영화롭게도 아니하며 감사하지도 아니했다'(롬 1:21). 우리는 에덴 동산의 피조물들 가운데서 하나님과 친밀하게 동행하도록 창조되었다(창 1-2장). 그러나 하나님과 우리의 관계는 너무도 철저하게 깨어져 우리는 더 이상 하나님을 알아보지 못할 정도가 되었다. 바울은 이 상태를 "타락한 마음"(롬 1:28, 새번역)이라고 부른다.

우리에게 진짜 하나님의 임재 안에 머물려는 마음이 없다 보니 저마다 자신의 신을 만들어 내려고 애를 쓴다. 우리는 "썩어지지 아니하는 하나님의 영광을 썩어질 사람과 새와 짐승과 기어다니는 동물 모양의 우상으로" 바꾸었다(롬 1:23). 하나님과 우리의 관계는 완전히 망가졌고, 그 결과 우리는 '하나님과 동행하는 것'과 '우상숭배'를 구분하지 못하게 됐다. 참되신 하나님과 우리의 관계가 깨어지자 우리는 거짓 신들과 가짜 관계를 만들어 냈다. 당시 우상숭배는 다른 여러 죄들 가운데 하나의 죄가 아니라, 하나님과의 관계를 망가뜨리는 핵심 역할을 했다. ●

하나님과 우리의 관계가 깨지고 나면 다른 사람들과 우리의 관계도 깨진다. 바울은 연달아 일어나는 깨어진 인간관계의 몇 가지 측면들을 열거한다.

> 모든 불의, 추악, 탐욕, 악의가 가득한 자요 시기, 살인, 분쟁, 사기, 악독이 가득한 자요 수군수군하는 자요 비방하는 자요 하나님께서 미워하시는 자요 능욕하는 자요 교만한 자요 자랑하는 자요 악을 도모하는 자요 부모를 거역하는 자요 우매한 자요 배약하는 자요 무정한 자요 무자비한 자라(롬 1:29-31).

우리는 일터에서 이런 깨어진 관계의

● 우상숭배에 관해 더 알려면 이 시리즈 1권 《일하는 크리스천을 위한 모세오경·역사서》 3장의 "출 20:4" 부분을 보라.

거의 모든 형태를 경험한다. 탐욕과 분쟁, 다른 사람들의 지위나 임금에 대한 시기, 권력자들을 향한 적의와 반란, 동료들에 대한 험담이나 중상모략, 의사소통과 헌신에서의 속임과 신실치 못함, 오만, 성공을 경험한 사람들의 거만함과 자랑, 형편없는 의사결정, 권력을 가진 자들이 저지르는 무정함과 무자비함 등등. 물론 항상 그렇지는 않다. 어떤 일터는 그나마 좀 나은 편이고 어떤 일터는 상태가 심각하다. 그러나 어떤 일터든 깨진 관계가 어떤 결과를 가져오는지 알고 있다. 또 우리 모두 그런 결과 때문에 고통을 겪고 있다. 또 누구나 알게 모르게 이런 상황을 일으키는 데 기여한다.

그 일만이 우리에게 의미와 목적과 안정과 행복을 가져다줄 것이라는 허황된 희망으로 스스로 일에 빠져든다. 그렇게 일 자체를 우상시하며 그 문제를 더욱 복잡하게 만들 수도 있다. 승진에서 누락되거나, 해고되거나, 구조 조정을 당하거나, 퇴직을 당하기 전까지는 이런 것들이 통하는 것처럼 보일 수도 있다. 그러다가 퇴직을 하고 주변을 돌아보면 가족들이나 친구들에게 우리가 낯선 사람이 되어 있음을 깨닫는다. 죽을 수밖에 없는 인간과 새와 네 발 달린 짐승들과 땅에 기어 다니는 벌레들과 같이 '일'도 하나님에 의해 창조됐고(창 2:15), 본래는 선했으나 그 일은 인간이 하나님의 자리까지 높아지려 했을 때 악해지고 말았다.

우상숭배와
남을 판단하는 죄
롬 2-3장

안타깝게도 이 깨어짐은 바울의 일터인 고린도 교회 및 로마의 특정 크리스천들에게까지 확대되었다. "성도로 부르심을 받은"(롬 1:7) 하나님의 소유된 백성들이었음에도 불구하고(롬 9:25), 로마의 크리스천들은 그들 서로간의 관계에서 깨어짐을 경험했다. 특히 유대인 크리스천들은 이방인 크리스천들이 자신들의 기대를 따르지 않는다고 판단했고, 동시에 그 반대 일도 벌어지고 있었다. "이런 일을 행하는 자를 판단하고도 같은 일을 행하는 사람아, 네가 하나님의 심판을 피할 줄로 생각하느냐"라고 바울은 묻는다(롬 2:3). 각 진영은 자신들이 하나님의 심판을 알고 있으며, 하나님을 위해 말한다고 주장했다. 하나님을 위해 말한다는 주장은 자기들의 말을 우상화하는 것이고, 우상숭배(하나님과의 관계가 깨어지는 것)가 어떻게 심판(다른 사람들과의 관계가 깨어지는 것)에 이르게 하는지를 보여 준다.

양쪽 다 틀렸다. 이방인과 유대인 모두 하나님에게서 벗어났다. 그것이 진실이다. 창조 그 자체에서 하나님의 절대 주권을 깨달았어야 할 이방인들은 그들 스스로를 우상숭배에, 그리고 이 기본적인 실수에 뒤따르는 온갖 파괴적인 행위들에 자신들을 내맡겼다(롬 1:18-32). 반대로 유대인들은 판단하는 자 혹은 위선자들이 되었고, 자신들이 율법 백성이라고 으스대고 다녔다. 바울은 두 상황을 이렇게 말하면서 요약한다. "무릇 율법 없이 범죄한 자는 또한 율법 없이 망하고 무릇 율법이 있고 범죄한 자는 율법으로 말미암아 심판을 받으리라"(롬 2:12).

그러나 문제의 핵심은 양 진영이 하나님의 기대를 오해했다는 게 아니었다. 양 진영이 서로서로를 판단함으로써 하나님이 맺도록 허락하신 관계를 파괴시킨 것이 잘못이었다. 바울의 주장에서는 판단의 역할을 이해하는 것이 대단히 중요하다. 판단은 관계를 깨뜨리는 주요 원인이다. 로마서 1장 29-31절에 열거한 구체적인 죄들은 우리 관계를 깨뜨린 원인들이 아니라 그 결과다. 우리 관계를 깨뜨린 원인은 (하나님을 향해서는) 우상숭배와 (사람들을 향해서는) 판단이다. 실제로 우상숭배는 판단의 한 형태로, 곧 하나님이 적절하지 않은 분이심으로 우리가 우리 스스로 더 나은 신들을 만들어 낼 수 있다는 판단의 형태로 이해할 수 있다. 그러므로 2-3장에서 바울이 무엇보다 우선적으로 보이는 관심은 다른 사람들에 대한 우리의 판단이다.

> 그러므로 남을 판단하는 사람아, 누구를 막론하고 네가 핑계하지 못할 것은 남을 판단하는 것으로 네가 너를 정죄함이니 판단하는 네가 같은 일을 행함이니라 이런 일을 행하는 자에게 하나님의 심판이 진리대로 되는 줄 우리가 아노라 이런 일을 행하는 자를 판단하고도 같은 일을 행하는 사람아, 네가 하나님의 심판을 피할 줄로 생각하느냐(롬 2:1-3).

우리가 저지른 일 중에서도 다른 무엇보다 가장 구원이 필요한 영역은 '판단'(정죄)과 '우상숭배'라고 바울은 말한다. 우리는 그럴 권리도 전혀 없으면서 다른 사람들을 판단하고, 결국은 진짜 정의를 회복시키시기 위한 하나님의 심판을 초래한다. 현대적 은유를 사용해 볼까? 그건 마치 일차적으로 재판권조차 행사하지 않은 하급심의 잘못된(타락한) 결과를 대법원이 기각한 것과 같다.

이 말은 크리스천들은 사람들의 행동을 진단하거나 또는 일하는 사람들을 대적하지 말라는 의미인가? 아니다. 우리는 하나님의 대리인 자격으로 일하는 것이기 때문에, 우리는 일터에서 벌어지는 일들이 하나님의 목적을 이루는 데 기여하는지 아니면 방해하는지, 또 그에 상응하게 행동하는지를 진단할 의무가 있다. (바울의 몇 가지 사례를 보려면 로마서 12장 9절부터 13장 7절까지 참조하라.) 감독자는 자신이 맡은 일을 만족스럽게 해내지 못하는 근로자를 징계하든지 아니면 해고시켜야 한다. 근로자는 윤리강령이나 규정 위반을 보고하기 위해 감독관을 찾아가야 할 수도 있다. 교수는 학생에게 학점을 낮게 주어야 할 때도 있다. 유권자나 정치가는 후보를 반대해야 할 수도 있다. 사회운동가는 기업이나 정부가 저지른 부정에 대해 시위를 할 수도 있다. 학생이 다른 사람의 레포트를 베껴서 낸 다른 학생의 행동을 교수에게 알려야 할 경우도 있다. 학대나 차별을 당한 희생자는 학대한 자와의 접촉을 끊어야 할 수도 있다.

우리는 우리가 한 일의 결과나 일터의 정직성에 대해 하나님께 책임을 져야 하기 때문에 사람들의 행동과 의도를 진단하고, 부정을 예방하며, 선을 행하기 위해 직접 나서야 한다. 그러나 이것은 우리가 인간으로서 다른 사람들의 가치를 판단한다거나 도덕적으로 우리를 그들보다 우월한 위치에 둔다는 뜻이 아니다. 다른 사람의 행동들을 반대할 때조차 우리는 그들을 판단해선 안 된다.

때로는 그 차이를 구분하기가 어려울 때가 있으나 바울은 우리에게 놀라울 정도로 실질적인 지침을 제공해 준다. 다른 사람의 양심을 존중하라는 것이다. 하나님께서는 '그 양심이 증거가 되어 그 생각들이 서로 고발하거나 변명하여 그 마음에 새긴 율법의 행위를 나타내게'(롬 2:15) 모든 사람을 창조하셨다. 만약 어떤 사람이 정말로 자기 양심에 따라 행동한다면, 그 사람을 판단하는 건 당신이 할 일이 아니다. 그러나 만약 당신이 도덕적으로 우월한 것처럼 여겨 그들 스스로의 도덕적 잣대에 따라 행하는 것을 정죄한다면, 아마도 당신은 "핑계하지 못할"(롬 2:1) 방식으로 그 사람을 판단하는 것일 수 있다.

관계 회복의 길
롬 3장

⬦⬦⬦⬦⬦⬦⬦⬦⬦⬦⬦⬦⬦⬦⬦⬦⬦⬦⬦⬦⬦⬦⬦⬦⬦⬦⬦⬦

▽ 롬 3:1-20
판단, 깨어진 관계의 근원

우상숭배로 하나님에게서 멀어지고, 판단으로 서로가 멀어진 세상 사람들 사이에서 우리는 무엇을 해야 할까? '하나님의 참된 의'가 바로 그 답이다. 로마서 3장에서는 구원의 때에 일어나는 일을 설명하면서 바울은 "하나님의 의"(Justice)라는 용어를 쓴다. '우리 불의가 하나님의 의를 드러나게 한다'(롬 3:5).

더 진도를 나가기 전에 "의"(justice)와 "의로움"(righteousness)이라는 용어를 살펴보자. 로마서에서 바울은 의(justice)를 가리키는 헬라어로 'dikaiosynē[디카이오쉬네]'와 그것의 여러 변형된 꼴들을 서른여섯 차례 사용한다. "righteousness"(의로움)로 가장 많이 번역했고, "justice"(의) 또는 "justification"(의롭다 하심)으로 번역한 경우는 적었다. 그러나 바울의 언어에서 이 둘은 똑같다.

디카이오쉬네는 법정에서 사람들이 옳지 않은 상황을 회복시키거나 공의를 요구할 때 사용했다. 그러므로 구원은 하나님과 올바른 관계(righteousness)가 만들어진다는 뜻이며, 다른 사람들과 모든 피조물과도 올바른 관계(justice)가 성립된다는 뜻이다. '구원', '칭의', '의로움'이라는 단어들 사이의 관계를 너무 상세히 다루는 일은 이 글의 범주를 벗어나는 것이다. 하지만 로마서에 대한 일반 주석에는 어디에나 이를 설명해 놓았을 것이다.[3]

만약 이것이 추상적으로 느껴진다면 당신이 일에서 구체적인 시사점을 찾아볼 수 있는지 없는지를 스스로에게 물어보라. 사람들이 서로서로에 관해 내리는 (잘못된) 판단이 당신의 일터에서 관계를 파괴하고 불의를 일으키는 근원은 아닌가? 예를 들면, 만약 어떤 관리자와 근로자가 그 근로자의 업무 수행평가서를 놓고 의견이 다를 경우, 수행평가에 대한 차이 자체와 서로서로에 대한 판단에서 나온 적대감 가운데 어느 쪽이 더 큰 손해를 끼치는가? 또는 일터에서 누군가가 다른 사람의 험담을 했는데, 그 험담한 내용으로 유발되는 손해와 당혹감이 더 큰가, 아니면 험담자의 어조와 그것을 듣는 사람들의 킬킬거리는 웃음소리에 드러나는 판단에 대한 분노가 더 큰가?

만약 우리의 잘못된 판단이 우리와 하나님, 다른 사람들, 세상 모든 피조물들과의 관계를 깨뜨리는 원인이라면 어떻게 해야 우리는 구원을 찾아낼 수 있을까? 이 문제는 의와 의로움이 있어야만 가능한데, 이는 우리가 스스로 할 수 없는 가장 무능한 요소다. 설령 우리가 올바른 관계를 가지고 싶어도, 바르게 판단할 수 없는 우리의 무능함은 애를 쓰면 쓸수록 오히려 문제를 더 악화시키기만 한다. 이런 운명에 처한 바울은 부르짖는다. "누가 나를 건져 내랴?"(롬 7:24)

어느 누구도 우리를 건지지 못한다. 왜냐하면 그들 역시 우리와 한 배에 타고 있기 때문이다. '모두가 다 거짓되다!'(롬 3:4) 바울은 우리에게 말한다. "의인은 없나니 하나도 없으며 깨닫는 자도 없고 하나님을 찾는 자도 없고 다 치우쳐 함께 무익하게 되고 선을 행하는 자는 없나니 하나도 없도다"(롬 3:10-12). "모든 사람이 죄를 범하였으매 하나님의 영광에 이르지 못하더니"(롬 3:23).

그렇지만 희망은 있다. 다만 인간이 아닌 하나님의 신실하심에 있다. 바울은 "그 믿지 아니함이 하나님의 미쁘심을 폐하겠느냐"(롬 3:3)라고 물은 다음 이렇게 대답한다. "그럴 수 없느니라"(롬 3:4). 오히려 불의는 하나님의 의를 드러나게 한다(롬 3:5). 이것은 우리의 일터가 우리 가족이나 교회와 마찬가지로 은혜가 임하는 장소라는 뜻이다. 혹시 일터가 지나치게 세속적이고, 너무나 비윤리적이며, 신앙에 지나치게 적대적이고, 탐욕과 영혼 없는 사람들로 가득 차 있다고 느끼는가? 바로 그곳이 그리스도의 십자가가 필요한 곳이다. 성당이나 수도원 또는 교회 안에 충만하게 임하시는 것과 꼭 마찬가지로 하나님의 은혜는 공장과 사무실 칸막이, 또는 주유소에도 충만하게 화해와 의를 가져다주실 수 있다. 바울의 복음은 교회만을 위한 게 아니라 온 세상을 위한 것이다.

▽ 롬 3:21-26
하나님의 의, 우리의 잘못된 판단을 해결하는 최선책

우리의 판단이 잘못되고 위선적이라는 점을 염두에 둔다면, 과연 우리는 옳음과 의를 찾아볼 수 있을까? 이 질문은 로마서 3장의 극적인 핵심으로 우리를 이끈다. 하나님의 대응은 그리스도의 십자가다. 하나님께서 그분의 의와 의로움을 우리에게 주시는 이유는 우리가 스스로 의로워질 수 없기 때문이다. 하나님은 예수 그리스도의 십자가를 통해 의를 이루시는데, 그 안에서 그는 '자신이 친히 옳으시고 그가 예수를 믿는 자들을 의롭다고 해 주신다'(롬 3:26)는 걸 증명해 보이신다.

하나님께서 이것을 성취하시는 수단은 예수님의 죽음과 부활이다. "우리가 아직 죄인 되었을 때에 그리스도께서 우리를 위하여 죽으심으로 하나님께서 우리에 대한 자기의 사랑을 확증하셨느니라"(롬 5:8). 하나님은 그리스도의 십자가를 마치 유대인 성전에서 드려졌던 대속의 제물처럼 받아 주기로 작정하셨다(롬 3:25). 대속죄일에 그렇게 하듯이, 하나님은 믿는 모든 사람들을 위한 새로운 시작을 확립하기 위해 사람들의 잘못을 눈감아 주기로 작정하셨다. 그리고 하나님은 그 십자가를 모든 민족에게 구원으로 제시하셨다. 십자가를 통해 이 땅 모든 민족이 하나님과의 올바른 관계를 회복할 수 있다.

비록 우리에게는 의와 의로움이 없지만, 하나님은 둘 다를 무한히 제공하신다. 하나님은 예수님의 십자가를 통해서 우리에게 하나님, 다른 사람들, 모든 피조물들과 우리의 깨어진 관계를 회복시켜 주는 의와 의로움을 주신다. 하나님께서 우리를 구원하실 때, 의로움과 의도 함께 주신다.

> 이제는 율법 외에 하나님의 한 **의**[righteousness]가 나타났으니 율법과 선지자들에게 증거를 받은 것이라 곧 예수 그리스도를 믿음으로 말미암아 모든 믿는 자에게 미치는 하나님의 **의**니 차별이 없느니라 모든 사람이 죄를 범하였으매 하나님의 영광에 이르지 못하더니 그리스도 예수 안에 있는 속량으로 말미암아 하나님의 은혜로 값없이 **의롭다 하심**[justified]을 얻은 자 되었느니라. 이 예수를 하나님이 그의 피로써 믿음으로 말미암는 화목제물로 세우셨으니 이는 하나님께서 길이 참으시는 중에 전에 지은 죄를 간과하심으로 자기의 **의로우심**을 나타내려 하심

이니, 곧 이 때에 자기의 의로우심을 나타내사 자기도 **의로우시며** 또한 예수 믿는 자를 **의롭다 하려**[justifies] 하심이라(롬 3:21-26).

십자가는 하나님의 놀라우신 의다. 왜 놀라운 걸까? 하나님은 죄인이 아니시지만 몸소 희생제물이 되시기 때문이다. 이는 오늘날 세속적인 일터에 대단히 희망적인 표시일 수 있다. 일터에서 우리가 실수하고 불의해 문제들이 발생한 상황이라도, 우리는 하나님의 의로우심과 의가 우리 잘못을 극복하게 해 준다는 사실을 신뢰할 수 있다. 비록 우리 스스로는 바로잡을 수가 없지만, 하나님은 우리 안에서 우리를 통해 그분의 의로우심과 의를 역사하실 수 있다. 그렇다면 다른 사람들의 실수나 불의로 문제들이 발생한 경우는 어떨까? 비록 우리가 일으킨 문제가 아닐지라도, (우리 주님이 하신 것을 본받아) 우리 자신의 어떤 것들을 희생해서 문제들을 바로잡을 수도 있다.

예를 들면, 남을 탓하는 문화가 만연한 어떤 팀을 한번 생각해 보자. 사람들은 문제 해결을 위해 함께 노력하기보다는 문제만 생기면 남을 탓하느라 시간을 낭비한다. 당신의 일터에 남 탓을 하는 문화가 있다면 그 문화가 당신 잘못은 아닐 수 있다. 어쩌면 남을 탓하는 주범이 당신의 상사일 수도 있을 것이다. 그렇다 하더라도 당신이 하는 희생으로 화해가 찾아오고 의가 세워질 가능성이 있는가? 다음번에 그 상사가 또 누군가를 탓하기 시작하면, 그때 당신이 나서서 이렇게 말한다고 상상해 보자. "지난번에 그것을 논의할 때 저도 이 아이디어에 찬성을 한 것으로 기억합니다. 그러니 저도 비난받아 마땅하니 저도 탓해 주십시오."

그 이후로 두어 명이 당신과 똑같은 행동을 더 했다면 어떻게 되겠는가? 그렇게 되면 결국 비난 게임은 와해되지 않겠는가? 그로 인해 당신의 명성이나, 상사와의 우정이나, 심지어는 당신의 일까지 끝장이 날 수도 있을 것이다. 그러나 이는 또한 당신이 속한 그룹 안에서의 비난과 판단의 고리도 끊어 버리지 않을까? 우리의 희생으로 하나님의 은혜가 적극적인 역할을 할 것이다.

▽ 롬 3:27-31

믿음과 신실함, 하나님의 의에 들어가는 입구

로마서 3장 22-26절에서 하나님께서 구원 안에서 우리에게 주시는 의로움과 의를 집중적으로 조명해 보았다. 이제 그 본문을 믿음의 역할을 위해서 다시 살펴보자.

> 이제는 율법 외에 하나님의 한 의가 나타났으니 율법과 선지자들에게 증거를 받은 것이라 곧 예수 그리스도를 **믿음**으로 말미암아 모든 **믿는** 자에게 미치는 하나님의 의니 차별이 없느니라 모든 사람이 죄를 범하였으매 하나님의 영광에 이르지 못하더니 그리스도 예수 안에 있는 속량으로 말미암아 하나님의 은혜로 값없이 의롭다 하심을 얻은 자 되었느니라 이 예수를 하나님이 그의 피로써 **믿음**으로 말미암는 화목제물로 세우셨으니 이는 하나님께서 길이 참으시는 중에 전에 지은 죄를 간과하심으로 자기의 의로우심을 나타내려 하심이니 곧 이 때에 자기의 의로우심을 나타내사 자기도 의로우시며 또한 예수 **믿는** 자를 의롭다 하려 하심이라(롬 3:21-26).

하나님이 주시는 의와 의로움의 선물은 믿음(faith)과 믿는 것(belief)이 결부되어 있다. 이것은 로마서에서 가장 유명한 주제 중 하나인, 구원에서의 믿음의 역할이라는 주제에 도달하게 해 준다. 여러 면에서 개신교 종교개혁자들은 로마서에서 이 본문과 다른 유사한 본문에 주의를 기울여 토대를 닦았고, 그들의 중요성은 오늘날에도 거의 모든 크리스천들에게 중심으로 남아 있다. 이를 설명하는 데는 여러 가지 방식이 있지만, 그 핵심은 사람들이 믿음에 의해 하나님과 올바른 관계로 회복된다는 것이다.

헬라어 어근 'pistis[피스티스]'는 'faith'(믿음)로 번역하지만(때로는 'believe'로 번역한다), 로마서 3장 3절에서처럼 'faithfulness'(미쁨, 충실함, 신실함)로 번역하기도 한다. 영어는 'faith'(정신적 동의, 신뢰 또는 헌신)와 'faithfulness'(자신의 믿음에 일치되는 행동들)를 구분한다. 그러나 헬라어에서는 믿음과 미쁨(신실함)을 가리키는 단어가 둘 다 피스티스 하나뿐이다. 어떤 사람이 믿고 있는 것과 그 믿는 것이 행동에 나타나는 증거는 구분되지 않는다. 만약 당신에게 믿음이 있다면 당신은 신실하게 행동할 것이다. 대부분의 일터에서는 신실함(우리가 하는 것)이 믿음(우리가 믿는 것)보다 훨씬 더 직접적으로 증명된다는 걸 염두에 둔다면, 이 피스티스가 지닌 두 측면 간의 관계는 일에 특별히 중요한 의미를 갖는다.

바울은 로마서 3장 22절과 3장 26절에서 '예수님의 피스티스'를 두 번 언급한다. 그 헬라어 단어를 문자 그대로 해석하면 '예수님 안에(in) 있는 피스티스'가 아니라 '예수님의(of) 피스티스'다. 로마서 3장 22절을 문자 그대로 옮기면 이렇다. "우리는 하나님에 대한 예수님의 신실하심(예수님의 피스티스)에 의해 구원을 받았다."

로마서 10장 9절 같은 다른 본문에서 피스티스는 분명히 예수님을 향한 우리의 신실함을 가리킨다. "네가 만일 네 입으로 예수를 주로 시인하며 또 하나님께서 그를 죽은 자 가운데서 살리신 것을 네 마음에 믿으면 구원을 받으리라."

진실로 예수를 믿는 우리의 믿음은 하나님을 향한 예수님의 신실하심과 떼어 놓고는 생각할 수가 없다. 예수님을 향한 우리의 믿음은 예수님께서 십자가 위에서 하나님께 하신 신실하심에서 나오며, 우리는 그분을 향해 충성스럽게 살고, 그분을 신뢰함으로써 반응하는 것이다. 우리의 구원은 우리의 신앙 상태가 아닌 예수님의 신실하심에서 나온다. 이 사실을 기억함으로써, "나는 예수님을 믿어요"라고 말하면 구원을 얻는 것인 양, 신앙을 가지는 것을 새로운 형태의 의로운 노동(works-righteousness)으로 삼으려는 태도를 삼갈 수 있다.

바울의 글에서 믿음과 신실함이 갖는 온전한 의미는 일과 관련해 두 가지 중요한 점을 암시한다. 첫째, 일을 지나치게 진지하게 받아들인 나머지 구원은 믿음이라는 하나님의 선물에 의해서만 온다는 온전한 인식이 흔들릴 때 나타날 수 있는 모든 걱정을 없애 준다. 십자가에서 보여 주신 그리스도의 신실하심이 이미 구원의 일을 성취하셨으며, 그리스도를 향한 우리 믿음은 오로지 하나님의 은혜에 의해서만 온다는 사실을 기억하자. 그러면 우리가 일에서 하나님을 향해 드러내는 우리의 신실함은, 하나님의 은혜에 대한 우리의 반응이라는 점을 깨달을 것이다. 우리가 맡은 일을 신실하게 해내는 이유는 하나님께서 우리에게 믿음을 값없이 선물로 주셨기 때문이다.

둘째, 그리스도의 신실하심은 우리 자신이 갈수록 더 신실해져야 한다는 점을 암시한다. 다시 말하면, 우리의 신실한 행위가 구원을 얻게 해준다고 생각하기 때문이 아니라, 그리스도를 믿는 믿음이 우리에게 주어졌기 때문에 우리는 진지하게 더욱 더 그리스도를 닮아 가고 싶어 하는 것이다. 바울은 이것을 '믿음의 순종'(롬 1:5, 26)이라고 말한다. 믿음이 없이는 하나님께 순종하기가 불가능하다. 그러나 만약 하나님께서 우리에게 믿음을 주시면 우리는 순종으로 반응할 수 있다. 실제로 로마서 후반부 내용 상당 부분에서 하나님께서 믿음을 통해 우리에게 부어 주신 하나님의 은혜의 결과로 우리가 어떻게 하나님께 더욱더 순종할 수 있는지 잘 보여 준다.

아브라함의 믿음을
의로 여겨 주시다
롬 4장

로마서 1-3장에서 보았듯이 그리스도의 십자가는 유대인, 이방인을 가리지 않고 모든 사람들에게 똑같이 구원을 가져다주었다. 누구든지 그리스도 안에서는 유대인의 율법과는 상관없이 하나님과 서로서로를 향해 올바른 관계로 되돌아가게 된다. 이런 이유 때문에 바울은 분열해 다투는 로마 크리스천들이 하나님께서 그리스도를 통해 행하신 일을 보고 신실하게 살아가도록 하기 위해 그들의 깨어진 관계를 화목케 하는 일에 로마서 전체에 걸쳐 초점을 맞춘다.

그러나 그리스도의 죽음에 관한 이런 해석은 바울에게 하나의 문제를 야기한다. 바울은 할례받지 않은 이방인들뿐 아니라 율법을 중시하는 할례받은 유대인들에게도 이 글을 썼기 때문이다. 더 나아가 바울의 해석은 유대인들이 '조상'으로 여기던 그리고 실제로 하나님과 맺은 언약의 징표로 할례를 받았던 아브라함(창 17:11)의 이야기를 무시하는 것처럼 보이기도 한다. 아브라함의 이야기는 하나님과의 언약 관계에 들어가려면

일하는 크리스천을 위한
서신서 · 요한계시록

유대인이든 이방인이든 상관없이 모든 남자들이 할례를 받아야 한다고 말하지 않는가?

이에 대해 바울은 로마서 4장에서 '아니다'라고 주장한다. 그는 창세기 12장 1-3절, 15장 6절 및 17장 1-14절의 아브라함 이야기를 해석하면서, 하나님께서는 자신이 하신 말씀을 소중히 여기시며 자식이 없는 아브라함을 그의 불임 아내인 사라를 통해 열국의 아비가 되게 하실 것이라는 믿음을 아브라함이 가지고 있었다고 결론짓는다. 그 결과 하나님은 아브라함의 믿음을 의로 여겨 주셨다(롬 4:3, 9, 22). 바울은 로마서 독자들에게 하나님께서 아브라함을 의로 여겨 주신 것은 아브라함이 할례를 받기 오래전에 일어났으며, 할례는 그가 이미 하나님을 믿는다는 하나의 징표로써 나중에 온 것이라는 점을 상기시켜 준다(롬 4:10-11).

다시 말하면, 하나님께서 아브라함의 믿음을 보시고 하나님 자신과 올바른 관계를 갖게 되었음을 인정하셨을 무렵에, 아브라함은 바울이 살던 세계의 할례 받지 않던 이방인들과 같은 신분이었다는 말이다. 따라서 바울은 이렇게 결론을 내린다. 아브라함은 유대인의 율법하에서 의롭게 된 게 아니라 믿음의 의로움을 통해 유대인들과 이방인 모두의 조상이 된 것이다(롬 4:11-15).

로마서 4장에 나오는 아브라함의 예는 우리에게 일과 일터에 대한 큰 희망을 안겨 준다. (환경의 어려움과 불가능할 것처럼 보여 승산이 없음에도 불구하고) 하나님의 약속을 믿은 아브라함의 사례는, 우리가 일터에서 도전에 직면하거나 하나님께서 안 계신 것처럼 느껴질 때도, 하나님에 대한 신뢰가 흔들리지 않도록 용기를 갖게 해 준다(롬 4:19). 하나님은 아브라함에게 하셨던 약속들을 즉시 이루어 주시지 않았는데, 그것은 우리 인생에서 닥치는 환경들을 하나님께서 새롭게 하시거나 구속하실 때까지 우리가 더욱 인내하며 기다릴 수 있는 용기를 갖게 해 준다.

그리스도를 통해 주신
은혜의 능력
롬 5장

◇◇◇

로마서 5장에서 바울은 이 의라는 선물을 그리스도의 순종, 그리고 그분을 통해 세상으로 흘러나오는 은혜와 연결시킨다. 이번 장의 몇 가지 중요한 특징들이 우리가 일터에서 겪는 여러 가지 경험에 빛을 비춰준다.

▽ **롬 5:1-11**

은혜로 고난을 통과하다

로마서 5장 1-11절에서 바울은 로마인들에게 그리스도를 통해 우리는 이미 우리가 서 있는 은혜에 '들어감을 얻었다'는 점을 상기시켜 줌으로써(롬 5:2) 더욱 용기를 준다. 은혜는 예수 그리스도를 죽음에서 살리신 생명을 주는 하나님의 능력을 의미한다. 은혜는 그리스도를 따르는 자들에게, 또 그들을 통해서, 세상에 새롭고 더 많은 풍성한 삶을 계속 가져다준다. 우리가 처한 상황에서 그리스도께서 하신 순종하는 믿음과 신실한 삶을 살아야 한다. 그러면 우리는 일터와 가정, 그리고 삶의 모든 순간마다 우리에게 기쁨과 평안을 가져다주시고 생명을 주시는 하나님의 은혜를 경험할 수 있다.

하나님의 은혜를 신뢰하는 삶은 수많은 도전이 도사리고 있어서 굳건한 인내가 필요하다. 하나님께 순종하는 과정에서 그리스도께서 고난을 당하셨듯이, 우리 역시 그리스도께서 사신 믿음과 신실하심의 삶을 구현할 때 고난을 경험할 수도 있다. 바울은 세상을 하나님과 화목시키려는 자신의 사명이(롬 8:17-18) 예수님이 경험하신 그 고난에 참여하는 것이라는 것을 알았기에 자신의 고난을 '자랑한다'고까지 말했다(롬 5:3). 나아가 고난은 종종 성장을 가져다준다.

> 환난은 인내를, 인내는 연단을, 연단은 소망을 이루는 줄 앎이로다 소망이 우리를 부끄럽게 하지 아니함은 우리에게 주신 성령으로 말미암아 하나님의 사랑이 우리 마음에 부은 바 됨이니(롬 5:3-5).

하나님은 일과 삶이 신자들에게 항상 행복을 안겨 줄 것이라고 약속하시지 않는다. 많은 사람들이 일에서 고난을 당한다. 일이 지겨울 수도 있고, 굴욕과 수치를 주기도 하고, 진이 빠지게도 하고, 무자비할 수도 있다. 노동의 대가를 못 받을 수도 있고, 위험에 빠질 수도 있으며, 차별을 당할 수도 있다. 양심과 하나님의 원리들을 어기라는 압박을 받을 수도 있다. 또한 권고사직, 강제휴직, 정리해고, 계약만료로 실업자 그것도 장기실업자가 될 수도 있다. 우리 자신의 교만이나 부주의, 무능력, 탐욕, 또는 다른 사람들에 대한 악의 때문에 스스로 고난을 당할 수도 있다. 심지어는 좋은 일터에도 시련은 있다. 우리는 일터에서 벌어지는 학대나 차별을 절대 당연시해서는 안 되지만, 고난을 감내해야만 할 때에도 전혀 미래가 없는 것은 아니다. 우리가 고난을 당할 때 하나님은 우리에게 은혜를 부어 주시며, 우리가 신실하게 참아 낸다면 이것은 우리를 더욱 강하게 만들어 준다.

예를 들어 보자. 밭을 갈아 놓고 곡식을 돌본다고 해서 그 곡식이 크게 자라거나 채소가 잘 익을 거라는 보장은 받아 놓을 수 없다. 날씨가 안 좋거나, 가뭄이 오거나, 병충해가 생기거나 마름병 등이 수확을 망칠 수 있다. 그러나 은혜를 통해 농부는 자연의 이런 모든 측면들을 받아들이는 반면에 하나님의 돌보심도 신뢰한다. 이것이 결국은 농부의 인내와 신실한 인격을 만들어 내고, 그렇게 해서 그는 하나님의 모든 피조물들을 깊이 돌아보게 되는 것이다. 자연에 대한 깊은 감사가 농사일을 하는 데 큰 자산이 될 수 있다.

이와 비슷하게 우리의 고용주가 불황으로 경영을 그만둘 때조차 은혜는 우리가 신실하고 소망을 잃지 않도록 우리에게 힘을 불어넣어 준다. 또 생명을 주시는 하나님의 능력은 고등교육을 받고도 아직 보람 있는 일자리를 못 찾아 어려움을 겪는 청장년들을 지탱해 준다. 은혜는 또한 실패를 거듭하는 어떤 팀이 실패를 통해 더 나은 제품을 기획하고 생산하기까지 인내하도록 영감을 불어넣어 주기도 한다.

삶과 일에서 우리가 온갖 종류의 고난을 다 겪어도 하나님의 사랑이 그것을 이겨 나가게 해 준다. "소망이 우리를 부끄럽게 하지 아니함은 우리에게 주신 성령으로 말미암아 하나님의 사랑이 우리 마음에 부은 바 됨이니"(롬 5:5). 고난이 우리의 마음을 완악하게 만들 때조차 하나님의 사랑은 우리가 그리스도께 받은 화목케 하는 직책을 감당할 요원들로 만들어 준다(롬 10-11장).

▽ 롬 5:12-21

그리스도를 통해 영원한 생명에 이르다

로마서 5장 12-21절은 아담의 불순종과 그리스도의 순종 간에 대조되는 점들을 상당히 많이 담아 밀도 있고 복잡한 신학적 주장을 반영한다. 그리스도로 인해 우리는 의롭게 되었고 영원한 생명을 약속받았다. 이 단락은 그리스도께서 아버지께 순종하여 남을 위해 자신을 내어주셨으므로, 누구든 그분을 믿으면 곧 하나님과 관계를 맺는 것이라는 확신을 준다. 그리스도의 믿음과 신실하심에 참여하는 자로서 우리는 거룩한 의의 선물과 그리스도를 통하여 하나님이 약속하신 영생의 분깃을 얻는다. 그러므로 우리는 더 이상 아담의 불순종에 참여하지 않고 그리스도가 하나님께 하신 순종에 참여함으로써 영생을 찾는다.

바울은 현재에도 그리고 영원에서도 작동하는 하나님의 원리를 말한다. 이미 그리스도를 통해 화목이 주어졌기 때문에(롬 5:11) 우리는 하나님을 영화롭게 하는 삶을 살 능력이 생겼다. 그러나 하나님의 화목은 아직 완성되지 않았고 영생으로 인도되어 가는 과정에 있다(롬 12:21). 만약 우리가 그리스도의 화목을 받았다면 지금 우리가 하는 일은 그리스도께서 이끌어 가시는 더 나은 미래를 향한 하나의 기회다. 혁신가는 공공선을 증진시킬 제품들을 창안해 설계하고 만들어 낼 새로운 기회들을 얻는다. 서비스업계 종사자들은 다른 사람들의 삶을 더 낫게 만들 수 있는 새로운 기회를 갖는다. 예술가나 음악가들은 하나님의 영광을 위해 인간의 삶을 향상시켜 줄 심미적 아름다움을 창조해 낼 수 있다.

이 가운데 그 어느 것도 영생의 수단은 아니다. 그러나 우리는 하나님께서 의도하셨던 세상에 더 가까운 세상을 만들기 위해 일할 때마다 영생을 미리 맛보게 된다. 일터에서 믿음과 신실함이라는 그리스도의 방식에 끝까지 순종할 때, 우리의 생명은 우리가 처한 상황 여부와 전혀 상관없이 신실하신 하나님의 손안에서 영원히 안전하다는 것을 확신할 수 있다.

새 생명 안에서 행하기
롬 6장

◇◇◇

비록 하나님의 은혜가 화목과 공의를 가져오기 위해 세상으로 들어오기는 했지만, 세상에는 생명을 주는 하나님 은혜의 능력에 대적하는 악한 영적 세력들이 여전히 있다(롬 6:4). 바울은 이런 악한 영적 세력들을 "죄"(롬 6:2) "육신"(롬 7:5) "사망"(롬 6:9) 또는 "이 세대"(롬 12:2)라고 부르며 종종 의인화한다. 인간은 일상의 삶에서 자신의 행동을 통하여 그리스도를 거쳐 하나님과 협력을 하든지, 아니면 이들 악한 영적 세력들과 협력을 하든지 선택해야만 한다.

바울은 "새 생명 안에서 행함으로"(롬 6:4) 하나님과 협력할 것을 우리에게 요청한다. 그는 새 생명 안에서 행하는 것을 죽음에서 살아나신 후의 그리스도의 새 생명과 비교한다. "그리스도를 죽은 자 가운데서 살리심과 같이 우리로 또한 새 생명 가운데서 행하게 하려 함이라"(롬 6:4). 지금 여기 우리의 삶에 그리스도께서 살아 계시듯이, 우리는 화목과 의로움 안에서 살아가기(또는 '행하기')를 시작할 수 있다.

새 생명 안에서 행한다는 건 우리의 판단주의를 포기하고, 우리 자신을 섬기려는 습관들을 헤아리지 말고, 하나님의 의를 행하라고 요구한다(롬 6:12-13). 하나님의 의의 도구인 신자는, 하나님의 은혜가 가진 생명을 주는 능력을 통해서 그리스도 안에서 사람들과 공동체를 세워 간다. 이는 단순히 나쁜 행위를 삼가는 것보다 훨씬 더 적극적인 방법이다. 우리 부르심을 받아 일꾼이 되어 고통당하는 세상에서 죄의 영향력들을 뿌리 뽑기 위해 일함으로써 의와 화목의 도구가 되는 것이다.

예를 들면, 사원들은 경영을 악하거나 불공평한 것으로 판단하는 나쁜 습관에 빠질 수 있다. 물론 그 반대도 가능하다. 전자의 경우, 사원들이 월급을 받고 일하는 시간을 개인 용도로 소모하거나 업무를 탁월하게 해내지 못함으로써 회사를 속이는 데 편리한 핑계가 될 수 있다. 반대로 경영진에게는 개인적으로 자신들이 좋아하지 않는 사원들을 차별하거나, 작업장의 안전이나 평등 규정을 위반하거나, 아니면 사원들에게 정보를 제공하지 않는 구실이 되기도 한다. 단순히 규정을 따르거나 아니면 속이지 않는 것만으로는 새 생명으로 행하는 게 아닐 수 있다. 도리어 새 생명으로 행하는 것은 무엇보다 먼저 다른 편 판단하는 일을 포기하라고 요구한다. 일단 우리가 '더 이상 그들은 우리가 존중할 대상이 아니다'라는 생각을 버리면, 그때 우리는 좋은 관계를 회복하고 서로를 공평하고 정당하게 대하는 관계를 재확립해 더불어서 조직을 세워 나가는 구체적인 방법을 분별해 낼 수 있다.

우리의 삶과 일에서 이런 변화를 일으키기란 매우 어렵다. 바울은 죄가 계속해서 '너희의 죽을 몸에 역사하여 너희가 그것에 종노릇하게 만든다'고 말한다. 하지만 의도는 좋을지 몰라도 우리는 금세 우리의 깨어진 방식으로 되돌아간다. 그리스도의 죽음 안에서 실재하는 하나님의 은혜만이 판단하는 습관에서 우리를 벗어나게 할 능력이 있다(롬 6:6).

그러므로 하나님의 은혜는 우리가 옛 고질병으로 되돌아가 "마음대로" 헤매도록 내버려 두지 않는다. 도리어 하나님은 우리를 그리스도 안에 있는 새 생명에다 묶어 놓을 수 있는 줄을 제공해 주신다. 그 결박은 우리가 코스를 벗어나 헤맬 때마다 쓸려서 고통을 줄 것이다. 또 바울은 새 생명 안에서 행하는 것이 처음에는 노예처럼 느낄수 있다는 점을 인정한다. 그렇다면 우리는 선택해야 한다. 새 생명의 노예가 될 것인가, 아니면 우리 옛 죄의 노예가 될 것인가, 그 사이에서 어떤 종류의 노예가 될 것인가? "너희 자신을 종으로 내주어 누구에게 순종하든지 그 순종함을 받는 자의 종이 되는 줄을 너희가 알지 못하느냐 혹은 죄의 종으로 사망에 이르고 혹은 순종의 종으로 의에 이르느니라"(롬 6:16). "그러나 이제는 너희가 죄로부터 해방되고 하나님께 종이 되어 거룩함에 이르는 열매를 맺었으니 그 마지막은 영생이라"(롬 6:22).

새 생명 안에서 행함으로 얻는 이점은, 그 최후가 수치와 사망이 아닌 생명과 의라는 것이다.

▽ 롬 6장
일터에서도 하나님의 종으로

일터에서 하나님의 은혜의 '종'이 된다는 건 무슨 뜻일까? 이는 우리가 하는 일이 우리한테 어떤 영향을 미칠까를 생각하는 게 아니라, 이 일이 우리의 주인이신 하나님께 어떤 영향을 미칠까를 토대로 의사결정을 한다는 뜻이다. 우리는 하나님의 청지기로서, 하나님 나라의 구성원으로서 결정을 내린다. 이는 크리스천 신앙에서나 세상 일터에서 실제로 모두 익숙한 개념이다.

기독교 신앙에서는 그리스도께서 친히 하나님의 목적을 성취하시기 위해 자신의 목숨을 포기하시는 청지기의 본을 보여 주셨다. 그와 비슷하게 일터에서도 많은 사람들은 자신의 이익보다는 다른 사람들의 유익을 위해 섬겨야 할 의무를 안고 있다. 그들 가운데는 변호사, 회사 간부, 정부 직원, 이사, 판사 등이 많이 포함되어 있다. 많은 일터의 청지기들이나 요원들이 예수님만큼 헌신하지는 않겠지만 (자신들의 직무를 다하기 위해 자기 목숨까지 바칠 각오는 안 되어 있잖은가) 타인을 위한 대행 개념은 현대 일터에서도 매일 볼 수 있다.

크리스천이 다른 점은 우리의 의무가 궁극적으로 하나님께 대한 것이지, 국가나 주주들 또는 다른 어느 누구에 대한 의무가 아니라는 점이다. 가장 우선적인 우리의 사명은 단순히 법을 지키거나 이윤을 내거나 또는 인간의 기대를 만족시키는 것이 아니라, 하나님의 의와 화목을 이루는 것이다. 사업은 정상적인 윤리 규범이 먹히지 않는 하나의 게임이라는 앨버트 카(Albert Carr)의 주장과는 달리[4], 새 생명 안에서 행한다는 것은, 일을 하는 우리의 삶 안으로 의와 화목을 통합시켜 넣는 것이다.

예를 들면, 고등학교 교사에게 새 생명 안에서 행한다는 것은 반복적으로 문제를 일으키는 학생을 거듭 용서하면서 또 한편으로는 교실에서 새로운 방법으로 그 학생에게 다가가려고 애쓰는 것을 의미할 수도 있다. 정치가에게 새 생명 안에서 행한다는 것은 다양한 이념적 관점에 대한 의견들이 반영된 새로운 법안을 입법하는 것을 뜻할 수도 있다. 관리자에게는 어떤 직원의 허물을 알고 있는 다른 직원들 앞에서 그 직원을 용서해 주는 것을 의미할 수도 있다.

새 생명 안에서 행하려면 먼저 우리가 일하는 방식을 돌아봐야 한다. 제빵사나 요리사는 자신들의 일이 어떻게 굶주린 사람들을 도울 수 있는지 쉽게 알 수 있는데, 그렇게 돕는 자체가 이미 정의의 한 형태다. 나아가 조리실에서 개인적으로 다른 동료들과 자신이 상호 교감하는 모습을 좀 더 깊이 들여다봐야 한다. 동료들을 존귀하게 대해 주고, 그들이 성공하도록 도와주며, 하나님께 영광을 돌리는가? 새 생명 안에서 행하는 것은 목표를 이루는 것 못지않게 목표 달성을 위해 어떤 방법을 사용하는지에도 영향을 미친다.

죄의 강력한 침입력
롬 7장

◇◇◇

7장에서 바울은 그리스도 안에 있는 새 생명이 "묵은" 율법의 '얽매임'에서 우리를 해방시켰다는(롬 7:6) 것을 계속해서 강조한다. 그럼에도 불구하고 율법 자체는 인간의 실존에 문제가 안 된다. 그 이유는 '율법은 거룩하고 계명도 거룩하고 의로우며 선하기 때문이다'(롬 7:12). 도리어 그는 인간 속에 자리 잡은 '죄'라고 불리는 하나님을 대적하는 힘(롬 7:13)이 문제라고 결론짓는다. 죄가 기회를 타서 계명을 언급하며 사람들을 속였고(롬 7:11) 그렇게 해서 각 사람이 하나님께서 의도하셨던 대로 율법에 순종하지 못하게 가로막고 있다(롬 7:14, 17, 23).

죄의 힘은 단순히 나쁜 선택을 하거나 또는 우리가 해서는 안 되는 것으로 알고 있는 일을 하도록 만드는 것만이 아니다. 악한 힘은 각자의 영적인 영토까지 쳐들어와서는 통제권을 행사한다. 바울의 표현을 빌리자면 다음과 같다. '죄의 종으로 팔리게 만들었다'(롬 7:14). 이런 죄 아래서 종이 된 우리는 마음 안에 있고, 이미 아는 계명들이 요구하는 선을 행할 능력이 없다(롬 7:15-20). 이것은 우리 안에 하나님이 바라시는 바를 행하고자 하는 선한 의도가 있어도 일어난다(롬 7:15-16, 22).

다시 말하면, 침략해 들어오는 죄의 힘을 극복할 만큼 우리가 선을 충분히 알지 못한다는 얘기다. "내가 원하는 바 선은 행하지 아니하고 도리어 원하지 아니하는 바 악을 행하는도다"(롬 7:19). 우리는 더 강력한 다른 영적인 힘인 성령이 함께하셔야 이런 궁지에서 벗어날 수 있는데, 로마서 8장에서 바로 이 성령을 다룬다.

하나님이 원하시는 게 무엇인지를 아는 것만으로는 일터에서 만나는 여러 상황에서 올바른 입장에 서기에는 역부족이다. 예를 들어 하나님께서 모든 사람을 다 존중하길 원하신다는 걸 마음속으로는 다 안다. 하지만 때로 동료를 좋지 않게 평가함으로써 우리가 그 사람보다 더 나을 거라는 잘못된 인식의 희생물이 되고 만다. 마찬가지로 부모 역할에서도 엄마 아빠들은 어린 자녀에게 화가 나서 소리 지르는 것이 안 좋다는 걸 알면서도, 종종 죄의 힘에 사로잡혀 그렇게 행동하고 만다. 고객의 사건을 수임한 변호사는 자신이 시간을 들여 그 서류들을 꼼꼼하게 읽어야 한다는 걸 잘 알지만, 죄에 물들어 그저 수입을 늘리는 데 더 많은 시간을 보낼 수도 있다.

우리는 우리 안에 있는 죄의 힘에 특히 취약하다. 어디서 일을 하든 우리는 다른 사람들과 잘 지내려고 애쓰고(롬 12:5). 옳고 선한 일을 하려는 우리 의지를 꺾으려는 힘에 맞서기 위해 서로서로 돕는다. 예컨대 비슷한 상황에서 일하는 사람들이 모인 작은 '공동체'에 아직은 적지만 차츰 그 수가 늘어 가는 크리스천들이 가입을 한다. 공동체는 종종 일터가 있는 지역에서 일주일에 한 번 한 시간씩, 또는 한 달에 한 번 반나절 정도 모임을 갖는다. 구성원들은 자신들이 일터에서 처하는 실상을 자세히 얘기하며, 신앙적 관점에서 그것을 논의하고 대안적 실천 사항들을 수립하고 시행하는 데 최선을 다한다. 어떤 구성원이 동료와의 갈등이나 윤리적인 잘못, 무의미한 느낌, 불공정해 보이는 회사 정책 등의 얘기를 꺼낼 수도 있다. 다른 사람들의 지혜를 취합한 후에 그 구성원은 그에 따른 대응책으로 일련의 행동을 추진하고, 다음 모임에서 그 결과를 보고할 수 있다.

성령을 따라,
생명을 따라
롬 8장

◇◇

▽ **롬 8:1-14**

삶의 질이 새로워지다

신자들은 율법에서 해방되었으나 새 생명으로 행하는 것은 확고한 도덕적 구조("성령의 법"-롬 8:2)에 토대를 두고 사는 것이다. 바울은 이 도덕적 구조를 "영을 따르는 자" 또는 '영의 일을 생각하는 것'(롬 8:5)이라 부른다. 이 두 용어는 모두 우리가 새 생명 안에서 행할 때 우리를 인도해 가는 도덕적 추론 과정을 가리킨다.

이런 종류의 도덕적 긍휼은 구체적으로 어떤 행동이 옳고 그른지 귀로 들어서는 통하지가 않는다. 대신 신자를 "죄와 사망의 법에서" 해방시킨 "그리스도 예수 안에 있는 생명의 성령의 법"(롬 8:1-2)을 실행함으로써 이루어진다. "생명"과 "사망"이라는 단어가 열쇠다. 성령에 따라 산다는 것은, 사망 대신 생명을 가져다주는 일이라면 무엇이든 한다는 뜻이다. "육신의 생각은 사망이요 영의 생각은 생명과 평안이니라"(롬 8:6). 성령에 마음을 둔다는 것은, 각각의 상황에서 더욱 많은 생명을 가져다주는 일이라면 무엇이든 추구한다는 걸 의미한다.

예를 들어 유대인들의 율법은 "살인하지 말라"라고(출 20:13) 가르쳤다. 그러나 성령에 따라 산다는 것은 어떤 사람을 죽이지 않는 수준을 훨씬 넘어선다. 이는 사람들에게 더 나은 삶을 가져다줄 기회를 적극적으로 모색한다는 얘기다. 그것은 예를 들면 호텔 객실을 깨끗하게 청소해 손님이 건강하게 머물도록 해 준다는 의미일 수도 있다. 혹은 이웃집 대문 앞 눈을 치워 지나는 행인들이 안전하게 오가도록 해 주는 걸 의미할 수도 있다. 아니면 새로운 암 치료제 개발을 위해 박사 학위를 따려고 여러 해에 걸쳐 공부하는 걸 의미할 수도 있다.

이를 다른 식으로 표현해 보자. 성령을 따라 산다는 것은, 그리스도 안에서 새로운 질의 삶을 산다는 걸 의미한다. 이것은 다른 사람이 당연히 받아야 할 판단을 유보하고, 대신 그들이 그럴 자격이 있든 없든 상관없이 그들에게 더 나은 삶을 가져다주기 위해 애쓰는 태도에서 나온다. 업무를 줄 때 상사는 부하 직원들이 이미 감당할 수 있는 것에 국한시키지 말고, 매일 자신에게 와서 지침을 받으라고 하면서 그들의 능력을 키워 줄 수 있는 과제를 맡길 수 있다. 일하다가 연장을 망가뜨려 대체할 연장을 빌려 달라는 부탁을 받았을 때, 노련한 선임이라면 신입 일꾼에게 연장을 빌려 주는 대신 다음에는 연장을 망가뜨리지 않을 수 있는 새로운 기술을 전수해 줄 수 있을 것이다. 아이가 "우리 강아지가 왜 죽었어요?"라고 물었을 때 부모는 아이에게 그 애완동물이 죽은 이유를 설명하는 대신, "네가 사랑하는 누군가가 죽는다는 게 두렵니?"라고 물을 수 있다. 이런 하나하나의 상황에서 우리가 지향하는 도덕적인 목적은 단순히 율법의 요구만 채우는 게 아니라, 다른 사람에게 더 나은 질의 삶을 가져다주는 것이다.

율법의 요구를 만족시키는 단계를 넘어 생명을 가져다주는 것이 하나님의 은혜로 구원받은 사람들이 보여야 할 도덕적 긍휼이다. 우리에게는 율법에의 종노릇이 아니라 성령에 따라 살 자유가 있는데 '그리스도 예수 안에 있는 자들에게는 결코 정죄함이 없기 때문이다'(롬 8:1).

성령의 일을 생각하는 데 바울이 "평화"를 포함시킨 것은 (로마서 13장

6절 앞 구절들처럼) '성령을 따라 살아가는 삶'의 사회적 측면을 짚어 준 것이다. 왜냐하면 평화가 사회적 현상이기 때문이다.[5] 그리스도를 따를 때 우리는 우리 자신들에게뿐만이 아니라 우리가 사는 사회에도 새로운 질의 삶을 가져오려고 애를 쓴다. 이것은 일터에서나 다른 곳에서 삶을 위축시키는 사회적 상황에 관심을 갖는 걸 의미한다. 우리는 함께 어울려 일하는 사람들이 더 잘 살도록 해 주기 위해 우리가 할 수 있는 일을 한다. 동시에 우리는 노동 환경을 조성하는 사회 시스템에 의와 의로움을 가져다주기 위해 애를 쓴다.

만약 우리가 속한 조직이 새로운 질의 삶에 대한 필요성을 느낄 수 있도록 돕는다면, 크리스천들은 진보를 위한 (심지어는 생존을 위한) 긍정적인 힘이 될 수 있다. 어쩌면 원하는 만큼 우리의 조직을 바꿀 수 없을지도 모른다. 그러나 만약 우리가 다른 사람들에게 신뢰를 얻으며 다른 데서는 못 듣는 사람들의 말을 들을 수 있다면, 우리의 조직이 관례를 파괴하도록 도울 수도 있다. 우리는 하나님의 은혜가, 최악의 상황에서도 생명을 살리는 데 우리를 사용할 수 있다는 비밀스런 믿음을 품고 있지 않은가!

반대로 만약에 역사하시는 성령님께 마음을 두지 않는다면, 우리는 동료들, 경쟁자들, 고객들, 또는 다른 사람들과의 관계에서 교만해지고 파괴적이 될 수 밖에 없다. 마음에 성령님을 모셨다면, 우리가 하는 일이 다른 사람들의 삶의 질을 향상시키는지 아닌지를 항상 물으면서 우리가 하는 일의 결과 또는 열매를 계속해서 평가해야 한다. 만약 우리가 우리의 진단에 정직한 태도를 취한다면, 이 또한 매일매일 회개와 변화를 위한 은혜를 요구할 것임에 틀림없다.

▽ 롬 8:15-17

언제라도 당신은 혼자가 아니다

바울은 성령 안에서의 삶과 유대인 율법하에서의 삶을 대조시킨다. 그는 신자들이 "무서워하는 종의 영을 받지 아니하고" 하나님 자녀로서의 "양자의 영"을 받았다고 말한다(롬 8:15). '그리스도께 속한' 자는 누구든지(롬 8:9-10) 이제 하나님께 입양된 양자다. 이와는 대조적으로 죄의 세력 아래서 두려움으로 종노릇하는 사람들은 불순종했을 때 받을 처벌에 두려움을 느끼며 산다. '누구든지 그리스도 안에 있으면 정죄함이 없기 때문에'(롬 8:1) 신자들은 이런 두려움에서 해방되었다. 우리가 그리스도 안에서 신실하게 살아간다면, 설령 일상의 삶과 일에서 잘못을 저지른다 하더라도, 율법에 처벌받는 위협에 직면하지는 않는다. 어려움과 실패가 우리 일에 흠이 가게 할 수는 있지만, 하나님의 반응은 정죄가 아니라 구속(救贖)이다. 우리가 한 일이 현재로서는 정말 나쁘게 보일지 몰라도, 충성스럽게 해낸 그 일에서 하나님께서는 가치 있는 뭔가를 이끌어 내실 것이다.

이 구절에서는 적어도 일터에서의 우리 삶과 일을 두 가지 측면에서 바라볼 수 있도록 정보를 제공해 준다. 먼저 하나님이 우리를 양자 삼으셨으므로 우리는 절대로 우리가 하는 일에서 혼자가 아니다. 같이 일하는 사람들이나 혹은 일 때문에 우리가 낙심하고, 불만족하며, 심지어는 가족들조차 우리가 하는 일을 지지해 주지 않더라도, 그리스도 안에 계신 성령님께서 우리와 함께 거하신다. 하나님은 항상 우리의 고난을 구속하시고, 그것을 우리 삶에서 선하고 만족스러운 것으로 바꾸고자 하신다. 로마서 5장과 관련해서 이미 앞에서 본 대로, 우리가 일에서 겪는 어려움과 고난을 신실하게 견뎌 내는 것은 우리의 인격 형성에 이르게

해 주고 장래에 소망을 갖게 해 주는 토대가 될 수 있다.[•]

둘째, 대부분의 사람들은 이런저런 경우에 그들이 하는 일에서 실패와 좌절 그리고 어려움을 겪는다. 매일 정시에 출근해야 하는 것 같은 아주 간단한 의무도 그렇다. 이런 과제를 신실하게 잘 감당하는 것은 실제로 그 일에서 우리가 더 많은 보상을 받게 하고, 더 큰 만족을 갖게 해 준다. 시간이 흐르면서 이런 경험들은 우리에게 구속하시는 하나님의 임재와 동기를 부여해 주고, 활력을 불어넣어 주시는 하나님의 성령을 더 크게 경험하도록 해 준다.

당신이 일터에 화목과 의를 가져다준 보상으로 승진하는 상황도 있을 수 있다. 또 어떤 경우에는 반대로 당신이 저항에 부딪치고, 위협을 받고, 처벌을 받거나 해고될 수도 있다. 안 좋은 관계는 일터에서 흔히 나타나는 광경들이다. 예를 들어 한 부서가 다른 부서의 업무 성과에 대해 상습적으로 방해공작을 할 수도 있다. 경영자와 근로자들 간의 불화가 고착화될 수도 있다. 사람들은 사무실에서의 왕따나 학벌에 따른 파벌, 작업 현장의 왕초 노릇, 인종 차별 또는 학대하는 상사 때문에 겁에 질릴 수도 있다. 이런 상황에서 당신이 화목을 가져와 부서와 회사의 생산성이 높아지고, 직원들의 이직이 줄어들며, 직원 사기가 충천해 고객 서비스가 다시 좋아진다면, 당신은 칭찬을 받거나 승진할 수도 있을 것이다. 반면에 약자를 괴롭힌다든지 파벌을 만들거나 왕초 노릇을 하거나 차별하고 학대하는 상사라면 거의 확실히 당신을 반대하고 당신과 대립할 것이다.

• 이 장의 "롬 5: 11" 부분을 보라.

▽ **롬 8:18-30**

느리고 때로는 고통스러운 과정

그리스도와 함께 '영화롭게 되는 것'(롬 8:17)이 장차 우리의 소망이다. 그러나 바울에 의하면 이 소망은 이미 시작된 하나의 과정의 일부다. 그리고 우리는 어느 시점이 되면 그것이 완성되리라는 기대를 가지고(롬 8:18-25) 끈기 있게 참여해야 한다. 이 과정의 "처음 익은 열매"로써(롬 8:23) 우리가 이미 받은 성령이라는 선물은, 우리가 하나님의 양자라는 것을 확실히 해 준다(롬 8:14-17, 23). 이것은 그 과정이 진행 중이라는 증거다.

이 과정은 "우리 몸의 속량"(롬 8:23)에서 절정을 이룬다. 이는 우리 몸에서 우리 영혼을 건져 내는 게 아니라 전체 피조물과 함께 우리 몸이 변화되는 것이다(롬 8:21). 이 과정은 이미 시작되었으며, 우리는 '그 첫 열매들'(롬 8:23)을 우리 삶과 일에서 오늘 경험한다. 그러나 훨씬 더 좋고 나은 것은 아직 오지 않았으며, 현재는 모든 피조물이 썩어짐의 종 노릇 한 데서 해방되어 벗어나기를 간절히 기다리며 해산의 고통 가운데서 신음하고 있다(롬 8:19-23). 바울은 아담뿐 아니라 모든 피조물이 하나님께서 창조하신 그대로 더 이상 살지 못하고 썩어짐과 죽음에 굴복하게 된 창세기 2-3장에서 나온 이미지를 그린 것이다. 이것은 우리가 하는 일이 사람들에게뿐만 아니라 온 피조물에게까지 영향을 끼친다는 걸 우리들이 되새겨 보게 해 준다. ●

이 과정은 느리고 때로는 고통스럽기까지 하다. 바울의 표현을 빌리면 우리는 이것이 이루어지기를 기다리면서 신음하는데, 단지 우리 개개인만이 아니라 모든 피조물이 해산의 고통 가운데서 신

● 이 주제를 더 자세히 보려면 이 시리즈 1권 《일하는 크리스천을 위한 모세오경·역사서》 1장의 "창 1:26; 2:5" 부분을 보라.

음해 오고 있다(롬 8:22-23). 이는 이스라엘이 이집트에서 종살이 할 때의 신음을 메아리로 들려주는 것이며(출 6:5) 지금도 이 세상에는 거의 3천만 명이나 되는 사람들이 노예로 살고 있다는 걸 우리에게 되새겨 준다.[6] 우리는 단순히 이 세상의 악한 세력에게서 벗어나는 것만으로는 절대 만족할 수가 없으며, 도리어 하나님께서 세상 구석구석을 전부 구원하시기까지 신실하게 하나님을 섬겨야만 한다.

그럼에도 불구하고 세상의 구원은 확실하다. 왜? '하나님을 사랑하는 자 곧 그의 뜻대로 부르심을 입은 자들에게는 모든 것이 합력하여 선을 이루기' 때문이다(롬 8:28). 하나님은 지금 우리 안에서 역사하고 계시며, 세상에 하나님의 구원이 완료될 시간이 다가오고 있다. "보시기에 좋았더라"(창 1:4)라는 하나님의 맨 처음 판단이 지금 우리 안에서 일어나는 변혁으로 확증되고, 나아가 하나님의 시간에 완성될 것이다.

변혁이 아직 완전히 일어나지 않았기 때문에 거기까지 가는 과정에 어려움이 있음을 예상해야 한다. 우리는 선을 행하지만, 때로 현재 이 세상에 남아 있는 악에 의해 그 모든 선이 낭비되거나 파괴되는 결말을 본다. 설령 우리가 선을 행한다 하더라도 그 선의 결과들이 파괴돼 버릴 수 있다. 우리의 권고 사항들이 김빠지게 될 수도 있다. 자본이 모자라 선거에서 불한당들에게 질 수도 있으며, 관료적 형식주의에 익사할 수도 있고, 학생들의 관심사에 전혀 개입하지 못할 수도 있다. 아니면 한동안은 성공을 하지만 나중에 가서 보면 뒤에 일어난 일들 때문에 우리가 기대한 결과가 전혀 안 나타나는 걸 볼 수도 있다. 예를 들어 보건 의료 종사자들은 여러 경우에 소아마비가 거의 박멸 단계까지 이르렀으나, 정치적 반대, 무지, 백신 관련 감염 및 현대의 신속한 이동 수단 때문에 새로이 병균이 창궐하는 상황에 직면할 수도 있다.[7]

▽ 롬 8:31-39

하나님의 사랑이 당신을 붙들고 있다

'우리 모두를 위해' 자기 아들을 내어주심으로써(롬 8:31-32) 하나님은
우리를 위하신다고 바울은 말한다. 우리와 그리스도 예수 안에 있는 하
나님의 사랑 사이에는 어떤 것도 끼어들 수 없다(롬 8:35-39). "내가 확신
하노니 사망이나 생명이나 천사들이나 권세자들이나 현재 일이나 장래
일이나 능력이나 높음이나 깊음이나 다른 어떤 피조물이라도 우리를 우
리 주 그리스도 예수 안에 있는 하나님의 사랑에서 끊을 수 없으리라"(롬
8:38-39).

여기 나오는 것들 상당수가 일의 영역에서 우리를 위협하는 것들처
럼 보인다. 우리는 우리를 위협하거나 또는 능력 없는 상사들(혹은 통치자
들)을 만날 수 있다. 막다른 골목 같은 일들에 붙들려 이러지도 저러지도
못할지 모른다. 나중에 보상을 받으리라는 희망으로 현재를 희생하지만
(장시간의 노동, 근무 후 수업 듣기, 형편없는 월급의 인턴 생활, 일자리를 찾아 외국으로 이
주 등) 절대로 그런 일이 일어나지 않을 수도 있다. 경기 불황이나 정부 규
제 때문에, 또는 심지어 얼굴도 한 번 본 적 없는 권력자들의 신중하지 못
한 행동 때문에 일자리를 잃을 수도 있다. 환경, 어리석음, 아니면 다른
사람들이 저지른 범죄 때문에 강제로 급이 낮아지거나 위험한 일을 맡을
수도 있다. 우리가 이 모든 것들에 받는 상처의 고통은 부정할 수 없는
사실이다. 하지만 결코 이것들이 우리를 이기지는 못한다.

그리스도의 신실하심 그리고 하나님의 은혜에 힘입은 우리의 신실함
으로 삶과 일이 우리에게 가하는 최악의 상황들을 이겨 낼 수 있다. 혹시
경력을 쌓거나 수입을 늘리거나 아니면 특권을 누리는 것을 일의 최대
목표로 삼는다면, 실망만 안고 끝날 수도 있다. 그러나 만약에 구원이, 하

나님과 사람들 사이의 화목, 신실함, 그리고 의가 우리의 가장 큰 소망이라면, 우리는 일을 하면서 좋을 때나 나쁠 때나 가리지 않고 소망을 찾아낼 것이다. 바울은 우리가 일에서 제아무리 어려운 일을 만나더라도, 혹은 일터에서 동료나 상사들과 제아무리 복잡하고 버거운 상황에 부딪치더라도, 그리스도 안에 있는 하나님의 사랑이 항상 우리 안에 거하신다는 것을 확증해 준다. 그리스도 안에 있는 하나님의 사랑은 현재 겪는 역경 한가운데서 우리를 지탱해 주는 힘이며, 동시에 언젠가 우리 몸이 부활할 것이라는 소망이다.

모든 사람에게 베푸신 긍휼
롬 9-11장

로마서 9-11장에서 바울은 이 서신이 말하고자 했던 문제로 되돌아간다. 유대인 크리스천과 이방인 크리스천 간의 불화가 바로 그 문제다. 하지만 이는 우리가 다루는 일과 신학에서 주 관심 분야가 아니므로 간략하게 요약만 하고자 한다.

바울은 하나님과 이스라엘 간의 역사, 특히 하나님의 자비하심에 초점을 맞춰 논의를 진행한다(롬 9:14-18). 그는 하나님의 구원이 어떻게 이방인들에게도 이르게 되었는지 설명한다. 먼저 유대인들이 하나님의 구원을 경험했는데, 그 시작은 아브라함이었다(롬 9:4-7). 그러나 많은 유대인들이 떨어져 나갔고, 현재는 이방인들이 더 신실한 것처럼 보인다(롬 9:30-

33). 그러나 이방인들의 구원은 유대인들의 구원과 맞물려 있기 때문에 (롬 11:11-16) 이방인들이 판단해서는 안 된다. 하나님께서는 그분의 '남은 자들'을 남겨 놓으셨는데(롬 9:27; 11:5), 하나님의 은혜로 그 남은 자들의 신실함이 세상을 화목에 이르게 한다.

하지만 구원이 인간이 순종하여 얻은 보상이 아니라 하나님이 베푸신 긍휼의 행위라는 점에서 유대인과 이방인은 모두 똑같다(롬 9:6-13). 바울은 이를 염두에 두고 양쪽에 대한 여러 가지 주장을 펼쳐 나가는데, 결론은 항상 '하나님은 자신이 긍휼을 베푸시기로 선택하신 자에게 긍휼을 베푸신다는 것'이다(롬 9:18). 유대인도 이방인도 그들의 행위 덕분에 구원받은 게 아니라, 하나님의 은혜로 구원받은 것이다.

구원은 하나님에게서 오며 예수를 주로 믿고 하나님께서 그를 죽은 자 가운데서 살리신 것을 믿는 데서 온다고 바울은 말한다(롬 10:9-10). 다시 말하면, 구원은 예수를 주로 따르는 유대인과 이방인 모두의 삶을 부요케 하시는, 생명을 주는 하나님의 능력을 믿는 모든 사람에게 온다는 말이다(롬 10:12-13). 불순종은 이방인이든 유대인이든 상관없이 하나님에게 모든 사람을 향한 하나님의 긍휼을 세상에 보여 줄 수 있는 기회를 제공했다(롬 11:33). 이 서신에서 바울이 관심을 보이는 것은 예수님을 따르는 유대인들과 이방인들 간의 깨어진 관계를 화목케 하는 것이었다.

로마서 9-11장은 우리 모두에게 소망을 준다. 먼저 바울은 불순종하는 자들에게 긍휼을 베풀고 싶어 하시는 하나님의 열망을 강조한다. 일을 하며 살아가는 우리는 누구든 일의 어떤 측면에서 어느 정도는 그리스도의 믿음과 신실하심을 구체화시키지 못한 것이 사실이다. 만약 하나님께서 우리에게 긍휼을 베푸신다면(롬 11:30) 우리도 일하면서 다른 사람들에게 긍휼을 베풀라는 요구를 받는 셈이다. 그렇다고 해서 형편없는 업무 처리를 눈감아 주라거나, 괴롭힘이나 차별을 보고서도 침묵을 지키라는 의미는 아니다.

긍휼은 압제하도록 힘을 실어 주는 게 아니다. 그것은 어떤 사람의 실패가 오로지 그만의 실패인 양 정죄해서는 안 된다는 뜻이다. 같이 일하던 누군가가 실수했을 때 경쟁력이 없다며 그를 비난할 게 아니라, 오히려 그가 그런 잘못에서 회복되도록, 또 어떻게 하면 그런 잘못을 되풀이하지 않을지를 배우도록 도와주어야 한다. 누군가 우리의 신뢰를 깨뜨렸을 때 우리는 그 사람편이 돼 주거나 함께 책임을 져 주어야 하며, 만약 그가 회개해서 신뢰를 회복할 수 있는 길을 만들어 간다면, 그를 용서해 주어야 한다.

둘째, 로마서의 이 부분은 신실한 크리스천들인 우리가 끝까지 견디고, 그 결과 지금 일시적으로 믿음으로 순종하는 길에서 넘어진 자들을 대신해 우리가 신실한 "남은 자들"이 되어야 할 책임이 있다는 걸 상기시켜 준다(롬 11:5). 우리 주변에서 그렇게 넘어지는 자들을 보고 우리가 할 일은 그들을 판단하는 게 아니라, 그들을 변호하는 입장에 서는 것이다. 어쩌면 우리의 신실함이 다른 사람들에게 가해진 그 손해를 완화시켜 줄 수도 있고, 심지어는 그것을 유발시킨 사람들이 심한 처벌을 받지 않도록 그들을 건져 줄 수도 있다.

예를 들어 보자. 만약 동료가 고객이나 부하 직원을 잘못 대하는 광경을 목격했다면, 그것이 '호떡집에 불 난' 사건으로 번지기 전에 그 상황에 개입하여 바로잡을 수도 있다. 우리도 얼마나 넘어지기 쉬운 존재인지, 또 얼마나 여러 번 실패했는지를 명심한다면, 다른 사람들의 실패에 그리스도께서 보여 주신 것과 같은 긍휼히 여기는 태도로 임해야 한다. 이는 사람들이 다른 사람들을 학대하는 걸 우리가 허용한다는 의미가 아니다. 그리스도께서 하셨듯이, 죄의 힘에 눌려 잘못을 저지른 사람들의 구속을 위해 우리 스스로 위험을 무릅쓴다는 의미다.

셋째, 이 장들은 매일의 일과 삶에서 동료들을 위해 믿음으로 순종하는 모습을 우리가 몸소 증명해 보여야 한다는 점을 상기시켜 준다. 만약 우리가 정말 새 생명 안에서 행한다면, 그리고 우리가 하는 행동들이 주변 사람들에게 어떻게 새로운 질의 삶을 가져다줄 수 있는지에 마음을 둔다면, 다른 사람들도 똑같이 그렇게 하고 싶은 마음이 들지 않을까? 일터에서 우리가 보여 주는 행동들은 우리가 하나님께 드릴 수 있는 가장 큰 소리의 찬양이 될 수 있으며, 우리 동료들이 목격할 수 있는 가장 매력적인 전도가 될 수 있다. 세상 모든 사람을 향한 하나님의 소원은 그들이 모두 하나님과 화목하고, 서로서로 화목하는 것이다. 따라서 우리가 하는 일과 영위하는 삶의 모든 측면이 그리스도의 증인이 될 수 있는 기회이며, 이 세상을 화목케 하는 요원이 될 기회다.

넷째, 우리는 언제나 겸손해야 한다. 바울이 이 편지를 써 보냈던 대상, 당파를 만들고 있던 그 당사자들처럼, 우리가 스스로의 지위를 주변 사람들보다 더 높은 것이라고 판단한다면, 하나님께로 나아가는 내면의 행로가 우리에게 있다고 상상하는 셈이다. 바울은 이런 교만에 단호하게 반대해서 말한다. 미국 연합사 합참의장이었던 피터 페이스(Peter Pace) 장군이 말한 것처럼 우리는 다른 사람들 안에서 하나님이 어떻게 역사하시는지 속속들이 다 알지는 못한다. "당신은 알고 있는 대로의 진실을 항상 말해야 하지만, 아울러 당신이 모르는 전체의 어느 부분도 있다는 걸 이해하지 않으면 안 된다."[8]

이 세상에서 우리가 화목케 하는 이 지책을 실현시키는 구체적인 방법은 우리의 일이나 일터의 수만큼이나 다양하다. 그렇다면 우리는 화목케 하시는 하나님의 사랑을 일터에서 어떻게 이행할 수 있을까? 그 방법을 분별해 내는 요령을 바울에게서 더 알아보기 위해 로마서 12장으로 넘어가 보자.

은혜받은 한 사람을 통해
변화하는 공동체
롬 12장

로마서 12장은 구원의 사회적·공동체적 측면을 집중 조명한다. 바울은 로마에 있는 개인이 아니라 크리스천 공동체에 편지를 썼으며, 그가 계속 관심을 쏟는 것은 (그들의 일을 특별히 강조하지만) 함께하는 삶이다. 로마서 1-3장에서 본 대로 그리스도 안에서의 구원은 화목, 의로움과 의, 그리고 믿음과 신실함으로 이루어져 있다. 이 각각에는 명령의 요소들이 들어 있는데, '다른 사람들과 화목하라', '사람들 가운데서 공의로우라', '다른 사람들에게 신실하라' 등이다.

▽ 롬 12:1-3
마음 변화

삶에 구원의 공공적인 성격을 더한다는 것은, 자신을 섬기던 쪽에서 공동체를 섬기는 쪽으로 우리 마음과 의지의 방향을 재설정한다는 의미다.

> 너희는 이 세대를 본받지 말고 오직 마음을 새롭게 함으로 변화를 받아 하나님의 선하시고 기뻐하시고 온전하신 뜻이 무엇인지 분별하도록 하라 내게 주신 은혜로 말미암아 너희 각 사람에게 말하노니 마땅히 생각

할 그 이상의 생각을 품지 말고 오직 하나님께서 각 사람에게 나누어 주신 믿음의 분량대로 지혜롭게 생각하라(롬 12:2-3).

바울의 공동체성을 명확히 하는 이 단락의 두 번째 부분부터 시작해 보자. "내게 주신 은혜로 말미암아 너희 각 사람에게 말하노니 마땅히 생각할 그 이상의 생각을 품지 말고 오직 하나님께서 각 사람에게 나누어 주신 믿음의 분량대로 지혜롭게 생각하라." 나 자신은 덜 생각하고 다른 사람은 더 많이 생각하며, 공동체 또한 더 많이 생각하라는 말이다. 12장 뒤에서 바울은 '형제를 사랑하여 서로 우애하라'(롬 12:10), "성도들의 쓸 것을 공급하며 손 대접하기를 힘쓰라"(롬 12:13), "모든 사람 앞에서 선한 일을 도모하라"(롬 12:17) 그리고 "모든 사람과 더불어 화목하라"(롬 12:18)라는 말을 덧붙여 이 말을 확장시킨다.

이 단락의 첫 부분은 구원을 주시는 하나님의 은혜가 없이는, 타인을 우리보다 우선할 수 있는 능력이 우리에게는 없다는 사실을 상기시켜 준다. 로마서 1장에서 바울이 지적한 대로, 사람들은 "타락한 마음"(롬 1:28, 새번역)의 종이 되어 있어서 "생각이 허망하여지며 미련한 마음"(롬 1:21)에 의해 어두워졌고, 그것이 결국 서로서로를 향해 온갖 종류의 악한 일을 저지르는 결과를 초래했다(롬 1:22-32). 구원은 이처럼 마음의 종 된 상태에서 해방되는 것이며, '그렇게 해서 하나님의 선하시고 기뻐하시고 온전하신 뜻이 무엇인지 분별할 수 있게 되었다.' 우리의 마음이 자기중심에서 타인 중심으로 비껴가기만 한다면, 다른 사람들을 위해 스스로를 희생하신 그리스도를 본받아 자기 자신을 섬기려는 목적을 넘어 화목과 의와 신실함을 앞세울 수 있을 것이다.

마음이 변화되면 우리의 목적은 자기중심적인 우리 행위를 정당화하는 데서 다른 사람들에게 새 생명을 가져다주는 것으로 전환된다. 예를 들면, 어느 식당에서 당신이 직원들의 근무교대 시간 책임자로 일하는데 마침 지배인으로 승진될 후보가 되었다고 치자. 이때 당신의 마음이 그리스도로 변화되지 않았다면, 당신의 기본 목표는 다른 후보들을 누르는 것이 될 것이다. 식자재 공급상의 문제에 대한 정보를 다른 후보들에게 알려 주지 않거나, 다른 사람들과의 교대 때만 드러나는 위생 문제들을 모른 체하거나, 직원들 사이에 반대 의견을 퍼트리거나, 고객 만족을 향상시키기 위한 협업을 회피하는 등 무수히 많은 일을 할 수 있다. 그러면서도 당신의 그런 행동을 (당신 자신에게) 정당화한다. 하지만 이것은 다른 후보들에게도 해가 될 뿐 아니라, 그들과 같은 교대조에서 일하는 사람들에게도, 더 나아가서 그 식당 전체와 고객들에게까지도 손해를 끼칠 것이다. 반면 만약 당신의 마음이 다른 사람들을 우선 배려하는 쪽으로 변화한다면 당신은 다른 후보들이 그들 자신을 위해서뿐 아니라 그 식당과 식당 종업원들 및 고객들을 위해서도 일을 더 잘하도록 도울 것이다.

▽ 롬 12:1-3

공동체를 위한 가치 있는 희생

내 자신보다 타인을 우선하다 보면 나의 희생이 따르기 마련이다. 바울은 이렇게 권면한다. "너희 몸을 …… 산 제물로 드리라"(롬 12:1). "몸"과 "산"(살아 있는)이라는 단어는 바울이 세상에서 하는 매일의 일과 삶에서의 실질적인 행동을 의미한다는 것을 강조한다. 모든 신자는 다른 사람들에게, 그리고 하나님의 전체 피조물에게 유익이 되게 하는 일에 그들의 시간, 재능, 에너지를 바침으로써 산 제물이 된다.

우리 삶에서 깨어 있는 모든 순간을 하나님께 산 제물로 바칠 수 있다. 일터에서 우리에게 잘못을 저지른 사람을 용서해 주거나, 또는 다른 사람들끼리 불화할 때 해결할 수 있도록 돕기 위해 위험을 무릅쓴다면, 우리는 그렇게 산 제물로 우리를 바치는 것이다. 우리 자신의 편안함을 추구하기 위해 유한한 지구 자원 사용을 유보할 때, 이것이 바로 산제사를 드리는 것이다. 완전한 일자리를 찾는 것보다 가족들을 먹여 살리는 일이 우리에게는 더 중요하므로 불만스럽고 낮은 일자리라도 받아들인다면, 우리는 산제사를 드리는 것이다. 배우자가 어떤 곳에서 오매불망 원하던 일자리를 갖게 하기 위해서 상당한 보상이 따르는 자리를 사양한다면, 이 역시 우리의 산 제물이 된다. 상사인 우리가 밑에 있는 직원이 저지른 실수 때문에 대신 그 비난을 받아들인다면, 이 또한 우리가 산 제물이 되는 것이다.

▽ 롬 12:1-3

함께 분별하며 결정하는 훈련

마음의 변화로 '하나님의 뜻을 분별하는 것'(롬 12:2)은 우리가 믿음의 공동체에 참여하기로 결정하는 것과 병행해서 온다. 우리는 구원받는 과정에 있는 사람들로서 다른 사람들을 우리의 결정 과정에 참여시킨다. 바울이 '분별'이라는 의미로 쓴 용어는 헬라어(dokimazein)로는 '검정하다' 또는 '인정하다'라는 뜻이다. 우리가 한 결정은 우리가 하나님의 뜻을 분별했다는 확신을 갖기 전에 반드시 다른 신자들에게 검정을 받고 인정받아야 한다.

"마땅히 생각할 그 이상의 생각을 품지 말고"(롬 12:3)라는 바울의 경고는 우리의 의사결정 능력에도 적용 가능하다. 당신 스스로 하나님의 뜻을 분별하는 데 필요한 지혜, 도덕적 수준, 폭넓은 지식, 또는 다른 어떤 것을 가졌노라고 생각하지 말라. '실제보다 더 지혜롭다고 주장하지 말라'(롬 12:3). 우리는 믿음의 공동체가 가진 은사와 지혜의 다양성에다(롬 12:4-8) 서로 조화를 이루어 살아가며(롬 12:16) 그 공동체에 속한 다른 사람들을 참여시킴으로써만 신뢰할 수 있는 결정을 내릴 수 있고, 그 결정들을 검정 받고 인정받을 수 있다.

우리는 이걸 받아들일 수 있다고 생각할지 몰라도, 이것은 훨씬 더 어려울 수도 있다. 공동체인 우리는 도덕적 가르침을 받기 위해 모일 수는 있지만, 도덕적 결정을 내릴 때 실제로 서로서로 얼마나 자주 얘기를 하는가? 그저 몇몇 사람들에게 조언을 받은 다음, 그 문제를 책임져야 하는 개인이 결정하는 경우가 얼마나 많은가! 우리가 이런 식으로 일을 처리하는 것은 도덕적 논의가 불편하거나, 로널드 하이페츠(Ronald Heifetz)의 표현대로 그것이 "핫"(hot)하기 때문이다. "대부분의 사람들은 어려운 쟁점들을 피하고 현상 유지를 원하기 때문에"⁹ 사람들은 열띤 토론을 하고 싶어 하지 않는다. 게다가 종종 공동체의 결정이 어떤 형태로든 우리가 가진 힘에 대해 위협적이라는 느낌을 갖는다. 그러나 우리 스스로 내리는 결정은 대개가 이미 굳어진 시각을 그대로 따라가는 것, 곧 '이 세대를 본받는 것'(롬 12:2)에 지나지 않는다는 걸 의미한다. 이런 시각 때문에 일을 하다가 난관에 봉착할 수 있다. 만약 우리가 신앙 공동체가 아니라, 세속의 회사, 정부, 교육 기관, 또는 다른 상황에서 일을 한다면 어떻게 될까? 우리의 행동을 동료들에 맞춰 진단할 수는 있겠지만, 그들의 행동이 하나님의 뜻에 맞지 않을 수도 있지 않은가.

반대로 우리 행동을 우리의 교회 소그룹이나 또는 다른 사람들에게 맞춰서 진단할 수도 있겠지만, 어쩌면 그들은 우리가 하는 일을 제대로 이해하지 못할 수 있다. 이렇게 하는 것은 둘 다든, 또는 둘 중 하나든 다른 것보다 나을 게 없다. 그러나 우리가 일터에서 신자 그룹을 하나 만들어서, 혹은 적어도 비슷한 상황에서 일하는 신자들끼리라도 모여서, 그들과 우리의 행동을 비추어 보는 것은 안 하는 것보다는 낫다. 프로그래머로서, 소방관으로서, 공무원으로서, 또는 학교 교사로서 화목과 의와 신실함을 이행하기 위해 우리가 얼마나 제대로 행동하고 있는지를 진단해 보고 싶다면, 우리에게 그것에 대해 어느 누가 다른 크리스천 프로그래머들이나 소방관들이나 교사들보다 더 잘 말해 줄 수 있겠는가? ●

▽ 롬 12:4-8

각자 다른 모양으로 공동체를 위하다

새 생명 안에서 행하는 것을 실제로 적용하는 데 반드시 필요한 하나는, 다른 사람들이 하는 일에 우리가 서로서로 얼마나 의존하는지를 인식하는 것이다. "우리가 한 몸에 많은 지체를 가졌으나 모든 지체가 같은 기능을 가진 것이 아니니 이와 같이 우리 많은 사람이 그리스도 안에서 한 몸이 되어 서로 지체가 되었느니라"(롬 12:4-5). 이런 상호의존성은 약점이 아니라 하나님에게서 온 하나의 선물이다. 우리는 하나님에 의해 지금도 구원을 받고 있기에 서로서로 점점 더 통합되어 가고 있다.

바울은 이를 일에 적용해서 우리 모두 각자의 고유한 역할을 해야 한다고 말한다. '우리는 받은 은사가 다르다'(롬 12:6)는 점을 주목하면서 그중 몇 가지를 열거하는데, 예언, 섬김, 가르침, 위로, 구제, 다스림, 긍휼 베풀기 등과 같이 일이라는 형태를 띠고 있음을 볼 수 있

● TOW 웹사이트 핵심 주제 코너에서 '양육하는 교회'의 "양육하는 교회들은 모든 이들이 책임을 지도록 장려한다" 부분을 보라.

다. 그 각각은 '우리가 받은 은혜대로 주어진 것으로'(롬 12:6) 우리가 공동체의 유익을 위해 일할 수 있는 힘을 실어 준다.

바울은 특정 공동체(교회)라는 정황 안에서 이 과정을 전개해 나간다. 이것이 적합한 이유는 서신 전체가 교회 내의 어떤 한 가지 문제(유대인과 이방인 신자들 사이의 갈등)를 중심으로 전개하기 때문이다. 그러나 그 목록이 특별히 '교회적'이라고 할 수는 없다. 그 목록은 교회 밖의 일에도 다 똑같이 적용할 수 있다. 예언("신적으로 전달된 메시지를 선포하거나" 또는 "감춰져 있던 어떤 것을 밝히 드러내는 것"[10])은 하나님의 말씀을 암담한 상황에 적용하는 능력으로, 모든 일터에 절실하게 필요한 요소다. (원래 '행정'이라는 의미를 내포한) 섬김(ministry)은 일을 조직화함으로써 그 일이 마땅히 섬김을 받아야 할 사람들, 예를 들면 고객, 시민, 또는 학생들이 섬김받도록 해 주는 능력이다. 그것을 가리키는 다른 용어가 바로 '경영'(management)이다. 가르침, 위로(또는 격려), 그리고 다스림 등은 교회는 물론이거니와 세속의 상황에도 얼마든지 적용 가능하다. 구제도 마찬가지다. 우리의 시간이나 기술, 우리의 인내 또는 일에서 다른 사람을 돕기 위해 우리의 전문성을 발휘하는 모든 것들이 다 구제의 여러 가지 형태다.

긍휼 베풀기는 일에서 과소평가해 온 요소다. 일이라는 경쟁의 세상에서 긍휼 베풀기가 짐짓 장애물로 보일 수 있지만, 실제로 이는 우리가 일을 잘하는 데 반드시 필요하다. 우리가 하는 일의 가치는 단순히 투자한 시간의 양에서 오는 게 아니라, 재화와 용역이 얼마나 다른 사람들을 섬기는 데 관심을 두었느냐 하는 것, 다시 말하면 긍휼에서 온다. 자신이 조립한 부품이 제자리에 잘 맞게 들어갔는지 안 들어갔는지 전혀 신경 쓰지 않는 자동차 공장 작업자는 그 회사나 고객, 또는 동료들에게 아무 쓸모가 없으며, 오래지 않아 해고자 명단에 오를 것이다. 또 만약 공장 근로자들이 회사 고객들에게 관심을 가지고 있는지 없는지에 그 자동차 회사가 전혀 신경을 안 쓴다면, 머잖아 고객들은 다른 회사 브랜드를 찾아 떠날 것이다.

여기서 예외의 경우가 있다면, 고객들의 약점을 이용해 이익을 찾아내는 제품과 서비스들이다. 예컨대 마약, 포르노, 자기 신체와 관련해 가지는 이미지에 대한 사람들의 우려를 이용한 제품 등이다. 이런 경우에 돈을 버는 것은, 고객들에게 긍휼을 베풀 필요가 아예 없을 수도 있다. 이런 영역에서 고객들에게 해를 끼치면서도 돈을 벌 수 있다는 사실은, 성공에 긍휼이 필수적이지 않은 그런 일터들은 크리스천들이 피해야 한다는 걸 시사한다. 제대로 된 회사라면 사람들의 약점을 이용해서가 아니라, 사람들의 참된 필요들을 채워 줌으로써 수익을 창출한다.

이런 모든 은사들과 더불어 생명을 주시는 하나님의 능력은, 일을 하는 특별한 행위와 방식에서 경험할 수 있다. 다시 말하면, 사람들의 삶을 풍요롭게 하는 하나님의 능력은 예수님을 따르는 사람들이 취한 구체적인 행위를 통해서 온다는 얘기다. 하나님의 은혜는, 하나님의 사람들이 다른 사람들이 이익을 얻도록 행동을 하게 만든다.

▽ 롬 12:9-21

거짓 없는 사랑으로

비 울은 다른 사람들에게 생명을 주시는 하나님의 능력을 흘려보내는 통로로써 우리가 섬기는 데 도움을 주는 구체적인 지침이 될 여러 가지 원리를 밝혀 준다. 그는 사랑이란 문자 그대로 '거짓이 없어야'(롬 12:9) 한다는 자신의 전체적인 관심사로 이 섹션을 소개한다.

로마서 12장 9-13절 나머지 부분은 존경, 환난 중의 인내, 기도에 항상 힘씀, 성도들이 쓸 것을 공급함, 손 대접하기를 힘씀 등을 포함한 거짓 없는 사랑을 정성스럽게 다룬다. 특히 주목할 부분은 로마서 12장 16-18절인데 거기서 바울은 로마 성도들에게 '모든 사람과 더불어 화목할 것'을 권면한다. 특별히 이것은 공동체 안에서 가장 힘없는 자들을 사귈 것과, 악을 악으로 갚지 않고 가능한 한 모든 사람과 화목하게 사는 걸 의미한다고 그는 말한다.

만약 우리에게 거짓 없는 사랑이 있다면, 우리는 직장 상사나 우리와 같이 일하는 사람들을 돌보아줄 것이다. 정의상으로 보면, 우리는 일할 때 적어도 부분적으로는 목적을 위한 수단으로 일을 한다. 그러나 같이 어울려 일하는 사람들을 절대로 목적을 위한 수단으로 대해서는 안 된다. 각 개인은 근본적으로 고귀한 존재이며, 그리스도께서는 똑같이 그들을 위해 죽으셨다. 그리스도께서 한 사람 한 사람을 위하여 죽으셨고, 모두에게 새 생명을 주시려고 죽음에서 다시 부활하셨으며, 이런 그리스도께서 모든 사람을 대하는 바로 그것이 거짓 없는 사랑이다.

거짓 없는 사랑은 함께 일하는 사람들의 지위에 상관없이 그들의 가족, 문화, 언어, 열망, 그리고 하는 일을 존중해 주고, 그 각각의 이름을 불러 주며 존경을 표한다. 거짓 없는 사랑은 실수한 부하 직원, 배움이 느린 학생, 우리를 불편하게 만드는 장애를 가진 직장 동료를 참아 준다. 거짓 없는 사랑은 새로 채용된 직원, 밤늦게 도착한 사람, 분별력을 상실한 환자, 길 잃은 나그네, 막 진급한 상사에게 호의를 베풀 줄 안다. 우리는 매일매일 크든 적든 우리에게 위해를 가하는 사람을 만날 가능성을 안고 살아간다. 그러나 우리가 하는 보호는 자기 방어를 위해 다른 사람들에게 악을 행하거나 절망의 나락으로 떨어지는 것이 아니라 '선으로 악을 이기는 것이다'(롬 12:21). 이는 우리 자신의 힘으로는 할 수 없고 오직 그리스도의 성령 안에서 살아갈 때만 가능하다.

진정한 권세자의
권세 아래에서 살아가기
롬 13장

"각 사람은 위에 있는 권세들에게 복종하라 권세는 하나님으로부터 나지 않음이 없나니 모든 권세는 다 하나님께서 정하신 바라"(롬 13:1). 로마 통치 제도가 하나님의 정의에 부합하지 않음을 알고 있던 로마 교회에게 바울의 이런 조언은 받아들이기가 쉽지 않았을 것이다. 우상을 숭배하고 잔인한 로마 황제에게 복종하는 것이 도대체 어떻게 성령 안에서 살아가는 방법이란 말인가? 바울의 대답은 하나님이 지상 모든 권세의 주관자시며, 때가 되면 하나님께서 그 권세자들을 다루신다는 것이다. 그 힘이 강력하여 견줄 바가 없던 로마제국조차 궁극적으로는 하나님의 권세에 굴복하게 되어 있었다.

"치안관들은, 좋은 일을 하는 사람에게는 두려울 것이 없고, 나쁜 일을 하는 사람에게만 두려움이 됩니다"(롬 13:3, 새번역)라는 말은 일터에도 어울리는 말이다. 많은 기업체의 상사들은 조직을 효과적으로 짜고, 분쟁 발생을 방지하기 위해 공정한 환경을 만든다. 법원은 특허나 토지 소유권, 노사관계, 계약의 공평성 등을 다룬 사건을 정기적으로 처리한다. 입법자들은 시시때때로 환경을 보호하고, 사기를 예방하며, 근로 안전을 의무화하고 주택 분양에 공평한 기회를 주려고 애쓴다. 경찰은 크게 보면 죄를 범한 사람들을 체포하고 무고한 자들을 지원해 준다. 심지어 예수를 안 믿는 당국도 종종 옳은 일을 하는 것은 이 세상 가운데 베푸시는 하나님의 은혜의 한 표시다.

하지만 사업이나 정부 또는 모든 일터의 권력자들은 일을 엉망진창으로 만들 수 있으며, 때로는 이기적인 목적을 위해 권력을 남용하기도 한다. 이런 일이 일어나면, 인간이 만들어 낸 권세와 (비록 그것들이 중요한 것이긴 하지만) 모든 피조물 위에, 배후에, 그리고 그 피조물을 통해서 있는 하나님의 권세를 구별하는 데 도움이 된다. 인간의 권세가 우리에게 너무도 밀착해서 다가오면, 우리 삶에서 역사하시는 하나님의 움직임을 감지해 낼 수 없다. 이 단락은 우리더러 하나님께서 적극적으로 역사하시는 곳이 어디인지를 분별하라고 권면하며, 우리 모두를 위한 인생의 참된 충만함을 촉진시켜 주시는 하나님의 활동에 우리가 삶을 통해 참여하도록 용기를 불어넣어 준다.

데니스 코즐로브스키(Dennis Kozlowski)가 타이코 인터내셔널(Tyco International) 회장으로 있을 때 함께 일했던 사람들이 왜 그가 호화로운 사생활에 돈을 대기 위해 회사 금고를 들고 도망가도록 내버려 두었는지 궁금했을 것이다. 성실하게 일하려고 애써 왔던 사원들은 아마도 실직이 두려웠을 것이다. 도덕적인 다른 사람들은 코즐로브스키의 음모에 가담하라는 압박을 받았을지도 모른다. 그러나 결국에 코즐로브스키는 발각됐고, 중절도죄와 범죄음모와 사기죄로 피소되어 실형을 선고받았다.[11] 정의가 반드시 회복될 거라 믿었던 사람들이 과연 옳았다는 것으로 그 이야기는 끝이 났다.

바울은 서구 세계에서 지금까지 알려진 가운데 가장 강력한 권력자들의 도시 한복판에 살던 로마의 크리스천들에게 실질적인 조언을 해 준다. 법을 지키고, 국세와 관세를 납부하며, 권세의 자리에 앉은 사람들을 존경하고 귀히 여기라는 것이다(롬 12:7). 크리스천으로서 자신들은 로마 정부에 반기를 들어야 한다고 생각한 사람들도 더러 있었을 것이다. 그러나 바울은 그들의 태도에서 하나님 중심보다는 자기중심성을 본 것 같다. 자기만족을 위한 반역은 그들이 다가오는 '하나님의 날'(롬 13:12)을 대비할 수 없게 만들 것이다.

예를 들면, 어떤 나라에서는 탈세가 너무도 심해서 세금으로 제공하는 필요한 서비스를 제공하지 못하고, (탈세를 가능하게 해 주는) 뇌물에 움직이는 부패한 공무원들은 어디에나 있으며, 조세 부담은 형평성이 깨져 있다. 정부는 납세의 정당성을 상실했다. 납세자들이 봐도 그렇고, 탈세자들이 봐도 그렇다. 공공서비스가 불안정하면 경제성장과 인간 개발이 지지부진해진다. 의심할 여지없이 거둔 돈의 상당수가 크리스천의 가치에 맞지 않는 목적에 쓰이고 있고, 많은 크리스천들이 다른 사람들과 똑같이 세금을 납부하지 않는 방법으로 대처할 수 있다. 그러나 만약 크리스천들이 조직적으로 자신들의 세금을 납부하고, 또 정부의 재정 운영을 감시하는 데 헌신한다면 어떤 일이 일어날까? 이런 식으로 정부를 개혁하는 데는 수십 년이 걸리긴 하겠지만, 그러나 그렇게 한다면 결국에는 통하지 않을까? 로마서 12장에서 바울은 그렇게 하는 것이 끝에 가서 반드시 통할 것임을 시사한다.

오늘날 민주주의 사회에 사는 많은 크리스천들은 최선을 다해 우리가 하나님의 정의를 표현하고, 현명한 법에는 투표할 책임이 있음을 알아야 한다. 일단 개표가 되고 나면, 설령 우리가 동의하지 않았다 하더라도 그 법과 권위를 지켜야 할 의무도 져야 한다. 바울이 말하는 내용은 우리가 민주주의라는 수단을 통해 불의한 권세를 바꾸기 위해 애를 쓰기는 써야 하지만, 동시에 합법적인 권세에 대해서는 반드시 복종해야 함을 암시한다.

우리는 삶의 모든 영역에서 개인의 이익보다는 항상 공공의 유익을 우선하면서 모든 불의한 시스템을 변혁시키고 저항하는 데 계속 책임을 져야 한다. 설령 그렇다 하더라도 일터에서든, 학교에서든, 교회에서든,

정부에서든, 또는 공공생활에서든 어디에서나 위의 권력자들을 존경해야 한다. 변화는 우리가 강력하게 항거를 해야 일어나는 게 아니라, 하나님께서 모든 것을 절대적으로 주관하시는 덕분에 일어난다고 우리는 믿는다.

바울은 우리가 다른 사람들을 사랑함으로써 그 계명을 충족시킬 수 있다는 점에 주목하면서 로마서 13장을 마무리한다. 성령 안에서 살아가는 사람은 본래 유대인들의 율법이 요구하는 것을 충족시키게 된다. 설령 유대인의 율법을 모르는 사람들일지라도 말이다. 바울은 이것이 인간의 노력으로 되는 게 아니라, 우리 안에 있는 그리스도의 능력으로 된다는 것을 다시 한 번 언급한다. 그의 결론이다. "오직 주 예수 그리스도로 옷 입으라!"(롬 13:14)

서로를
받아들이는 연습
롬 14-15장

이제 바울은 지금까지 해 온 자신의 도덕적 추론을 마무리한다. 그는 로마 교회라는 독특한 정황 속에서 발생한 몇 가지 시사점들을 제시해 주느라 잠시 숨을 고른다.

로마 교회들을 위한 가장 주된 시사점은 '받아들임'(welcome)이다. 로마의 크리스천들은 서로서로를 받아들여야만 했다. 바울이 이런 시사점을 끌어내는 것은 그리 어려운 일이 아니었다. 도덕적 추론의 목적은, 로마서 6장에 따르면 '새 생명 안에서 행하는 것'인데, 즉 우리 주변 사람들에게 새로운 질의 삶을 가져다준다는 의미다. 만약 당신과 누군가와의 관계가 깨졌다면, 상대방을 받아들이는 것이야말로 새로운 질의 삶이다. 받아들임은 화목을 실천하는 것이다. 말다툼은 다른 사람들을 배제시키려 애쓰는 것이지만, 받아들임은 때로는 그 사람 의견에 동의하지 않는 부분이 있더라도, 그 사람을 포용하려고 애쓰는 것이다.

▽ 롬 14:1-23

의견 차이로 인한 다툼

"믿음이 연약한 자를 너희가 받되 그의 의견을 비판하지 말라"(롬 14:1)라는 말로 바울은 시작한다. "믿음이 연약한 자"는 논쟁이 일어난 사안에 확신이 없어 자신감이 부족하고(롬 14:23), 자기 행동을 통제하기 위해 규정된 엄격한 기준에 의존하는 사람들을 가리킬 수 있다. 구체적으로 보면 어떤 유대인 크리스천들은 자신들의 음식 규례인 코셔르(kosher)를 따르고 있어서, 비코셔르(non-kosher) 고기나 음료를 먹는 다른 크리스천들 때문에 상처를 받았다. 그들은 틀림없이 코셔르 규범을 지키지 않는 사람들과는 같이 식사하는 것조차 거부했을 것이다.[12]

그들은 자신들의 그런 엄격함을 장점으로 여겼으나, 바울은 그들과 생각이 다른 사람들을 판단하는 이유가 될 때 그것은 도리어 약점이 된다고 말한다. 그는 코셔르 규범을 지키는 자들에게 "(코셔르 방식으로 요리하지 않은) 고기를 먹는 자들을 비판하지 말라"고 말한다.

그럼에도 불구하고 그들의 약함을 대하는 바울의 방식은 그들과 말

싸움을 하거나 그들의 신념을 무시하려는 것이 아니라, 그들이 받아 준다는 느낌을 줄 수만 있다면 뭐든지 하겠다는 자세다. 아울러 코셰르 규범을 지키지 않는 자들에게는 뭐든지 먹을 수 있는 그들의 자유를 자랑하지 말라고 말한다. 왜냐하면 그런 자랑은 코셰르 규범을 따르는 자들로 하여금 그들과의 교제를 끊게 하든지, 아니면 그들의 양심을 어기게 만들 수 있기 때문이다. 코셰르 고기가 없는 상황이라면 비코셰르인들도 코셰르인들과 어울려 코셰르인들이 양심을 어기라고 요구하는 대신 야채만 먹어 주면 된다. "음식으로 말미암아 하나님의 사업을 무너지게 하지 말라 만물이 다 깨끗하되 거리낌으로 먹는 사람에게는 악한 것이라"(롬 14:20). 바울의 말이다.

양쪽 그룹 다 자기네 견해가 도덕적으로 중요하다고 강하게 느끼고 있었다. 한쪽(강한 자들)은 이방인들이 코셰르 규례를 따라야 한다고 믿은 것은 그리스도 예수 안에 있는 하나님의 은혜를 거부하는 것이라고 생각했다. 반면 다른 한쪽(약한 자들)은 코셰르를 따르지 않는 것, 그리고 코셰르를 따르지 않는 자들과 함께 식사하는 것이 하나님에 대한 무례이며, 유대인 율법을 위반하는 것이라 믿었다. 그 문제가 치열한 쟁점이 된 이유는 그리스도 안에서의 자유와 하나님 언약에의 순종이 도덕적으로나 종교적으로 정말 중요한 쟁점들이었기 때문이다. 그리스도 안에서의 삶은 어떤 특정 쟁점이 옳은지 그른지를 따지는 문제가 아니다. 그것은 하나님과 서로 간에 올바른 관계를 맺는 것과 관련이 있으며, "성령 안에 있는 의와 평강과 희락"에 대한 문제다(롬 14:17).

도덕적 견해차는 공통분모가 거의 없는 직장에서는 훨씬 더 어려운 문제다. 바울은 이와 관련된 한 가지 흥미 있는 측면에서 약한 자들에게 특별한 관심을 보인다. 비록 바울이 두 그룹 모두에게 서로 판단하지 말 것을 권하기는 하지만, 그는 강한 자들에게 훨씬 더 무거운 실천적 부담을 준다. "믿음이 강한 우리는 마땅히 믿음이 약한 자의 약점을 담당하고 자기를 기쁘게 하지 아니할 것이라"(롬 15:1).

이에 대한 우리의 본은 '자기를 기쁘게 하지 아니하신'(롬 15:3) 예수님이시다. 이것은 옳은 편, 또는 다수의 편에 있는 사람들, 혹은 다른 면에서 가장 강한 힘을 가진 사람들이 자원해서 다른 사람들의 양심을 어기게 하는 걸 삼가야 한다는 뜻이다. 대부분의 일터에서는 그 반대 현상이 일어난다. 그렇게 하는 것이 자기 양심을 어기는 것임을 알면서도 약한 자들이 강한 자들의 횡포에 휘둘릴 때가 있다.

예를 들어 당신이 일하는 일터에서 누군가가 종교적·도덕적인 이유로 머리나 어깨, 다리를 가려야 한다면서 특별한 복장이나 복식을 요구하는 경우를 상상해 보라. 이런 강한 신념 때문에 자기 생각에 동의하지 않는 주변 사람들을 불편하게 만든다면, (바울의 표현을 빌리자면) 그것은 하나의 약점이 된다. 아마도 당신은 그들 스스로 그런 복장을 입는 것까지 반대하지는 않을 것이다. 그러나 바울의 주장은 적어도 당신이 일하는 직장을 '받아들임'과 화목의 장으로 만들길 원한다면 당신과 당신의 동료들 모두 주장자의 기준에 맞게 옷을 입어야 한다는 걸 시사한다. 강한 자들(복장 규범이라는 율법주의에 별로 영향 받지 않는 사람들)은 약한 자들(다른 사람들의 복장에 상처를 받는 사람들)의 약점을 받아들여 줌으로써 그들을 받아 주어야 한다.

꼭 명심하자! 바울이 우리 양심의 기준을 다른 사람들에게 강요하기를 원하는 건 아니다. 그러는 것은 도리어 우리를 약하게 만든다. 바울은 우리 믿음이 강해지기를 원한다. 우리는 일을 하면서 다른 사람들의 옷이나 말, 또는 음악적 취향을 의심하는 그런 사람들이 돼서는 안 된다. 도리어 크리스천들은 다른 사람들의 취향이나 취미를 판단하기보다 누구든지 다 받아들이는 사람이라는 평판을 들어야 한다. 그렇게 하는 것은 일터에서 그리스도의 사명을 이루는 데 도움이 될까, 아니면 방해가 될까?

▽ 롬 14:19-15:33
받아들임, 공동체를 일으켜 세우다

받아들임의 또 다른 측면은 공동체를 튼튼하게 한다는 점이다. "우리 각 사람이 이웃을 기쁘게 하되 선을 이루고 덕을 세우도록"(롬 15:2) 할 거라는 말처럼, 받아 주는 주인은 찾아온 손님을 강건하게 한다. 여기서 "이웃"은 공동체의 또 다른 구성원을 가리킨다. "그러므로 우리가 화평의 일과 서로 덕을 세우는 일을 힘쓰나니"(롬 14:19). "서로 덕을 세우는 일"은 공동체에서 함께 일해 나가는 걸 의미한다.

14-15장에 걸쳐 보았듯이 받아 줌은 아주 강력한 실천이다. 바울은 얼굴에 웃음을 가득 품고 그냥 "안녕하세요!"라고 말하라는 걸 얘기하는 게 아니다. 그는 공동체로서 깊은 도덕적 분별에 참여하되, 아주 중요한 문제들에서 도덕적으로 다른 결론에 이른 사람들하고도 따뜻한 관계를 유지해 나가는 것을 말한다.

바울의 입장에서 본다면, 공동체 안에서의 지속적인 관계는 실제 도덕적 결론보다 더 중요하다. 관계는 어떤 한 쟁점을 옳다고 하고 다른 쟁점은 틀렸다고 판정하는 것에서 오는 만족감을 훨씬 뛰어넘는, 새로운 삶을 공동체에 가져다준다. 관계는 또한 우리가 사는 세상을 더 매력적으로 보이게 하는 증거이기도 하다. "그러므로 그리스도께서 우리를 받아 하나님께 영광을 돌리심과 같이 너희도 서로 받으라"(롬 15:7). 우리가 서로서로를 받아 줄 때, 그 받아들임의 최종적인 결과는 하나님의 은혜로 말미암아(롬 15:9) '모든 백성들이 그를 찬송하는 것이다'(롬 15:11).

바울 혼자 한 일이 아니다
롬 16장

◇◇

로마서 16장은 바울은 혼자 일했고, 영웅적인 인물이며, 이방인들에게 복음을 전하라는 그의 고독하면서도 고상한 소명을 감당하기 위해 온갖 역경을 견뎌 냈다 등등 바울이 한 일의 성격에 관한 많은 사람들의 추측을 뒤엎는다. 바울은 여기서 그가 한 일이 공동체가 한 일이었음을 분명하게 밝힌다.

그는 동역자 스물아홉 명의 이름뿐 아니라, "저의 집에 있는 교회"나 "그들과 함께 있는 형제들" 같은 표현을 써서 그보다 더 많은 사람들을 추가로 열거한다. 이 명단은 남녀 간 역할의 차이를 전혀 두지 않고, 다양한 사회 계층의 사람들을 포함시켜 가면서 그들이 한 일에 똑같은 가치를 부여한다. 몇몇은 확실히 부자였으며, 그들 가운데 어떤 사람들은 자유인이었을 것이다. 또 어떤 사람들은 노예였을 것이다. 바울은 '자기들의 목숨까지도 내놓았던'(롬 16:4), "많이 수고한"(롬 16:6), "나와 함께 갇혔던"(롬 16:7), "주 안에서 수고한"(롬 16:12) 또는 '내 어머니 같은'(롬 16:13) 사람들과 같이 특별히 수고한 많은 사람들을 칭찬한다. 더불어 이 서신의 기록자[필사자]인 더디오(롬 16:22)와 시 재무관 에라스도(롬 16:23)의 노고도 언급한다.

그렇게 광범위한 동역자들의 반경 안에서 사역한 바울을 관찰해 보면, 오늘날 서구에서 강조하는 개인주의, 특히 일터에서의 개인주의는 입추의 여지가 없다. 그가 열거한 모든 사람들처럼 바울은 공동체의 유익을 위해 공동체 안에서 일했다. 로마서 마지막 장은 복음 전파는 만인의 일이라고 공표한다. 모두가 다 사도는 아니다. 우리 모두가 직장을 버리고 돌아다니면서 복음을 전하라는 소명을 받은 것도 아니다. 로마서 12장 6-8절에 다양한 은사를 바울이 열거하는 데서 그 사실은 분명하다. 우리의 직업과 시간을 어떻게 사용하든지, 우리는 모든 사람을 위한 하나님의 구원의 기쁜 소식을 전하는 종들로서 사명을 받았다.

　이 인사들은 또한 우리에게 교회 지도자들은 일꾼임을 상기시켜 준다. 때로는 바울이 한 사역을 일반적인 일과는 구분하고 싶은 유혹을 받을 때가 있다. 그러나 그가 열거하는 사람들이 한 일을 거듭 언급하는 것을 보면, 바울의 사역에 해당한 모든 것이 어떤 일터에서나 고스란히 해당된다는 점을 상기하게 된다. 매주 우리의 시간 가운데 상당 부분을 보내는 여기가, 새 생명 안에서 우리가 행하는 것을 배우는 곳이 되거나(롬 6:4) 아니면 사망의 권세라는 진창 아래 머물러 있는 곳이 된다.

　일터에서의 여러 관계에서 우리는 그리스도의 본을 따르고 다른 사람들의 이익을 추구해야 한다. 우리가 손으로, 마음으로, 가슴으로 일하는 세속의 장소가 우리가 다른 사람들에게 하나님의 은혜를 전달하는 축복의 통로인 것이다.

　로마서 마지막 구절에는 어느 누구도 홀로 일하며 살 수 없고, 반드시 다른 사람들이 한 일과 긴밀히 얽혀 있다고 기록한다. 바울은 자신보다 먼저 간 사람들, 그에게 믿음을 전달해 준 사람들, 그와 함께 곁에서 일했던 사람들, 그를 위해 그리고 그들 모두의 일을 위해 목숨을 걸었던 사람들을 인정해 준다.

우리 각자도 이런 관점을 배워 우리의 일터를 구성하는 공동체의 전체 구조를 바라볼 줄 알아야 한다. 또한 우리 삶과 맞물려 있는 모든 사람들의 삶, 곧 우리가 일할 수 있도록 지원해 주고 힘을 실어 준 사람들, 우리에게 유익을 주고, 우리를 넘어 하나님의 세계로 들어가는 일의 유익을 위해 자신들이 소원하던 어떤 것들을 포기했던 모든 사람들의 삶을 들여다볼 수 있어야 한다.

○
결론

로마서에서 바울의 주된 관심은 구원과 예수 그리스도의 십자가를 통해 하나님께서 세상을 자신과 화목하게 만드신 것이다. 그리스도 안에서 하나님은 모든 사람을 자신과 화목하도록 이끄시며, 사람들끼리 서로서로 화목하게 만드시고, 죄와 사망, 그리고 썩어짐의 악한 세력에서 창조 질서를 구속해 내신다.

바울의 관심은 추상적이지 않고 실질적이다. 그의 목표는 로마 크리스천들 사이에 일어난 분열을 치유하고, 그들의 삶과 일을 위한 하나님의 목적을 성취하도록 그들에게 힘을 불어넣어 주는 것이었다.

이런 배경에서 바울은 그리스도의 십자가 안에서 하나님의 신실하심을 이야기한다. 나아가 우리로 그리스도를 믿게 해 주시는 하나님의 은혜를 통해 구원이 어떻게 우리에게 선물로 주어졌는지를 보여 준다. 이 선물이 값없이 주어졌다고 해서 우리가 일과 일하는 방식에 전혀 신경을 쓰지 않아도 된다는 뜻은 결코 아니다. 도리어 바울은 하나님의 은혜를 받아들이는 것이 어떻게 우리가 하는 일과 일하는 방식 모두를 변혁시켜 놓는지를 보여 준다.

우리가 구원을 얻기 위해 노동하는 것은 아니지만, 하나님은 우리를 건지시면서 우리에게 이웃을 섬기고 공동체를 세우는 데 필요한 놀랍고도 다채로운 은사를 주신다. 그 결과, 우리는 새로운 삶을 살면서 하나님의 시간에 따라 피조물의 충만에 이르기까지 우리 주변 사람들에게 그리스도 안에서 사는 삶을 전하는 것이다.

02

고린도전서 & 일의 신학

**"지금 심겨진 자리에서
꽃을 피우라"**

O

서론

고린도전서는 크리스천이 삶과 일에서 매일 당면하는 문제에
신앙을 어떻게 적용하면 좋을지 신약의 그 어떤 서신보다 가장 실
용적으로 조언한다. 직업과 부르심, 일의 영속적인 가치, 개인의 한
계 극복하기, 리더십과 섬김, 기술과 능력 (또는 은사) 개발, 정당한
임금, 환경을 지키는 청지기, 돈과 재물의 사용과 같은 주제들이 이
서신에서 눈에 띈다. 이러한 주제들을 관통하는 관점은 사랑이다.
사랑은 그리스도 안에서 이루어지는 모든 일의 배후에 있는 동기
요, 목적이며, 수단이자 은사, 그리고 영광이다.

번영과 자급자족의 도시, 고린도

사도 바울이 2차 선교 여행(AD 48-51년)에서 자신이 세운 고린도
교회에 보낸 첫 번째 편지는 매일 도전에 직면한 크리스천들을 위
한 실천 신학의 보화다. 고린도전서는 충성심 간의 충돌, 계급 차
이, 개인의 자유와 공공선 사이의 갈등, 사명을 성취하기 위해 다양
한 조직의 사람들을 이끄는 어려움 등을 포함한 실질적인 삶의 문
제들과 씨름하는 크리스천들을 위한 바울의 가르침을 담고 있다.
바울이 살던 시대에 고린도는 그리스에서 가장 중요한 도시였

다. 펠로폰네소스 반도와 그리스 본토를 연결하는 지협(地峽)에 위치한 고린도는 동으로 사로니코스만(Saronic Gulf)과 북으로 코린트만(Gulf of Corinth) 양쪽을 관할했다. 상인들은 펠로폰네소스 반도를 경유하는 어렵고 위험한 해로를 피하고자 했기 때문에 서로마제국과 동지중해의 부유한 항구도시 간 교역 물품 가운데 상당량이 이 지협을 가로질러 운반되었다. 그중 거의 대부분이 고린도를 거쳐갔기 때문에 고린도는 로마제국의 가장 거대한 교역 중심지 가운데 하나가 되었다.

동시대인으로 바울보다 나이가 많은 스트라보(Strabo)는 "고린도는 지협에 위치해 있고, 각각 아시아 및 이탈리아로 연결되는 두 항구가 있어 상업이 크게 발달했기 때문에 '풍요로운' 곳이라고 불렀다. 고린도를 통해 서로 멀리 떨어진 두 나라의 물품을 쉽게 교역할 수 있었다"는 데 주목했다.

고린도는 1세기 중엽, 해방된 노예, 퇴역 군인, 상인, 무역상 등이 도시로 흘러 들어오면서 활기 넘치는 신흥 도시의 모습을 띠었다. 오늘날의 '계층 이동'이 고대 사회에서는 실현되기 어려웠지만, 고린도는 약간의 행운과 불굴의 노력이 수반된다면 스스로 정착하고 상당히 높은 수준의 삶을 누리는 것이 가능한 장소였다.[2] 이것은 고린도의 독특한 풍조 형성에 기여했는데, 바로 "성공을 추구하는 기업가적 실용주의"[3]를 핵심 가치로 삼는 번영과 자급자족의 도시라는 것이었다. 오늘날 세계의 많은 도시들이 바로 이런 풍조를 추구한다.

고린도 교회와 바울의 편지

바울은 AD 49년 또는 50년⁴ 겨울에 고린도에 도착하여 거기서 1년 반가량을 지냈다. 그동안 그는 아굴라와 브리스길라(고전 4:12)의 작업장에서 천막을 만드는 일 또는 어릴 때 배운 가죽세공(행 18:2)⁵으로 생활을 꾸려 나갔다. 바울은 선교사로서 처음부터 전액 후원을 받을 수 있었음에도 그리하지 않았고, 고린도전서 9장에서 자비량 선교를 하는 이유를 밝힌다. 그렇지만 나중에는 후원을 받는다(행 18:4; 고후 11:9).

바울이 안식일에 회당에서 행한 설교는 열매를 맺었고 뒤이어 고린도 교회가 탄생했다. 바울이 고린도전서를 썼을 당시 고린도 교회 교인은 백 명도 채 안 되었던 것 같다. 그들은 대개 이방인이었지만 유대인들도 더러 있었다. 이들은 비교적 부유한 두어 명 교인의 집에서 모였다. 그러나 교인 대부분은 도시 중심가에 거주하는 최하층이었다.⁶

바울은 고린도를 떠난 후에도 교회 성장에 계속 지대한 관심을 기울였다. 바울은 고린도를 떠난 후 발생했던 문제를 해결하기 위해 고린도전서 이전에(고전 5:9) 적어도 한 통의 편지를 교인들에게 보냈다. 글로에의 집안 사람들이 사업차 에베소에 갔다가 바울을 방문하여 고린도에 있는 교회가 여러 가지 분쟁으로 인해 풍비박산이 날 위험에 처해 있노라고 전했다(고전 1:11). 기업가적 정신에 기반한 고린도인의 삶의 풍토에서, 경쟁 분파들은 스스로 지위를 얻기 위해 자신들이 편애하는 사도들을 중심으로 당을 지었다(고전

1-4장).

　　교인들 사이에서 몇몇은 성적인 행동으로 물의를 일으켰고, 사업 윤리에 심각한 차이가 있어 싸우는 사람들이 많았다(고전 5-6장). 그때 교회를 대표하는 또 다른 무리들이 손에 편지를 들고(고전 7:1; 16:17) 성과 결혼(고전 7장), 우상에게 바쳐진 제물을 먹는 행위의 적절성(고전 8-10장), 예배(고전 11-14장) 등 여러 가지 중요 쟁점을 묻고자 바울을 찾아갔다. 마지막으로, 바울은 위 무리들 가운데 하나를 통해 또는 아볼로에게서(고전 16:12) 일부 교인들이 미래에 있을 신자의 부활을 부정한다는 사실을 전해 들었다(고전 15장).

　　이러한 질문들은 학술 토론에서 나와 발전한 것이 아니다. 고린도의 크리스천들은 그리스도를 따르는 자로서 매일의 삶과 일에서 어떻게 행해야 하는지 구체적으로 알고 싶어 했다. 바울은 고린도전서를 통해 이에 대한 해답을 주고 있으며, 고린도전서는 신약에서 가장 실용적인 책으로 꼽힌다.

모두가 부르심을 받았다
고전 1:1-3

고린도전서 도입부에서 바울은 이후 편지의 본론에서 보다 상세하게 다룰 주제들을 제시한다. 부르심이라는 개념을 편지 서론의 가장 중요한 부분에 언급한 것은 우연의 일치가 아니다. 바울은 맨 첫 구절에서 자신이 "하나님의 뜻을 따라 그리스도 예수의 사도로 부르심을 받은"(고전 1:1) 사실을 진술한다. 하나님께서 자신을 직접 부르셨다는 강한 확신은 바울 서신 전반에 걸쳐 편만하고(갈 1:1) 바울 사명의 근간을 이룬다(행 9:14-15). 이러한 확신 덕분에 바울은 커다란 도전에 직면했을 때도 놀랍도록 인내심을 발휘할 수 있었다.

이처럼 고린도의 신자들은 "각처에서 우리의 주 곧 그들과 우리의 주되신 예수 그리스도의 이름을 부르는 모든 자들"(고전 1:2)과 함께 "부르심"을 받았다. 우리가 부르심을 받은 이유는 개인의 만족을 위해서가 아니라 공동체의 성장을 위해서다. 바울은 이 점을 편지 후반부에 가서야 자세히 밝히지만(고전 7:17-24), 모든 신자들이 하나님께서 각각 부르신 대로 행해야 한다고 믿는 바울의 생각은 도입부에서도 명백히 드러난다.

당신이 지금 하는 일,
하나님께 중요하다

고전 1:4-9

고대의 편지 형식을 살펴보면, 인사말 다음에는 관례상 저자가 수신인을 칭찬하는 내용이 따라 나왔다.[7] 그런데 바울은 대부분의 편지에서 칭찬 대신 감사를 표하고 또 "내가 …… 하나님께 감사하노니"(롬 1:4, 8; 빌 1:3; 골 1:3; 살전 1:2; 살후 1:3) 등과 같은 일정한 형식의 구절을 사용하여 정형화된 문학적 형식을 살짝 비튼다. 고린도전서에서 바울은 고린도 신자들이 그리스도 안에 있는 하나님의 은혜를 경험한 것에 감사를 표현한다. 이것은 막연한 경건 그 이상이다. 오히려 바울은 매우 구체적인 것을 심중에 품고 있다. 바울은 고린도에 있는 신자들이 '[그리스도 안에서] 모든 일 곧 모든 언변과 모든 지식에 풍족하고'(고전 1:5) '모든 은사에 부족함이 없이 우리 주 예수 그리스도의 나타나심을 기다린다'(고전 1:7)고 명시한다. 바울은 고린도 교회가 풍성하게 누린 말과 지식의 두 은사를 구체적으로 언급한다.

바울은 고린도에 있는 신자들이 각자의 부르심을 성취하기 위해 필요한 영적 자원을 받았다고 확신했으며, 이 점에 주목하는 것이 특히 중요하다. 하나님께서 그들을 부르셨으며, 그분은 '우리 주 예수 그리스도의 날에 책망할 것이 없도록'(고전 1:8) 그들에게 은사를 주셨다. 직장에서나 다른 어디에서나 완전한 날이 아직 이르지 않았지만, 크리스천들은 그날에 완전한 결실을 맺을 영적 은사를 이미 사용할 수 있다.

고린도의 모든 크리스천들이 자기가 하는 일을 하나님께서 각 개인을 위해 특별히 계획한 직업이라고 생각했을 가능성은 낮다. 나중에 살펴보겠지만, 그들 가운데 대부분은 노예나 일반 노동자들이었다. 바울이 의미한 것은 개개인의 직업이 특별해 보이건 그렇지 않건, 하나님께서는 개개인의 일이 세상을 향한 하나님의 계획에 기여할 수 있도록 필요한 은사를 주신다는 얘기다. 우리의 일이 아무리 하찮게 보여도, 또 우리가 아무리 다른 직업을 열망하더라도 우리가 지금 하는 일은 하나님께 중요하다.

공동의 비전이
꼭 필요하다
고전 1:10-17

바울은 자신이 고린도전서를 씀으로써 성취하고자 하는 바를 명제 같은 형식으로 진술한다.[8] "형제들아 내가 우리 주 예수 그리스도의 이름으로 너희를 권하노니 모두가 같은 말을 하고 너희 가운데 분쟁이 없이 같은 마음과 같은 뜻으로 온전히 합하라"(고전 1:10). 바울이 마지막 구절에 사용하는 동사는 인간관계 회복을 함축하는 비유다. 바울은 교회 화합을 해치는 파벌주의를 극복하라고 교인들을 설득한다.

현대 서양 문화는 다양성을 높게 평가하기 때문에 바울의 권고를 부정적으로 해석할 위험이 있다. 하지만 바울은 다른 본문에서도 분명히 하고 있듯이, 생각의 획일화를 주장하는 게 아니라 공동의 목적과 비전이라는 개념이 반드시 필요한 것임을 매우 분명하게 이해한다. 만일 기본적 가치와 신념에 대해 지속적으로 분쟁이 발생해 구성원들간에 화합이 이루어지지 않는다면, 어느 조직이라도 실패할 운명이 아니겠는가?

바울이 편지를 쓰고 있는 대상은 교회지만, 그는 또한 크리스천들이 일반적으로 사회에 공헌해야 한다고 생각했다. "너는 그들로 하여금 통치자들과 권세 잡은 자들에게 복종하며 순종하며 **모든 선한 일 행하기를 준비하게 하며**"(딛 3:1).

우리는 교회뿐 아니라 일터에서도 공동의 목적을 추구해야 한다. 크리스천으로서 우리의 역할은 신자와 비신자 모두와 함께 화합하여 조화로운 방식으로 선행을 하는 것이다. 부도덕이나 불의를 묵인하자는 뜻이 아니다. 오히려 좋은 관계를 발전시키고, 동료들을 지지하며, 우리의 일을 탁월하게 해내자는 의미다. 만일 우리가 선한 양심을 가지고 전심으로 우리에게 맡겨진 일을 할 수 없다면, 불평하고 책임을 회피하기보다 다른 직장을 찾아보는 것이 좋겠다.

다른 사람을 대하는 태도
고전 1:18-31

바울은 고린도 교인들에게 그들 대다수가 특권계층 출신이 아님을 상기시킨다. "형제들아 너희를 부르심을 보라 육체를 따라 지혜로운 자가 많지 아니하며 능한 자가 많지 아니하며 문벌 좋은 자가 많지 아니하도다"(고전 1:26).

그러나 교회의 능력은 좋은 인맥, 높은 교육 수준, 또는 많은 재산을 가진 사람들을 확보하는 데 달려 있는 것이 아니다. 하나님께서는 그분의 목적을 보통 사람들과 함께 이루신다. 우리 일의 가치가 우리의 자격이 아닌 하나님의 선물에 기초하고 있음을 이미 살펴보았다. 그러나 바울은 여기서 한걸음 더 나아간다. 우리는 본래 특별한 존재가 아니기 때문에 다른 사람들을 결코 하찮게 여길 수 없다는 것이다.

> 그러나 하나님께서 세상의 미련한 것들을 택하사 지혜 있는 자들을 부끄럽게 하려 하시고 세상의 약한 것들을 택하사 강한 것들을 부끄럽게 하려 하시며 하나님께서 세상의 천한 것들과 멸시 받는 것들과 없는 것들을 택하사 있는 것들을 폐하려 하시나니 이는 **아무 육체도 하나님 앞에서 자랑하지 못하게 하려 하심이라**(고전 1:27-29).

바울 시대 이래로 많은 크리스천들이 권력, 부, 지위를 얻었다. 만일 우리가 이로 인해 낮은 지위에 있는 사람들에게 우월함을 느끼거나 그들을 무시하고 모욕한다면 우리는 하나님을 욕되게 하는 것이라고 바울은 우리에게 가르친다. 아직도 많은 직장에서는 직접 일하지 않는 사람에게 고위직을 주고 특권까지 부여한다. 임금 격차는 차치하고 고위직 임원들은 화려한 사무실, 일등석 여행, 고위간부 전용 식당, 전용 주차장, 보다 나은 복지 혜택, 회사가 지불한 클럽 멤버십, 사택, 운전사, 개인적인 편의와 혜택, 그 외 다양한 특권을 누린다

물론 고위직 임원이 수행하는 일의 특징과 조직에서 담당하는 책임에 근거하여 특별한 대우가 적절한 경우도 있다. 그러나 그런 특권이 인간의 가치와 존엄을 무너뜨리는 부당한 차등을 조장할 수도 있다. 바울

이 말한 요지는, 그러한 차별이 하나님의 백성들 사이에서 있어서는 안된다는 것이다. 만일 우리가 직장에서 이러한 차별의 수혜자 또는 피해자라면 우리는 이것이 인간의 동등한 존엄성에 위배되는 것이 아닌지, 또 만약 그렇다면 이 문제를 해결하기 위해 우리가 무엇을 할 수 있는지 하나님 앞에서 자문해야 한다.

다양성과 전문성
고전 3:1-9

고린도 교회 안에 도사린 주된 문제는 파벌주의였다. 파벌은 바울과 고린도 교회에 파송된 또 다른 선교사 아볼로를 각각 추종하는 사람들을 중심으로 형성되었다. 바울은 이것을 인정하지 않았다. 그와 아볼로는 그저 하나님의 종일 따름이다. 비록 두 사람이 다른 역할을 갖고 있다 하더라도, 어느 쪽이 더 가치 있는 사람은 아니다. 농사에 비유하자면 바울은 심는 자이고 아볼로는 물 주는 자인데, 둘의 역할은 성공적인 추수를 위해 똑같이 필요하며, 동시에 그 어느 쪽도 농작물의 성장을 관장하지 않는다. 이것은 전적으로 하나님의 일이다. 다양한 일꾼들이 풍부한 수확이라는 공동의 목표를 심중에 갖고 있지만, 그들은 각자의 재능과 부르심에 따라 다른 임무를 맡는다. 모두가 다 필요한 사람들이요 어떤 사람도 홀로 모든 일을 다 할 수 없다.

바꾸어 말하면, 바울은 다양성과 전문성이 중요함을 잘 알았다. 경제학자 레너드 리드(Leonard Read)는 1958년에 쓴 "나, 연필"(I, Pencil)이라는 유명한 에세이에서 연필 한 자루를 만드는 공정을 관찰한 후, 연필 만드는 방법을 다 꿰고 있는 사람은 하나도 없다고 강조했다. 한 자루의 연필은 몇 가지 정교한 과정의 산물이고, 한 개인은 그중 한 분야에만 숙달되어 있다. 하나님의 은혜로 다양한 사람들이 세상 일터에서 다양한 역할을 담당할 수 있다. 그러나 때때로 전문화는 개인 간 또는 부처 간 파벌주의, 소통의 부재, 심지어 인격적 비방을 야기하기도 한다. 만일 크리스천들이 바울이 말한 대로 하나님께서 다양한 역할을 각기 부여하심을 믿는다면, 아마도 우리는 우리가 속한 조직 내의 분열을 해소하는 데 앞장설 수 있을 것이다. 단순히 다른 사람들을 존중하고 우리와 다른 사람들의 일을 가치 있게 여겨 주는 것만으로도 우리는 직장에서 중대한 기여를 할 것이다.

이는 우리 주변 사람들의 발전에 투자하는 것으로도 적용이 가능하다. 고린도전서를 포함한 바울의 서신들을 살펴보면 때때로 바울이 다른 사람들을 가르치는 것 외에 스스로는 아무것도 하지 않는 것처럼 보인다(고전 14-15장). 이것은 교만이나 게으름이 아니라, 멘토링이다. 바울은 모든 것을 혼자서 통제하기보다는 효과적인 일꾼과 리더를 교육시키는 데 훨씬 많은 투자를 했다. 우리가 각자의 일터에서 그리스도를 섬기는 일에 열심을 더할수록, 다른 사람들을 가르치며 도와주는 일에 더 힘쓰고 스스로를 좋게 보이려는 노력은 덜 하는 자신을 발견할 것이다.

영원히 남는 수고의 열매

고전 3:10-17

바울은 선한 일을 행하라는 새로운 주제를 제시하기 위해 건축 중에 있는 건물 비유를 소개한다. 이 주제는 일의 가치를 이해하는 데 반드시 필요하기 때문에 여기 본문 전체를 인용한다.

> 내게 주신 하나님의 은혜를 따라 내가 지혜로운 건축자와 같이 터를 닦아 두매 다른 이가 그 위에 세우나 그러나 각각 어떻게 그 위에 세울까를 조심할지니라 이 닦아 둔 것 외에 능히 다른 터를 닦아 둘 자가 없으니 이 터는 곧 예수 그리스도라 만일 누구든지 금이나 은이나 보석이나 나무나 풀이나 짚으로 이 터 위에 세우면 각 사람의 공적이 나타날 터인데 그 날이 공적을 밝히리니 이는 불로 나타내고 그 불이 각 사람의 공적이 어떠한 것을 시험할 것임이라 만일 누구든지 그 위에 세운 공적이 그대로 있으면 상을 받고 누구든지 그 공적이 불타면 해를 받으리니 그러나 자신은 구원을 받되 불 가운데서 받은 것 같으리라(고전 3:10-15).

성경 전체를 통틀어 세속적인 일의 영속적 가치를 가장 곧이곧대로 언급한 구절일 것이다. 지상에서 우리가 그리스도의 방식을 따라 일을 수행하는 한, 이 일은 영속적인 가치를 지닌다. 바울은 구체적으로 교회 공동체가 행한 일을 성전에 비유하여 말한다. 바울은 자신을 터를 닦는 "지혜로운 건축자"(a skilled master)에 비교하는데, 터는 당연히 그리스도를 의미한다. 다른 사람들이 그 터 위에 세우고, 각자는 자신의 일에 책임이 있다. 바울은 선한 일을 금, 은, 귀한 보석에, 부끄러운 일을 나무, 풀, 짚에 각각 비유한다. 혹자는 각각의 재료에 특정 의미를 부여해 보려 했지만, 차이는 단지 어떤 재료는 불의 시험을 견디지 못한 반면, 다른 재료는 잘 견뎌 냈다는 점이다.

만일 어떤 사람의 일이 시험을 통과하지 못한다 할지라도 '자신(건축자)은 구원을 받을 것'이기 때문에 바울은 개인의 구원에 관해 어떤 판단을 내리려 하는 것이 아니다. 이 본문은 신자의 '선한 일'과 하늘에서의 상급 사이의 관계에 관한 것이 아니다. 가끔 그렇게 읽히기도 하지만 말이다. 대신 바울은 교회 전체와 교회 리더들이 교회 내에서 어떻게 사역하는지에 관심이 있다. 만일 리더들이 교회 화합에 공헌한다면 칭찬을 받을 것이다. 그러나 리더들의 사역이 분쟁과 파벌주의라는 결과를 낳는다면, 하나님이 진노하실 것이다. 왜냐하면 하나님께서는 당신의 살아 있는 성전을, 그것을 무너뜨리려 하는 자들로부터 전심으로 지키려 하시기 때문이다(고전 16-17장).

바울이 크리스천 공동체를 세우는 일에 관해 썼지만, 그의 가르침은 모든 종류의 일에 적용할 수 있다. 우리가 살펴보았듯이 바울은 크리스천이 하는 일의 범주가 교회뿐만 아니라 세속적인 권위하에서 하는 일도 포함하는 것으로 여겼다. 우리의 일이 무엇이건, 하나님께서 공평하게 평가하신다. 인간이기에 완벽하게 공평할 수 없는 우리의 상사와는 다르게 하나님께서는 완벽한 정의로 심판하시고, 또 우리의 의도, 한계, 동기, 긍휼과 그분의 자비를 모두 계산에 넣을 수 있으시기에 최후의 심판은 어떤 평가보다도 그 결과가 정확할 것이다.

하나님께서는 모든 신자들이 어떠한 환경에 처해 있든지 일을 할 수 있도록 부르셨으며, 그러한 부르심을 성취할 수 있도록 구체적인 은사를 부여하셨다. 하나님께서는 우리가 이 은사를 하나님의 목적에 부합하도록 책임감 있게 사용하길 기대하시며, 또한 우리의 일을 점검하실 것이다. 그리고 우리가 하나님께서 주신 은사와 은혜에 힘입어 일을 탁월하게 해낸다면 그 일은 영원한 하나님 나라의 일부가 될 것이다. 우리는 고용주에게 인정받거나 더 많은 급여에 매달리기보다는 이러한 사실에 동기를 부여 받아 최대한 선행을 행해야 한다.

당신은 어떤 리더인가
고전 4:1-4

이 본문에서 바울은 리더가 되는 것이 어떤 의미인지 명확하게 진술한다. "사람이 마땅히 우리를 그리스도의 일꾼이요 하나님의 비밀을 맡은 자로 여길지어다"(고전 4:1). 여기서 "우리"란 고린도 사람들을 믿음에 이르게 하고, 교회 내 다양한 분파들이 충성을 맹세하는 사도들을 지칭한다(고전 4:6).

바울은 자신이 의미하는 바를 자세히 설명하기 위해 이 절에서 두 단어를 사용한다. "일꾼"으로 번역된 첫 번째 헬라어 단어 'hyperetes[휘페레테스]'는 시중드는 사람, 즉 대기하거나 어떤 사람을 돕는 종을 의미한다. 이러한 의미에서 리더는 자신이 이끄는 사람들의 필요를 개인적으로 돌봐야 한다. 리더는 그 자리를 수용함으로써 높임을 받는 것이 아니라 낮아지는 것이다. 리더라는 역할은 인내, 구성원들과의 개인적인 관계, 구성원의 필요에 대한 개별적 관심을 필요로 한다. "맡은 자"로 번역된 두 번째 헬라어 'oikonomos[오이코노모스]'는 한 집안 또는 토지와 관련된 일을 돌보는 종 또는 노예를 묘사한다. 이 직분의 주된 특징은 신뢰다. 청지기는 주인의 신뢰를 얻어 주인의 이익을 위해 그 집안 관리를 일임받은 사람이다.

이와 마찬가지로 리더는 리더 개인이 아닌 모든 구성원의 유익을 위해 그 조직을 관리할 수 있다고 신임을 얻은 사람이다. 이러한 자질은 디모데(고후 4:17), 두기고(엡 6:21; 골 4:7), 바울(딤전 1:12), 안디바(계 2:13), 그리고 그 누구보다도 예수 그리스도(딤후 2:13; 히 2:17)에게서 분명히 나타난다. 하나님께서는 하나님 나라를 위한 계획을 실행할 때 이러한 사람들을 신뢰하신다.

현대 직장에는 종종 조직의 목적을 성취하기 위해 자기 팀을 적절히 다룬 리더들에게 보상을 제공하는 시스템을 갖추고 있다. 이런 시스템이 리더들로 하여금 자신이 이끄는 사람들의 희생을 강요하며 보상을 얻도록 조장하는 경우가 아니라면, 아마도 이는 현명한 방법일 수 있다. 실제로 리더들은 자신의 팀이 부여 받은 일을 성취하고, 또 가능하다면 그 이상을 해내야 할 책임이 있다. 그러나 리더가 개인적 보상을 위해 조직의 필요를 희생시키는 것은 바람직하지 않다. 그보다는 조직의 필요를 충족시킴으로써 조직의 목표를 성취해야 한다.

비신자들과 더불어 일하기

고전 5:9-10

바울은 고린도전서 5장에서 비신자들과 일하는 것에 대한 질문을 소개한다. 바울은 이 주제를 뒤에 나오는 10장과 궁극적으로는 고린도후서 6장에서 더욱 자세히 탐구한다.● 5장에서 우선 바울은 크리스천들이 도덕적이지 못한 일을 저지를까 싶은 두려움 때문에 세상을 멀리하도록 부르심을 받은 것은 아니라고 말한다. "내가 너희에게 쓴 편지에 음행하는 자들을 사귀지 말라 하였거니와 이 말은 이 세상의 음행하는 자들이나 탐하는 자들이나 속여 빼앗는 자들이나 우상숭배하는 자들을 도무지 사귀지 말라 하는 것이 아니니 만일 그리하려면 너희가 세상 밖으로 나가야 할 것이라"(고전 5:9-10).

탐하는 사람, 속여 빼앗는 사람, 우상을 숭배하는 사람을 언급함으로써 바울은 자신의 가르침이 일의 세계를 포함하고 있음을 명백하게 시사한다. 우리는 스스로 음행하는 것을 피해야 하고 부도덕한 크리스천들과 어울리지 말아야 한다. 하지만 바울은 우리가 비신자들, 심지어는 하나님의 도덕적 원리를 따르지 않는 자들과도 일하기를 기대한다. 바울은 10장에 이르러서야 이와 관련해 구체적인 내용을 언급하지만, 이는 참 어려운 제안이다. 바울의 요지는 간단하다. 크리스천들이 크리스천들만의 경제를 구축하고 세상을 떠나 자립하는 것은 금지되었다는 것이다. 대신 우리는 세상 사람들과 함께 세상 일을 하는 자리에 있도록 부르심을 받았다.

● 이 책 3장의 "고후 6:14-18" 부분을 보라.

일생의 직업을 찾는 게
내 일생의 과제인가
고전 7:20-24

결혼 및 독신과 관계된 문제들을 주요하게 다루는 장 중반부에서 바울은 부르심과 일에 관한 중요한 진술을 한다. 다른 특별한 조건이 없는 한, 신자들은 회심했을 당시의 삶의 처지에 그대로 머물러 있어야 한다는 것이다(고전 7:20). 바울이 다루는 다음에 이어지는 구체적인 질문은 오늘날 전 세계 많은 곳에서 중대한 문제다. 하지만 대부분의 서구인들에게 직접적으로 영향을 주지는 않는다. 만일 종(노예)의 신분인 신자가 자유를 얻을 기회를 갖게 된다면, 신자는 어떻게 해야 하는가?

고대 사회의 노예제도는, 남북전쟁 이전의 미국 남부 상황이나, 현대 동남아시아에서 나타나는 부채를 감당하지 못해 노예로 전락하는 실상이나, 사실상 지구촌 전역에 존재하는 성 매매 등 현대판 노예제도의 모습과는 확연히 달랐다. 물론 양자 모두 극악무도하기는 마찬가지지만, 고대의 일부 종들, 특히 바울이 이 본문에서 염두에 둔 집에서 부리는 종들은 여러 자유인들보다 적어도 경제적인 면에서 더 나은 생활을 했다. 의사와 회계사를 포함하여 교육 수준이 높은 사람들은 사실상 이러한 이유로 차라리 노예 신분을 선택했다. 따라서 바울에게 위의 질문은, 순수하게 종과 자유인 가운데 어느 신분이 더 많은 유익을 가져다줄 수 있는지 묻는 것이었다. 반면, 현대적인 형태의 노예제도에서는 어느 경우에도 종이 된 사람들의 삶이 철저히 훼손당한다.

그러므로 바울의 질문은 노예제도 폐지 여부가 아니라, 노예들이 자유롭게 되는 것을 추구해야 하는지를 묻는 것이다. 여기서 고린도전서 7장 21절에 사용한 헬라어가 모호하기 때문에 바울의 가르침의 정확한 본질이 무엇인지 결정하는 것은 쉽지 않으며, 실제로 이 모호함으로 인해 두 개의 서로 다른 해석이 가능하기까지 하다. NRSV 성경과 다수의 주석가들이 이해하는 바에 따르면, 이것을 다음과 같이 해석할 수 있다. "당신이 노예일 때 부름을 받았습니까? 그것 때문에 염려하지 마십시오. 자유를 얻을 기회가 생긴다 하더라도, 현재의 상황을 그 어느 때보다도 적극적으로 활용하십시오." 그러나 NIV, NASB, KJV 성경의 다음 번역 역시 동일하게 가능한 해석이며, 우리는 이 해석에 더욱 설득력이 있다고 생각한다. "부르심을 받았을 때 노예였습니까? 그로 인해 힘들어하지 마십시오. 그러나 자유를 얻을 수 있다면, 그렇게 하십시오"(NIV).

바울의 조언이 무엇이든, 그리스도 안에 있는 것과 그렇지 않은 것에 비교하면, 종이 되는 것과 자유인이 되는 것의 차이는 상대적으로 중요하지 않다는 것이 그의 기본적인 믿음이다. "주 안에서 부르심을 받은 자는 종이라도 주께 속한 자유인이요 또 그와 같이 자유인으로 있을 때에 부르심을 받은 자는 그리스도의 종이니라"(고전 7:22).

그러므로 당신의 상태를 바꿀 별다른 강력한 이유가 없다면, 부르심 받은 당시의 환경에 그대로 머무는 것이 최선일 수 있다. 여기서 바울의 가르침은 직업이라는 문제에 적용할 수 있다. 우리는 적합한 직업을 갖는 것이 하나님을 섬기거나 그분께서 우리를 위해 의도하신 삶을 경험하는 데 가장 중요한 요소라고 느낀다. 반면 하나님께서는 우리가 인생 전반에 걸쳐 갖게 되는 모든 직업을 최대한 활용하는지에 훨씬 더 많은 관심을 갖고 계신다. 주어진 상황에서 직장 또는 심지어 직업 자체를 바꿀 만한 합당한 이유가 있을 수 있다.

물론 그렇게 해도 좋다. 그러나 도덕적으로 정당한 직업이라면 모두 하나님의 부르심을 성취하는 통로가 될 수 있으므로, 일생의 직업을 찾는 것을 일생의 과제로 만들지 말라. 더 경건하고 덜 경건한 직업 간에 계급이란 없다. 확실히 이것은 하나님께서 가장 경건한 크리스천들은 교회 관련한 일로 부르신다는 잘못된 믿음에 경종을 울린다. ●

모든 걸 중단하라는 게 아니다
고전 7:29-31

주님의 약속된 재림은 크리스천들이 일을 포함하여 매일의 평범한 삶을 버려야 한다는 의미인가? 바울은 이 질문에 다음과 같이 대답한다.

> 형제자매 여러분, 내가 말하려는 것은 이것입니다. 때가 얼마 남지 않았으니, 이제부터는 아내 있는 사람은 없는 사람처럼 하고, 우는 사람은 울지 않는 사람처럼 하고, 기쁜 사람은 기쁘지 않은 사람처럼 하고, 무엇을 산 사람은 그것을 가지고 있지 않은 사람처럼 하고, 세상을 이용하는 사람은 그렇게 하지 않는 사람처럼 하도록 하십시오. 이 세상의 형체는 사라집니다(고전 7:29-31, 새번역).

● 이 주제에 대한 심도 있는 논의는 TOW 웹사이트 핵심 주제 코너에서 '소명'의 "소명에 대한 개요" 부분을 보라.

분명히 가정사를 소홀히 하고 일을 그만둔 신자들도 더러 있었다. 당신도 새 집으로 이사 가기 전에 청소하는 것을 소홀히 할 수 있는 것처럼 말이다. 바울은 이전에 데살로니가 교회에서 이 같은 상황을 다루었고 이에 대한 분명한 가르침을 주었다.

> 우리가 너희와 함께 있을 때에도 너희에게 명하기를 누구든지 일하기 싫어하거든 먹지도 말게 하라 하였더니 우리가 들은즉 너희 가운데 게으르게 행하여 도무지 일하지 아니하고 일을 만들기만 하는 자들이 있다 하니 이런 자들에게 우리가 명하고 주 예수 그리스도 안에서 권하기를 조용히 일하여 자기 양식을 먹으라 하노라(살후 3:10-12).

고린도전서 7장 29절의 "때가 얼마 남지 않았으니"(새번역)라는 구절이 단순히 예수님의 재림이 거의 코앞에 다가왔다는 의미만은 아니라는 걸 인식한다면, 바울의 논리를 더욱 이해하기 쉬울 것이다. 바울은 어떤 사물이 압력을 받아 전체적으로 더 짧아지거나 더 작아지는 현상을 묘사하는 동사(synestalmenos)를 사용한다. 그러므로 NASB 성경의 "Time has been compressed"(때가 압축되었다)라는 번역이 더 정확할 수 있다. 이는 또한 "그때가 단축하여진 고로"(개역개정)로 번역할 수도 있다. 바울이 분명하게 의미하는 바는 그리스도께서 오신 이래로 광활한 시간의 끝이 마침내 가시화되었다는 것이다. "이 세상의 미래가 매우 자명해졌다"고 데이비드 갈런드(David E. Garland)는 말한다.[9]

31절은 "이 세상의 외형은 지나감이니라"라고 설명한다. "외형"은 손성된 사회 및 경제저 관계로 점철된 타락한 세상에서의 '삶의 방식'이라는 의미를 담고 있다. 바울은 이 서신을 읽는 사람들이 그리스도께서 오심으로 인해 이미 삶의 기본 구조에 변화가 왔음을 이해하기를 원한다. 현재의 생활방식에서 당연하게 여겨지는 가치와 열망은 신자들에게 더 이상 작용하지 않는다.

'그 때가 단축됐다'에 대한 올바른 반응은 일하는 것을 중단하는 게 아니라, 다른 방식으로 일하는 것이다. 일상의 일을 대하는 이전 태도는 바뀌어야 한다. 이것은 고린도전서 7장 29-31절에 있는 역설적인 진술로 우리를 안내한다. 우리는 여전히 소비해야 한다. 그러나 소유하지 않는 것처럼 해야 한다. 우리는 기존에 알고 있던 방식으로 이 세상을 대해서는 안 된다. 즉, 이 세상이 제공하는 것들을 사용할 수 있지만, 세상의 가치와 원리가 하나님 나라의 방식과 충동할 땐 그것을 받아들여서는 안된다. 우리가 소유한 것들은, 꽉 붙들고 있는 대신 다른 사람들의 유익을 위해 사용한다. 시장에서 흥정할 때도 우리는 우리 자신의 유익이 아니라 우리에게 물건을 파는 사람의 유익을 추구해야 한다. 다시 말해 바울은 신자들을 "세상과의 관계에 대한 근본적으로 새로운 이해"[10]로 초청하는 것이다.

우리의 옛 태도는, 우리 자신과 우리와 가까운 사람들의 삶을 보다 편안하고 만족스럽게 만들기 위해 일했다. 우리는 높은 지위와 안정을 누리고, 남보다 더 나은 것들을 갖고 싶어 한다. 하나님께 드리는 예배, 결혼생활, 일, 그러고 나서 시간과 에너지가 남으면 사회참여, 이런 순서로 삶의 우선순위를 정한다. 하지만 새로운 태도는 우리 자신과 우리 가까이 있는 사람들뿐만 아니라, 예수님의 사역과 죽음의 목적이 된 모든 자들의 유익을 위해 일하는 것이다. 우리는 하나님께서 바라시는 세상을 만들어 가는 일에 우리가 가진 것들을 사용해야 한다. 예배, 가정, 일, 사회 등 우리 삶의 모든 영역을 통합하고 신체적·지적·문화적·도덕적·영적 자본에 주저 없이 투자해야 한다. 이 점에서 우리는 믿음의 조상 아브라함을 본보기로 삼아야 한다. 하나님께서는 그에게 말씀하셨다. "내가 너로 큰 민족을 이루고 네게 복을 주어 네 이름을 창대하게 하리니 너는 복이 될지라"(창 12:2).

누구나 정당한 대가를
받을 권리가 있다

고전 9:7-10

꽃꽃꽃꽃꽃꽃꽃꽃꽃꽃꽃꽃꽃꽃꽃꽃꽃꽃꽃꽃꽃꽃꽃꽃꽃꽃꽃꽃

고린도전서 9장에서 바울은 고린도 교회에서 직접 재정 후원을 받을 수 있음에도 왜 받지 않기로 했는지 설명한다. 바울은 사도들을 포함하여 일하는 자들의 대가를 받을 권리를 주장하는 것부터 시작한다.

우리는 맡은 바 일에 최선을 다하며 주님을 섬기고, 주님은 그 대가로 우리 생활에 필요한 것을 허락하신다. 바울은 이 점을 잘 보여 주는 일상에서의 세 가지 예를 제시한다. 군인, 포도원 주인, 목장 주인은 모두 노동을 통해 경제적인 유익을 얻는다. 그러나 바울은 관습에만 근거해 자신의 주장을 펼치지 않고, 신명기 25장 4절("곡식 떠는 소에게 망을 씌우지 말지니라") 말씀을 인용해 자신의 주장을 뒷받침하기도 한다. 동물들도 수고한 열매의 대가를 받기에 합당할진대, 어떠한 유익을 창출하는 데 참여한 사람은 더더욱 그에 합당한 대가를 얻는 것이 마땅하다.

본문은 직장, 특히 고용주와 분명한 연관성이 있다. 피고용인은 정당한 임금을 받아야 한다. 실제로 성경은 고용주들이 피고용인들에 대한 정당한 보상을 거부한다면 그들에게 무시무시한 결과가 있으리라고 경고한다(레 19:13; 신 24:14; 약 5:7). 바울은 정당한 임금을 결정하는 데 여러 가지 요인이 영향을 준다는 사실을 알고 있으며, 어떤 수치나 공식을 규정하려고 하지 않는다. 마찬가지로 오늘날의 노동시장에 존재하는 수요와 공급, 규제와 노동조합, 임금과 복지, 권력과 유연성 간의 복잡성은 이 글에서 다룰 수 없는 광범위한 주제들이다. 그러나 원칙은 명백하다. 인력을 쓰는 사람은 그가 고용하는 사람들의 요구를 무시해선 안 된다.

그런데도 바울은 사도로서 자신의 사역에 응당한 대가를 받을 권리를 사용하지 않기로 선택한다. 왜 그런가? 바울의 경우 고린도 교회 내의 민감한 상황을 고려했을 때 대가를 받는 것이 '그리스도의 복음에 장애'가 될 수 있었기 때문이다. 마침 하나님께서는 고린도에 살면서 천막 제작이나 가죽 세공 일을 하는 동료인 브리스길라와 아굴라에게 바울을 소개하심으로써 그가 생계를 꾸려 나갈 수 있도록 하셨다(행 18:1-3; 롬 16:3). 바울은 하나님께서 모든 것들을 준비해 놓으셔서 모든 교회 사역자들이 대가를 받지 않고 사역할 수 있도록 하시는 것을 기대하지 않는다. 그러나 이 경우 하나님은 그렇게 하셨고, 바울은 감사함으로 하나님의 공급하심을 받아들였다. 중요한 점은 노동을 제공하는 사람만이 정당한 보수 없이 기꺼이 일하겠다고 제안할 권리가 있다는 것이다. 고용주는 그것을 요구할 권리가 없다.

궁극적인 목표, 하나님의 영광
고전 10장

우상에게 바쳐진 고기를 먹는 것은 합당한 일일까? 바울은 고린도 신자들에게 매우 중요한 이 문제를 8장에서부터 다루기 시작한다. 그는 이 세상의 자원을 사용하는 것에 관한 하나의 대원칙을 분명히 말한다. 시편 24편 1절을 인용하면서 바울은 다음과 같이 말한다. "이는 땅과 거기 충만한 것이 주의 것임이라"(고전 10:26). 즉, 모든 것이 하나님에게서 나왔으므로 어떤 음식이든, 그것이 이전에 이방인의 제의적 목적에 사용되었다 하더라도 먹을 수 있다. (로마의 시장에서 파는 고기의 대부분은 준비 과정에서 우상들에게 바쳐진 것들이었다.)[11] 이 원칙은 두 가지 면에서 일에 적용이 가능하다.

첫째, 우리는 바울의 논리를 확장해 신자들이 음식, 옷, 제조품, 에너지를 포함하여 땅에서 나는 모든 것을 사용해도 된다는 결론에 도달할 수 있다. 그러나 바울은 이러한 사용에 명확한 제한을 둔다. 만일 우리의 사용이 다른 사람에게 피해를 준다면, 우리는 그걸 사용하지 말아야 한다. 예를 들어, 우상에게 바쳐진 고기가 저녁 만찬에서 논쟁거리가 된다면, 우리는 다른 사람의 양심을 지켜 주기 위해 고기 먹는 것을 금해야 한다. 더 나아가 노동자의 안전, 자원 부족, 또는 환경 파괴 문제에 동일한 원칙을 적용해 본다면, 오늘날 노동자들의 복지, 빈곤층의 자원에 대한 접근 권리, 미래 세대의 삶의 질 등을 이유로 우리는 특정 물품에 대한 소비를 금할 수 있다. 하나님께서 이 땅과 이 땅의 충만함의 주인이시므로, 우리가 이 땅을 사용하는 방식은 그분의 목적에 부합해야 한다.

둘째, 고린도전서 5장 9-10절에서 이미 살펴본 바와 같이 우리는 비신자들과 경제 활동을 해야 한다. 만일 크리스천들이 크리스천 또는 유대인들이 운영하는 정육점에서만 고기를 산다면, 그 고기가 우상에게 바쳐진 것인지 아닌지 걱정할 필요가 없을 것이다. 그러나 바울은 신자들이 사회 전체와의 경제 활동에 참여해야 한다고 주장한다. (또한 이 글의 주제는 아니지만, 8장에서는 크리스천들이 비신자들과 사회적 관계도 맺을 것이라는 사실 또한 가정하고 있다.) 크리스천들은 사회로부터 떨어져 살도록 부르심을 받지 않고, 사회의 여러 일터를 포함하여 사회와 관계를 가지며 살도록 부르심

을 받았다. 바울은 고린도후서 6장 14-18절에서 이러한 참여에 대한 제한을 논의한다.●

바울은 "그런즉 너희가 먹든지 마시든지 무엇을 하든지 다 하나님의 영광을 위하여 하라"라고 말한다(고전 10:31). 이 구절은 모든 활동을 정당화하지 않으며, 절대적으로 모든 일이 하나님께 영광 돌리는 방식으로 이루어질 수 있다는 의미로 해석해서는 안 된다. 바울의 논지는 일을 포함한 우리의 행동이 이 세상에서 하나님의 목적과 부합한지 아닌지 분별해야 한다는 것이다. 그 기준은 우리가 비신자들과 교제를 갖는지, 다른 사람들이 악용할 수 있는 것을 사용하는지, 하나님과 바른 관계에 있지 않는 사람들을 상대하는지의 여부가 아니라, 우리가 하는 그 일이 하나님의 목적에 공헌하는지의 여부다. 만일 그렇다면, 우리가 무엇을 하든 그 일은 참으로 하나님의 영광을 위해 행한 것이 될 것이다.

결론은 인류에 유익을 주는 방식으로 하나님께서 창조하신 세상에 진정한 가치를 부여하는 모든 직업은 하나님께 영광을 돌리는 참된 부르심이라는 것이다. 농부와 식료품가게 점원, 제조업자와 환경규제 담당자, 부모와 선생, 유권자와 정치인 모두 창조 세계에 대한 하나님의 계획을 섬기는 만족감을 누릴 수 있다.

● 이 책 3장의 "고후 6:14-18" 부분을 보라.

은사를
올바로 사용하는 공동체
고전 12:1-14:40

'영적 은사'(spiritual gifts-고전 12:1) 사용을 두고 고린도 교회 내에서 많은 분란이 있었던 듯 보인다. 특히 방언, 즉 성령에 이끌리어 황홀 상태에서 말하는 은사는 이를 사용하는 사람들이 그렇지 않은 사람들보다 자신들이 더 영적이라고 주장함에 따라 교회 내 지위의 차이를 더욱 두드러지게 만들었다(고전 12:1-3; 13:1; 14:1-25).[12]

바울은 이에 반대하여 사역에 주요하게 적용할 수 있는 성령의 은사에 관한 보다 광범위한 이해를 피력한다. 먼저 주목할 점은 '영적 은사'라는 용어가 바울이 말하는 것을 담기에는 너무 한정적이라는 것이다. 은사는 하나님의 영에서 온다는 넓은 의미에서 '영적인' 것이지, 육체에서 분리되었거나 초자연적인 상태를 일컫는 좁은 의미로 해석해서는 안 된다. 그리고 "은사"는 바울이 생각하는 현상을 설명하기 위해 사용한 여러 종류의 용어 가운데 하나일 뿐이다. 고린도전서 12장만 살펴봐도 바울은 여러 은사들을 일컬을 때 "직분"(services-고전 12:5), "사역"(activities-고전 12:6), "나타내심"(manifestation-고전 12:7), '행함'(deeds-고전 12:28), '형태'(forms-고전 12:28), "각종"(kinds-고전 12:28) 등의 표현을 사용한다. 바울이 '공동선을 위한 성령의 나타내심'(고전 12:7, NRSV) 또는 '직분의 종류'(고전 12:5, NIV)라고 부르는 것을 일컫는 "영적 은사"라는 용어의 전용은 우리 생각을 왜곡시키는 경향이 있다.[13]

이것은 하나님께서 우리에게 부여하신 '선천적' 기술과 능력을 성령이 대체하거나 무시한다는 의미를 내포한다. 또한 이것은 "은사"를 받는 사람이 그 은사의 유익을 누리는 사람임을 시사한다. 이 때문에 우리는 섬김보다는 예배가 성령의 일하심의 최고 목적이라고 생각하게 된다. 하지만 고린도전서에 의하면 이는 모두 잘못된 가정이다. 성령은 우리의 선천적 재능을 없애 버리지 않고, 그것을 높이시고 사용하신다(고전 12:14-26). 또한 은사를 통해 개인뿐만 아니라 공동체 또는 조직이 유익을 얻는다(고전 12:7). 그 목적은 공동체를 세우는 것(고전 14:3-5)이고 교회 밖에 있는 사람들을 섬기는 것(고전 14:23-25)이지, 단지 예배의 질을 향상시키기 위한 것은 아니다. "선물"(giftings)이라는 표현이 이러한 중요한 함의를 더 잘 나타내기 때문에 아마도 보다 적합한 용어가 아닐까 싶다.

두 번째로, 바울은 은사와 관련해 철저한 목록을 제시하기보다는 다양한 사례를 제공한다. 바울은 또한 로마서 12장 6-8절, 에베소서 4장 11절, 베드로전서 4장 10-11절에서 은사들을 열거하며, 그런 은사들 사이에 차이점이 있는 것을 보면, 이는 완전한 목록이라기보다는 다양한 실례임을 알 수 있다.

이를 살펴보면 은사를 나열하는 표준 목록 같은 것은 존재하지 않고, 은사가 주어진 다양한 방식을 설명하는데도 기준이 되는 방법조차 없다. 이 주제에 관한 많은 대중 문헌과는 달리, 영적 은사에 관한 명확한 목록을 작성하기란 불가능하다. 영적 은사는 놀랄 만큼 다양성을 띤다. 알려지지 않은 언어로 말하는 능력을 포함해 어떤 은사는 '초자연적'인 반면, 리더십 등 자연스런 능력이나 심지어 자비와 같이 개인적 특성으로 보이는 은사도 있다. 살펴보았듯이 바울은 "다 하나님의 영광을 위하여 하라"(고전 10:31)라고 말하며, 여기서 바울은 하나님께서 우리에게 부여하실 몇 가지 놀라운 능력을 열거한다.

바울은 교회를 염두에 두고 있는데(고전 14:4, 12), 그래서 일부 크리스천들은 이 본문이 성령께서 은사를 오직 교회 내에서만 사용하도록 주신다는 의미라고 주장한다. 그러나 바울의 기록에는 이러한 은사가 교회 안에 한정되었다는 주장을 뒷받침하는 어떠한 근거도 없다. 하나님 나라는 교회라는 제도에만 국한되지 않으며 전 세계를 포함한다. 신자들은 일터를 포함한 모든 환경에서 자신의 은사를 사용해야 한다.

리더십, 섬김, 분별 등 여기에 소개한 은사들 가운데 많은 것은 일터에서 즉각적으로 도움이 될 수 있다. 또 다른 은사들은 의심할 여지없이 우리가 어떤 일을 하든지 하나님의 목적을 섬기는 데 필요한 대로 우리에게 주어질 것이다. 우리는 받은 은사들을 반드시 개발해야 하고 삶의 모든 영역에서 공공의 유익을 위해 그것들을 사용해야 한다.

사실 가장 중요한 질문은 누가, 어디서, 무슨 영적 은사를, 어떻게 사용하는지가 아니다. 왜 우리가 그 은사를 사용하는지가 가장 중요한 질문이며, 그 답은 '사랑 때문에, 사랑하려고 은사를 사용한다'이다. 하나님이 주시는 은사, 달란트, 능력은 우리가 일을 탁월하게 수행할 수 있도록 도와주는 원천이다. 그러나 바울은 사랑의 중요성을 논한다. "내가 또한 가장 좋은 길을 너희에게 보이리라"(고전 12:31). "그중의 제일은 사랑이라"(고전 13:13). 바울은 만일 성령의 모든 놀라운 은사를 행사할지라도 "사랑이 없으면 내가 아무것도 아니요"(고전 13:2)라고 말한다. 흔히 결혼식에서 고린도전서 13장을 읽곤 하는데, 사실 직장에 적용할 수 있는 완벽한 선언문과 같다.

> 사랑은 오래 참고 사랑은 온유하며 시기하지 아니하며 사랑은 자랑하지 아니하며 교만하지 아니하며 무례히 행하지 아니하며 자기의 유익을 구하지 아니하며 성내지 아니하며 악한 것을 생각하지 아니하며 불의를 기뻐하지 아니하며 진리와 함께 기뻐하고(고전 13:4-6).

만일 크리스천들이 직장에서 이러한 사랑을 나타낸다면, 우리가 하는 일이 얼마나 더 생산적이며 풍성해지겠는가! 우리 주님께 얼마나 많은 영광을 돌리겠는가! "나라가 임하시오며"라는 우리의 기도에 주시는 하나님의 응답에 우리가 얼마나 더 가까이 다가가겠는가!

부활을 바르게 이해할 때
고전 15:58

바울은 15장에서 부활에 관한 긴 논의를 한다. 그리고 자신의 결론을 직접적으로 일에 적용한다. "주의 일에 더욱 힘쓰는 자들이 되라 이는 너희 수고가 주 안에서 헛되지 않은 줄 앎이라"(고전 15:58). 믿는 자는 육체까지도 온전히 다시 살아날 것이라는 부활에 대한 바른 이해가 어떻게 주님을 위한 우리의 수고가 헛되지 않고 영속적인 의미를 갖는다는 결론의 근거가 될 수 있는가?

먼저, 우리 주변에 있는 타락한 세상의 생명이 생명의 전부라고 한다면, 우리의 수고는 헛될 것이다(고전 15:14-19). 바울이 사용한 "헛된"(vain)이라는 단어는 타락한 세상에서 일의 헛됨에 관해 자세히 묵상했던 전도서를 떠올리게 한다.● 현 세상의 타락한 상태를 넘어 생명이 있다 할지라도, 만일 새로운 세상이 이 세상에서 완전히 분리된다면 우리의 일은 헛될 것이다. 우리의

● 이 시리즈 2권 《일하는 크리스천을 위한 시가서 · 예언서》 4장을 보라.

수고는 기껏해야 우리와 다른 사람들을 새로운 세상으로 보내는 역할만 할 것이다.

그러나 우리는 이미 하나님의 방법으로 이루어진 일은 영원토록 남으리라는 것을 살펴보았다(고전 3:10-15). 고린도전서 15장 후반부에서 바울은 각각의 형체 사이에 굉장히 큰 차이가 있음에도 불구하고 부활 전과 후의 형체 사이에 있는 근본적인 연속성을 강조하면서 이 문제를 더욱 심도 있게 논의한다. "이 썩을 것이 반드시 썩지 아니할 것을 입겠고 이 죽을 것이 죽지 아니함을 입으리로다"(고전 15:53).

우리의 영혼은 (마치 새로운 옷 한 벌을 입는 것처럼) 옛 몸을 새로운 몸으로 갈아입히지 못하지만 우리의 현재 몸은 '죽지 아니함을 입을 것이다.' 근본적으로 변화를 입은 옛것은 새로운 것으로 이어진다. 우리의 현재 존재에 의미를 부여하고 또 하나님을 위한 우리의 수고가 영속적인 가치를 지닌다는 것을 확증하는 것이 바로 이러한 연속성이다.[14]

역경에 처한 사람들과
우리의 자원을 나누는 삶
고전 16:1-3

바울이 자신의 선교 여행 전반에 걸쳐 지속적으로 행한 일은 바로 경제적인 어려움을 겪는 유대에 있는 성도들을 위해 모금하는 일이었다.[15] 바울은 이러한 헌금을 여기서뿐만 아니라 갈라디아서 2장 10절에서도 언급하며, 로마서 15장 25-31절과 고린도후서 8-9장에서는 이에 관한 신학적 근거를 보다 자세하게 설명한다. 바울에 의하면 신자가 얻는 소득의 일부는 스스로 삶을 꾸려 나갈 수 없는 사람들의 유익을 위해 쓰여야 하며, 이 사실을 주지하는 것은 중요하다. 바울이 보기에 교회의 본질적인 기능 가운데 하나는 전 세계 교인들의 필요를 돌아보는 것이다. 구약 성경은 정해진 십일조와 자원하여 드리는 예물 모두를 규정했는데,[16] 이는 모두 성전을 운영하고, 나라를 꾸려 가고, 가난한 자들을 구제하는 데 쓰였다. 그러나 이 제도는 유다 왕국의 멸망으로 끝이 났다. 유대의 가난한 자들을 위한 바울의 모금은 과거 구약 성경의 십일조와 예물이 담당했던 교회의 구제 역할을 의미한다.

신약 성경 어디에서도 정해진 비율의 십일조를 규정하지는 않지만, 바울은 너그러운 베풂을 장려하며(고후 8-9장) 이는 결코 구약 성경보다 낮은 수준의 베풂을 의미하지 않는다. 여러 세기에 걸쳐 교회가 성장함에 따라 사회복지 제공자로서의 교회 역할은 로마제국보다 더 오래 지속되었을 뿐 아니라 사회의 필수불가결한 요소가 되었다.[17]

금액이 얼마가 됐든, 신자들은 예산의 일부로 그 금액을 미리 정해 놓고 매주 정기적으로 드리는 예배에 자신의 헌금을 가져와야 한다. 다시 말해 이러한 수준의 너그러운 베풂에 도달하기 위해서는 지속적인 라이프스타일의 변화가 필요하다.

우리 시대에는 이러한 원칙에 대한 재고가 필요하다. 사회복지 제공자로서 교회 기능을 이제 정부가 대신하게 되었지만, 크리스천들만이 탁월하게 잘할 수 있도록 하나님께서 구비시키시는 특정 형태의 봉사가 있는가? 크리스천들의 일, 투자, 다른 경제 활동이 경제적으로 어려움에 처한 자들을 섬기는 수단이 될 수 있는가? 바울의 시대에는 크리스천들이 사업을 시작하고, 상업에 종사하고, 또는 훈련과 교육을 제공하는 데 범위가 제한되어 있었지만, 오늘날 이러한 활동은 경제적으로 소외된 사람들을 위해 고용을 창출하거나 이들을 부양하는 수단이 될 수 있다.

베푸는 일의 목적이 단지 (바울의 분명한 목표 가운데 하나였던) 전 세계 교회의 더욱 긴밀한 단결인가? 아니면 우리 이웃을 돌보는 것 역시 그 목적에 포함되는가? 오늘날 하나님께서는 물질을 나눔과 동시에 역경에 처한 사람들을 돌보는 수단으로써 사업, 정부, 교육, 그리고 다른 모든 형태의 일을 수행하라고 신자들을 부르시는 것은 아닐까?●

● TOW 웹사이트 핵심 주제 코너의 '공급과 부'에서 이러한 질문들을 심도 있게 다루었다.

○
결론

고린도전서는 일을 성경적으로 이해하는 데 많은 도움을 준다. 무엇보다도 모든 종류의 정당한 일에 대한 건강한 소명의식을 확증한다. 서두에서 바울은 하나님께서 자신과 고린도 교인들이 그리스도를 따르도록 부르셨음을 강조한다. 하나님께서는 다른 사람들을 섬길 수 있도록 모든 신자들에게 영적 자원과 구체적인 은사를 주신다.

우리의 능력은 우리 자신의 공로에 있지 않고 하나님의 능력에 달려 있다. 그분의 능력에 힘입어 우리는 선행을 추구할 수 있고 또 그렇게 해야 한다. 하나님께서는 우리의 일 안에서 우리를 공동의 비전과 목적으로 이끄시며, 이를 성취하기 위해서는 다양한 종류의 직업을 가진 각양각색의 사람들이 필요하다. 리더들은 이러한 다양성을 효과적으로 결집시켜야 한다.

하나님 나라에 속한 리더들은 그들이 이끄는 사람들의 종이다. 그러므로 구성원들의 필요와 요구를 충족시킴과 동시에 그 조직의 사명을 완수할 책임이 있다. 우리의 직분이 무엇이든 간에, 완벽한 직업을 찾기 위해 우리의 모든 시간과 에너지를 쓰기보다는 하나님의 목적에 부합하는 방식으로 매일 일하는 것이 더욱 중요하다. 하나님의 원래 의도대로 세상을 회복시키기 위해 그리스도께서 다시 오실 것을 알기에, 우리는 그리스도께서 다시 오실 나라를 위해 부지런히 일할 확신이 있다. 우리의 능력대로 일할 때, 하나님께서는 우리의 수고에 정당한 대가로 보상하신다. 크리스천들은 정당한 대가와 정당한 일의 표준으로 부르심을 받았다.

우리의 궁극적인 목표는 하나님 나라와 그분의 영광이다. 이것은 세상의 자원을 사용할 자유를 주지만, 동시에 우리는 미래 세대를 포함한 모든 사람들의 유익을 위해 이 자원을 잘 돌보아야 한다. 사실 우리는 한 개인과 개인의 서로 다른 필요 사이의 균형 맞추기를 생각해서는 안 되고, 대신 상호 지지와 봉사에 기반한 공동체 수립을 생각해야 한다.

사랑이 하나님 나라의 원동력이다. 그리스도께서 위하여 일하시고 대신 죽으신 사람들을 위해 우리가 사랑으로 일할 때, 우리의 일은 헛되지 않을 것이다. 그렇게 한 일만이 영속적인 중요성을 지니며 하나님 나라가 성취되는 새로운 세상에서 우리와 함께 지속적으로 남을 것이다. 그때까지 우리는 가지고 있는 자원을 이용해 도움이 필요한 사람들을 돌보는 일에 특별히 마음을 쏟아야 한다.

03

고린도후서 & 일의 신학

**"어떻게 직장에서
좋은 관계를 쌓을 것인가"**

○
서론

고린도전서가 신약 교회의 일상을 놀라운 통찰력으로 기술했다면, 고린도후서는 고린도 교회의 기초를 다지고 교회를 세웠던 바울의 마음과 영혼을 잘 담아낸다. 여기에서 바울은 투명성, 기쁨, 좋은 관계, 정직, 명성, 섬김, 겸손, 리더십, 수행과 책임, 화해, 비신자들과 일하기, 격려, 관대함, 제때에 의무 이행하기, 그리고 부의 적절한 사용을 가르치고 모범을 보인다.

바울은 사도로서 직분을 수행하면서 맞닥뜨리는 매일의 갈등과 기회에서 일과 관련된 주제를 찾아내고 또 다룬다. 스스로 묘사한 대로 고린도후서를 집필하기 이전에 바울은 "밖으로는 다툼이요 안으로는 두려움"(고후 7:5)에 수차례 직면했다. 이러한 경험은 분명히 바울에게 큰 영향을 미쳤고, 그 결과 신약의 다른 서신과는 전혀 다른 특성을 지닌 고린도후서가 탄생한다. 여기서 바울은 번민과 불안부터 흥분과 확신에 이르기까지 다양한 개인적인 감정을 드러낸다.

수많은 역경을 겪으면서 바울은 자신의 일을 보다 효과적으로 수행하는 리더요, 사역자가 되었다. 자신의 일을 보다 효과적으로 수행하는 방법을 배우고자 하는 사람, 또 하나님께서 그렇게 하실 능력이 있다고 믿는 사람은 고린도후서의 바울과 그의 가르침에서 매우 실용적인 본보기를 발견할 것이다.

바울과 고린도 교회와의 소통

고린도전서 서론에서 살펴보았듯이 바울이 고린도를 처음 방문한 기간 동안(AD 49년 또는 50년 겨울에서 AD 51년 여름 사이) 고린도 교회를 세웠다. 그 후 바울은 고린도전서 5장 9절에 언급한 더 이상 존재하지 않는 한 통의 편지와 지금까지 남아 있는 또 다른 편지인 고린도전서를 고린도 교회에 썼다. 또한 고린도 교회를 세 차례 방문했다(고후 12:14; 13:1). 로마서 16장 1절을 통해 알 수 있듯이 바울은 고린도에 머무는 동안 로마서를 썼다.

그런데도 고린도 교회와 바울의 관계는 긴장의 연속이었다. 한 번은 바울이 엄한 내용을 담고 있는(고후 2:4) 소위 "혹독한 편지"(severe letter)를 이 교회에 썼고, 이 서신은 오늘날에는 없다.[1]

바울은 고린도에 있는 자신의 적대자들의 마음에 변화가 일기를 바라며 디도 편에 이 편지를 보냈다. 고린도 교회와의 해결되지 않은 갈등 때문에 바울은 답장을 기다리는 동안 초조해했다(고후 1:12-13). 마침내 55년 가을, 디도가 고린도에서 돌아오면서 좋은 소식을 가져왔다. 바울의 혹독한 편지를 읽고 나서 고린도 신자들은 바울과의 불화를 진심으로 슬퍼했으며, 이 슬픔은 회개로 이어졌다(고후 7:8-16).

그러자 바울은 그들 사이가 회복된 일이 얼마나 기쁘고 감사한지 하나님과 고린도 교인들 모두에게 표현하기 위해 고린도후서, 더 정확히 말하자면 고린도후서의 첫 일곱 장을 썼다. 여기서 바울은 하나님께서 모든 크리스천들에게 삶에서 구현하라고 명하시는 투명성, 기쁨, 관계에 대한 관심, 진실함, 명성, 섬김, 하나님을 의지함, 윤리적 행동, 인격, 그리고 격려의 본을 보인다. 그리고 8장과 9장에서는 고린도 교인들이 유대에 있는 크리스천들을 구제하기로 약속한 내용을 짚으면서 구제와 제때에 의무 이행하기라는 주제를 설명한다.

이 본문에서 바울은 하나님이 우리의 필요를 어떻게 구제해 채우시는지 설명하고, 그러므로 우리가 필요한 그 어떤 것도 부족함이 없을 뿐 아니라 가진 것이 풍성하여 다른 사람들에게 나누어 줄 수 있다고 강조한다. 고린도후서 10-13장에서는 경건한 리더십의 특징들을 묘사하는데, 고린도 교회의 일부 교인들을 거짓 인도했던 소위 "지극히 크다는 사도들"(super-apostle)에 관한 걱정스러운 소식 때문이었다. 우리의 주요 관심사는 교회 리더십 자체는 아니다. 하지만 이 본문에 기록한 바울의 말은 모든 직장에 실질적으로 적용이 가능하다.

관계에 대한 감사
고후 1:1-11

고린도후서는 바울이 고린도인들과 가진 깊은 관계를 진심으로 고마워하는 내용으로 시작한다. 그 관계는 매우 긴밀해서 한 사람에게 어떤 일이 일어나면 마치 모든 사람이 겪은 일처럼 여겼다. 바울은 이렇게 쓴다. "우리가 환난 당하는 것도 너희가 위로와 구원을 받게 하려는 것이요"(고후 1:6). "너희를 위한 우리의 소망이 견고함은 너희가 고난에 참여하는 자가 된 것같이 위로에도 그러할 줄을 앎이라"(고후 1:7).

바울은 관계를 마치 결혼 관계처럼 묘사해 놓았다. 본 서신에서 드러나는 바울과 교회 사이의 긴장된 관계를 고려하면 이러한 친밀한 묘사가 사뭇 놀랍다. 첨예한 의견으로 서로에 대한 실망은 물론 심지어 분노까지 품은 이들이 어떻게 "너희를 위한 우리의 소망이 견고함은"(고후 1:7) 같은 말을 할 수 있었을까?

이에 대한 답은, 좋은 관계는 상호 합의가 아닌 공동의 목표를 추구하는 과정에서 상호 존중을 통해 형성된다는 것이다. 이것은 직장생활에 중요한 시사점을 제공한다. 우리는 직장 동료를 선택할 수 없다. 고린도 교인들이 바울을 그들의 사도로, 또 바울이 하나님께서 믿음으로 이끄실 사람들을 선택하지 않았던 것처럼 말이다. 직장에서의 관계는 서로에 대한 호감이 아니라 공동 임무의 성취를 위해 형성된다. 이것은 교회 건립,

자동차 부품 생산, 보험 처리, 대학 강의를 포함해 우리의 직업이 무엇이든지 간에 적용되는 사실이다. 다만 어려운 일일수록 좋은 관계의 중요성은 더 커진다.

그렇다면 어떻게 해야 직장에서 좋은 관계를 만들어 갈 수 있는가? 고린도후서의 나머지 본문에서는 투명성, 진실함, 책임, 관대함 등 직장에서 좋은 관계를 형성할 수 있는 다양한 수단을 탐구한다. 우리는 이러한 맥락에서 위의 주제를 모두 논의할 것이다.

그러나 바울은 기술과 방법만 알아서는 좋은 관계를 맺을 수 없다고 단언한다. 우리에게는 무엇보다도 하나님의 도움이 필요하다. 이러한 이유에서 서로를 위한 중보기도는 좋은 관계의 초석이다. 바울은 "너희도 우리를 위하여 간구함으로 도우라"(고후 1:11)라고 요청하고, 그다음에 "많은 사람의 기도로 얻은 은사"(고후 1:11)에 관해 이야기한다.

당신은 함께 일하는 사람들과의 관계에 얼마나 많이 투자하는가? 그 답은 당신이 직장 동료를 위해 얼마나 기도하는지를 통해 가늠할 수 있다. 중보기도를 할 만큼 동료들에게 관심이 있는가? 동료의 필요와 근심을 위해 구체적으로 기도하는가? 동료들을 위해 구체적으로 기도할 수 있을 만큼 그들의 삶을 알기 위해 충분히 노력하는가? 다른 이들이 우리를 위해 기도할 수 있도록 당신 자신의 삶을 충분히 공유하는가? 직장 동료들에게 당신이 그들을 위해 기도해도 될지 묻거나, 또는 당신을 위해 기도해 달라고 그들에게 요청해 본 적이 있는가? 동료들이 내 신앙을 공유하지 않을 수는 있지만, 사람들은 그들을 위해 기도하겠다는 순수한 제안이나 나를 위해 기도 또는 기원해 달라는 요청을 대부분의 경우 환영한다.

우리는 충분히 투명한가
고후 1:12-23

바울은 고린도인들에게 보내는 두 번째 편지의 본론에서 자신이 고린도인들에게 솔직하고 정직한 마음으로 말하지 않았던 고충을 털어놓는다. 바울은 고린도를 다시 방문하겠노라는 약속을 두 번이나 취소했다. 바울이 불성실했거나 또는 한 입으로 두 말을 했는가? 아니면, 다른 사람들 뒤에서 자기 뜻대로 하려고 남몰래 책략을 쓰는가?

바울은 고린도후서 1장 12-14절에서 이러한 질문들을 다룬다. 바울은 고린도인들 사이에서 자신의 행동이 항상 투명했음을 자랑스러워한다. 바울의 행동은 그가 "육체의 지혜"(고후 1:12)라고 일컫는 모략이 아니었다. 그는 자신의 이익을 챙기거나 체면을 살리는 일에 연연하지 않았다. 그는 다시 고린도인들에게 창피를 주거나 그들을 꾸짖고 싶지 않았다. 고린도를 재방문한다면 비난과 책망보다는 기쁨을 가져다주고 싶었다. 그래서 그는 고린도에 되돌아가는 계획을 연기했다(고후 1:23-24).

당연히 바울의 진실은 의심을 받았지만 바울은 그동안 고린도 교인들과의 관계에서 투명성을 지켜왔기 때문에 그들이 계속해서 자신을 신뢰할 거라는 사실을 알았다. 그는 '자신들이 세상에서 특별히 그들에 대하여 하나님의 거룩함과 진실함으로 행함'(고후 1:12)을 교인들에게 상기시킨다. 지금까지 바울의 행동을 보아 온 터라 이들은 바울이 자기 속내를 망설임 없이 말한다는 것을 알고 있다(고후 1:17-20). 바울은 이러한 사실을 잘 알았기에, 바울이 고려해야 했던 모든 요소들을 고린도 교인들이 알게 된다면 결국에는 그들도 '완전히 알게 될 것'(고후 1:1-13)이라고 확신한다. 모든 것을 알지 못한다 할지라도 "여러분이 우리를 이미 부분적으로는 이해했습니다"(고후 1:14, 새번역)라고 바울이 말하는 데서 교인들이 바울을 얼마나 신뢰하는지 알 수 있다.

오늘날 우리는 직장 동료들이 우리를 신뢰할 만큼 충분히 투명한가? 어떤 사람이든, 회사든, 조직이든 하루도 빠짐없이 진실을 숨기고자 하는 유혹에 직면한다. 우리는 고객 또는 경쟁자로부터 부정하게 신뢰를 얻기 위해 우리의 동기를 모호하게 하는가? 책임을 회피하거나 다른 사람들이 반대하는 요소들을 숨기기 위한 방편으로 비밀리에 결정을 내리는가? 면전에서 동료를 지지하는 척하다가 뒤에서는 조롱하지는 않는가? 바울의 모범은 이러한 행동들이 잘못되었다는 것을 보여 준다. 더욱이 우리가 이러한 행동을 통해 단기적인 이익을 얻는다고 하더라도, 결국은 동료들의 신뢰를 잃어버릴 수 있기 때문에 장기적으로는 득보다 실이 많다. 그리고 만일 동료들이 우리를 신뢰하지 않는다면, 하나님인들 우리를 신뢰하실까?

물론 그렇다고 해서 우리가 가진 모든 정보를 항상 밝혀야 한다는 뜻은 아니다. 누설해서는 안 되는 개인이나 조직의 비밀은 있기 마련이다. 모든 정보를 모든 사람과 공유해야 하는 것은 아니다. 때때로 "나는 다른 사람에게 비밀을 지켜야 할 의무가 있기에 그 질문에 대답할 수 없습니다"가 정직한 대답일 수 있다. 그러나 사실을 얼버무리기 위해, 다른 사람에 대한 비교우위를 얻기 위해, 또는 우리 자신을 거짓되이 긍정적으로 포장하기 위해 기밀 유지를 구실로 이용해서는 안 된다. 우리의 동기가 의심을 받는 경우, 그동안 견고하게 쌓아 온 정직성과 신뢰가 그 의심을 해소하는 최고의 방법이 될 것이다.

투명성은 고린도 사람들을 위한 바울의 사역에서 너무나 중요한 요소이기 때문에 바울은 자신의 편지 전반에 걸쳐 이 주제를 언급한다. "이에 숨은 부끄러움의 일을 버리고 속임으로 행하지 아니하며 하나님의 말씀을 혼잡하게 하지 아니하고 오직 진리를 나타냄으로 하나님 앞에서 각 사람의 양심에 대하여 스스로 추천하노라"(고후 4:2). "고린도 사람 여러분, 우리는 여러분에게 숨김없이 말하였습니다. 우리는 마음을 넓혀 놓았습니다"(고후 6:11).

다른 사람들의 기쁨을 위해
일하는 기쁨
고후 1:24

바울은 관계를 세우는 다음 수단으로 '기쁨'을 이야기한다. "우리가 너희 믿음을 주관하려는 것이 아니요 오직 너희 기쁨을 돕는 자가 되려 함이니 이는 너희가 믿음에 섰음이라"(고후 1:24). 기쁨은 바울이 왜 그토록 효과적인 리더였으며 그와 교제했던 사람들이 어떻게 그토록 견고하고 신뢰할 만한 동역자가 되었는지 설명한다. 바울은 하나님께 받은 권위를 가진 사도였지만, 그의 목표는 다른 사람들이 자신의 명령을 따르도록 강요할 수 있다는 자부심이 아니라, 함께 일하는 기쁨을 누리는 것이었다. 여기서 우리는 예수님의 제자들이 자기들 가운데 누가 가장 큰 자인가를 두고 논쟁하고 있었을 때 그들에게 하신 예수님의 말씀을 상기하게 된다.

예수께서 이르시되 이방인의 임금들은 그들을 주관하며 그 집권자들은 은인이라 칭함을 받으나 너희는 그렇지 않을지니 너희 중에 큰 자는 젊은 자와 같고 다스리는 자는 섬기는 자와 같을지니라(눅 22:25-26).

크리스천의 사역의 정수는 바로 다른 사람들이 더 큰 기쁨을 누릴 수 있도록 곁에서 일하는 것이라고 바울은 주장한다. 만일 기쁨을 가져다주는 것이 우리가 수행해야 할 최우선 명령이라면, 우리의 직장은 어떤 모습일까?[2] 여기에서 기쁨이란 순간의 행복이 아닌, 하나님의 계획에 부합하는 일을 하는 데서 오는 깊은 즐거움이다. 동료와 거래처, 고객, 학생, 환자와의 관계에서 깊은 상호 만족감을 얻기 위해 최선을 다하는 것을 당신의 목표로 삼지 않을 이유가 어디 있는가?

임무 완수가 먼저인가, 관계 회복이 먼저인가
고후 2:12-16

직장에서 건강한 관계를 형성하기 위한 또 다른 수단은 간단하다. 바로 시간과 노력을 투자해 관계를 발전시키는 것이다. 바울은 에베소를 떠난 후 소아시아의 북서쪽 끝머리에 있는 항구 도시 드로아로 가서, 디도가 고린도 방문을 마치고 돌아오기를 기다렸다.

● 자세한 내용은 이 장의 "서론" 부분을 보라.

늘 그랬듯이 거기 머무는 동안도 열성을 다해 선교 사역을 수행했고, 하나님은 그의 노력을 축복하셨다. 그러나 전략적 요충지인 이 도시[3]에서의 사역이 전도유망했음에도 바울은 성경에서 밝힌 대로 "내 형제 디도를 만나지 못하므로 내 심령이 편하지 못하여"(고후 2:13) 드로아에서의 사역 일정을 단축했다. 고린도 신자들과의 긴장된 관계에서 느낀 고통 때문에 자신의 열정 그 자체인 사역에 정성을 들일 수 없었던 탓이다. 그래서 바울은 디도를 만나겠다는 소망을 가지고 마게도냐로 떠났다.

이 본문에서는 두 가지가 눈에 띈다. 첫째, 바울은 다른 신자들과의 관계에 큰 가치를 부여한다. 그런데 이러한 관계가 황폐해졌다면, 아마 바울의 마음은 초연하거나 가벼울 수 없었을 것이다. 제단에 자신의 헌금을 놓고 자신의 형제에게 먼저 가서 화해하라는 예수님의 가르침(마 5:23-24)에 바울이 익숙했는지 확신할 수는 없지만, 바울은 확실히 그 원리를 이해하고 있었다. 그는 사태가 수습되기를 간절히 원했으며 그 목적을 이루려고 무진 애를 썼고 기도에 힘을 기울였다. 둘째, 바울은 자신의 사역에 큰 차질이 생긴다고 해도 화해하는 일에 최우선 순위를 두었다. 바울은 사역을 위한 좋은 기회가 다시 오지 않을 수도 있었지만, 그렇다 해도 그는 고린도인들과 그들의 재정적 필요를 외면할 수 없었다. 고린도 교인들과의 틀어진 관계 회복이 가장 먼저였다.

그만큼 관계가 중요하다. 물론 지금 하는 일을 당장 멈추고 긴장된 관계에 주의를 기울이는 게 항상 가능할 수는 없다. 그러나 우리의 임무(task)가 무엇이든지, 관계는 우리의 일(business)이다. 임무는 중요하다. 관계도 중요하다. 그러므로 일하는 과정에서 우리의 관계가 긴장되어 있거나 깨어져 있음을 깨닫거나, 혹은 깨어진 것으로 의심된다면, 마태복음 5장 23-24절의 정신에 입각해 임무 완수와 관계 회복 가운데 어느 것이 더 절박한 문제인지 스스로에게 물어봐야 한다. 그 답은 상황에 따라 다를 수 있다. 만일 맡은 임무가 중요한 일이거나 긴장 관계의 정도가 매우 심각하다면, 어느 문제가 보다 절박한지 생각하고, 존경할 만한 형제 또는 자매를 찾아 상담을 받는 것도 지혜로운 일이다.

돈을 다루는 방식에서
진실함이 드러난다
고후 2:17

바울은 고린도후서 1장 12절 이후 다시 한 번 자신의 고린도 방문 연기와 관련해 여전히 남아 있는 문제들을 다룬다. 그가 고린도 교회에서 재정 후원을 받지 않은 일로 고린도 교인들은 마음이 상한 것 같다. 이에 바울은 자비량하는 것이 진실함의 문제였다고 설명한다. 사람들은 바울이 설교하는 바를 바울 스스로도 정말로 믿었다고 신뢰했을까? 아니면 당시 로마 어느 도시에서나 찾아볼 수 있었던 "하나님의 말씀을 혼잡하게"(고후 2:17) 하는 사람들처럼 바울 역시 그저 돈을 벌기 위해 설교했다고 여겼을까? 바울은 당시 연설을 하고 두둑한 비용을 챙겼던 철학자 및 수사학자들과 같은 부류로 취급 받기를 원하지 않았던 것처럼 보인다.[4]

바울과 그의 동역자들은 '진실한 사람들'이었다. 그들은 부자가 되려고 이곳저곳 다니며 복음을 전한 것이 아니다. 그들은 하나님께서 자신들을 보내신 것으로 이해하고 그 부르심에 응답했다.

이것은 특히 돈 문제에 관한 한, 그 동기는 단지 개인의 문제일 수 없다는 점을 우리에게 상기시킨다. 우리가 돈을 다루는 방식은 크리스천으로서 진실함의 문제를 다루는 척도가 된다. 사람들은 우리가 숭고한 원칙에 맞게 돈을 다루는지, 또는 돈벌이만 된다면 우리의 원칙을 저버리는지 알고 싶어 한다. 우리는 돈을 헤프게 사용하는가? 은밀히 수입을 숨기고 있는가? 의심스러운 탈세에 관여하고 있지는 않은가? 다른 사람들을 희생시키며 가격 인상, 수수료, 보너스 등을 요구하는가? 어려운 처지에 있는 사람들로부터 재정적 이익을 취하는가? 불균형적인 재정 이익을 얻기 위하여 불합리한 계약을 체결하는가?

우리가 스스로를 정당화할 수 있는지도 중요하지만, 주위 사람들 역시 우리의 행동이 기독교 신념과 일치한다고 인정하는지도 중요하다. 그렇지 않다면 우리는 우리 자신과 그리스도의 이름에 불명예를 안겨 주는 셈이 된다.

명성을 추구하는 사회
고후 3장

바울은 고린도후서 3장을 두 개의 수사적 질문으로 시작하는데, 이 두 질문 모두 부정적인 대답을 전제한다.[5] "우리가 다시 자천하기를 시작하겠느냐 우리가 어찌 어떤 사람처럼 추천서를 너희에게 부치거나 혹은 너희에게 받거나 할 필요가 있느냐"(고후 3:1). 고린도 교인들의 오랜 친구 바울은 교회에 출석하는 다른 사람들이 지니고 있었던 소개서나 추천서가 자신에게도 필요한지 비꼬아 묻는다. 이런 편지는 고대 사회에 흔했고, 일반적으로 그 내용을 액면 그대로 받아들여서는 안 되었다. 일례로 로마의 정치가였던 키케로(Cicero)는 많은 추천서를 썼는데, 추천서가 으레 그렇듯이 전형적인 칭찬 일색이었다. 그러나 수신자들은 칭찬 일색인 이런 추천서에 피로감을 느꼈고, 그 결과 키케로는 때때로 수신자들이 첫 번째 추천서를 진지하게 받아들이도록 두 번째 편지를 써야 하는 경우도 있었다.[6] 다시 말해 추천서를 당시에 귀했던 파피루스 종이에 쓸 가치가 없는 경우가 많았다.

어떤 경우든 바울은 이러한 편지가 진정 필요 없었다. 고린도 신자들은 바울을 친밀히 알았다. 바울에게 필요한 단 하나의 편지는 이미 그들의 마음에 쓰여 있었다(고후 3:3). 바울의 설교를 통한 고린도 교인들의 개인적 회심뿐만 아니라 한 교회로서 그들의 존재 그 자체야말로 바울이 자신의 사도 직분에서 필요로 했거나 원했던 표창이었다. 고린도 교인들은 바울의 수고가 맺은 열매를 볼 수 있었고, 이로 인해 바울이 하나님께서 보내신 사도임에는 의심할 여지가 없었다. 더욱이 바울은 스스로 자격이 있다고 주장하지 않는다. 바울은 "우리의 만족은 오직 하나님으로부터 나느니라"(고후 3:5)라고 썼다. 중요한 것은 바울이 신임장과 추천서를 쌓아 놓고 있는지가 아니라, 그의 사역이 하나님 나라에 기여하는지 여부다.

오늘날 우리는 어떻게 명성을 쌓아 가는가? 미국의 많은 젊은이들은 자신의 활동을 선택할 때, 그것이 자신이 속한 공동체에 기여할 수 있는 가장 좋은 방법인지 또는 자신들이 정말 즐기는 활동인지 여부가 아니라, 그 활동이 대학 또는 대학원 입학에 유리한지를 우선 고려한다. 이러한 경향은 직장생활을 하는 동안 업무, 전문가 모임, 만찬회, 특권층의 사람 및 조직과 관계를 형성하기 위한 모든 사회활동에서도 계속 이어질 수 있다. 하지만 바울은 자신의 일을 선택할 때 자신이 사랑하는 사람들을 어떻게 가장 잘 섬길 수 있는지를 생각했다. 이런 바울의 모범을 따른다면 우리도 일에서 탁월한 성과를 내고 지속적인 결과를 낳으며 사람들의 삶이 보다 나아지도록 영향을 주는 확실한 증거를 남기기 위해 일할 것이다.

인도하다, 섬기다
고후 4장

고린도후서 4장은 바울의 사역과 긴밀히 연관된 주제들, 즉 투명성, 겸손, 연약함, 리더십, 섬김 등을 한데 모아 설명한다. 우리는 실제 삶의 상황에서 사역하는 바울을 보고 있기 때문에, 이 주제들은 그의 이야기 속에 서로 얽혀 있다. 하지만 우리는 각각의 주제를 최대한 분명하게 살펴보기 위해 이를 개별적으로 논의하고자 한다.

투명하려면 겸손할 수밖에 없다

고린도후서 1장 12-23절에 관한 논의에서 살펴본 바와 같이 바울은 4장에서 투명성의 주제로 돌아온다. 그리고 투명성을 유지하기 위한 겸손의 중요성을 강조한다. 우리가 모든 사람들에게 우리 삶과 일의 실제 모습을 보여 주려면, 겸손해질 준비가 필요하기 때문이다.

숨길 것이 없다면 사람들에게 투명해지는 것은 당연히 훨씬 쉬워진다. 바울은 스스로 "이에 숨은 부끄러움의 일을 버리고"(고후 4:2)라고 말한다. 그러나 우리가 칭찬받지 못할 일에 얽힌다 하더라도 여전히 우리 자신에 대해 솔직해야만 투명성을 유지할 수 있다. 누구든 일을 수행하면서 실수할 수 있다. 바울은 점토로 만들어져 쉽게 깨어지는 당시 가정용에서 널리 쓰이던 그릇을 언급하면서, "우리가 이 보배를 질그릇에 가졌으니"(고후 4:7)라고 우리에게 상기시킨다. 고대 근동의 유적지를 방문하면 이 그릇의 파편이 여기저기 흩어져 있다. 바울은 하나님께서 자신의 교만을 막으시려고 "육체에 가시"(고후 12:7)를 주신 사실을 회고하면서 후에 이러한 생각을 강화한다.

스스로의 약점을 알면서 동시에 투명성을 유지하기 위해서는, 겸손과 특히 진정한 사과를 할 수 있는 의지가 필요하다. 공인들의 사과는 진정한 사과라기보다 얄팍하게 포장된 정당화에 가깝다. 왜일까? 스스로를 자신감의 원천으로 삼는 경우 사과함으로써 자신의 능력을 위축시킬 수도 있기 때문이다. 그러나 바울의 자신감은 자신의 의 또는 능력이 아니라, 하나님의 능력을 온전히 의존하는 데서 나온다. "우리가 이 보배를 질그릇에 가졌으니 이는 심히 큰 능력은 하나님께 있고 우리에게 있지 아니함을 알게 하려 함이라"(고후 4:7).

만일 우리 역시 우리가 성취하는 좋은 일들이 우리 자신이 아닌 주님의 능력을 반영하는 것임을 인정한다면, 실수를 인정하고 하나님께서 다시 우리를 올바른 방향으로 인도하시길 바라는 용기를 가질 수 있을 것이다. 최소한 우리는 다른 사람들을 속이는 것을 포함해 무슨 수를 써서라도 자신의 좋은 이미지를 유지해야 한다는 강박에서 벗어날 수 있을 것이다.

일하는 크리스천을 위한
서신서·요한계시록

연약함, 진정한 능력의 원천

사실 연약함이야말로 진정한 능력의 원천이다. 우리가 겪은 고난은 그저 불운한 경험이 아니라, 진정한 성취를 이룰 수 있는 실질적인 수단이다. 예수님의 부활의 능력이 십자가에 못 박혀 죽으심으로 발생한 것과 같이,[7] 역경 속에서도 꺾이지 않는 사도들의 인내는 그와 꼭 같은 능력이 그들 안에 역사하신다는 사실을 증명한다.

성공의 사다리를 오르는 데 필요하다는 생각에 강인함과 무적의 이미지를 보여 주려고 한다. 그건 고린도에서나 우리 문화에서나 모두 마찬가지다. 자신의 본래 모습보다 더 강하고, 영리하며, 능력이 있다고 사람들에게 우리를 각인시키려는 것이다.

연약함에 대한 바울의 메시지는 우리에게 큰 도전이 될 수 있다. 당신의 힘과 활력이 실제로는 본래 모습이 아니라 당신의 연약함에서 나타나는 하나님의 능력이라는 사실이 당신의 업무 방식에서 분명하게 드러나는가? 칭찬을 받으면 당신은 자신의 탁월함을 더욱 내세우는가, 아니면 하나님께서 본래 당신의 잠재력을 뛰어넘을 수 있도록 도우셨다고 간증하는가? 대개 우리는 사람들이 우리를 매우 유능하다고 생각해 주기를 원한다. 하지만 우리가 가장 존경해 마지않는 사람들은 다른 사람들이 재능을 발휘하도록 도운 사람들이다. 그렇지 않은가?

우리의 어려운 환경을 숨기지 않고 견뎌 낸다면, 외부로부터 오는 힘의 원천, 즉 죽음에서 예수님을 부활시킨 그 능력이 우리에게도 역사함이 명백해질 것이다.

섬김의 리더십은 꽃길이 아니다

자신을 위대하게 하는 것이 삶의 목적이라면, 겸손과 연약함은 설 자리가 없을 것이다. 하지만 크리스천의 목적은 위대함이 아닌 섬김이다. "우리는 우리를 전파하는 것이 아니라 오직 그리스도 예수의 주 되신 것과 또 예수를 위하여 우리가 너희의 종 된 것을 전파함이라"(고후 4:5).

이 구절은 '섬김의 리더십'을 고전적 개념으로 설명한 성경 진술 가운데 하나다. 팔레스타인의 경계를 넘어 기독교 운동을 진두지휘한 바울은 자신을 일컬어 "예수를 위하여 우리가 너희의 종"이 되었다고 말한다.

이 구절에서 바울은 다시 한 번 예수님의 가르치심을 되돌아보는 듯하다(눅 22:25-26; 고후 1:24). 예수님과 제자들은 리더로서 다른 사람들을 섬긴다. 그러므로 크리스천이라면 어떤 리더 자리에 있든 섬기는 삶을 살아야 한다. 그렇다고 해서 정당한 권위까지 행사하지 말라거나 리더십을 소극적으로 발휘하라는 의미는 아니다. 다만 우리의 지위와 권력을 자신뿐만 아니라 다른 사람들의 평안을 증진시키는 데 사용하라는 뜻이다. "예수를 위하여 우리가 너희의 종"이 되었다는 바울의 말은 곱씹을수록 엄중한 의미가 느껴진다. 리더는 자신보다 다른 사람들의 안녕을 먼저 추구해야 하며, 종은 이것을 깨달아야 한다. 예수님께서 지적하셨듯이 종은 밭에서 하루 종일 일하고 난 후 들어와 저녁식사를 준비하고, 그 후에야 자신을 위해 먹고 마신다(눅 17:7-10).

섬김으로써 다른 사람을 이끌어 가다 보면 고통을 피할 수 없다. 세상이 너무나 타락해서 다른 사람을 섬길 때 고통에서 벗어날 길이 없다. 바울은 고통, 곤경, 거의 죽음에 가까운 핍박을 당했다(고후 4:8-12). 크리스천으로서, 다른 사람들을 돌보기 전에 우리 자신을 돌볼 권리를 희생할 의지가 없다면, 리더의 자리를 받아들여서는 안 된다.

일의 수행과 책임

고후 5:1-15

죽음 직전의 상황에 끊임없이 직면했던 바울은 고린도후서 5장에서 고린도인들을 깨우쳐 준다. 우리는 모두 마지막 심판 날에 '반드시 그리스도의 심판대 앞에 나타나게 되어 각각 선악간에 그 몸으로 행한 것을 따라 받을 것'(고후 5:10)이다. 이러한 표현이 생소할 수 있다. 구원은 전적인 은혜에 기인하지 우리 자신의 행함의 결과가 아니라는 은혜의 교리(엡 2:8-9)와 바울을 연관 지어 생각하기 때문이다. 그래도 로마서 2장 6-10절을 상기한다면 또 그렇게까지 생소한 표현은 아니다.

그러나 바울을 머릿속에 그릴 때 단순한 캐리커처가 아닌 바울이 실제로 말한 것에 기초하는 것이 중요하다. 바울의 가르침을 전체적으로 분석해 보면 그의 가르침은 예수님, 야고보, 심지어 구약 성경의 가르침과도 조화를 이룬다는 걸 알 수 있다. 이들에게 선행으로 실천하지 않는 믿음은 결코 믿음이 아니다. 참으로 믿음과 순종은 서로 긴밀히 엮여 있어서 바울 역시 실제로 이 둘을 모두 염두에 두고 있을 때조차 후자를 강조하며, 이는 본 구절에서도 마찬가지다.

우리는 모든 행동을 할 때마다 우리를 위해 행하신 하나님의 은혜를 담아내야 한다. '주님을 기쁘시게 하는 것'은 '믿음'으로 묘사할 수도 있고, 이 본문에서처럼 '하나님의 은혜로 가능하게 된 의로움의 일'로도 묘사할 수 있다.

어찌 됐든 바울의 메시지는 분명하다. 하나님은 우리가 삶을 어떻게 사는지 눈여겨보신다. 이것을 직장 용어로 표현하면 우리가 어떻게 일을 수행하는지가 중요하다는 뜻이다. 더 나아가 우리는 행한 것과 행하지 않은 채 남겨 둔 모든 것을 주 예수님께 직고해야 한다. 이것을 일터에서 쓰는 용어로 표현하면 책임에 해당한다. 일을 수행하고 또 그에 대한 책임을 지는 일은 크리스천의 삶에서 매우 중요하다. 이를 하나님께는 중요하지 않은 세속적인 문제로 치부해서는 안 된다. 하나님께서는 우리가 게으름을 피우는지, 직무를 소홀히 하는지, 무단결근을 하는지, 또는 일에 온전히 집중하지 않고 하는 시늉만 하는지 모두 지켜보신다.

그렇다고 직장에서 우리한테 거는 기대에 하나님께서도 항상 동의하신다는 의미는 아니다. 탁월한 일을 수행할 때 탁월함을 평가하는 하나님의 잣대는 세상의 관리자나 감독자들의 생각과 다를 수 있다. 특히 고용주의 기대를 만족시키느라 비윤리적이거나 다른 사람들에게 피해를 입혔다면, 하나님은 고용주와는 다른 평가를 내리실 것이다. 만일 상사가 당신에게 고객을 현혹시키거나 동료들을 폄하하라고 지시한다면, 부디 상사에게서 나쁜 평가를, 하나님에게서 좋은 평가를 받도록 애쓰라.

하나님은 우리 행위를 높은 기준을 적용해 평가하신다. 우리는 언젠가 우리 가족과 친구들은 말할 것도 없거니와 동료, 상사, 피고용인, 고객을 대우한 방식 등 스스로 행한 모든 일에 책임을 져야 할 것이다. 이것은 은혜의 교리를 무효화하는 것이 아니라, 은혜를 통해 하나님께서 우리 삶을 변화시키고자 하신 의도를 보여 준다.

화목하게 하는 일꾼
고후 5:16-21

행여 사도 바울이 우리에게 선한 사람이 되기 위해 더욱 애쓰라고 요청하는 것처럼 들리는가? 그렇다면 고린도후서의 요점을 놓치는 것이다. 그는 우리가 전혀 새로운 방식으로 세상을 바라보게 되어, 노력이 아니라 세상을 새로이 인식하고 그에 따라 행동하길 바란다.

> 그런즉 누구든지 그리스도 안에 있으면 새로운 피조물이라 이전 것은 지나갔으니 보라 새것이 되었도다 모든 것이 하나님께로서 났으며 그가 그리스도로 말미암아 우리를 자기와 화목하게 하시고 또 우리에게 화목하게 하는 직분을 주셨으니 곧 하나님께서 그리스도 안에 계시사 세상을 자기와 화목하게 하시며 그들의 죄를 그들에게 돌리지 아니하시고 화목하게 하는 말씀을 우리에게 부탁하셨느니라(고후 5:17-19).

바울은 우리가 완전히 변하여 "새로운 피조물"의 일원이 되기를 바란다. "피조물"에 대한 언급은 하나님께서 세상을 창조하신 이야기인 창세기 1장과 2장으로 우리를 인도한다. 처음부터 하나님은 "[땅을] 경작하며"(창 2:15), 땅의 생물들에게 "이름을 지어 주며", 하나님의 청지기로서 땅을 "다스리게"(창 1:26) 하기 위해 하나님과 협력하여(창 2:19) 남녀가 함께 일하기를 의도하셨다(창 1:27; 2:18). 다시 말해, 하나님의 창조 의도에서 노동은 '실재'(實在)의 중심이다. 인간이 하나님께 불순종하고 피조 세계를 손상시키면서 일은 저주를 받았으며(창 3:17-18) 인간은 더 이상 하나님과 더불어 일하지 않게 되었다. 그래서 바울이 "[모든 것이] 새것이 되었도다"라고 말할 때 이 "모든 것"은 일의 세계를 핵심 요소로 포함한다.

하나님은 세상을 변화시키고 세상과 '화목하게 하기' 위해 그 아들을 옛 창조 세계로 보내심으로써 새 창조물을 만드셨다. "곧 하나님께서 그리스도 안에 계시사 세상을 자기와 화목하게 하시며"(고후 5:19). 이것은 세상의 한 면에만 국한된 것이 아니라 전 세계에 해당한다. 그리고 그리스도를 따르며 그리스도에 의해 하나님과 화목하게 된 자들은 화목하게 하는 그리스도의 사역을 계속해서 수행하도록 부름받았다(고후 5:18).

우리는 세상의 모든 영역과 화목하도록 부르심을 받은 사람들이다. 매일 출근할 때 우리는 화목하게 하는 일꾼들이 되어야 한다. 여기에는 사람과 하나님(복음전도와 제자도), 사람과 사람(갈등 해결), 사람과 일 사이(진정한 필요를 채우고 삶의 질을 향상시키며 하나님의 창조 세계를 돌보는 재화와 용역)의 화목이 모두 포함된다.

화목하게 하는 사역에는 세 가지 요소가 반드시 필요하다. 첫째, 사람과 하나님과 창조 세계 사이에서 무엇이 잘못되었는지 정확하게 이해해야 한다. 세상의 병폐를 제대로 이해하지 못하고는 진정한 화목을 이룰 수 없다. 이는 한 나라의 대사가 자국과 파견된 나라 모두의 상황을 정확하게 파악하지 못한다면 그 나라에서 자국을 효과적으로 대표할 수 없는 것과 마찬가지다. 두 번째, 사람들을 판단하기보다 그들을 사랑하고 그들의 유익을 위해 일해야 한다는 점이다. 바울은 우리에게 말한다. "우리가 이제부터는 어떤 사람도 육신을 따라 알지 아니하노라"(고후 5:16).

즉, 사람을 착취하거나, 제거 또는 아첨할 대상으로 보지 말고 그리스도께서 "대신하여 죽었다가 다시 살아나신"(고후 5:15) 사람으로 보라는 얘기다. 만일 우리가 직장에서 다른 사람들을 비난하거나 삶과 일의 현장을 떠난다면, 그건 사람과 일을 육신을 따라 바라보는 것이다. 하지만 우리가 함께 일하는 사람들을 사랑하며 우리의 직장과 제품 및 용역의 질을 향상시키려 한다면, 우리는 그리스도를 위해 화목하게 하는 자가 된다.

마지막으로, 하나님의 창조의 씨앗이 된다는 것은 당연히 그리스도와의 지속적인 교제를 요구한다. 만일 우리가 이 셋을 모두 행한다면 그리스도의 능력으로 사람, 조직, 세상의 장소와 모든 일들을 화목하게 하도록 하여, 이 모두가 하나님의 새로운 창조 세계의 일부가 되게 하는 사역을 이루어 내는 것이다.

투명성에 대한 재고
고후 6:11

살펴본 바와 같이(고후 1:12-23) 투명성은 고린도후서에서 반복해서 등장하는 주제다. 바울은 "고린도인들이여 너희를 향하여 우리의 입이 열리고 우리의 마음이 넓어졌으니"(고후 6:11)라고 말하면서 이 주제를 갑자기 다시 언급한다. 바울은 고린도 교인들 앞에 자신의 삶을 숨길 바가 전혀 없었다. 비록 바울은 이전에 언급했던 것에 새로운 내용을 덧붙이지는 않지만 투명성이 그에게 얼마나 중요한 주제인지는 점점 더 명백해진다. 누군가 자신의 사역에서 무언가를 문제 삼는다면, 바울은 이전에 고린도 교인들과 교제를 나눌 때 매순간 정직했던 일을 자신 있게 내세울 수 있다. 우리 각자도 자신에 대해 그렇게 말할 수 있는가?

비신자들과 일할 때

고후 6:14-18

◇◇◇◇◇◇◇◇◇◇◇◇◇◇◇◇◇◇◇◇◇◇◇◇◇◇◇◇◇◇◇◇◇◇◇◇◇◇◇

고린도후서 6장 14-18절에서 바울은 비신자들과 잘못된 짝을 짓는 (말 그대로 하면 "불균형하게 멍에를 메는") 문제를 다룬다. 이것은 부부 관계(이 부분은 여기서 다루지 않는다)와 업무상 관계에 모두 적용된다. 이 지점까지 바울은 우리가 같이 살고 같이 일하는 사람들과 좋은 관계를 유지하는 것의 중요성을 생생하게 묘사했다. 고린도전서 5장 9-10절에서는 우리가 비신자들과 같이 일해야 한다고 말했고, 고린도전서 10장 25-33절에서는 그렇게 하는 방법을 다루었다.

그런데 고린도후서 6장 14-18절에서는 비신자와 함께 일하는 상황에 대해 주의를 준다. 그러면서 소와 나귀에게 한 멍에를 메워 밭을 갈게 하지 말라고 경고하는 신명기 22장 10절 말씀을 거론한다. 신명기의 명령은 나귀가 소의 짐을 자기 쪽으로 끌어당기고 소는 걸음이 더 빠른 나귀의 속도를 따라가지 못한다는 데서 나온 것일 수도 있다. 그런데 고린도후서에서 바울은 이보다 더 심오한 영적 현실에 대해 말하는 것 같다. 그는 불법, 어둠, 우상숭배, 사탄을 섬기는 사람들과 멍에를 함께 메지 않도록 조심하라고 하나님의 사람들에게 조언한다(고후 6:14-15).

우리는 비신자들을 사랑하고 섬기고 그들과 함께 일하도록 부름받은 것이 분명하지만, 바울은 그들과 "불균형하게 멍에를 메지" 말라고 말한다. 이 말은 무슨 의미일까? 이와 정반대에 해당하는 것이 "나의 멍에를 메고 내게 배우라"(마 11:29)라고 말씀하신 예수님과 한 멍에를 메는 것이다. 멍에의 한 부분은 우리에게, 다른 쪽은 예수님의 어깨에 지우는 것이다. 예수님은 한 멍에를 맨 팀 전체를 이끄는 소처럼 우리의 자세, 속도, 길을 결정하시고 우리는 그분의 이끄심에 따른다. 예수님의 멍에를 통해 우리는 그분의 당기심, 인도하심, 방향 지시를 느낀다. 그리고 예수님은 그분의 멍에로 우리가 그분의 팀에서 효과적으로 일하도록 훈련시키신 다. 그분의 멍에에는 우리를 이끌고 민감하게 만들며 그분과 이어준다. 예 수님과 한 멍에를 멜 때 우리는 (고린도후서 5장 16-21절을 다룰 때 살펴본 대로) 삶 의 모든 영역에서 하나님의 창조 세계를 회복하시는 예수님의 동역자가 된다. 우리를 예수님의 멍에에서 멀어지게 만드는 그 어떤 멍에도 결코 이런 역할을 감당하지 못한다! 예수님은 말씀하신다. "내 멍에는 쉽고 내 짐은 가벼움이라"(마 11:30). 그러나 우리는 예수님과 함께 온 우주를 변화 시키는 일을 한다.

바울이 우리에게 업무상의 관계에서 불균형한 멍에를 메지 말라고 한 것은 예수님이 맡기시는 일을 감당하지 못하게 막거나 예수님의 멍에 를 메고 일하지 못하도록 막는 관계에 얽히지 말라는 경고다. 여기에는 강한 윤리적 요소가 담겨 있다. 바울은 '의와 불법이 어찌 함께 하겠느냐' 고 묻는다(고후 6:14). 맡은 일의 요구를 따를 경우 고객을 해롭게 하고, 유 권자들을 속이고, 환경을 오염시키게 된다면, 하나님 나라의 청지기로서 의 의무를 위반하는 멍에를 멘 것이라고 할 수 있다. 그러나 예수님과 한 멍에를 메는 것은 "천국"에 대한 하나님의 약속에 비추어 세상을 화해시 키고 새롭게 하는 일로 우리를 이끈다.

그렇다면 비신자들과 불균형한 멍에를 메는 것은 예수님의 가치관 및 목적과 양립할 수 없는 생각을 가진 사람들의 결정과 행동들에 매이 는 상황이나 관계를 뜻한다고 할 수 있다. 우리는 우리의 믿음에 반하는 행동을 하도록 강요하는 사람들과 일하는 것을 피하기 위해 최선을 다할 (다해야 할) 것이다. 그러나 그 정도까지는 아니라도 우리가 일터에서 만나는 상사들과 동료들의 동기와 가치관과 일하는 방식은 상당 부분 크리스천인 우리의 신념과 양립하지 않을 수 있다. 근무 환경과 동료들의 신념이 우리의 믿음과 크리스천의 삶의 경험에 안 좋은 영향을 끼칠 수 있는 것이다. 그러나 앞에서 살펴본 것처럼 우리 대부분은 비신자들 사이에서 일하고, 바울은 그것이 크리스천들의 통상적 상황이라고 간주한다. 그렇다면 우리는 불균형한 멍에를 메지 말라는 이 금지 명령을 어떻게 적용해야 할까?

먼저 취업에 대해 생각해 보자. 취업은 합의된 보수를 받고 그 대가로 합의된 일을 하겠다는 계약으로 이루어진다. 그 일이 본인이나 다른 사람들에게 해로울 경우 계약을 자발적이고 정당하게 해지할 수 있다면 우리는 멍에를 벗을 자유를 가진 것이다. 멍에를 벗는, 즉 직장을 그만두는 것이 필요한 상황을 어떻게 분별할 수 있을까? 두 가지 상황을 생각해 보자.

첫째, 당신이 대체로 윤리적인 조직에 고용되었다고 상상해 보자. 그런데 주위 사람들이 당신과 다른 믿음을 가지고 있고 그 영향력이 당신의 신앙생활을 해치고 있다. 어떻게 해야 할까? 신자마다 다르게 분별할 수 있다. 주위에 널려 있는 유혹과 불신의 한복판에서 신앙을 지킬 수 있는 사람들이 있고, 그렇지 못한 사람들이 있을 것이다. 직장에서 돈, 권력, 성적 부도덕, 인정받고 싶은 욕구 같은 유혹이 감당하기 어려울 정도로 밀려올 경우, 우리는 바울의 금지 명령을 몸과 영이 더럽혀지거나 주님과의 관계가 훼손되니 직장의 '멍에'를 벗는 것이 낫다는 뜻으로 해석할 수 있을 것이다. 그런가 하면, 그런 유혹 한복판에서도 복음의 진리와 사랑과 소망의 증인으로 일할 수 있는 이들이 있다. 이런 경우 보통 그들에게는 일터의 유혹 바깥에 머물면서 그들이 신앙을 유지하도록 도울 누군가가 필요하다.

에스더는 이런 상황의 흥미로운 사례다. 하나님은 그녀에게 유다 사람들의 보호자 역할을 맡기시려고 아하수에로 왕의 하렘으로 부르셨다(에 4:12-16). 그 "일"에 따르는 유혹은 왕에게 간택된 왕비로서 지위와 특권을 지키는 것이었다(에 4:11-12). 사촌오빠 모르드개가 에스더의 일상을 매일 확인하면서(에 2:11) 그녀를 이끌어 주고 자기 백성을 구하는 일에 목숨을 걸라고 촉구하지 않았다면(에 4:8) 그녀는 화려한 삶의 유혹에 넘어갔을지도 모른다.

에스더는 왕에게 상당한 영향력을 행사할 수 있었지만 왕의 심기를 건드리면 당장 잘못될 수 있는 극도로 취약한 입장에 있기도 했다. 이것은 "불균형한 멍에"를 멘 분명한 사례로 보일 수 있다. 하지만 결국 에스더가 하나님과 멘 멍에가 왕과 멘 멍에보다 더 강했던 것으로 드러났다. 그녀는 하나님의 뜻을 행하기 위해 기꺼이 목숨을 걸었다. 에스더의 사례는 자신의 신념을 거스르라는 요청을 "거부"할 때 따라오는 결과를 감당할 마음의 준비가 되어 있는 경우, 비신자와의 관계는 긴밀해지면서도 예수님과 여전히 한 멍에를 멜 수 있다는 것을 보여 준다.

이것이 함축하는 바는 지금의 일자리를 도저히 그만둘 수 없을 정도로 거기에 의존하면 안 된다는 것이다. 나의 형편에 버겁거나 소득 수준을 넘어서는 지출을 하고 빚을 진다면, 어떤 일자리도 금세 불균형한 멍에로 변할 수 있다. 보다 검소한 생활을 하고 충분한 저축을 확보한다면(그것이 가능하다면 말이다) 직장 상황이 어려워져도 그리스도와 한 멍에를 멘 상태를 유지하기가 훨씬 더 쉬워질 것이다.

"불균형한 멍에"를 메는 두 번째 사례는 비신자와의 동업이다. 권력 관계에서는 이쪽이 훨씬 균형 잡힌 협력이라고 말할 수 있지만 윤리적인 면에서는 똑같이 위험할 수 있다. 동업자 중 한 사람이 계약서에 서명을 하고 나서 돈을 쓰고 부동산을 사거나 팔면 (법을 어기면) 나머지 사람도 그 행동이나 결정에 묶이게 된다. 이런 종류의 동업은 소와 나귀의 경우와 더 비슷하다. 두 동업자가 서로 반대 방향으로 힘을 쓰는 것이다. 뿐만 아니라, 두 신자 사이의 동업에도 여전히 위험이 도사리고 있음을 우리는 경험적으로 안다. 크리스천들 역시 죄인이기 때문이다. 그렇다면 모든 동업에는 지혜와 분별력이 있어야 하고, 필요할 경우 동업 관계를 끝낼 힘과 의지도 있어야 한다. 거기에 값비싼 대가가 따른다 해도 말이다. 고린도후서 6장에 나오는 바울의 금지 명령은 적어도 동업 관계에 들어가기 전에 기도하고 분별력을 발휘해야 할 이유 정도는 돼야 하며, 그에 따라 동업 조건에 계약상의 한계를 포함시켜야 할 것이다.

물론 이외에도 사고파는 관계, 투자하는 관계, 계약을 맺고 하청을 주는 관계, 동종업체협회 등 여러 다양한 업무상의 관계가 있다. 불균형한 멍에를 메지 말라는 바울의 경고는 언제 어떻게 그런 관계를 맺을지, 더 중요하게는 언제 어떻게 관계를 정리할지 분별하는 데 도움을 줄 수 있다. 우리가 그리스도보다 그런 관계에 더 의존할 때 위험은 증가한다.

끝으로, 바울의 말을 핑계 삼아 비신자들을 '대결' 구도로 바라보지 않도록 조심해야 한다. 우리는 비신자들이 본질적으로 비윤리적이라고 판단하거나 정죄할 수 없다. 바울 본인이 그렇게 하지 않기 때문이다. "밖에 있는 사람들을 판단하는 것이야 내게 무슨 상관이 있으리요마는 교회 안에 있는 사람들이야 너희가 판단하지 아니하랴 밖에 있는 사람들은 하나님이 심판하시려니와"(고전 5:12-13). 우리 역시 우리의 죄로 다른 이들을 잘못된 길로 이끌지 않으려면 그리스도의 은혜가 매일 필요하다. 우리는 판단하는 자가 아니라 우리의 일이 그리스도의 목적과 뜻을 완수하고 있는지 분별하는 자로 부름을 받았다.

서로 칭찬하고
격려해 주라
고후 7장

◇◇◇

고린도 교인들을 꾸짖은 직후 바울은 "나는 너희를 향하여 담대한 것도 많고 너희를 위하여 자랑하는 것도 많으니"(고후 7:4)라고 그들을 칭찬한다. 혹자는 바울이 고린도에 있는 교회를 왜 그토록 자랑하는지 놀랄수 있다. 우리 가운데 대다수는 자랑은 죄이고(물론 이것은 어느 정도 사실이다), 다른 사람의 성취를 자랑하는 일조차도 신중해야 한다고 배워 왔다. 더욱이 고린도 교인들에 대한 바울의 자랑이 잘못된 것은 아닌가 하고 의문을 제기할 수도 있다. 이들은 많은 어려움에 처한 회중이었고 바울은 자신의 편지에서 이들을 날카롭게 비난하기도 했다.

그는 고린도 교인들을 지나치게 낙관적으로만 바라보지 않았다. 그러나 바울은 그러한 의심을 받아도 전혀 부끄러워하지 않았다. 바울은 칭찬할 만한 것이 있다면 칭찬하기를 꺼리지 않았고, 고린도 교인들과 긴장된 관계에 있었음에도 불구하고 바울은 이들이 보여 준 변화를 진심으로 자랑스러워한다. 그러면서 고린도 교인들을 자랑스러워하는 것은 마땅하며 아첨하는 말이 아님을 언급한다(고후 7:11-13). 바울은 고린도후서 7장 14절에서 "우리가 너희에게 이른 말이 다 참된 것같이 디도 앞에서 우리가 자랑한 것도 참되게 되었도다"라고 말하며 칭찬은 진실해야 한다는 요점을 반복한다.

이것은 우리가 직장에서 교류하는 동료, 피고용인, 그 외 다른 사람들에게 구체적이고 정확한 칭찬을 시의적절하게 하는 것이 얼마나 중요한지 상기시킨다. 과장되거나 일반화된 칭찬은 공허하며, 진정성이 없거나 간계를 쓰는 것처럼 보일 수 있다. 그리고 끊임없는 비난은 상대를 세우기보다 가차 없이 무너뜨린다. 그러나 일을 잘 수행했을 때 진정으로 인정하고 감사의 말을 건네는 것은 언제나 좋은 일이다. 이러한 말은 상호 존중의 증거이자 진정한 공동체의 토대이며, 계속 일을 잘 수행할 수 있도록 모든 사람에게 동기를 부여한다. 우리 모두는 주님으로부터 "잘하였도다 착하고 충성된 종아"(마 25:21)라는 말씀 듣기를 기대한다. 그러므, 우리 역시 칭찬할 만한 일이 있을 때 이와 같은 칭찬을 기꺼이 해 주어야 한다.

넉넉한 베풂,
선택이 아닌 필수
고후 8:1-9

서론에서 살펴본 바와 같이 고린도후서 8-9장은 바울 서신에서 독립적으로 유대에 있는 교회를 위한 헌금을 주제로 다룬다. 바울은 자신의 교회에서 이 계획을 열정적으로 진척시켰다(고전 16:1-3). 그는 마게도냐 교회들의 본이 되는 "연보"(generosity)를 언급하면서 고린도 교인들에게서 그에 못지않은 연보를 기대한다는 암시로 이 본문을 시작한다. 고린도 신자들이 믿음의 풍성함, 진리를 선포하는 능력,[8] 지식, 열정과 사랑을 보여 준 것처럼, 그들은 넉넉하게 베푸는 "은혜"(헬라어로 charis)에도 풍성하도록 힘써야 한다.

여기서 "은혜"라는 용어에는 중의적 의미가 있다. 먼저 '영적 은혜'라는 의미인데, 이는 하나님께서 그들에게 주신 너그러움(관대함)의 미덕이라는 은혜다. 두 번째로는 헌금을 바치는 그들의 은혜를 일컫는 '기부'의 의미다. 이는 넉넉하게 베푸는 것이 크리스천들에게 선택이 아니라 우리 삶에서 성령께서 하시는 일의 일부임을 한층 분명히 해 준다.

직장에서의 넉넉한 베풂은 여러 면에서 상황을 부드럽게 만드는 윤활유다. 고용주가 너그럽게 베푸는 사람이라는 것을 깨달은 직원들은 필요한 경우 자신들의 조직을 위해 보다 적극적으로 헌신하려고 할 것이다. 동료에게 관대한 직원들은 언제라도 도움을 받을 수 있을 것이며, 또한 모든 사람들을 위한 보다 즐겁고 만족스러운 업무 환경을 만들 것이다.

너그러운 베풂은 항상 돈 문제만은 아니다. 몇 가지 예를 들자면, 고용주는 직원들을 멘토링하는 데 시간을 내고, 직장을 예쁘게 꾸미며, 훈련과 개발의 기회를 제공하고, 문제나 불평을 갖고 있는 사람의 이야기를 진지하게 들어 주며, 병석에 있는 직원의 가족을 방문함으로써 관대함을 실천할 수 있다. 동료들은 다른 사람들이 자기 일을 더 잘하도록 돕고, 아무도 조직 내에서 소외되지 않도록 하고, 부당한 대우를 받고 있는 자들 편에 서고, 진실한 우정을 나누며, 칭찬하고, 잘못한 것은 사과함으로써 관대함을 베풀 수 있다. 스티븐 해리슨(Steve Harrison)은 워싱턴대학교에 외과 레지던트로 있는 두 사람의 이야기를 들려준다. 그들은 간호조무사, 병원 수위, 이송담당, 식당 직원들의 이름을 누가 더 많이 외워서 그들을 만날 때마다 이름을 부르며 인사하는지로 경쟁을 했다.[9]

제때 의무
이행하기
고후 8:10-12

바울은 고린도 신자들이 1년 전부터 유대에 있는 교회를 위한 헌금에 참여하려는 마음이 있었다는 걸 상기시킨다. 하지만 어쩐 일인지 이들은 그 일에 집중하지 못하는 듯 보인다. 아마도 바울의 사역에 의심이 생겼고, 또 그가 이전에 방문한 동안 생겼던 긴장이 여기에 한몫했을 것이다. 어찌됐든 고린도 교인들의 노력은 시들해졌고, 바울이 편지를 쓸 즈음엔 그가 이전에 교인들에게 각자 헌금을 모으라고 했던 지시(고전 16:1-3)를 따르지 않고 있었다.

바울의 권고는 직설적이다. "이제는 하던 일을 성취할지니 마음에 원하던 것과 같이 완성하되 있는 대로 하라"(고후 8:11). 이러한 바울의 권고는 그때와 마찬가지로 오늘날에도 (특별히 우리의 직장에서) 여전히 유효하다. 시작한 것은 반드시 끝내야 한다. 환경이 변하거나 다른 우선순위들이 생겨나 우리의 의무를 조정해야 하는 여러 상황이 있다. 이러한 이유로 바울은 "여러분이 가지고 있는 것으로"(우리말성경)라고 덧붙인다. 하지만 종종 우리도 고린도 교인들과 마찬가지로 그저 늑장을 부릴 때가 있다. 이에 바울은 의무를 완수해야 한다고 권고한다. 그리고 다른 사람들은 우리에게 의지한다.

너무나 단순한 권고여서 하나님의 말씀에서 언급할 필요조차 없는 것처럼 보인다. 그러나 크리스천들은 생산성 문제 이외에도 증인의 일로서 이것이 얼마나 중요한지 과소평가한다. 만일 우리가 직장에서 평범한 의무를 이행하지 않는다면, 우리 주님이 그 영원한 생명의 약속을 이루실 것임을 어떻게 우리의 말 또는 행동으로 사람들에게 확신시키겠는가? 점심시간에 예수 그리스도의 신성에 대한 논쟁을 벌이는 것보다는 보고서 제출이나 부품 납입, 또는 임금 인상을 제때에 이행하는 편이 훨씬 낫다.

소유를 나누는
연습
고후 8:13-15

바울은 헌금 이면에 있는 기본 원리를 고린도 사람들에게 상기시킨다. "이제 너희의 넉넉한 것으로 그들의 부족한 것을 보충함은 후에 그들의 넉넉한 것으로 너희의 부족한 것을 보충하여 균등하게 하려 함이라"(고후 8:14). 이것은 이방인 교회가 희생을 감수하며 유대인 교회를 구제해야 한다는 의미가 아니라, 양자 사이에 적절한 균형이 이루어져야 함을 뜻한다. 유대인 신자들은 현재 궁핍한 반면 고린도 교회는 넉넉하다. 하지만 상황이 역전되어 구제가 반대 방향으로 행해지면, "그들의 넉넉한 것으로 너희의 부족한 것을 보충"(고후 8:14)할 수도 있다고 조언한다.

바울은 자신이 의미하는 바를 설명하기 위해 두 개의 상이한 이미지를 언급한다. 첫째 이미지인 '균형'은 추상적이지만, 고대 사회나 오늘날이나 자연계와 사회에서의 평형 상태는 안정과 건강을 가져다준다는 상식에 호소한다.[10] 구제를 받는 자는 이 은혜가 심각한 부족을 해소시켜 주기 때문에 혜택을 받는다. 후원하는 자는 이 은혜가 지속 불가능한 풍족함에 순응하는 것을 방지하기 때문에 혜택을 받는다. 둘째 이미지는 구체적이고 역사적이다. 바울은 하나님께서 이스라엘 백성이 살 수 있도록 만나를 주셨던 옛 시대를 고린도인들에게 상기시킨다(출 16:11-18). 비록 어떤 사람은 많이 거두고 또 어떤 사람들은 상대적으로 적게 거두었지만, 하루 분의 식량을 나눌 때는 어느 누구도 너무 많이 거두거나 너무 적게 거두지 않았다.

더 부유한 사람들은 자기가 소유한 부를 더 가난한 사람들에게 주어, 만인의 자원이 '균형'을 이룰 정도가 되어야 한다는 원리는, 개인의 자립(self-reliance)에 가치를 두는 현대 사회의 인식을 흔든다. 바울이 크리스천들을 '예수를 위한 종'(고후 4:5)이라 불렀을 때, 그건 분명 우리의 소득과 부가 100퍼센트 하나님의 것이며 하나님은 우리가 개인적으로 보유한 소득이 다른 사람들이 가진 것과 균형을 이루는 수준까지 우리의 소유를 분배하기를 원하실 수도 있다는 의미였다.

그러나 이 원리를 지나치게 단순화해 오늘날 세상의 구조에 적용하지 않도록 주의해야 한다. 이 원리에 대한 논의는 사회주의와 자본주의에 관한 정치적 논쟁으로 번지기 때문에 크리스천들 사이에서 이 문제를 심도 있게 논의하기가 어려워졌다. 이 논의에서의 주요 쟁점은 다음과 같다. 국가가 더 가진 자들의 재산을 취해 더 가난한 자들에게 분배함으로써 부의 균형을 이룰 권리 또는 의무가 있는가?

이것은 바울의 상황과는 매우 다른 문제다. 바울의 경우, 교회는 교인들에게 다른 교회의 가난한 교인들에게 자발적으로 기부하기를 요청했다. 사실 바울은 이 문제에서 국가를 전혀 언급하지 않는다. 바울은 어느 누구에게도 강요할 생각이 없다고 말한다. 바울은 "내가 명령으로 하는 말이 아니요"(고후 8:8)라고 말하며, "인색함으로나 억지로"(고후 9:7) 헌금을 내지 않도록 했다.

바울은 특별한 사회 제도를 만들려는 것이 아니라, 부유한 자들이 가난한 자들을 위해 하나님이 원하시는 대로 기꺼이 내어 놓을 준비가 되어 있는지 묻는다. 그는 "그러므로 너희는 여러 교회 앞에서 너희의 사랑과 너희에 대한 우리 자랑의 증거를 그들에게 보이라"(고후 8:24)라고 간청한다. 크리스천들은 빈곤 해결 방법을 논의하는 자리에 적극적으로 참여해야 한다.

헌금이나 투자, 그 외의 방법을 사용해야 하는가? 또는 이 방법들을 조합해야 하는가? 교회, 기업, 정부, 비영리 단체의 구조는 어떤 역할을 담당하는가? 법률 제도, 인프라, 교육, 문화, 개인적 책임, 조직 관리, 고된 노동, 그 외 다른 요인들의 어느 측면을 쇄신하거나 발전시켜야 하는가? 크리스천들은 빈곤을 해결할 수 있는 관대하면서도 효과적인 수단을 개발하는 일에 앞장서야 한다. [11]

빈곤은 시급히 해결해야 할 문제다. 돈이 있다면 전 세계에 있는 다른 사람들의 필요를 채우는 일에 주저해서는 안 된다. 오늘날 전 세계 수십억 명의 사람들이 극빈에 시달리고 있으나 동시에 지구 한편에서는 수억 명의 크리스천들이 과도한 풍요를 즐긴다. 이런 상황에서 바울의 단호한 말은 우리가 절대 안주해서는 안 된다는 것을 시사한다.

하나님의
경제법
고후 9장

◇◇◇◇◇◇◇◇◇◇◇◇◇◇◇◇◇◇◇◇◇◇◇◇◇◇◇◇◇◇◇◇◇◇◇

바울은 고린도 신자들에게 넉넉한 나눔을 독려할 때, 제한된 자원의 세상에서 사는 인간이 가지고 있는 염려를 언급해야 함을 알았다. 바울의 가르침을 듣는 사람 가운데 일부는 '바울이 장려하는 대로 이타적으로 줘 버린다면, 정작 내 자신의 필요를 못 채울 수 있다'고 생각했음에 틀림없다.

바울은 농사와 관련된 은유를 사용해서 하나님의 경제는 다르게 작용한다는 것을 이들에게 확신시킨다. 바울은 "이것이 곧 적게 심는 자는 적게 거두고 많이 심는 자는 많이 거둔다 하는 말이로다"(고후 9:6)에서 잠언 11장 24-25절의 원리를 언급했다. 또 "하나님은 즐겨 내는 자를 사랑"(고후 9:7)하신다는 잠언 22장 8절의 헬라어 역본 구절을 인용하면서 이 원리를 한층 강조한다. 이 구절을 통해 하나님께서는 아끼지 않고 주는 자를 위해 모든 종류의 축복[12]을 넘치도록 주실 수 있고, 또 주실 것이라는 약속을 암시한다.

이렇게 현재의 관대함이 미래의 빈곤이라는 위험을 수반하는 것이 아니라는 점을 고린도인들에게 확신시킨다. 아니, 그 반대로 관대함은 미래의 궁핍을 막는 방편이다. "하나님이 능히 모든 은혜를 너희에게 넘치게 하시나니 이는 너희로 모든 일에 항상 모든 것이 넉넉하여 모든 착한 일을 넘치게 하게 하려 하심이라"(고후 9:8).

바울은 이어지는 두 구절에서 하나님께서 가난한 자들을 위해 관대하게 심는 자(또는 뿌리는 자)에게 뿌릴 충분한 씨와 그들에게 필요한 식량을 공급하시리라는 확신을 준다. 바울은 이러한 사실을 "너희가 모든 일에 넉넉하여 너그럽게 연보를 함은 그들이 우리로 말미암아 하나님께 감사하게 하는 것"(고후 9:11)이라고 말하며 재차 강조한다. 이 구절은 물질을 포함하는 동시에 그 이상의 축복을 약속한다.

바울이 물질적인 관대함과 축복을 분명히 말하지만, 하나님의 공급하심에 대한 확신이 부를 얻을 기대로 변질되지 않도록 주의해야 한다. 하나님은 다단계식 운영을 하지 않으신다. 바울이 말하는 "넘치게 하시나니"는 '모든 일에 항상 모든 것이 넉넉하여'라는 것을 의미하지, 부자 되는 것을 의미하는 것은 아니다. 소위 '번영 복음'은 이와 같은 본문을 본질적으로 잘못 이해하는 것이다. 그리스도를 따른다는 것은 바울이 서신 전체에 걸쳐 강조하는 것처럼 돈을 벌고자 하는 것이 아니다.

이것은 우리 노동의 열매를 나눠 주는 일, 즉, 돈과 다른 자원을 기부하는 일을 가리킨다. 이는 또한 우리가 일하는 동안 우리 자신을 내어주는 것도 포함한다. 직장에서 다른 사람들이 성공하도록 도왔다가 혹시 우리 자신은 안녕을 누리지 못할까 두려워할 필요가 없다. 하나님께서는 우리가 필요한 모든 것을 주시겠노라 약속하셨다. '직장에서 다른 사람들을 멋지게 보이도록 도와주면 상대적으로 내가 초라해 보이지 않을까' 하는 두려움도 가질 필요가 없다. 경쟁이 치열한 시장에서 살아남으려면 어느 정도 부정한 방법을 사용해야 하는 것 아닐까 하는 걱정 없이 정정당당하게 경쟁해도 된다.

내게 경쟁적 우위가 있어서가 아니라, 하나님께서 공급의 원천이심을 알기 때문에 우리는 경쟁자들을 위해 기도할 수 있고, 격려할 수 있으며, 지지할 수 있고, 심지어 도울 수 있다. 단, 많은 사람들이 그러했던 것처럼 이 약속을 건강과 부의 잘못된 복음으로 왜곡하지 않도록 주의해야 한다. 하나님께서는 참된 신자들에게 커다란 집과 값비싼 차를 약속하지 않으신다. 그러나 우리가 다른 사람들의 필요를 보살핀다면, 하나님께서는 그 과정에서 우리가 필요한 것 역시 채워 주실 것이라는 점을 분명히 하신다.

업무 평가
고후 10-13장

서론에서 살펴본 것처럼 고린도후서 10-13장은 이 서신의 세 번째 부분에 해당한다. 일과 가장 관련성이 높은 내용이 10장과 11장에 나오는데, 이 두 장에서는 5장에서 시작한 '직장에서의 업무 수행'이라는 논의가 확장된다. 여기서 바울은 자신이 "지극히 크다는 사도들"(고후 11:5)이라고 비꼬아 부르는 이들의 공격에 맞서 자신을 변호한다. 이 과정에서 바울은 업무 평가에 바로 적용할 수 있는 구체적인 통찰력을 제공한다.

지극히 크다는 이 거짓 사도들은 웅변술, 개인적 카리스마, 표적과 기사의 증거라는 측면에서 바울이 자신들에게 필적하지 못한다고 비난했다. 당연히 이들이 선택한 '기준'은 자기 자신과 사역에 대한 자기 묘사에 지나지 않았다. 바울은 이들이 얼마나 어리석은 게임을 하고 있는지 지적한다. 다른 사람들을 자신과 비교함으로써 판단하는 사람은 항상 자기만족에 빠진다. 바울은 자신에게만 유리한 방식에 동조하기를 거부했다. 바울이 고린도전서 4장 1-5절에서 이미 설명했듯이 바울한테 유일한 판단이자 유일한 칭찬은 바로 주 예수님의 심판이다.

바울의 관점은 우리 직장과 직접적인 연관성이 있다. 우리의 업무 수행 능력은 매분기 또는 매년 평가될 것이고 여기에는 아무런 문제가 없다. 그러나 치우친 기준이나 자신에게만 유리한 기준으로 우리 자신이나 다른 사람을 평가할 때 문제가 발생한다. 일부 조직, 특히 조직의 소유주와 고객에 대해 책임감이 투철하지 못한 조직에서는, 친분 있는 사람들로 구성된 작은 그룹이 그룹 내부자의 자기 이익에 얼마나 부합하는지를 바탕으로 다른 사람의 업무 성과를 평가하는 권력을 얻기도 한다. 이 그룹 외부에 있는 사람들은 그들 편인지 적인지 여부에 따라 평가를 받는다. 매우 난처한 상황임에는 분명하다. 하지만 크리스천들은 승진, 급여, 지속적인 고용보다 하나님의 평가를 성공의 척도로 생각하기 때문에, 우리야말로 이렇게 부패한 조직을 구할 수 있는 사람들일지도 모른다.

만일 우리가 부패한 조직의 수혜자인 경우, 자신이 누리는 안락함과 안정을 희생하더라도 손해 보고 소외된 사람들의 유익을 옹호한다면, 이보다 그리스도의 좋은 증인이 될 수 있는 훌륭한 방법이 또 어디 있겠는가?

○
결론

───────────────

　자신이 처한 독특한 상황으로 인해 바울은 고린도후서를 썼으며, 그 결과 일, 근로자, 직장에 대한 여러 중요한 교훈을 담은 서신이 탄생했다. 바울은 반복해서 투명성과 진실함의 중요성을 강조한다. 그는 직장에서 즐겁고 좋은 관계를 형성하는 데 투자하고, 관계가 깨어졌을 때 화목하도록 힘쓰라고 독자들에게 권한다. 또 경건한 일을 평가하는 척도로써 섬김, 리더십, 겸손, 관대함, 우리의 행동을 통해 얻는 명성을 꼽는다. 또한 직무 수행과 그에 대한 책임, 제때 의무를 이행하는 것 등이 직장에서 크리스천들이 지고 있는 필수 책무임을 논증한다.

　바울은 편향되지 않은 업무 평가에 기준을 제시하며, 비신자들과 함께 일하는 데 따르는 기회와 도전을 살핀다. 우리가 얻은 부를 공동체의 유익을 위해 사용하고, 우리의 유익과 타인의 유익 간 균형을 맞출 수 있는 정도까지 부를 나누라고 당부한다. 그렇게 함으로써 우리는 자신의 약점보다 하나님의 능력을 의지하게 되기 때문에 재정적으로 오히려 더 안정을 꾀할 수 있을 것이라는 확신을 준다.

　예수님께서 십자가에서 고통당하심으로 우리가 구원받았듯이, 우리가 고통을 당하는 정도까지 다른 사람을 섬기는 것 역시 하나님의 경제에서 효과적인 방법이라고 주장하는 바울의 말은 큰 도전이다. 바울은 예수님의 완벽한 신성에는 훨씬 못 미치지만, 어떻게 하나님의 강하심이 인간의 연약함을 극복했는지를 보여 주는 귀감으로써 자신의 삶을 살아내고자 한다.

바울은 하나님의 방법, 목적, 가치에 부합하도록 일하는 것이 한층 충만한 삶에 이르는 참된 길이라고 주장하는데, 이는 바울의 솔직함 덕분에 더욱 신뢰를 얻는다. 그는 "내 은혜가 네게 족하도다 이는 내 능력이 약한 데서 온전하여짐이라"(고후 12:9)라는 예수님의 말씀을 우리에게 전해 준다. 이 충고는 바울이 사람의 마음을 사로잡는 이 편지를 썼을 당시 고린도 사람들에게 중요했고, 마찬가지로 오늘날 일터에 있는 우리에게도 매우 중요하다.

04

갈라디아서 · 에베소서 · 빌립보서 & 일의 신학

"성령의 열매, 일터에서도 맺혀야 한다"

○
서론

갈라디아서, 에베소서, 빌립보서는 신약의 바울 서신서 가운데 길이는 짧지만 내용은 풍성한 책들이다. 세 권 모두 간결한 서신이기 때문에 일의 신학에 대한 이들의 가르침을 한데 묶어 다루었다. 그러나 세 서신서는 각각 독특한 주제를 담고 있으므로 우리는 그 각각을 개별적으로 살펴볼 것이다.

갈라디아서 개요

> 형제들아 너희가 자유를 위하여 부르심을 입었으나 그러나 그 자유로 육체의 기회를 삼지 말고 오직 사랑으로 서로 종 노릇 하라(갈 5:13).

우리는 신자로서 그리스도 예수 안에서 어떻게 살아가는가? 그리스도를 주님으로 영접하고 구세주로 믿을 때 크리스천의 삶이 시작되는 것이라면, 일을 포함한 일상에서 이 믿음을 어떻게 표현해 내고 있는가? 이 질문에 답하려면 특정 기본 규칙에 맞춰 행하는지 점검해 보아야 한다. 직장의 경우를 예로 들면, 다음과 같은 행동 목록을 정해 놓을 수 있다. (1) 동료들을 존중한다. (2) 부적절한 언어는 사용하지 않는다. (3) 남의 험담을 하지 않는다. (4) 의사결정을 할 때는 성경적 가치관을 따른다. (5) 가능한 그리스도의 신앙에 관해 이야기한다. 이러한 목록은 더 늘어날 수 있으며, 그때 성경적 우선순위를 반영한 소중한 지침을 담아야 한다.

그러나 직장에서든 다른 곳에서든 이런 목록에는 위험이 따른다. 크리스천의 삶은 그리스도 안에서 주어지는 하나님의 은혜에 대한 자유로운 반응이어야 하고, 더불어 그리스도에 중심을 둔 관계여야 한다. 그런데 앞서 언급한 '목록'에 지나치게 얽매이다 보면 자칫 율법주의에 빠질 수 있다. 게다가 크리스천의 삶을 율법주의적으로 접근하는 사람들이 그 목록에 불필요하거나 잘못된 행동을 추가하는 경우가 많다.

바울과 갈라디아 성도들

AD 1세기 중반 갈라디아 교인들 사이에서 바로 이와 같은 현상이 일어났다. 사도 바울이 전한 복음을 듣고 그들은 그리스도를 믿고 크리스천으로서의 삶을 살기 시작했다. 그러나 곧 갈라디아 교인은 해야 할 행위와 하지 말아야 할 행위의 목록에 따라 삶의 방식을 형성하기 시작했다. 스스로를 크리스천이라 부르며 당시 특정 학파가 해석하는 방식대로 모세의 율법을 지키는 것이 크리스천의 삶이라고 주장하던 외부인들에게 영향을 받아서였다. 특히 이 '유대주의자들'은 할례(갈 5:2-12)와 의식법(갈 4:10) 문제에서 유대인처럼 살아야 한다고 갈라디아 교인들을 설득했다.

바울은 갈라디아의 크리스천들을 다시 올바른 방향으로 인도하기 위해 우리가 갈라디아서라고 부르는 이 서신을 썼다. 바울은 직장과 관련된 문제를 직접 다루지는 않지만, 크리스천 삶의 본질에 대한 바울의 기본적인 가르침은 우리의 신앙과 일에 관해 예리하게 말한다. 더욱이 갈라디아서는 일과 연관된 이미지, 특히 1세기 노예제도 관습에서 비롯된 모습을 포함한다. 바울에 따르면 크리스천들은 모세의 율법이나 이 땅의 다른 힘 아래에서 종 노릇하지 말고 자유롭게 살아야만 한다(갈 4:1-11). 하지만 역설적으로 그리스도 안에서 자유를 행사하는 자들은 사랑을 통해 "서로 종 노릇"(갈 5:13) 하기로 작정해야 한다.

성경학자들은 갈라디아서의 저자는 바울이며, 이 서신이 AD 49년에서 58년 사이 오늘날의 터키 중부 지방에 해당하는 로마제국의 갈라디아 지방 교회들에 이 서신을 썼다는 데 거의 만장일치로 의견을 같이한다.[1]

바울은 자신이 예수 그리스도의 복음 전파를 통해 개척한 교회들에게 편지를 쓴다. 이 교회들은 문화적·종교적으로 다양한 환경 가운데 존재했고, 특히 최근에는 유대주의자, 즉 모든 크리스천들이 온전한 크리스천의 삶을 경험하고 싶다면 모든 율법을 준수해야 한다고 주장하는 유대인 크리스천들의 영향을 받은 상태였다.

바울은 갈라디아 교인들을 변질시키고 있던 유대주의자들과 갈라디아 교인들의 주장에 맞서 우리가 그리스도 안에서 소유한 자유를 강조했다. 이를 직장에 적용해 보면, 갈라디아서는 예수 그리스도의 복음에 필수적인 자유를 가지고 우리가 일을 이해하고 그 일에 종사하도록 도움을 준다.

에베소서 개요

> 그러므로 주 안에서 갇힌 내가 너희를 권하노니 너희가 부르심을 받은 일에 합당하게 행하여(엡 4:1).

총체적인 관점에서 우리 일은 어떤 위치에 있는가? 일은 그저 생계를 꾸려 나가는 데 필요한 활동인가? 아니면 의미와 치유, 개인적 통합을 발견할 수 있는 장소이기도 한가?[2] 하나님의 우주 창조 속에서 우리 일은 어떤 위치를 차지하는가? 우리 일이 그리스도의 세상 구속 사역과 병행하는 무언가를 의미하는가?

에베소서는 창세 전에 시작해 그리스도의 구속 사역 안에서 계속되었으며 현재의 이 순간과 그 너머까지 이어지는 하나님의 장엄한 사역을 다룬다. 에베소서는 우리를 경외감에 사로잡힌 관찰자로서, 동시에 하나님 사역의 적극적인 침여자로서 이 장엄한 세획에 끌어들인다.

따라서 에베소서는 하나님뿐만 아니라 우리 자신에 관해서도 새로운 관점을 제시해 준다. 우리의 삶, 우리의 행동, 그리고 실로 우리의 일은 새로운 의미를 띠게 된다. 우리는 하나님께서 그리스도 안에서 행하셨던 일과 지금도 행하고 계신 일 때문에 다르게 살고, 다르게 예배하며, 다르게 일한다. 하나님의 구원 사역에 반응하기 위해 또 그분의 일하심에 동참하라는 사명을 완수하기 위해, 우리는 삶에서 직업을 포함한 맡은 바 모든 일을 해 나간다. 우리 한 사람 한 사람은 모두 세상에서 하나님이 하시는 일에 참여하라는 하나님의 부름을 받았다(엡 4:1).

우리가 에베소서라고 알고 있는 본 서신은 사도 바울이 쓴 신약의 다른 서신들과는 유사하기도 하고 동시에 다르기도 하다. 그중에서도 골로새서와 가장 유사한데, 두 서신은 주제와 구조, 심지어는 문장까지 비슷하다(엡 6:21-22; 골 4:7-8). •

에베소서는 빼어난 문체, 독특한 어휘들, 그리고 특유의 신학적 관점 등에서 다른 바울 서신들과 차별화된다. 더 나아가 에베소서는 바울의 다른 서신들에 비해 특정 교회의 특정 상황을 다루는 경향이 훨씬 덜하다.[3] 본 해설에서는 저자가 바울이라는 전제하에 내용을 전개한다.

에베소서는 특정 회중의 필요에 초점을 맞추기보다는 우주에 펼쳐지는 하나님의 일을 광대한 신학적 관점과, 그 사역에서 예수 그리스도의 교회가 담당하는 핵심 역할에 초점을 맞춘다. 각 개별 신자는 "그리스도 예수 안에서 선한 일을 위하여 지으심을 받은" 존재로서(엡 2:10), 그리고 교회의 성장과 사역에 반드시 필요한 존재로서(엡 4:15-16), 하

• 이 책의 5장을 보라.

나님의 일에 기여한다.

빌립보서 개요

일은 노력을 요구한다. 장사를 하든, 트럭을 운전하든, 아이를 키우든, 글을 쓰든, 신발을 팔든, 아니면 장애인이나 노인들을 돌보든, 우리가 하는 일은 저마다 노력해야 가능하다. 아침에 일어나지 않고 출근하지 않으면 일을 마무리할 수 없다. 매일 아침 당신을 침대에서 일어나게 해 주는 동기는 무엇인가? 하루 종일을 버텨 나가게 하는 힘은 무엇인가? 당신이 맡은 일을 충성스럽게, 나아가 탁월하게까지 해내게 하는 에너지원은 무엇인가?

매우 다양한 답들이 나올 것이다. 어떤 사람들은 경제적 필요 때문에 일을 한다. "저는 돈이 필요해서 매일 일어나 일하러 갑니다." 또 어떤 사람들은 그저 자기 일이 좋아서 일한다. "제가 일하는 이유는 제 일을 사랑하기 때문이죠." 또 다른 사람들은 이렇게 시시콜콜한 대답을 할 수도 있다. "저를 깨워서 하루 종일 견디게 해 주는 게 뭐냐고요? 바로 카페인이죠!"

빌립보 크리스천들에게 보낸 바울의 서신은 우리가 일을 하는 데 힘을 얻을 수 있는 다른 종류의 대답을 제시해 준다. 바울은 우리가 하는 일이 우리 자신의 노력의 결과가 아니며, 우리 안에서 하나님께서 하신 일이 우리에게 에너지를 주는 것이라고 말한다. 직업을 포함해 우리가 인생을 살면서 하는 일은 그리스도 안에서 하시는 하나님의 구원 사역의 한 표현이다. 더 나아가 우리는 우리 안에서 역사하시는 하나님의 능력에 힘입어 이런 노력을 할 수 있는 힘의 원천을 발견할 수 있다. 그리스도의 사역은 사람들을 섬기는 일이며(막 10:35), 하나님께서는 그분과 함께 섬김의 사역을 할 수 있도록 우리에게 능력을 부어 주신다.

우리가 빌립보서라고 알고 있는 이 서신을 사도 바울이 대략 AD 54년에서 62년 사이에 기록했다는 데 거의 모든 학자들이 견해를 같이한다.⁴ 몇 번의 투옥기간 중(빌 1:7) 어느 때에 이 서신을 기록했다는 것은 알지만, 기록 장소에 관해서는 여전히 의견이 분분하다.⁵

바울이 초기 선교 여행에서(빌 1:5; 행 16:11-40) 자신이 세운 공동체인 빌립보 교회에 이 개인적 서신을 써 보낸 것은 확실하다. 바울은 빌립보 교회와의 관계를 돈독히 하고, 자신의 최근 소식을 알려 주며, 자신의 사역을 후원해 준 일에 감사를 표하고, 신앙을 위협하는 많은 일들에 그들이 대항할 수 있도록 준비시켜 주며, 그들이 서로 더 잘 지내도록 돕고, 전반적으로는 빌립보 교인들이 자신의 믿음을 살아 낼 수 있도록 돕기 위해 이 서신을 썼다.

빌립보서는 '일'(work; 헬라어로 ergon과 cognates)이라는 단어를 몇 차례 사용한다(빌 1:6; 2:12-13, 30; 4:3). 바울은 하나님의 구원 사역과 거기에서 흘러나오는 인간의 과업을 묘사하기 위해 그 단어를 사용한다. 그는 세상 일터와 관련된 문제들을 직접 언급하지는 않지만, 바울이 말하는 일과 관련한 내용은 여기에 요긴하게 적용할 수 있다.

갈라디아서와
일

▽ 갈 1:6-4:31

당신도 '다른 복음'을 따르는가

바울은 서신 도입부에서 갈라디아 교인들 가운데 있던 문제점, 즉 그들이 "다른 복음을 따르는 것"(갈 1:6)을 지적한다. 이 '다른 복음'은 이방인들에게 '유대인답게 살 것'(갈 2:14)을 요구한다. 이 '복음'이 진짜 복음, 즉 기쁜 소식이 전혀 아니라는 것을 증명하기 위해 바울은 자신의 자서전(갈 1:10-2:21), 믿음으로 받는 성령(갈 3:1-5), 믿음으로 되는 아브라함의 자손(갈 3:6-29), 종과 아들의 비유(갈 4:1-11), 개인적이고 감정적인 호소(갈 4:12-20), 여종과 "자유 있는 여자" 비유(갈 4:21-31) 같은 다양한 주장들을 제시한다.

바울은 1-4장에서 크리스천의 삶을 상세하게 설명하면서 그리스도 안에서의 삶이 어떠한지 강조하기 위해 '종'이라는 단어와 이미지를 사용한다. 갈라디아서에서 '종'은 기본적으로 자유가 없는 상태를 의미하며, 갈라디아 교인들은 그리스도를 믿음으로써 종 노릇에서 벗어났다. "네가 이 후로는 종이 아니요 아들이니"(갈 4:7). 갈라디아 교인들이 자신의 신앙에 의지하기보다 모세 율법을 따르고자 했던 것은 사실상 다시 종의 속박 상태로 돌아가는 것을 의미했다(갈 4:8-10). 모세 율법 역시 제대로 이해한다면 율법 그 자체의 종 노릇 하는 것보다는 자유를 더 권면한다(갈 4:21-31).

바울은 종교적 율법주의에 대한 영적 가르침을 보여 주기 위해 종(노예)이라는 일터 이미지를 사용하고 있다. 그리고 그 가르침은 직장에도 그대로 적용 가능하다. 상사가 직원의 모든 행동과 말, 생각을 통제하려고 하는 율법적인 직장은 그리스도 안에 있는 자유와는 반대가 된다. 모든 유형의 근로자는 자신들의 합법적 상사에게 복종할 의무가 있다. 그리고 모든 유형의 조직은 가능한 범위 내에서 최대한의 자유를 근로자에게 허용할 의무가 있다.

▽ 갈 5-6장
그리스도 안에서 누리는 자유의 삶

갈라디아서 5장 1절은 "그리스도께서 우리를 자유롭게 하려고 자유를 주셨으니 그러므로 굳건하게 서서 다시는 종의 멍에를 메지 말라"라는 자유에 대한 힘찬 호소와 함께 첫 네 장에서의 점증적 논증을 마무리한다. 그러나 이것은 크리스천들이 자신의 죄스러운 욕망을 충족시키기 위해서는 원하는 대로 뭐든지 해도 된다는 의미가 아니다. 도리어 그와 정반대라고 바울은 설명한다. "형제들아 너희가 자유를 위하여 부르심을 입었으나 그러나 그 자유로 육체의 기회를 삼지 말고 오직 사랑으로 서로 종 노릇 하라"(갈 5:13).

크리스천들은 그리스도 안에서 모세의 율법을 포함해 이 세상과 그 힘의 종 노릇에서 해방되었다. 그러나 이 자유 안에서 크리스천들은 사랑에서 우러나온 겸허함으로 서로 섬기기로 작정해야 한다. 이러한 '종 노릇'은 속박이 아니라 역설적으로 그리스도 안에서 진정한 자유를 행사하는 것이다.

성령 안에서 생활하기 갈 5:13-23

그리스도의 복음을 믿음으로 크리스천들에게 성령이 함께하시고(갈 3:2-5), 이 성령은 우리가 매일 믿음대로 살도록 도와준다(갈 5:16). 성령으로 사는 자들은 "음행과 더러운 것과 호색과 우상숭배와 주술과 원수 맺는 것과 분쟁과 시기와 분냄과 당 짓는 것과 분열함과 이단과 투기와 술 취함과 방탕함과 또 그와 같은 것들"을 포함하는 "육체의 일"을 거부하고 그로부터 자유로울 것이다(갈 5:19-21). 특히 이 목록에서 분쟁, 시기, 화냄, 당파 짓는 것, 분열, 투기 등은 여러 직장에서의 삶의 모습과 너무나 유사하다. 우상숭배나 주술 같은 종교적 항목들도 직장에서 실제로 나타난다. 우리가 성령 안에서 살라는 부르심을 받았다면, 우리는 일터에서 역시 성령 안에 살라는 부르심을 받은 것이다.

바울은 자유라는 이름으로 자행되는 '방종'에 대해 구체적으로 경고한다(갈 5:13). 대신 우리는 "서로의 종[또는 노예]이 되기로" 작정해야 한다. 이 가르침을 직장에 적용한다면, 우리가 동료들과 경쟁 또는 대립 관계에 있더라도 그들을 도와주어야 한다는 의미다. 분한 마음을 쌓기보다는 시기나 화냄, 당파 짓는 것, 분열, 투기에 정면으로 맞서 공정하게 해결해야 한다(마 18:15-17). 고객들의 합당한 기대를 뛰어넘는 제품과 서비스를 창출해야 한다. 왜냐하면 진정한 종은 자신이 섬기는 사람을 위해 단순히 적절한 수준을 넘어 최선을 추구해야 하기 때문이다.

그러나 성령은 하지 말아야 할 항목들만 얘기하면서 우리를 모든 문제에서 벗어나게 해 주는 신적 존재가 아니다. 도리어 신자들 안에서 역사하시는 성령은 새로운 태도와 행동을 만들어 낸다. 농업에서 열매는 오랜 기간 경작하여 얻은 달콤한 결과다. '성령의 열매'라는 은유는 하나님께서 오늘 우리가 하는 일보다는 우리가 어떤 사람으로 성장하는지에 관심이 있으시다는 점을 시사한다.

우리는 평생에 걸쳐 '사랑, 기쁨, 화평, 오래 참음, 온유, 자비, 충성, 양선, 절제'(갈 5:22-23) 등을 함양해 나가야 한다. 교회와 가정 안에서 크리스천들 간의 관계에만 이 열매들을 적용해서는 곤란하다. 삶의 모든 영역에서 성령의 인도를 받아야 하듯이, 직장을 포함해 우리가 있는 모든 곳에서 성령의 열매를 보여 주어야 한다. 예를 들면, 직장에서의 인내는 일을 신속하게 처리하지 못하고 우유부단하거나 혹은 실패하는 동료를 견뎌 내는 것을 의미하지 않는다. 직장에서의 인내는 성급하게 행동하도록 유혹하는 불안감으로부터 자유로워짐을 의미한다. 홧김에 부하 직원을 해고하거나 자세한 설명을 들어 보지도 않고 동료를 호되게 질책하는 일, 또는 학생에게 생각할 시간을 주지 않고 대답을 요구하거나 고객이 원하는 스타일을 정확히 파악하기도 전에 머리를 자르는 등의 성급함에서 자유로워져야 한다. 성령의 열매가 일과 거의 관련이 없는 것처럼 보이는가? 그렇다면 우리는 어쩌면 영적 열매의 범위를 너무 편협하게 생각하는 것일 수 있다.

다른 사람들의 유익을 위해 일하는 훈련 갈 6:1-10

갈라디아서 6장 전반부는 크리스천들에게 어떻게 가시적인 방법으로 다른 사람들을 돌볼 수 있는지 가르치기 위해 일과 연관된 다양한 단어들을 사용한다. 크리스천들은 '짐을 서로 지며'(갈 6:2) 서로에게 너그러워야 한다. 그러나 우리가 교만해지거나 다른 사람들을 위해 일하는 것을 핑계 삼아 우리 일을 제대로 하지 않는 것을 막기 위해 신자들은 '각각 자기 일을 살피고', '각각 자기의 짐을' 져야 한다(갈 6:4-5).

뿌리고 거두는 비유를 통해 바울은 갈라디아 신자들에게 육체보다는 성령의 삶에 초점을 맞추라고(갈 6:7-8) 권면한다. 성령의 씨를 뿌리는 것은 "그러므로 우리는 기회 있는 대로 모든 이에게 착한 일을 하되 더욱 믿음의 가정들에게 할지니라"(갈 6:10)와 같이 목적의식이 있는 노력을 수반한다. 크리스천들은 자신의 동료 교인들을 돌보는 것에 더해 공동의 유익을 위해서도 수고해야 한다. 우리가 다른 사람들의 유익을 위해 일해야 한다면, 이를 행해야 하는 장소는 바로 직장이다.

복음의 중심, 그리스도의 십자가 갈 6:11-18

맺음말에서 바울은 "내게는 우리 주 예수 그리스도의 십자가 외에 결코 자랑할 것이 없으니 그리스도로 말미암아 세상이 나를 대하여 십자가에 못 박히고 내가 또한 세상을 대하여 그러하니라"(갈 6:14)라고 쓰며, 갈라디아인들에게 복음의 중심, 곧 그리스도의 십자가를 다시 상기시킨다. "내게는 우리 주 예수 그리스도의 십자가 외에 결코 자랑할 것이 없으니 그리스도로 말미암아 세상이 나를 대하여 십자가에 못 박히고 내가 또한 세상을 대하여 그러하니라"(갈 6:14).

에베소서와
일

◇◇

▽ 엡 1:1-3:21

하나님의 장엄한 계획: 신학적 비전

에베소서 전반부는 온 우주를 향한 하나님의 장엄한 구속사 이야기를 풀어놓는다. 이미 "창세 전에" 하나님께서는 은혜로 우리를 택하셔서 우리가 그리스도 안에서 하나님과 관계를 맺고 세상에서 그분의 목적에 맞게 살도록 하셨다(엡 1:4-6). 이 목적의 핵심은 하나님께서 "하늘에 있는 것이나 땅에 있는 것이 다 그리스도 안에서 통일되게" 하신다는 것이다(엡 1:10). 다르게 표현하자면, 한때 죄 때문에 깨졌던 온 우주를 그리스도의 권세 아래 하나님께서 회복시키실 것이라는 말이다. 하나님께서 자신의 창조 세계를 새롭게 하신다는 사실은 농장, 학교, 회사를 포함한 이 세상 전부가 하나님께 중요하며 하나님께서 이를 버리지 않는다는 점을 우리에게 상기시켜 준다.

그리스도께서 중심이 되시는 하나님 회복의 역사는, 하나님 은혜를 받아 그분의 은혜로운 회복 사역에 동참하는 일꾼으로서 우리 인류를 포함시킨다. 우리는 우리의 행위가 아닌 믿음으로 은혜로 구원을 받았다(엡 2:8-9). 그러나 우리의 일은 하나님께 지극히 중요하다. "우리는 그가 만드신 바라 그리스도 예수 안에서 선한 일을 위하여 지으심을 받은 자니 이 일은 하나님이 전에 예비하사 우리로 그 가운데서 행하게 하려 하심이니라"(엡 2:10).

따라서 우리는 무엇을 해서 구원받은 게 아니라 무언가를 하기 위해서 구원받았다. 우리가 하는 모든 일을 포함한 행위들은 피조세계를 새롭게 하시는 하나님 역사의 일부다. 그러므로 직장에서 우리가 하는 활동은 우리에 대한 하나님의 목적을 성취하시기 위해 예비해 놓으신 반드시 필요한 하나의 요소다.

교회는 그리스도 안에서 세상을 하나로 통일시키려는 하나님의 계획을 탁월하게 보여 준다. 그리스도의 십자가 죽음은 우리의 개인적 구원을 가능하게 했을 뿐만 아니라(엡 2:4-7), 유대인과 이방인 간의 갈라진 틈을 메워 놓았다(엡 2:13-18). 예전에 원수였던 이 둘의 연합은 하나님 화해의 사역을 집약적으로 보여 준다. 따라서 교회는 하나님의 우주적 계획의 본질과 궁극적 성공을 온 우주에 증명해 보이는 역할을 한다(엡 3:9-10). 그러나 교회는 종교적 활동을 같이하기 위해 일주일에 한 번씩 모이는 사람들의 연합체가 아니다. 그보다는 함께 또는 각자 삶의 모든 자리에서 자신들이 해야 할 일을 하는 신자들의 공동체다.

삶의 모든 영역에서 우리는 "우리가 구하거나 생각하는 모든 것에 더 넘치도록 능히"(엡 3:20) 우리 안에서 역사하시는 능력을 가지고 있다. 바울은 크리스천을 묘사하기 위해 '예배자'라는 종교 용어가 아닌 "시민"(엡 2:19)이라는 일반 용어를 쓴다. 곧 살펴보겠지만, 실제로 에베소서는 교회가 모일 때 무엇을 해야 하는지에 대한 지침은 거의 제시하지 않고, 교회 구성원들이 어떻게 일해야 하는지에 관해서만 몇 가지 지침을 제공한다.

▽ 엡 4:1-6:24

하나님의 장엄한 계획: 실질적 지침

에베소서 후반부는 서신 전반부에서 가르친 비전대로 살라는 권면으로 시작한다. "그러므로 주 안에서 갇힌 내가 너희를 권하노니 너희가 부르심을 받은 일에 합당하게 행하여"(엡 4:1).

모든 크리스천은 이 부르심을 받았다. 따라서 우리의 가장 진실하고 가장 심오한 소명(vocation; 'calling'에 대한 라틴어에서 유래)은 세상 안에서 하나님의 다층적인 계획을 진전시키기 위해 우리의 역할을 감당하는 것이다. 이 부르심이 우리의 일, 때로 우리가 '직업'이라고 부르는 것을 포함해 우리가 살아가면서 행하는 모든 것을 규정한다. 물론 하나님께서 하나님의 영광을 찬양하는 삶을 살라는(엡 1:12) 근본적인 부르심을 표현하시기 위해 우리를 구체적인 직업으로 부르실 수도 있다. 따라서 의사로서, 변호사로서, 사무원으로서, 웨이터로서, 배우로서, 음악가로서, 부모로서, 조부모로서, 그리스도께서 부르신 대로 그분의 세상에서 하시는 사역에 합당하게 우리는 살아야 한다.

선과 구제를 위해 열심히 일하기 엡 4:28

에베소서 4-6장의 실질적인 권면 가운데 두 단락이 일과 관련된 주제를 다룬다. 첫 번째는 일의 목적과 관련이 있다. "도둑질하는 자는 다시 도둑질하지 말고 돌이켜 가난한 자에게 구제할 수 있도록 자기 손으로 수고하여 선한 일을 하라"(엡 4:28).

비록 도둑질하는 자들의 이야기이기는 하지만, 바울의 충고는 모든 크리스천과 관련이 있다. 이 본문에 나오는 헬라어 'to agathon[토 아가톤]'은 문자 그대로 '선이 되도록'이라는 뜻이다. 하나님께서는 언제나 크리스천들을 선한 길로 인도하신다. 직장은 하나님께서 우리를 위해 예비하신 많은 선한 일을 해 나가는 핵심 무대다(엡 2:10).

우리는 일을 통해서 직접이든, 교회 혹은 다른 수단을 통해서든, 어려운 사람들과 함께 나눌 수 있는 충분한 자원들을 얻는다. 일의 신학이 자선의 신학과 정확히 똑같지는 않지만, 이 구절은 분명하게 그 둘을 연결시킨다. 일의 목적은 일에서 성취한 바를 통해 직접, 또 일을 통해 다른 사람들에게 베풀 수 있게 된 바를 통해 간접으로 선을 행하는 데 있다는 것이 전체적인 메시지다.

관계에 대한 지시 엡 5:21-6:9

두 번째 실질적인 주제는 관계다. 크리스천으로의 부르심은 우리의 기본 관계, 특히 가정과 직장 내 사람들과의 관계에 영향을 미친다. (산업시대 이전에는 한 가정이 가족생활의 터전이면서 동시에 일의 터전이기도 했다.) 에베소서 5장 21절부터 6장 9절은 아내와 남편, 자녀와 아버지, 종과 상전 등 한 가정 내에서의 관계에 대한 구체적인 지시를 포함함으로써 이 요점을 강조한다. 이런 종류의 목록은 그리스-로마 세계의 도덕적 담론에서는 일반적이었고, 신약에서도 나타나 있다(골 3:18-4:1; 벧전 2:13-3:12).[6]

종과 상전의 관계를 다루는 에베소서 6장 5-9절을 주의 깊게 보자. 바울은 신앙을 가진 상전들에게, 크리스천 상전들 밑에 있는 종들(slaves)에게, 그리고 믿지 않는 상전들 밑에 있는 종들에게 말한다. 이 본문은 골로새서의 병행 구절(골 3:22-4:1)과 아주 유사하다. ●

간단히 요약하면 로마의 종(노예)과 21세기의 임금 근로자를 비교했을 때 유사점과 차이점이 모두 있다. 가장 큰 유

● 에베소서의 이 본문을 이해하는 데 도움이 될 1세기 로마제국의 노예제도에 관한 역사적 배경은 이 책 5장을 보라.

사점은 고대 노예나 현대 근로자들 모두 주인이나 감독관의 권위하에서 일한다는 것이다. 일 자체와 관련해서 보면 두 집단 모두 자신의 일에서 감독하는 위치에 있는 자들의 기대에 부응해야 할 의무가 있다. 가장 큰 차이점은 고대 그리고 현대 노예들 모두 일뿐만 아니라 삶까지도 주인에게 예속돼 있다는 것이다. 노예는 그만둘 수가 없으며, 법적인 권리와 부당처우에 대한 해결책이 제한되어 있고, 일에 대한 급여나 보상을 받지 못하며, 근로 조건에 대한 협상의 여지가 없다. 요약하자면, 노예들에 대한 주인들의 권력 남용이 근로자들에 대한 감독관의 권력 남용보다 그 범위가 훨씬 더 넓다.

우리는 에베소서의 이 본문이 실제 노예들에게 적용된 것을 먼저 살펴볼 것이다. 그러고 나서 오늘날의 발전된 경제에서 지배적인 직업 형태인 임금 근로자들에게 적용할 수 있는 부분을 고려해 보고자 한다.

'진정한 주인'을 섬기는가 엡 6:6-8

에베소서는 종들에게 그들의 인간 주인이 아니라 주님을 위해 '열심으로 섬기는 그리스도의 종들'로 스스로를 바라보라고 권면한다(엡 6:6-7). 그들이 하는 일이 그리스도를 위한 것이라는 사실은, 일을 열심히 그리고 잘 해낼 수 있도록 용기를 불어넣어 줄 것이다. 따라서 바울의 말은 당신의 상전이 선을 행하라고 명령할 때 위안이 된다. 종의 경우에는 늘 그렇듯(눅 17:8) 주인이 보상해 주지 않는다 하더라도 하나님께서 상을 주실 것이다(엡 6:8).

그러나 이 땅의 주인을 위해 종살이를 하는 것이 어떻게 '하나님의 뜻을 행하는 것'인가?(엡 6:6) 분명히 주인은 종에게 다른 종을 학대한다든가, 고객을 속인다든가, 다른 사람의 밭에 몰래 침입하는 것과 같은 하나님의 뜻과는 전혀 상관없는 일을 하라고 명령할 수도 있다. 바울은 분명하게 말한다. "종들아 두려워하고 떨며 성실한 마음으로 육체의 상전에게 순종하기를 그리스도께 하듯 하라"(엡 6:5).

종들은 오직 그리스도를 위해서 할 수 있는 일들만 자기 주인들을 위해서 할 수 있다. 만약 주인이 종에게 악을 행하라고 명령한다면, 종은 주인의 명령을 거부해야 하기 때문에 이 경우 바울의 말은 정말 힘든 도전이 아닐 수 없다. 명령 거부는 달갑지 않은 결과를 초래할 수 있다. 그럼에도 불구하고 바울의 명령은 피할 수가 없다. "기쁜 마음으로 섬기기를 주께 하듯 하고 사람들에게 하듯 하지 말라"(엡 6:7).

주님의 명령은 어떤 주인의 명령보다 우선한다. 실로 그리스도에 대한 의무와 상충하는 모든 명령들을 거부하지 않는다면 "성실한 마음으로"(엡 6:5)라는 말이 무슨 의미가 있겠는가? 예수님께서는 '누구도 두 주인을 섬길 수 없다'고 말씀하셨다(마 6:24). 지상의 주인에게 불순종함으로써 받는 처벌은 무서운 것이다. 하지만 "주께 하듯"(엡 6:7) 하기 위해서 그런 고통을 감수하는 일은 필요할지도 모른다.

우리는 모두 한 분을 섬긴다 엡 6:5-11

주인이 종에게 주인과 그리스도 가운데 누구에게 순종할지 선택하라고 강요하는 건 끔찍한 일이다. 그러므로 바울은 주인들에게 그들의 종에게 하는 위협을 그치라고 말한다(엡 6:9). 만약 당신이 종에게 선을 행하라고 명령했다면, 위협은 필요치 않을 것이다. 만약 당신이 종에게 악을 행하라고 명령했다면, 당신이 가하는 위협은 마치 그리스도에 대한 위협과 같다.

골로새서와 에베소서는, 이 땅의 상전들은 그들에게도 하늘의 상전이 계신다는 걸 기억해야 한다는 데 의견을 같이한다. 그러나 에베소서는 종과 상전들 모두 '같은 상전이 있다'는 사실을 강조한다(엡 6:9). 이런 이유 때문에 상전들은 '자신의 종들에게도 똑같이 하라'(엡 6:9)고 에베소서는 말한다. 다시 말하면, 종들에게 명령할 때 마치 주님께 또는 주님을 위하여 명령하듯 하라는 말이다. 이를 따른다면, 어떤 크리스천 상전도 종에게 악한 행위나 심지어 지나친 일도 명령할 수 없을 것이다. 비록 이 땅에서의 종과 주인의 구별은 그대로일 수밖에 없지만, 이들의 관계는 유례가 없는 상호협력하라는 부르심 덕분에 변화되었다. 양쪽 다 "성실한 마음으로"(엡 6:5) 주님께만 복종해야 한다.

양쪽 다 상대를 지배할 수도 없다. 오로지 그리스도만이 주님이시기 때문이다(엡 6:7). 어느 쪽도 서로를 사랑해야 하는 책임을 회피할 수 없다. 이 단락은 노예제도의 경제적·문화적 실체를 수용하고 있으나, 동시에 노예제도 폐지에 대한 풍성한 씨앗을 품고 있다. 그리스도의 나라에서는 '종도 자유인도 없다'(갈 3:28).

오늘날은 노예제도를 흔히 인신매매 또는 강제노동으로 부른다. 그런데도 여전히 노예제도가 번창하고 있다. 에베소서의 전반적인 내용뿐만 아니라 에베소서 6장 5-9절의 내면적 논리는 노예제도의 종식을 위해 우리가 노력해야 한다는 동기를 부여한다. 대부분의 사람들은 상전으로서든 종으로서든 개인적으로 노예제도를 경험하지는 못할 것이다. 하지만 우리는 누군가가 다른 사람에게 권위를 갖는 직장관계 안에 놓여 있다. 에베소서 6장 5-9절은 비유를 통해 상사와 직원 모두에게 명령하라고 가르치며, 그리스도에 의해 또는 그리스도를 위해 행해질 수 있는 일만 행하고 보상하라고 가르친다. 우리가 선을 행하라는 명령을 받는다면 항상 쉬운 건 아니지만 문제는 간단하다. 상사, 고객, 감독관, 또는 우리에게 권위를 행사하는 자리에 있는 모든 사람들이 보상이나 칭찬을 해 주는 것과는 상관없이, 우리는 가진 능력 안에서 최선을 다해야 한다.

그러나 악한 일을 하라는 지시를 받으면, 상황은 훨씬 더 복잡해진다.

바울은 한편으로는 우리에게 말한다. "너희가 그리스도께 복종하듯이 이 땅의 상전들에게도 복종하라." 그리스도께 경솔하게 불순종할 수 없듯이, 우리는 이 땅에서 우리에게 권위를 행사하는 사람들에게도 경솔하게 불순종할 수 없다. 그렇다면 내부 고발, 파업, 규제 당국을 향해 하는 항의 등이 크리스천 근로자들로서 정당한 행위인가? 견해나 판단의 차이 자체가 정당한 명령에 불순종할 충분한 명분은 되지 못한다. '나는 이 일을 하고 싶지 않아. 그리고 상사가 나한테 이 일을 하라고 하는 건 불공평해'라는 생각과 '내가 이 일을 하는 건 하나님의 뜻에 어긋나는 것이야'라는 생각을 혼동해서는 안 된다. 바로 이 점이 중요하다. '두렵고 떨림으로 이 땅의 주인들에게 복종하라'는 바울의 가르침은, 우리에게 권위를 행사하는 사람이 내린 지시를 이행하는 것이 잘못된 것이라고 믿을 만한 강력한 이유가 없는 한, 단순히 불공평하다거나 부담이 크다는 이유만으로 지시에 불순종해서는 안 된다는 점을 시사한다.

그러나 바울은 우리가 이 땅의 상전들에게 복종하는 것을 '전심으로 하나님의 뜻을 행하는' 방식으로 하라고 덧붙인다. 성경의 명령이나 가치와 상충되는 등, 명백하게 하나님의 뜻을 거스르는 일을 하라는 지시를 받는 경우, 우리의 더 높으신 주인(그리스도)에 대한 우리의 의무는 인간 상사가 내린 경건치 않은 지시를 거부하는 것이다. 그 점도 분명하다. 그런 명령에 불순종했을 때 누구의 이익이 관철되는지가 중요한 판단의 근거가 된다. 만약 불순종하여 단순히 우리 자신의 이익이 아니라 다른 사람이나 더 큰 공동체의 이익을 보호할 수 있다면, 그때는 불순종해야 할 더욱 강한 명분이 생긴다. 어떤 경우에는 이러한 불순종이 우리의 경력에 치명적이거나, 더 심할 경우 생계마저 위협할 수도 있다. 그렇기에 바울이 우리에게 "주 안에서 …… 강건하여지고 …… 하나님의 전신 갑주를 입으라"(엡 6:10-11)라고 권면하는 것은 당연한 일이다.

하지만 경건하지 않은 명령을 순종하거나 아니면 해고와 같은 개인적 손해를 감당해야 하는 것 가운데 하나를 선택해야 하는 상황에 직면한 사람들, 때로는 우리 자신들까지도 포함할 수 있는 이 모든 사람들에게 우리는 진정으로 안타까운 마음을 표하는 바다. 특히 경제적 사다리의 가장 아래에 있어 다른 대안이나 재정적 완충장치가 거의 없는 사람들에게는 더욱 그러하다. 근로자들은 일상적으로 다양한 종류의 졸렬하고 악한 행위를 하라는 명령을 받는다. 가령 "나 사무실에 없다고 해 줘" 등의 거짓말, "16번 테이블 손님들 많이 취해서 눈치도 못 챌 테니 주문 안 한 술 한 병 더 가져다 줘" 같은 속임수, "이 일이 이 세상에서 자네에게 가장 중요한 일인 것처럼 생각하고 해 주길 바라네" 같은 우상숭배 등의 명령이다. 이 모든 명령들을 우리는 모조리 거부해야 할까?

어떤 경우에 근로자들은 정말 심각한 악행을 저지르라는 요구를 받기도 한다. "우리가 제시한 조건에 동의하지 않으면 이름에 먹칠을 해 버린다고 협박해!"라든가, "그 사람이 가짜 품질 평가 기록을 찾아내기 전에 그를 해고시킬 명분을 찾아봐!" 또는 "오늘 밤 주변에 아무도 없을 때 강에다 쏟아 부어 버려!" 같은 명령을 받을 수 있다.

직업을 잃고 우리 가족이 빈곤의 나락으로 떨어지는 쪽을 택하는 것은 경건치 않은 명령을 따르는 것보다 더 안 좋은 일처럼 느껴지고 또 사람들에게 그렇게 보일 수 있다. 어떤 선택이 성경적 가치에 더 또는 덜 부합하는지 명확하지 않은 경우도 많다. 우리는 그런 결정이 상당히 복잡할 수 있다는 것을 인정해야 한다. 잘못된 일을 하라는 압박을 받을 때, 크리스천들은 우리가 할 수 있다고 생각하는 것보다도 더 강하게 악에 맞설 수 있도록 하나님의 능력을 의지해야 한다. 그러나 또한 크리스천들이 세상의 직장 내에서 모든 악을 다 이겨 내지 못하는 경우를 보게 되면, 우리는 이에 대해 그리스도의 긍휼과 용서의 말을 건넬 필요가 있다.

　권위를 가진 당사자라면, 그리스도께서 명령하실 법한 일만 지시해야 한다. 우리의 이익을 취하기 위해 부하 직원들에게 그들 스스로나 다른 사람에게 손해를 가하는 명령은 하지 말아야 한다. 선한 양심을 가졌다면 절대 하지 않을 일을 다른 사람에게 행하라고 명령해서는 안 된다. 양심이나 정의에 근거해 우리 명령을 거부하는 사람들을 위협해서도 안 된다. 우리가 누군가의 상사라 하더라도 우리 역시 위에 상사가 있으며, 권위를 가진 크리스천들은 다른 사람들에게 명령을 내리는 방식을 통해 하나님을 섬겨야 하는 철저한 의무가 있다. 우리는 그리스도의 종들이며, 그리스도에 반하는 방향으로 누군가에게 명령을 내리거나 반대로 복종할 수 있는 권위를 가지고 있지 않다. 직장에서의 직위의 높고 낮음을 막론하고, 우리 각자가 하는 일은 하나님을 섬기거나 반대로 거스르는 방편이 된다.

빌립보서와 일

두렵고 떨림으로 너희 구원을 이루라 너희 안에서 행하시는 이는 하나님이시니 자기의 기쁘신 뜻을 위하여 너희에게 소원을 두고 행하게 하시나니(빌 2:12b-13).

▽ 빌 1:1-26

우리 안에서 하시는 하나님의 일

도입부에 있는 빌립보 성도들을 위한 기도에서(빌 1:3-11), 바울은 빌립보 신자들 안에서 또 그들 가운데서 하시는 하나님의 일을 자신이 얼마나 확신하는지 나눈다. "너희 안에서 착한 일을 시작하신 이가 그리스도 예수의 날까지 이루실 줄을 우리는 확신하노라"(빌 1:6). 여기서 바울이 언급한 '일'은 그리스도 안에서 새롭게 태어남으로써 구원에 이르게 하는 사역을 의미한다. 바울 자신도 빌립보 교인들에게 복음을 전함으로써 직접 그 일에 참여했다. 바울은 그들의 스승과 사도로서 그 일을 지속하고 있으며, 이러한 일을 "내 일의 열매"(빌 1:22)라고 말한다. 하지만 이 일의 근원이 되는 일꾼은 바울이 아니라 하나님이시다. 왜냐하면 하나님이 '그들 안에서 착한 일을 시작하신 분'(빌 1:6)이기 때문이다. "이것은 하나님께서 하시는 일입니다"(빌 1:28, 새번역).

NRSV 역본은 "among you"(너희 가운데서) 하시는 하나님의 일이라 번역한 반면, 대부분의 영어 역본들은 "in you"(너희 안에서)로 번역한다. 두 가지 번역 모두 적절하며, 헬라어 구절인 'en humin[엔 휴민]'은 둘 중 어느 쪽으로도 해석 가능하다. 하나님의 선한 일은 개인들의 삶에서 시작한다. 다만 신자들이 서로 교제하는 가운데 살아 내야 한다. 6절의 요점은 개인들이나 전체로서의 공동체 그 어느 쪽으로도 하나님의 일하심을 제한하는 것이 아니라, 그들이 하는 모든 일이 다 하나님의 일이라는 사실을 강조하는 것이다. 더 나아가 이 일은 각 개인이 '구원받거나' 또는 교회 개척으로 완성되는 것이 아니다. 하나님께서는 그분의 역사가 이뤄질 때까지 우리 안에서 또 우리들 사이에서 계속해서 일하시며, 이 일은 "그리스도 예수의 날"에 완성될 것이다. 오직 그리스도께서 다시 오실 때에 하나님의 일은 끝날 것이다.

· 바울의 직업은 전도자요 사도였다. 그의 직업에는 다른 모든 직업과 마찬가지로 성공과 야망을 가늠케 하는 표시들이 있다. 얼마나 많은 회심자(개종자)들을 얻었는가? 얼마나 많은 기금을 모았는가? 얼마나 많은 사람들이 당신을 그들의 영적 멘토로 칭송하는가? 당신의 가시적인 사역 수치는 다른 전도자들과 어떻게 비교되는가? 이런 것들은 교만과 야망의 근거가 될 수 있다. 바울도 자기 직업 속에 이런 동기들이 있었다는 걸 인정하지만, 오직 사랑만이 단 한 가지 합당한 동기라고 주장한다(빌 1:15-16). 이 말은 이것이 다른 모든 직업에도 해당된다는 사실을 암시한다. 우리는 모두 인정과 안정, 그리고 돈을 포함한 성공의 표상을 위해 일하고 싶은 유혹을 받으며, 이는 궁극적으로 '이기적 야망'(NIV; eritieias를 좀 더 정확하게 번역하면 '부당한 자기 과시'로 번역할 수 있다)에 이르게 한다.[7]

이들은 직업의 목적을 정당하게 달성했을 때 따라오는 것이기 때문에(빌 1:18) 다 나쁜 것만은 아니다. 우리의 동기가 완벽하지 않더라도 일을 끝내는 것은 중요하다. 그러나 결국에는(빌 3:7-14) 동기가 훨씬 더 중요하고, 그리스도를 닮은 단 하나의 동기는 바로 사랑이다.

▽ 빌 1:27-2:11

복음에 합당하게 일하라

우리가 하는 일이 실은 하나님께서 우리 안에서 하시는 일이기 때문에, 우리가 하는 일은 하나님의 일에 어울려야 한다. 그러나 우리에게는 하나님의 일을 방해하는 능력이 있다. "오직 너희는 그리스도의 복음에 합당하게 생활하라"(빌 1:27)라는 바울의 권면을 보아도 알 수 있다. 그가 다루고자 하는 주제는 일반적인 삶이지만, 그가 이 권면에서 일을 배제한다고 생각할 하등의 이유가 없다. 바울은 다음과 같이 세 가지 특별한 명령을 한다.

> 마음을 같이하라(빌 2:2).

> 어떤 일이든 다툼이나 허영으로 하지 말고 오직 겸손한 마음으로 각각 자기보다 남을 낫게 여기라(빌 2:3).

> 각각 자기 일을 돌볼 뿐더러 또한 각각 다른 사람들의 일을 돌보라(빌 2:4).

다시 말하지만 우리가 이런 명령들에 합당하게 일할 수 있는 이유는, 오직 우리가 하는 일이 실제로는 하나님께서 우리 안에서 하시는 일이기 때문이다. 하지만 이번에 바울은 이것을 '그리스도를 향한 찬송'이라고 불리는 아름다운 단락 안에서 말한다(빌 2:6-11). "그는 근본 하나님의 본체시나 하나님과 동등됨을 취할 것으로 여기지 아니하시고 오히려 자기를 비워 종의 형체를 가지사 사람들과 같이 되셨고 사람의 모양으로 나타나사 자기를 낮추시고 죽기까지 복종하셨으니 곧 십자가에 죽으심이라"(빌 2:6-8). 우리 안에서 행하시는 하나님의 일, 특히 우리 안에서 하시는 그리스도의 일은 항상 다른 사람들과 함께 겸손한 자세로 행해지며, 설령 그것이 희생을 요구한다 할지라도 다른 사람들의 유익을 위해 행해진다.

"마음을 같이하여" 빌 2:2

세 가지 명령 가운데 첫 번째인 '같은 마음을 가지라'는 한 몸으로서의 크리스천들에게 주어진 것이다. 하지만 세상 직장에서 그것이 적용되길 기대해서는 안 된다. 실제로 직장 동료들과 항상 마음이 딱 맞을 수는 없다(롬 12:2). 그러나 대부분의 직장에는 크리스천들이 한 명 이상은 있기 마련이고, 그들과 같은 마음을 가지기 위해 애써야 한다. 하지만 안타깝게도 이건 실제로는 매우 어려운 일이다. 교회 안에서라면 성경적·신학적·도덕적·영적, 심지어는 문화적인 문제에 의견을 같이하는 공동체에 들어감으로써 서로 구분 지어 생활할 수 있다. 그러나 직장에서는 그런 호사를 누릴 수 없다. 직장에서는 그런 문제들에 의견이 다를 수 있는 크리스천과 같이 일해야 한다. 간혹은 우리 기준으로 판단했을 때, 자신이 크리스천이라고 주장하는 누군가를 크리스천으로 인정하기 어려울 수도 있다.

이것은 크리스천으로서 우리가 하는 간증이나, 직장 동료로서의 업무 효율성 양쪽 측면 모두에서 수치스러운 장애물이다. 신자들인 우리가 비신자들보다 서로 더 어울리지 못한다면, 믿지 않는 우리 직장 동료들이 우리 주님을, 그리고 우리를 어떻게 생각하겠는가? 적어도 우리는 직장 내에서 다른 크리스천들을 찾아내 그들의 신념과 삶의 방식이 어떤지 알아 가야 한다. 아주 중요한 문제에서 서로 의견 일치가 안 될 수도 있겠지만, 설령 그렇다 하더라도 다른 크리스천들을 경멸하고 그들과 언쟁을 벌이는 것보다는 상호 존중하는 모습을 보여 주는 편이 훨씬 더 나은 간증이 될 수 있다. 최소한 우리가 하는 일이 하나님께 정말로 중요하다는 걸 믿는다면, 함께 일을 잘 해내기 위해 우리의 차이점쯤은 기꺼이 옆으로 제쳐둘 수 있어야 한다.

그리스도와 마음을 같이한다는 것은 그리스도와 "같은 사랑"(빌 2:2)을 갖는다는 뜻이다. 그리스도는 죽기까지 우리를 사랑하셨고(빌 2:8), 우리도 그가 가졌던 것과 똑같은 사랑을(빌 2:5) 가져야만 한다. 이것은 직장

내 다른 신자들뿐만 아니라 비신자들과의 관계에도 공통으로 해당한다. 바로 우리가 그들을 사랑한다는 것이다. 직장의 모든 사람은 우리의 일이 그들에게 유익이 되어야 한다는 점에 동의할 것이다. 만약 어떤 크리스천이 "제 역할은 당신을 섬기는 것입니다"라고 말한다면 과연 누가 그 말에 반대를 하겠는가?

"아무 일에든지 다툼이나 허영으로 하지 말고" 빌 2:3

다른 사람들을 우리 자신보다 낫게 여기는 것은 그리스도의 마음을 가진(빌 2:3) 사람들의 마음 자세다. 크리스천들뿐 아니라 우리 주변의 모든 사람들에게까지 이런 겸손한 마음을 베풀어야 한다. 왜냐하면 겸손의 궁극적 행위인 그리스도의 십자가 죽음은, 의인들을 위한 것이 아니라 죄인들을 위한 것이었기 때문이다(눅 5:32; 롬 5:8; 딤전 1:15).

직장은 겸손히 섬길 수 있는 무한한 기회를 제공한다. 당신은 다른 사람들의 성공을 칭찬하는 데는 너그럽고, 실패를 비난하는 데는 인색할 수 있다. 당신은 대답할 말을 미리 생각하기 전에 다른 사람이 하는 말을 먼저 귀담아 들어 줄 수 있다. 자신의 방식을 고집하는 대신 다른 사람의 아이디어를 시도해 볼 수도 있다. 다른 사람의 성공이나 승진 또는 고액 연봉을 시기하지 않을 수 있고, 그렇게 하지 못했을 경우에는 점심시간에 그런 시기의 마음을 다른 동료들에게 가져가 털어놓는 대신 그 마음을 하나님께 기도로 가지고 나아갈 수 있다.

거꾸로 직장은 이기적인 야망을 이룰 무한한 기회를 제공할 수도 있다. 앞에서 우리가 보았던 대로 야망은 (심지어 경쟁심도) 절대적으로 나쁜 건 아니지만(롬 15:20; 고전 9:24; 딤전 2:5), 부당하게 자신의 목표만 추구하는 것은 나쁘다. 이는 부정확하고 과장된 자기 진단으로 이어져("허영") 당신을 외딴 환상의 섬으로 이끌어 가 결국 일에서도 신앙에서도 효과적이지 못한 사람이 되게 만들 것이다.

이를 위한 두 가지 처방이 있다. 첫째, 당신의 성공 여부는 다른 사람들의 성공에 달려 있으며, 또 그들의 성공에 기여한다는 사실을 명심하라. 이것은 일반적으로 직장에서 진정한 팀워크를 발휘해 일하는 것을 의미한다. 둘째, 항상 당신 자신과 당신이 수행한 일에 대한 정확한 피드백을 구하라. 그 과정에서 당신의 성과가 누구보다 탁월하다는 사실이 드러날 수도 있다. 그 판단의 근거가 정확하고 객관적이라면 그건 허영이 아니다. 다른 사람들이 주는 피드백을 받아들이는 단순한 행동은, 다른 사람들이 생각하는 당신의 이미지를 당신이 생각하는 당신의 이미지보다 더 중시하는 것이기 때문에 겸손의 한 형태라고 할 수 있다. 단, 당신이 정확한 근거에 입각한 피드백을 받았을 때에만 도움이 된다는 사실은 말할 필요도 없다. 당신을 학대하거나 속이는 사람들에게 당신의 이미지를 의존하는 것은 진정한 겸손이 아니다. 비록 자신의 몸은 십자가에서 학대를 당하고 계셨으나, 예수님께서는 자기 자신에 대한 정확한 평가를 그대로 유지하셨다(눅 23:43).

"각각 자기 일을 돌볼뿐더러
또한 각각 다른 사람들의 일을 돌보아" 빌 2:4

세 가지 명령 가운데 직장 내 우리의 역할과 조화시키기 가장 힘든 게 바로 이 명령이다. 우리가 출근해서 일을 하는 것은 적어도 부분적으로는 우리의 필요를 충족시키기 위해서다. 그렇다면 우리 자신의 유익을 돌보지 않는 행위가 어떻게 타당할 수 있겠는가? 바울은 이에 대한 답을 주지 않는다. 다만 바울은 '각각 자기 일을 돌볼뿐더러 또한 각각 다른 사람들의 일을 돌보라고'(빌 2:4) 말한다. 어쩌면 그는 각자가 자신의 이익만 돌보지 않고 공동체 전체의 이익을 돌본다면 각자의 필요도 채워지리라

기대했을 수도 있다. 이것은 바울이 고린도전서 12장과 성경의 다른 곳에서 사용하는 몸의 비유와 일맥상통한다. 눈 스스로는 자기 필요에 따라 몸을 움직일 수 없지만 발에 의지해 그 필요를 채울 수 있다. 따라서 각 신체 기관은 전체 몸의 유익을 위해 움직이지만, 그러면서도 그 자체의 필요 역시 채워진다.

이것은 이상적인 환경에서 서로 밀접하게 엮여 있는 공동체, 아마도 모두가 똑같은 수준으로 헌신하는 구성원들로 이루어진 교회가 있다면 거기서는 실현 가능하다. 하지만 이것을 일반적인 교회 밖 직장에도 적용할 수 있을까? 바울은 우리 자신의 유익 대신 직장동료와 고객, 상사, 부하 직원, 공급자, 그리고 우리 주변의 무수히 많은 사람들의 유익을 돌아보라는 의도로 말하는 걸까?

다시 한 번 우리는 바울이 자신의 유익 대신 죄인들의 유익을 구하시는 십자가 위의 그리스도를 우리의 본보기로 묘사하는 빌립보서 2장 8절로 돌아가야 한다. 그분은 단지 교회가 아닌 세상 전체에서 이 원칙대로 사셨고, 따라서 우리도 그렇게 해야 한다. 그리고 바울은 그러한 삶의 결과에는 고난, 손실, 심지어는 죽음까지도 포함된다는 점을 분명히 했다. "그러나 무엇이든지 내게 유익하던 것을 내가 그리스도를 위하여 다 해로 여길뿐더러"(빌 3:7).

빌립보서 2장 어디에서도 직장에서 우리 자신이 아닌 다른 사람들의 유익을 돌보는 것에서 우리를 벗어나게 해 줄 만한 구절을 찾을 수 없다.

▽ 빌 2:19-3:21

초능력자가 되라는 게 아니다

빌립보서는 모든 크리스천들이 그리스도의 본을 따라야 한다는 걸 우리에게 보여 주기 위해 바울, 에바브로디도, 디모데를 예로 든다. "너희는 함께 나를 본받으라 그리고 너희가 우리를 본받은 것처럼 그와 같이 행하는 자들을 눈여겨보라"라고 바울은 우리에게 말한다(빌 3:17). 그는 2장에 나오는 그리스도를 향한 찬송에 근거한 틀 안에서 이들의 사례를 묘사한다.

사람	어려운 곳으로 보냄받다	순종하다 (종)	중대한 위험을 무릅쓰다	다른 사람의 유익을 위하다
예수님	"사람들과 같이 되셨고"(2:7).	"종의 형체를 가지사"(2:7).	"죽기까지 복종 하셨으니"(2:8).	"자기를 비워" (2:7).
바울	"육신으로 사는" (1:22).	"그리스도 예수의 종"(1:1).	"매임"(1:7). — "그의 죽으심을 본받아"(3:10).	"너희 믿음의 진보와 기쁨을 위하여"(1:25).
디모데	"내가 디모데를 속히 너희에게 보내기를"(2:19).	"자식이 아버지에게 함같이"(2:22).	*롬 6:21 참조.	"너희 사정을 진실히 생각"(2:20).
에바브로디도	"에바브로디도를 너희에게 보내는 것"(2:25).	"너희 사자"(2:25).	"죽기에 이르러도 자기 목숨을 돌보지 아니한 것"(2:30).	"나의 쓸 것을 돕는 자"(2:25).

메시지는 분명하다. 우리는 예수님이 하신 대로 행하라는 소명을 받았다. 예수님께서는 하나님의 독생자로서 다른 사람들을 섬기셨으니 우리는 그렇게 할 필요가 없다는 변명 뒤에 숨을 수가 없다. 또한 바울, 에바브로디도, 디모데는 우리가 흉내조차 낼 수 없는 초인들이 아니다. 우리 역시 일터로 갈 때 다음과 같이 '파송과 순종, 위험을 무릅씀, 다른 사람들을 섬김'이라는 이 동일한 틀 안에 우리 자신을 넣어야 한다.

사람	어려운 곳으로 보냄받다	순종하다 (종)	중대한 위험을 무릅쓰다	다른 사람의 유익을 위하다
크리스천 직장인들	비기독교적 직장으로	권위를 가진 다른 사람들 밑에서 일하다	그리스도께서 사랑하신 것처럼 사랑하기 위해 경력이 제한되는 위험을 무릅쓰다	자신의 유익보다 다른 사람들의 유익을 앞세우라는 소명을 받다

우리 자신이 아니라 다른 사람들을 섬기라는 명령을 상식선에서 완화시키는 것은 허용되는가? 가령, 우리가 신뢰할 수 있는 사람들의 유익을 먼저 돌볼 수 있는가? 우리 자신의 유익에 더해서 다른 사람들의 유익도 구할 수 있는가? 우리가 조화롭게 유익을 끼칠 수 있는 상황에서는 공익을 위해 일하지만, 상황이 우리에게 불리한 구조일 때는 우리 자신의 유익을 돌보는 것이 괜찮은가? 바울은 이에 대한 답을 주지 않는다.

만약 우리가 그 정도로 대담하게 살 능력이나 의지가 없다면 어떻게 해야 하는가? 바울은 딱 한 가지만 말한다. "아무것도 염려하지 말고 다만 모든 일에 기도와 간구로, 너희 구할 것을 감사함으로 하나님께 아뢰라"(빌 4:6). 당신은 오직 하나님께 쉬지 않고 드리는 기도와 간구, 감사를 통해서만, 자기 자신이 아니라 다른 사람들의 유익을 구하는 데 필요한 어려운 결정과 감당하기에 벅찬 행동을 해 나갈 수 있다. 이것은 추상적 신학이 아니라 일상적인 삶과 일에서 실천 가능한 조언이다.

▽ 빌 4:1-23
매일의 상황에 적용하기

바울은 직장과 직접 관련된 세 가지 일상적 상황을 묘사한다.

갈등 해결 빌 4:2-9

바울은 빌립보 교인들에게 그들 가운데 있는 두 여인, 곧 유오디아와 순두게가 서로 화평하도록 도와줄 것을 부탁한다(빌 4:2-9). 우리는 본능적으로 갈등을 그저 부인하거나 억압하지만, 바울은 애정을 가지고 이 갈등을 터놓고 논의하며 해결하고자 한다. 그 여인들의 불화 내용은 구체적으로 나와 있지 않지만, 두 사람 모두 바울이 "복음에 나와 함께 힘써 온 사람들"(빌 4:3)이라고 말한 신자들이었다. 알다시피 독실한 크리스천들 간에도 불화는 일어난다. 바울은 분노를 쌓아 두지 말고, 다른 사람들이 보기에 '무엇에든지 참되며 무엇에든지 경건하며 무엇에든지 옳으며 무엇에든지 정결하며 무엇에든지 사랑받을 만하며 무엇에든지 칭찬받을 만한 것'을 생각하라고 말한다(빌 4:8).

"모든 지각에 뛰어난 하나님의 평강"(빌 4:7)은 우리가 주변 사람들의 좋은 점을 알아주는 데서 시작되는 것 같다. 우리가 그들과 갈등 관계에 있을 때조차 (또는 특히 그럴 때) 말이다. 그리스도께서는 그들 모두를 위해 죽임을 당하시지 않았는가! 또한 우리는 우리 자신을 자세하게 들여다보고, 하나님께서 주신 온유와 기도와 간구와 감사, 염려하지 않는 마음(빌 4:6)을 우리 안에서 찾아야 한다.

이것은 오늘날 직장에서 쉽지는 않지만 분명히 적용할 수 있다. 직장에서 발생하는 다른 사람들과의 갈등을 무시하거나 숨기고 싶을 때, 험담하는 것이 아니라 인정하고 터놓고 얘기해야 한다. 그래도 풀리지 않는다면 지혜로운 사람들에게 도움을 요청하면 좋다. 다만 상황에서 우위를 점하기 위해서가 아닌 겸손한 자세로 행해야 한다. 우리가 경쟁자와 맞서야 하는 경우, 적어도 그들의 장점이 무엇이든 인정해 주는 정의를 실천함으로써, 도리어 그들을 위하는 상황을 만들어야 한다.

다른 사람에게 관여할 에너지가 더 이상 남아 있지 않아 그냥 관계를 끝내 버리고 싶을 때는, 하나님의 능력과 인내가 우리의 능력과 인내를 대체하게 해야만 한다. 이렇게 함으로써 개인적 목표를 추구하는 대신 "자신을 비우시고"(빌 2:7), 이에 따라 세상에서 하나님의 뜻대로 살 수 있는 하나님의 능력을 받으신(빌 2:9) 우리 주님을 본받기 위해 노력할 수 있다. 만약 우리가 이렇게 행한다면, 그땐 우리의 투사나 두려움, 분노의 관점에서가 아니라 '무엇이 진짜 쟁점인가' 하는 관점에서 갈등을 해결할 수 있다. 이는 대개 우정까지는 아니더라도 일에서의 관계 회복과 일종의 상호 존중으로 이어진다. 드물게 화해가 불가능한 경우에도 우리는 "모든 지각에 뛰어난 하나님의 평강"(빌 4:7)을 기대할 수 있다. 깨어진 관계조차도 하나님의 선하심에 대한 희망을 넘어서지는 못한다는 것이 바로 하나님께서 보여 주신 것이다.

서로 지원해 주기 빌 4:10-11, 15-16

바울은 빌립보 교인들이 그를 개인적으로(빌 1:30), 재정적으로(빌 4:10-11, 15-16) 후원해 준 일을 감사한다. 신약 전체에 걸쳐 우리는 바울이 항상 바나바(행 13:2), 실라(행 15:40), 루디아(행 16:14-15), 브리스가와 아굴라(롬 16:3)를 포함한 다른 크리스천들과 동역자로서 함께 일하려고 애쓴다. 바울의 서신들은 전형적으로 그가 긴밀하게 같이 일했던 사람들에 대한 인사로 끝을 마무리하며, (빌립보서가 바울과 디모데가 보낸 것처럼) 보통 바울과 다른 동역자들이 보낸 서신들이다. 이렇게 함으로써 바울은 제자들이나 다른 사람들을 동역자로 삼아 거의 모든 일을 함께하셨던 예수 그리스도를 본받으라는 자신의 충고를 그대로 따랐다.

빌립보서 2장에서 우리가 본 것처럼, 크리스천들은 세상 일터에서 항상 크리스천들과 같이 일하는 호사를 누릴 수는 없다. 하지만 그렇다고 해서 우리가 서로를 지원할 수 없다는 뜻은 아니다. 우리는 우리의 직업이나 또는 기관에서 부딪치는 특정한 도전이나 기회에 직면했을 때 서로 지원해 주기 위해 다른 사람들과 함께할 수 있다. "엄마 대 엄마" 프로그램[8]은 직장에서의 상호 지원의 실례다. 엄마들이 매주 같이 모여서 양육을 공부하고, 아이디어를 나누고, 서로를 지원해 준다.

이상적으로 말하면, 모든 크리스천이 그들이 하는 일을 위한 이런 종류의 지원을 받을 것이다. 따로 공식적인 프로그램이 없다 해도 우리는 예배와 설교, 성경공부, 소그룹, 교회 수련회, 강의와 휴식 등 일반적인 크리스천 공동체 안에서 우리 일에 대해 얘기를 할 수 있다. 그러나 우리는 얼마나 자주 그렇게 하는가? 바울은 생각과 소식, 교제와 자원들을 나누기 위해 장거리 항해를 하는 사자들을 동원하면서까지(빌 2:19, 25) 자신의 소명 안에서 다른 사람들과 함께 공동체를 세우기 위해 모든 노력을 기울였다.

가난과 풍요 빌 4:12-13, 18

마지막으로 바울은 가난과 풍요를 어떻게 다루어야 하는지 이야기한다. 이것은 직장과 직접 연관이 있는데, 바로 일이 빈부의 차이를 만들어 내거나, 아니면 적어도 일을 해서 월급을 받고 사는 우리들에게는 그런 차이를 만들어 내기 때문이다. 다시 한 번, 바울의 충고는 단순하지만 실천하기 어렵다. 당신의 일이 항상 당신에게 풍요를 안겨 줄 것이라는 기대로, 일을 우상화하지 말라. 대신 당신의 일이 다른 사람들에게 유익을 가져다주는 것을 동기 삼아 일하고, 적든 많든 그 일을 통해 당신이 제공받는 것에 자족하는 법을 배우라. 정말 따르기 어려운 충고다.

교사나 보건 분야 근로자, 고객 서비스 분야 근로자, 부모들 등 일부 직종 사람들은 어려움에 처한 사람들을 돕기 위해 초과 근무를 하면서도 그에 따른 수당을 받지 못하는 것에 익숙해져 있는지도 모른다. 어떤 사람들은 자신이 수행하는 일에 충분한 보상을 기대한다. 계약서나 상여금이라는 목표도 없이 일하면서, "나는 고객과 직원, 주주를 위해 일하는데, 연말에 회사가 나에게 얼마를 주기로 결정하든 나는 행복합니다"라고 말하는 고위 임원이나 투자 은행가를 상상해 보라. 그건 정말 흔치 않은 일이다. 하지만 그런 사람들이 없는 건 아니다. 바울은 간단히 이렇게 말한다.

> 나는 비천에 처할 줄도 알고 풍부에 처할 줄도 알아 모든 일 곧 배부름과 배고픔과 풍부와 궁핍에도 처할 줄 아는 일체의 비결을 배웠노라 내게 능력 주시는 자 안에서 내가 모든 것을 할 수 있느니라 …… 내게는 모든 것이 있고 또 풍부한지라 …… 내가 풍족하니 (빌 4:12-13, 18).

요지는 우리가 합리적인 범위 안에서 얼마나 많이 또는 적게 보수를 받는지가 아니라, 일을 할 때 다른 사람 또는 우리 자신 가운데 어느 쪽에 가져다주는 유익이 우리의 일하는 동기가 되느냐다. 다만 그 동기는, 지나친 빈곤이나 풍요의 결과를 낳게 하는 기관이나 관행, 체제에 우리가 기꺼이 저항할 수 있도록 해 주는 것이어야 한다.

결론

갈라디아서

결론 부분에서 바울은 '십자가에 못 박힘'을 언급하며(갈 6:14) 갈라디아서 앞부분에서 이미 말했던 다음 내용을 상기시킨다. "내가 그리스도와 함께 십자가에 못 박혔나니 그런즉 이제는 내가 사는 것이 아니요 오직 내 안에 그리스도께서 사시는 것이라 이제 내가 육체 가운데 사는 것은 나를 사랑하사 나를 위하여 자기 자신을 버리신 하나님의 아들을 믿는 믿음 안에서 사는 것이라"(갈 2:20).

그리스도를 향한 믿음은 그분의 삶과 죽음, 그리고 부활을 믿는 것일 뿐 아니라, 우리도 그리스도와 함께 죽어서 그가 우리 안에 살아 계시도록 하는 것이다. 우리 안에 계시는 그리스도는 우리가 사무실, 창고, 가게, 회의실을 들어갈 때도 함께하시며, 우리가 성령의 능력 안에서 언제 어디에서나 그리스도를 위해 살 수 있도록 촉구하고 권능을 부어 주신다.

크리스천의 삶은 믿음에 근거한 삶이다. 그러나 믿음은 복음의 진리에 대한 수동적 동의가 아니다. 오히려 크리스천은 매일의 삶의 경험에서 믿음은 살아 있고 능동적인 것임을 깨닫는다. 바울은, 믿음은 "사랑으로써 역사하는"(갈 5:6) 것이라고 말한다. 따라서 성령께서 우리 마음과 행위 모두 사랑의 열매를 맺을 수 있도록 도와

주시는(갈 5:22) 바로 그때에, 우리 삶에서 역사하는 믿음은 사랑의 행위를 북돋운다.

우리는 우리의 일로 스스로 의롭다 하려는 종 노릇을 거부한다. 그러나 우리가 믿음으로 그리스도 안에서의 자유를 받아들일 때, 우리의 일은 사랑, 희락, 화평, 인내, 자비, 양선, 충성, 온유, 절제로 이어진다. 우리가 하는 일은 다른 사람들을 사랑하고 "모든 사람의 유익을 위해"(갈 6:10, 현대인의성경) 그리스도 안에서의 자유를 행사하는 주요 통로가 돼야 한다. 만약 일터에서 믿음의 열매들을 맺지 못한다면, 삶의 중요한 부분을 그리스도의 통치에서 잘라 내는 것과 같다.

에베소서

에베소서에서는 단지 몇 구절만이 정확히 직장과 관련된 내용을 다룬다. 그런데 그것도 도둑, 종, 그리고 상전을 대상으로 한다. 그러나 우리가 그리스도를 통해 하나님께서 만물을 어떻게 회복시키시는지를 깨닫는다면, 또 우리가 하는 일이 그러한 하나님의 계획에서 중요한 역할을 담당하고 있음을 발견한다면, 직장은 우리를 위해 하나님께서 예비해 두신 선한 일을 하는 주요 무대가 된다.

에베소서는 우리가 하는 일 안에서 하나님께서 모든 개인을 위해 예비해 주신 선한 일이 무엇인지를 구체적으로 말하지 않는다. 그렇다 보니 그것을 분별하기 위해 다른 자료를 참조해야만 한다.

그러나 에베소서는 하나님께서 우리에게 선을 위해 모든 일을 행하라고 촉구하신다는 사실을 말한다. 우리의 유일한 참된 주 되시는 예수 그리스도와의 관계라는 맥락에서 우리 자신과 동료들을 바라볼 때, 직장에서의 대인관계와 태도는 완전히 달라질 것이다.

에베소서는 우리의 삶에 새로운 관점, 곧 우리가 하는 일이 세상을 창조하시고 죄에서 세상을 구속하시려는 하나님 사역의 부산물이라는 관점을 갖도록 격려한다. 우리는 우리 삶의 모든 측면에서 예수님 뒤를 따르라는 하나님의 부르심에(엡 4:1) 반응해서 일한다. 일을 통해 우리는 하나님께서 우리에게 의도하신 선한 일들을 할 수 있는 많은 기회들을 발견할 수 있다. 따라서 우리에게는 사무실, 공장, 학교, 가정, 가게 등 모든 일터에서 우리가 주님을 향해 "기쁜 마음으로[열의를 가지고, NRSV]"(엡 6:7) 섬길 수 있는 기회가 있는 것이다.

빌립보서

바울이 빌립보서에서 정확하게 일터 이야기를 하는 것은 아니다. 하지만 우리 안에서 행해지는 하나님 사역에 가지는 그의 비전은, 우리가 신앙과 일을 고려해 보게 만드는 토대를 놓고 있다.

우리의 직업은 하나님께서 우리 안에서 시작하신 선한 일을 우리가 살아 내야 하는 주요한 무대다. 우리는 삶과 일터에서 다른 크리스천들과 같은 마음을 가지려고 애써야 한다. 우리는 다른 사람들이 우리보다 낮다고 여기며 행동해야 한다. 자신의 유익보다 다른 사람들의 유익을 구해야 한다.

바울은 일을 직접 언급하지 않으면서도 우리에게 직장에서 거의 불가능할 것처럼 보이는 것을 요구한다. 그러나 우리가 직장에서 하는 일은 단지 우리의 노력으로만 이루어지지 않는다. 그것은 우리 안에서 또 우리를 통해서 하시는 하나님의 일이다. 하나님의 능력은 무한하기 때문에 바울은 담대하게 말할 수 있었다. "내게 능력 주시는 자 안에서 내가 모든 것을 할 수 있느니라"(빌 4:13).

05

골로새서 · 빌레몬서 & 일의 신학

**"상사도 부하도
따를 분은 한 분이시다"**

○

서론

또 무엇을 하든지 말에나 일에나 다 주 예수의 이름으로 하고 그를 힘입어 하나님 아버지께 감사하라 …… 무슨 일을 하든지 마음을 다하여 주께 하듯 하고 사람에게 하듯 하지 말라 이는 기업의 상을 주께 받을 줄 아나니 너희는 주 그리스도를 섬기느니라(골 3:17, 23-24).

어째서 사도 바울[1]은 골로새에 있는 크리스천들이 모든 말과 행동을 절제하라는 총체적인 명령을 기억하며 매일을 살아야 한다고 주장하는 것일까? 바울은 간략하지만 풍부한 이 두 서신에서 거듭 등장하는 이 두 가지 명령의 배후에 있는 신학적 명제와, 생활에서 가장 기본이 되는 모든 관계(배우자, 가족, 친구, 직장 동료, 부하 직원이나 상사와의 모든 관계)에서 이렇게 살아가는 삶의 의미를 탐색한다.

골로새서와 빌레몬서의 배경

상업 도시 골로새

주민들에게 일자리를 제공하는 상업 중심지로 발달하면서 골로새는 점점 커졌다. 고대 골로새 역시 로마제국의 소아시아(오늘날 터키의 남서쪽 모서리) 지방의 리쿠스강(Lycus river) 골짜기를 통과하는 주요 무역로에 건설됐다. 그곳에서 골로새 사람들이 도시를 유명하게 만든 아름다운 검붉은 색 모직 천(colossinum)을 생산했다. 그러나 상업 중심지로써 골로새의 중요성은 BC 100년경 인접한 지역에 라오디게아가 건설되어 활발하고 상업적인 강력한 경쟁자로 떠오르면서 쇠퇴하기 시작했다. 인접한 히에라볼리와 더불어 이두 도시는 AD 17년(티베리우스 황제 때)과 AD 60년(네로 황제 때)에 있었던 지진으로 파괴됐다. 이후 재건되기는 했지만 옛 명성을 되찾지 못했고, AD 400년경에 이르러서는 더 이상 존재하지 않는 도시가 됐다.

골로새 교회

사도 바울은 에베소에서 교회를 개척하느라 2년을 보내는데, 사도행전 19장 10절에서 그 중심지에서 뻗어 나온 광채로 인해 "아시아에 사는 자는 유대인이나 헬라인이나 다 주의 말씀을" 들었음을 알 수 있다. 바울 자신이 그 지방을 다니면서 선교 사역에 열의를 보였는지, 아니면 그가 회심시킨 사람들이 그렇게 했는지는 모르지만, 어쨌든 골로새에 교회 하나가 세워졌다. 아마도 에바브라가 골로새 교회를 세웠을 것이고(골 1:7), 골로새서 1장 21절을 보아 그 교회 구성원이 주로 이방인들이었음을 추정할 수 있다.

빌레몬은 골로새 시민이었으며, 그 교회의 바른 지도자였다. 그는 종들을 거느리고 있었는데 그의 종 오네시모가 도망을 쳤고, 나중에 그 종이 사도 바울을 만나 예수님의 복음 메시지에 반응했다. 골로새서에서 바울은 예수 그리스도를 통한 우리와 하나님의 관계가 직장의 우리에게 어떤 영향을 끼치는지를 말한다. 특히 그는 종들이 자신의 상전을 위해 어떻게 일해야 하며, 상전들은 자신의 종을 어떻게 대해야 하는지를 말한다. 빌레몬에게 보낸 짧은 개인 서신(빌레몬서)은 골로새서 4장 1절에서 말한 바울의 명령을 이해할 수 있도록 도와준다.

서신의 목적

골로새 사람들과 빌레몬에게 보낸 서신들은 대략 AD 60-62년 사이에 바울이 로마 감옥에서 썼다고 여겨지는 4개의 옥중서신 가운데 두 개다. 당시 로마제국 황제는 네로였는데, 그는 바울의 로마 시민권 주장을 무시할 정도로 잔인하고 제정신이 아닌 사람이었다.

옥에서 바울은 한때 강한 믿음을 가졌던 골로새의 크리스천들이 이제는 신앙에 대한 속임수에 넘어지기 쉬운 상태라는 말을 들었다(골 2:4, 8, 16, 18, 21-23). 그는 골로새 성도들이 받아들이고 싶을 만큼 유혹적인 신학적 오류를 하나하나 반박하기 위해 편지를 썼다. 그러나 그 편지는 읽는 이들이 이런 속임의 문제들을 능히 뛰어넘도록 해 준다. 바울은 그의 모든 독자들이 (2천 년 전의 골로새 교회 성도들뿐 아니라 오늘날의 우리들도) 하나님의 이야기 안에서 자신들이 살아가는 삶의 정황을 이해하고, 또 그것이 그들의 직업상의 관계에서 어떤 모습으로 비쳐야 할지를 아주 신중하게 말한다.

사람을 하나님 형상을 가진
일꾼으로 창조하셨다
골 1:1-14

골로새서 1장 6절에서 바울은 우리를 창세기 1장 26-28절로 되돌아가게 한다.

> 하나님이 이르시되 우리의 형상을 따라 우리의 모양대로 우리가 사람을 만들고 그들로 바다의 물고기와 하늘의 새와 가축과 온 땅과 땅에 기는 모든 것을 다스리게 하자 하시고 하나님이 자기 형상 곧 하나님의 형상대로 사람을 창조하시되 남자와 여자를 창조하시고 하나님이 그들에게 복을 주시며 하나님이 그들에게 이르시되 생육하고 번성하여 땅에 충만하라, 땅을 정복하라, 바다의 물고기와 하늘의 새와 땅에 움직이는 모든 생물을 다스리라 하시니라(창 1:26-28).

여기 창조주로서 일하시는 하나님이 나오시고, 그분 활동의 정점은 하나님의 형상과 모양을 가진 인간을 창조하시는 것이다. 새로 지음받은 인간(남자와 여자 모두)에게 하나님은 두 가지 과업을 주시니, 그들은 생육하고 번성하여 땅에 충만하고 땅을 정복하고 다스려야 했다. 바울은 골로새서 1장 6절에서 창세기의 언어를 골라 복음이 온 천하로 전파되어 나감으로써 그들 가운데 복음이 '열매를 맺어(창세기 1장의 "생육하고"와 같은 단어-옮긴이 주) 자라는 것'을 두고 하나님께 감사한다. 그런 다음 그는 이것을 골로새서 1장 10절에서 되풀이해 말한다. 골로새인들은 하나님을 아는 것과 하나님을 위한 일에서 열매를 맺고 자라야 한다는 것이다.

그 과업이 자녀 양육이든, 땅을 정복하고 다스리는 다면적인 일이든, 아니면 사역이든 간에, 그들과 우리는 일하시는 하나님의 형상을 가진 자들이다. 우리는 태초부터 일하는 일꾼들로 창조되었으며, 그리스도는 일꾼으로서의 우리를 구속하고 계신다.

창조하시는 분,
구원하시는 분
골 1:15-20

바울이 골로새 사람들에게 보낸 서신의 전반부를 영어 단어 아홉 개로 요약할 수 있다.

Jesus made it all(예수님께서 만물을 지으셨다),

Then Jesus paid it all(그리고 예수님께서 그 값을 다 치르셨다).

'예수님께서 만물을 지으셨다'

골로새서는 독자들이 성경의 첫 번째 책인 창세기의 시작 부분, 곧 "태초에 하나님이 천지를 창조하시니라"(창 1:1)를 잘 알고 있다는 사실을 전제로 한다. 창세기 2장은 "하나님이 그가 하시던 일을 일곱째 날에 마치시니 그가 하시던 모든 일을 그치고 일곱째 날에 안식하시니라"(창 2:2)라고 진술한다. 존재하는 모든 것이 하나님께서 '일하시므로' 창조되었다. 심지어 하나님께서도 '일하셨다.' 그 일에 대해 바울이 골로새 성도들에게 써 보낸 내용이다.

> 그는 보이지 아니하는 하나님의 형상이시요 모든 피조물보다 먼저 나신 이시니 만물이 그에게서 창조되되 하늘과 땅에서 보이는 것들과 보이지 않는 것들과 혹은 왕권들이나 주권들이나 통치자들이나 권세들이나 만물이 다 그로 말미암고 그를 위하여 창조되었고 또한 그가 만물보다 먼저 계시고 만물이 그 안에 함께 섰느니라(골 1:15-17).

'그리고 예수님께서 그 값을 다 치르셨다'

그런 다음 바울은 자기 독자들에게 예수님께서 존재하는 만물의 창조의 주체셨을 뿐 아니라, 또한 그가 우리 구원의 주체이심을 분명히 한다.

> 아버지께서는 모든 충만으로 예수 안에 거하게 하시고 그의 십자가의 피로 화평을 이루사 만물 곧 땅에 있는 것들이나 하늘에 있는 것들이 그

로 말미암아 자기와 화목하게 되기를 기뻐하심이라(골 1:19-20).

바울은 창조 때 하신 그리스도의 일과 구속 때 하신 그리스도의 일을 나란히 놓아 이 단락의 전반부(골 1:15-17)는 '창조'를 핵심 주제로, 후반부는(골 1:18-20) '구속'을 주요 주제로 다룬다. 이 병행 구절은 특히 골로새서 1장 16절 "하늘과 땅에서 …… 만물이 다 그로 말미암고 그를 위하여 창조되었고"와 골로새서 1장 20절 "만물 곧 땅에 있는 것들이나 하늘에 있는 것들이 그로 말미암아 자기와 화목하게 되기를 기뻐하심이라"에서 두드러진다. 그 패턴은 아주 찾기 쉽다. 하나님은 만물을 그리스도를 통해 창조하셨고, 그리스도를 통해 바로 그 만물을 하나님과 화목하게 만들고 계신다. 제임스 던(James Dunn)은 이렇게 말한다.

여기서 주장하는 것은 상당히 단순하면서도 심오한데, 화목하게 하시고 화평케 하시는 하나님의 목적은 원래 창조의 조화를 회복시키려는 것이다. 즉 자연의 부조화와 인간의 비인간성을 해소시켜 그들이 그리스도의 십자가 안에서 하나님의 피조물의 특성과 우주에 대한 그분의 관심의 완전한 표현을 이해하게 하려는 것이었다.[2]

한마디로 요약하면, 예수님께서 모든 것을 지으셨고, 예수님께서 모든 값을 치르셔서 우리가 살아 계신 하나님과 관계를 맺을 수 있게 됐다.

지금, 여기서
예수님을 바라보자
골 1:15-29

우리가 하나님의 형상을 가졌다는 것이 우리 일에서 어떤 차이를 만들어 내는가? 이것이 시사하는 한 가지는, 우리가 일을 하는 동안 하나님의 일하시는 양식과 가치를 반영한다는 것이다. 그러나 어떻게 하나님을 알 수 있고 결과적으로 우리가 어떻게 그런 양식과 가치를 알 수 있다는 말인가? 골로새서 1장 15절에서 바울은 예수 그리스도가 "보이지 아니하는 하나님의 형상"이라고 알려 준다. 또 '그 안에는 신성의 모든 충만이 육체로 거하신다'는 걸 상기시킨다(골 2:9).

우리는 "예수 그리스도의 얼굴 안에서"(고후 4:6) 하나님을 알 수 있다. 예수님이 지상에서 사역하신 기간 동안 빌립은 그에게 요구했다. "주여 아버지를 우리에게 보여 주옵소서 그리하면 족하겠나이다"(요 14:8). 예수께서는 이렇게 대답하셨다. "내가 이렇게 오래 너희와 함께 있으되 네가 나를 알지 못하느냐 나를 본 자는 아버지를 보았거늘 어찌하여 아버지를 보이라 하느냐"(요 14:8-9).

예수님은 우리에게 하나님을 계시해 주신다. 또한 하나님의 형상을 가진 자들로서 우리의 일을 어떻게 해야 하는지 보여 주신다. 우리의 이해를 돕기 위해 바울은 다음과 같이 설명한다. 먼저 태초에 만물을 창조하실 때 보이신 예수님의 무한하신 능력을 묘사한다(골 1:15-17). 그리고 나서 즉시 그런 능력을 뒤로하고 '성육신'하셔서 말씀과 행동으로 이 땅에 오시고, 우리 죄를 위해 죽기로 결심하신 예수님의 자발성과 연결시킨다. 그러므로 우리는 예수님을 바라보아야 한다. 또한 우리가 어떻게 일에서 하나님의 형상을 드러내도록 부름받았는지 이해하기 위해 예수님께 귀를 기울여야 한다.

그렇다면 하나님의 패턴과 가치를 어떻게 우리 일에 적용할 수 있을까? 예수님께서 하신 일을 우리의 모범으로 삼아 살펴봄으로써 시작하고자 한다.

용서할 수 있게 되다

하나님께서는 우리를 흑암의 권세에서 건져 내사 그분의 사랑의 아들의 나라로 옮기셨다(골 1:13). 예수님께서 그렇게 하셨기 때문에 바울은 우리에게 다음과 같이 호소할 수 있었다. "누가 누구에게 불만이 있거든 서로 용납하여 피차 용서하되 주께서 너희를 용서하신 것같이 너희도 그리하고"(골 3:13).

바울이 노예 주인인 빌레몬에게 오네시모를 더 이상 도망친 노예가 아니라 형제로 용서하고 받아 주라고 말할 수 있었던 근거가 바로 이것이다. 직장에서 우리가 그런 태도로 동료들을 대할 때 우리는 주 예수의 이름으로 일을 하는 것이다. 즉 우리는 다른 사람들의 허물을 받아 주고 우리에게 잘못한 사람들을 용서한다.

다른 사람을 위해 희생할 수 있게 되다

둘째, 무한한 능력의 예수님은 "보이는 것들과 보이지 않는 것들과 혹은 왕권들이나 주권들이나 통치자들이나 권세들"(골 1:16)을 포함해 모든 것을 창조하셨다. 또한 우리를 위해 그 권세를 버리시고 '그의 십자가의 피로 화평을 이루어서' 우리를 하나님과 교제할 수 있도록 하셨다(골 1:20). 우리에게도 직장에서 누리는 권한과 힘을 포기하고 (어쩌면 받을 자격이 없는) 누군가의 유익을 채우도록 요구받는 순간들이 찾아온다. 만약 빌레몬이 (빌레몬의 긍휼을 받을 자격이 없는) 오네시모에 대한 노예 소유주로서의 권위를 제쳐 두고 그를 새로운 관계 안으로 맞아들인다면, 빌레몬은 그런 방법으로 직장에서 보이지 않는 하나님을 보여 주는 것이다.

세속적 직장 문화로부터
자유하게 되다

셋째, 예수님께서 우리에게 제공해 주시는 새로운 실상을 그대로 살아 내셨다. "그러므로 너희가 그리스도와 함께 다시 살리심을 받았으면 위의 것을 찾으라 거기는 그리스도께서 하나님 우편에 앉아 계시느니라 위의 것을 생각하고 땅의 것을 생각하지 말라 이는 너희가 죽었고 너희 생명이 그리스도와 함께 하나님 안에 감추어졌음이라"(골 3:1-3).

우리는 우리 안에 있는 하나님의 생명과 대조적인 문화적 관행에 더 이상 매어 있지 않다. 우리는 세상 안에 있지만, 세상에 '속해' 있지는 않다. 우리는 다른 북소리에 맞춰 행진할 수 있다. 직장 문화는 그리스도 안에 있는 우리의 삶을 대적할 수 있으나, 예수님은 하나님께서 우리를 위해 원하시고 우리 안에서 원하시는 것에 마음과 뜻을 두라고 말씀하신다. 태도는 물론 가치관부터 확 바뀌어야 한다는 말씀이다.

나는 내 힘으로도
잘하고 있어! 잘할 수 있어!
골 2:1-23

바울은 골로새 성도들에게 자력구원이라는 방향으로 후진하지 말라고 경고한다. "누가 철학과 헛된 속임수로 너희를 사로잡을까 주의하라 이것은 사람의 전통과 세상의 초등학문을 따름이요 그리스도를 따름이 아니니라"(골 2:8). *A Good Man is Hard to Find*(선한 사람은 찾기 어렵다)라는 소설에서 저자 플래너리 오코너(Flannery O'Connor)는 역설적이게도 자신은 예수가 필요 없다고 선언한 연쇄 살인마의 입을 빌려 이렇게 말한다. "나는 내 힘으로도 잘하고 있어!"[3] 이것은 골로새 성도들에게 해를 가하던 거짓 교사들의 풍조를 적절히 요약한 것이다.

그들의 "자의적 숭배"(골 2:23)에서 영적 진보는 몸의 학대와 신비한 환상(골 2:18), 그리고 특별한 날들이나 음식 율법을 지킴으로써(골 2:16; 이는 구약에서 유래된 듯하다) 얻어진다. 이 교사들은 그들 마음대로 쓸 수 있는 자원을 잘 정렬시킴으로써 자기 힘으로 죄를 극복할 수 있다고 믿었다.

이 내용은 서신 뒤편에서 바울이 일꾼들에게 권면하는 토대가 된다. 신앙의 참된 진보는 (우리가 직장에서 하나님을 영화롭게 해드리는 방법을 포함해) 그리스도를 통해서 우리 안에서 일하시는 하나님의 역사를 의지함으로써만 이룰 수 있다.

방향 전환
골 3:1-16

~~~~~~

방향 전환이란, 예수님께서 한 번도 접해 보지 않은 상황에서 예수님이 제시하신 윤리 기준에 맞게 생각하고 행동하기 위해 삶을 재편하는 걸 뜻한다. 우리가 예수님의 삶을 살 수는 없다. 그러므로 우리는 자신의 삶을 살되 예수님을 위해 살아야 한다. 우리는 살아가면서 예수님께서 구체적인 답을 주시지 않는 문제들에 대처하지 않으면 안 된다. 예를 들면, 바울이 "위의 것을 생각하고 땅의 것을 생각하지 말라"(골 3:2)라고 말할 때, 이것은 집에 페인트 칠하는 것보다 기도하는 걸 우선하라는 뜻인가? 더 나은 크리스천이 되려면 일 생각은 점점 적게 하고, 수금과 천사들과 구름에 관해서 점점 더 많이 생각해야 하는가?

바울은 이런 것들에 대한 설익은 생각을 하도록 우리를 내버려 두지 않는다. 골로새서 3장 1-17절에서 그는 '위의 것을 생각하라'(골 3:2)는 말의 의미는 이 땅에서 우리가 매일매일 하는 활동들을 철저하게 해 나가는 가운데 하나님 나라의 우선순위를 표현한 것이라는 점을 분명히 한다. 그와 대조적으로, 땅의 것을 생각하고 사는 삶은 스스로 높아져 하나님과 그분의 길을 대적하는 세상 시스템의 가치대로 사는 것이다.

"땅에 있는 지체를"(골 3:5) 죽인다는 건 일상생활에서 구체적으로 어떤 모습으로 보일까? 그것은 영성 훈련을 위해 고행자가 걸치는 거친 옷을 입거나, 찬물로 목욕재계하는 것을 뜻하는 게 아니다. 바울은 바로 앞에서 "몸을 괴롭게 하는" 것(골 2:23)은 죄를 그치게 하는 데 아무 소용도 없다고 말한 바 있다.

먼저 그것은 "음란과 부정과 사욕과 악한 정욕과 [우상숭배인] 탐심"을 죽이라는 뜻이다(골 3:5). 우리는 성적 부도덕(천박한 성생활이 개선된 삶을 가져다줄 수 있으리라는 생각)과 탐심(더 많은 것을 소유하면 더 많은 생명을 누릴 거라는 생각)에서 돌아서라는 부름을 받고 있다. 당연히 그런 부름은, 실제로 성적 욕망을 채워 줄 적절한 장소가 있으며(남자와 여자 간의 결혼), 물질적인 것들에 대한 욕구의 적정선(하나님에 대한 신뢰, 부지런히 일함, 이웃에게 너그러이 베풂, 그리고 하나님의 공급하심에 대한 감사로부터 나오는 것)이 있다는 전제하에서 이루어진다.

둘째, 바울은 이렇게 말한다. "이제는 너희가 이 모든 것을 벗어 버리라 곧 분함과 노여움과 악의와 비방과 너희 입의 부끄러운 말이라 너희가 서로 거짓말을 하지 말라 옛 사람과 그 행위를 벗어 버리고 새 사람을 입었으니 이는 자기를 창조하신 이의 형상을 따라 지식에까지 새롭게 하심을 입은 자니라"(골 3:8-10). "서로"라는 말에서 바울이 교회에게, 다시 말하면, 그리스도 안에 있는 신자들에게 하는 말임을 알 수 있다. 그렇다면 교회 밖의 사람들에게는 계속해서 거짓말을 해도 된다는 뜻일까? 아니다. 바울은 행위 변화뿐만 아니라 마음과 뜻의 변화도 말하는 것이다. "새 사람"을 입어 놓고 어떻게 된 일인지 비신자들을 대할 때는 옛 사람으로 되돌아갈 수 있다는 건 상상하기 어렵다. 일단 당신이 '이 모든 것을 벗어 버렸다'는 것은 그런 것들이 다시 되돌아와서는 안 된다는 뜻이다.

이런 악함 가운데 세 가지가 특히 직장과 연관되어 있으니, 탐심, 분노, 그리고 거짓말이다. 이 세 가지 악은 합법적인 사업을 해 나가는 중에도 나타날 수 있다.

○ **탐심**은 아무런 제재 없이 부를 추구하는 것이다. 사업 이윤을 내고 비영리 기관이 부가가치를 창출해 내는 것은 적절하고 또 필요한 일

이다. 그러나 이윤 추구라는 욕망의 경계선이 없어지거나, 충동적으로 변하거나, 도를 지나치거나, 또 개인적 이익의 추구로 좁혀지면, 죄가 자리를 잡은 것이다.

○ **분노**는 갈등이 일어날 때 나타난다. 어떤 직장에서든 갈등은 일어나며, 그렇기 때문에 자세히 검토하고 또 해결해야 한다. 만약 갈등을 공개적으로, 그리고 공정하게 처리하지 않으면, 분노와 노여움을 해소하지 못해 결국 악의로까지 변형돼 죄가 자리를 잡고 만다.

○ **거짓말**은 회사에 대한 전망이나 제품의 이점들을 부정확하게 홍보하는 데서 올 수 있다. 모든 기업은 현재 자사 제품과 서비스 및 회사의 조직을 넘어서는 비전을 갖는 게 당연하다. 영업 판촉물에는 자사 제품의 최고·최선의 사용 상태를 명기하지만, 그와 더불어 그 제품의 한계점도 경고해 두어야 한다. 주식 공모 안내서는 공모가 잘 되었을 경우 그 회사가 무엇을 이루고 싶어 하는지를 기술하되, 동시에 회사가 직면할 수 있는 위험도 기술해야 한다. 만약 제품과 서비스 그리고 회사나 개인을 비전이 창창한 것처럼 제시해 보이고 싶은 바람이 속임의 선을 넘어설 경우(위험 대 보상, 방향성의 오류를 균형 있게 기술하지 않거나 조작을 목적으로 하거나 거짓말로 기술할 경우) 그때는 다시 한 번 죄가 전체를 지배하게 된다.

바울은 올바른 미덕이 언제 사악함으로 타락하는지 진단하는 보편적 기준을 제시하지는 않았지만, 크리스천은 자신들이 처하는 특정 상황에서 그렇게 하는 법을 반드시 배워야 한다는 점은 분명히 한다.

크리스천들이 자신의 옛 사람을 "죽일 때"(골 3:5) 그들은 하나님께서 그들이 되길 바라시는, 곧 그리스도의 형상 안에서 하나님께서 새롭게 지으시는(골 3:10) 사람들로 옷 입는다. 자신의 자아를 숨긴 채 기도하고 예배한다는 의미가 아니다. (우리는 모두 기도하고 예배하라는 부름을 받고 있으며, 어떤 사람들은 아예 전임으로 이런 일들을 하라고 부름받기도 하지만) 하나님의 덕인 "긍휼과 자비와 겸손과 온유와 오래 참음"(골 3:12)을 우리가 하는 모든 일에서 나타나도록 해야 한다는 뜻이다.

'서로 용납하라'(골 3:13)는 바울의 권면은 용기를 주는 말이다. 대부분의 영역본 성경이 "bear with one another"(서로 참아 주라)로 번역하지만, 이런 번역은 바울이 말하는 요점을 충분히 살리지 못한다. 본래 교회 안에는 우리가 같이 잘 지내기 어려운 별의별 사람들이 다 있고, 직장에도 마찬가지다. 바울은 바로 그 말을 하는 것 같다. 우리의 관심사와 개성들이 너무 달라서 본능적인 유대관계 같은 것이 있을 수가 없다. 그러나 어찌 되었든 간에 우리는 그들을 용납한다. 그들의 유익을 구하며, 그들의 죄를 용서해 주고, 자꾸 짜증나게 하는 그들의 성벽을 견딘다. 바울이 자기 서신들에서 칭찬하는 많은 성품들은, "그 사람은 일을 하면서 다른 사람들과 같이 잘 어울린다"는 말로 요약할 수 있다. '팀 플레이어'가 되는 것은 단순히 이력서에다 자랑하기 위한 상투어가 아니다. 그것은 크리스천의 근본 미덕이다.

○ 옛것을 죽이고 새것을 입는 것은 둘 다 우리의 일상 업무와 엄청난 관계가 있다. 크리스천들은 죽어 가는 세상 가운데서 그리스도의 생명을 보여 주어야 하며, 직장은 어쩌면 그런 유형을 보여 주는 모습이 일어날 수 있는 주 무대일 수도 있다. 예를 들면, 크리스천도 일을 하다 많은 직장에 스며들어 있는 험담이나 불평에 가담하는 유혹에 빠질 수 있다. 걸쭉한 이야깃거리가 될 만한 행동을 하는 사람들은 어느 직장에나 있으니까 그런 이야기를 한다고 해서 거짓말을 하는 건 아니지 않은가?

○ 어떤 직장이든 불공평한 정책, 나쁜 상사, 제 기능을 못하는 업무 처리 과정, 그리고 형편없는 의사소통 채널은 있기 마련이다. 그런 단점들을 불평하는 것이 중상모략은 아니지 않은가?

바울은 타락한 직장 안에서조차 다르게 살아야 한다고 권고한다. 땅의 지체를 죽이고 그리스도를 입는 것은 우리에게 잘못한 사람들을 정면으로 직접 마주하는 것이지, 등 뒤에서 그들을 험담하는 게 아니라는 의미다(마 18:15-17). 직장 내에서 일어난 잘못을 바로잡기 위해 일하고, 그런 일들이 생겨도 용서하라.

누군가 이런 질문을 할지도 모른다. "크리스천들은 자신들이 다른 사람들과 다르다고 말하면서, 왜 사람들에게 '거룩한 소리만 늘어놓는 따분한 기독교인'이라는 오해를 사 거부당할 위험부담은 감수하지 않는 거죠?" 크리스천들이 자신이 다른 사람들보다 낫다고 드러내기 위해 아예 사람들과의 접촉을 피하고 무리에 섞이지 않는 경우가 바로 이런 경우다. 직장 동료들은 이런 의도를 단박에 알아차리기 마련이다.

그러나 만약 크리스천들이 그렇게 하는 대신 정말로 그리스도로 옷입는다면, 대다수의 사람들은 그런 사람들이 자기 곁에 있어서 행복해할 것이다. 어떤 사람들은 그들이 알고 있는 누군가가 적어도 "긍휼과 자비와 겸손과 온유와 오래 참음"(골 3:12)의 삶을 살려고 애쓴다는 사실에 몰래 또는 공개적으로 감사할지도 모른다. 마찬가지로 속임수를 거부하는 크리스천 일꾼들은 (잘못을 호도하는 광고 카피를 거부하거나 또는 과장된 다단계식 사기수법을 좌절시키거나 함으로써) 자신들의 정직성 때문에 적을 만들 수도 있다. 그러나 증권거래위원회(SEC; 미국 증시를 감시 감독하는 정부 직속 기관-편집자 주)가 사무실 문을 노크할 때 몇몇 동료들은 예수님을 새로이 받아들일 수도 있다.

"주 예수의 이름으로" 일한다는 의미

그렇다면 "주 예수의 이름으로"(골 3:17) 우리의 일을 한다는 건 무슨 뜻인가? 어떻게 우리는 '사람에게 하듯 하지 않고 주께 하듯 하여'(골 3:23) 전심으로 일을 해 나갈 수 있는가? 주 예수의 이름으로 우리 일을 한다는 것에는 적어도 두 가지 사상이 들어 있다.

○ 우선 직장에서 우리가 예수님을 대표하는 사람들이라는 걸 인정한다. 만약 우리가 그리스도를 따르는 자들이라면 다른 사람들을 대하는 방식과 우리 일을 얼마나 성실하게, 충성스럽게 해 나가는지가 우리 주님을 나타내는 것이다. 우리의 행동이 얼마나 그분과 맞게 이어지는가?

○ "예수의 이름으로" 일을 한다는 것은 또한 그분이 우리 주인이시고, 상사이시며, 마지막에 책임을 져야 할 분이라는 걸 인정하며 사는 걸 암시한다. 이것은 바울이 상기시켜 주는 내용, 곧 우리는 인간 주인들을 위해 일하는 게 아니라 주님을 위해 일한다는 내용으로 이끌어 간다. 그렇다. 우리는 우리가 하는 일에 대해 전반적인 책임을 지고 있지만, 우리가 일을 할 때 보여 주는 부지런함은 궁극적으로 하나님이 우리의 판단자라는 인식에서 나온다.

바울이 "또 무엇을 하든지 말에나 일에나 다 주 예수의 이름으로 하고 그를 힘입어 하나님 아버지께 감사하라"(골 3:17)라고 했을 때, 이 구절을 얕은 방식과 깊은 방식 두 가지로 이해할 수 있다. 얕은 방식은 성경 구절을 업무 공간에 붙여 놓는다든가 크리스천 범퍼 스티커를 트럭에 붙여 놓는 것처럼, 크리스천 표식들과 행동들을 우리 직장 안에 도입하는 것이다. 이런 형태의 행동은 의미가 있을 수도 있지만, 그런 것들 자체가 그리스도 중심으로 일하는 삶을 구성하는 건 아니다. 바울이 했던 도전을 이해하는 더 깊은 방식은 우리가 일을 해 나가면서 예컨대 이렇게 기도하는 것이다. "하나님, 이 변론 취지서에 제가 사용하는 언어들이 어떻게 원고측과 피고측 모두를 존중할 수 있는지, 그 방법을 알려 주세요!"

더 깊은 방식은 만약 하나님께서 우리 회사 사장이시라면 하루의 목표로 무엇을 잡으실지를 상상하면서 하루를 시작하는 것일 수 있다. 이런 식으로 바울의 명령을 이해한다면, 우리는 하나님을 영화롭게 하기 위하여 하루 종일 일할 것이다. 바울의 요점은 하나님 나라에서 우리의 일과 기도는 통합된 활동이라는 것이다. 그런데 우리는 그 둘을 균형이 필요한 별개 활동으로 보는 경향이 있다. 그러나 그 둘은 같은 활동, 소위 다른 사람들과의 교제, 그리고 하나님과의 교제 안에서 하나님께서 성취하기 원하시는 것을 성취하는 행동의 다른 두 측면이다.

고대와 현대의
상전(주인)과 종(노예)에 대하여
골 3:18-4:1

여기서부터 골로새서는 아내와 남편, 자녀와 부모, 종(노예)과 상전을 위한 일련의 구체적 지시 사항들이 나오는 '집안 규례'(Household Code)로 이

동한다. 이 규례들은 고대 사회에는 흔한 것들이었다. 신약에서 이런저런 형식을 띠면서 여섯 번이나(갈 3:28; 엡 5:15-6:9; 골 3:15-4:1; 딤전 5:1-22; 6:1-2; 딛 2:1-15; 벧전 2:11-3:9) 나온다. 여기서 우리는 일터와 관련이 있는 골로새서 부분만 살펴볼 것이다.

현대의 일꾼들에게 바울의 말이 어떤 가치가 있는지를 온전히 파악하기 위해서는 고대 사회의 노예제도를 이해할 필요가 있다. 서구 독자들은 종종 고대 사회 노예제도를 잔혹함과 저열함으로 악명 높은 남북전쟁 이전의 미국 남부 노예제도와 동일시한다. 지나친 단순화의 위험을 무릅쓰고 말하자면, 고대 사회의 노예제도는 앞서 말한 미국 남부의 노예제도와 비슷하기도 하고 다르기도 했다. 고대에 광산에서 일했던 외국인 전쟁 포로들은 미국 남부의 노예들보다 사정이 훨씬 나빴다고 말할 수 있을 것이다. 하지만 정반대의 극단에서, 고대의 일부 노예들은 교육을 잘 받고 집안 구성원으로도 인정을 받아 의사, 교사, 재산관리인 등의 역할을 맡았다. 그러나 어느 쪽이든, 그들은 주인의 재산으로 여겨졌기 때문에 끔찍한 학대를 받을 경우에는 집안 노예라도 법적으로 호소할 수 없었다.[4]

그렇다면 골로새서 3장 18절-4장 1절은 오늘날의 근로자들과 무슨 상관이 있는가? 노예는 (급여나 월급을 위해 일하는 오늘날의 노동과 마찬가지로) 로마제국에서 노동을 제공하는 주요 공급원이었다. 우리가 오늘날 직업이라고 인정하는 직종에서 많은 노예들이 일을 했고, 그 대가로 식량과 주거지는 물론 때로는 어느 정도의 위로도 종종 제공받았다. 이것은 노예들에게 권리가 전혀 없었다는 것이 전혀 놀랍지 않다는 말이 아니다. 노예 소유주들은 자신들의 노예에 대한 절대 권력을 행사할 수 있었으며, 어떻게 보면 오늘날의 노동자들에게 고용주나 관리자들이 가진 힘과 유사할 수 있으나 사실 그보다는 더 극단적이었다. 이 서신에서 노예와 상전들에 대해 바울이 표명하는 일반 원칙은, 오늘날 우리의 상황과 당시 그들의 상황 사이에 아주 큰 차이가 있다는 것만 인정한다면, 지금 근로자와 고용주들에게도 적용 가능하다.

이 일반 원칙들은 어떤 것들인가? 첫째로 (어쩌면 가장 중요한 것인데) 바울은 노예들에게 자신들의 진짜 주인이신 하나님의 임재 안에서 성실하게 일해야 한다는 것을 상기시킨다. 다른 무엇보다 먼저 바울은 노예와 상전의 저울의 눈금을 다시 조정해서 그들의 삶에 임재하시는 하나님을 인식하고 모든 것을 가늠해 보기를 원한다. 노예들은 '너희가 주 그리스도를 섬기기'(골 3:24) 때문에 "주를 두려워하여"(골 3:22) 일을 해야만 한다. 한마디로, "무슨 일을 하든지 마음을 다하여[직역하면 "영혼에서 우러나와 일을 하라"는 뜻] 주께 하듯 하고 사람에게 하듯 하지 말라"(골 3:23)는 뜻이다. 마찬가지로 상전들도("주인들") 그들의 권위가 절대적이 아니라는 걸 알아야 한다. 즉, 그들에게도 '하늘에 주인이 계시는 것이다'(골 4:1). 그리스도의 권위는 교회 담장 안에만 있는 것이 아니다. 그는 고용인과 고용주 모두의 진정한 주인이시다.

이것은 몇 가지 실질적인 결과를 가져온다. 하나님께서는 감독하고 계시기 때문에 고용주나 상사 앞에서만 일하는 체하는 "눈가림"(골 3:22)하여 "사람을 기쁘게 하는 자"들이 되는 것은 아무 의미가 없다. 지금 세상에는 상사가 주변에 있을 때는 잘 보이려고 애를 쓰다가, 상사가 문을 닫고 나가는 순간 곧바로 태만해지는 사람들이 너무 많다. 고대 사회에서도 다르지 않았던 모양이다. 바울은 우리에게 최고 상사가 항상 우릴 바라보고 있다고 상기시켜 준다. 덕분에 우리는 관리자에게 보여 주기 위해서가 아니라, 맡은 바 과업들을 진실하게 수행함으로써 "진심을 다해서" 일을 한다. (이 땅에서도 어떤 상사들은 일하는 체 연기하면서 시간을 보내는 사람들을 알아차리지만 타락한 세상에서 때로는 업무를 태만히 하는 사람들은 들키지 않을 때도 있다.)

골로새서 3장 25절에서 정직하지 못하거나 일을 부실하게 하는 것이 들통났을 때에 겪을 위험을 언급한다. "불의를 행하는 자는 불의의 보응을 받으리니 주는 사람을 외모로 취하심이 없느니라."

앞 구절이 하나님께로부터 충성스런 섬김의 대가가 온다는 것을 가리키므로, 하나님을 악한 자들에게 형벌을 내리시는 분으로 봐도 무방하다. 다만 여기서 형벌에 대한 두려움이 핵심은 아니라는 점을 주목해야 한다. 일을 잘하는 이유는 업무 수행 평가가 나쁘게 나오는 걸 피하기 위해서가 아니다. 바울은 선한 마음에서 선한 일이 우러나오기를 원한다. 그는 일을 잘하는 것이 옳은 일이기 때문에 사람들이 일을 잘하길 원한다.

여기서 암시하는 것은 하나님 보시기에 노동은 귀하다는 것이다. 하나님께서 우리를 지으실 때 우리가 그분의 창조 세계를 다스리길 원하셨기 때문에, 맡은 일을 탁월하게 해냄으로써 우리가 그 사명을 성취할 때 하나님께서도 기뻐하신다. 이런 의미에서 "무슨 일을 하든지 마음을 다하여" 하라(골 3:23)는 말은 명령이면서도 동시에 하나의 약속이다. 하나님의 은혜에 의해, 그리스도 안에서 우리에게 주어진 영적인 소생에 의해, 우리는 비상한 열의를 가지고 일을 해낼 수 있는 것이다.

골로새서 3장 22절-4장 1절은 하나님께서 모든 노동을 진지하게 여기신다는 점을 분명히 한다. 비록 그 일들이 불완전한 상태나 또는 퇴보하는 상태에서 이루어지더라도 말이다. 월급을 상당히 많이 받는 안과의사가 제거한 백내장도 하나님께 중요하다. 또한 소작인이나 또는 심지어 대규모 농장의 노예들이 딴 면화도 마찬가지다. 노동 착취가 하나님 앞에서 용납될 수 있다는 얘기를 하려는 것이 아니다. 오히려 노동의 존엄성은 하나님께서 직접 내려 주신 것이기 때문에, 착취 시스템조차 노동자에게서 그 노동의 존엄성을 앗아 갈 수 없다는 걸 뜻한다.

신약의 집안 규례 가운데 주목할 만한 것이 하나 있다. 상호성(mutuality)이라는 주제가 일관되게 나온다는 점이다. 바울은 종들에게 그냥 주인에게 복종하라고 말하지 않고 상호의존이라는 관계의 그물망 안에서 살아가고 있다고 가르친다. 아내와 남편, 자녀와 부모, 종과 상전 모두 그리스도의 몸 안에서 서로서로에게 져야 할 책임이 있다. 그 때문에 종들에게 한 명령 바로 뒤에 상전들을 향한 명령이 나온다. "상전들아 의와 공평을 종들에게 베풀지니 너희에게도 하늘에 상전이 계심을 알지어다"(골 4:1).

노예 소유주들에게 주어진 로마법 체제의 재량권이 얼마였든지 상관 없이, 궁극적으로는 모든 사람이 공평함을 판단하실 하나님의 법정에서 그들은 책임을 져야만 한다. 물론 정의와 공평은 각각의 상황에 따라 새롭게 해석해야 한다. 예를 들면, '정당한 임금'이라는 개념을 생각해 보라. 중국 농장에서의 정당한 임금은 시카고 은행에서 주는 정당한 임금과는 화폐 가치가 다를 수도 있다. 그러나 하나님 아래에서는 고용주와 근로자는 서로서로를 정의롭고 공평하게 대해야 하는 의무가 있다.

빌레몬서와
일

직장에서 상호성이라는 주제는 골로새서에 암시되어 있으며, 신약에서 가장 짧은 책인 바울이 빌레몬에게 보낸 서신에도 등장한다. 골로새서에서 바울은 "신실하고 사랑을 받는 형제" 오네시모(골 4:9)를 언급했다. 빌레몬에게 보낸 서신에서 오네시모가 빌레몬이라는 한 크리스천의 종(노예)이었음을 알 수 있다(몬 16절). 오네시모는 도망을 쳤으며, 크리스천이 되었고, 후에 바울의 제자요 조력자가 되었다(몬 10-11, 15절). 로마법을 따르면, 빌레몬에게는 오네시모를 아주 엄하게 처벌할 권리가 있었다. 하지만 그 반대로 바울은 주님의 사도로서 빌레몬에게 오네시모를 놓아주라고 명령할 권리가 있었다(몬 17-20절).

그러나 바울은 권리의 서열 체계에 의존하지 않고 상호성의 원리를 적용했다. 그는 오네시모에게는 자발적으로 빌레몬에게 돌아가라고 요청하면서, 동시에 빌레몬에게는 오네시모를 용서하고 어떤 형벌도 내리지 말라고 청한다. 그는 두 사람 모두에게 종과 상전으로서가 아니라 서로를 형제로 대하라고 부탁한다(몬 12-16절).

바울과 빌레몬과 오네시모 사이에 상호성의 원리를 삼중으로 적용할 수 있다. 그들은 각각 다른 사람들에게 무언가 빚을 지고 있다. 그들 각자는 다른 사람들에 대해 주장할 것들도 가지고 있다. 바울은 그 모든 빚과 주장들을 상호 존중과 섬김이라는 호의 안에서 다 청산시키려고 애쓴다. 여기서 바울이 실제 직장 상황에서 긍휼과 자비와 겸손과 온유와 오래 참음과 서로의 허물을 용납하는 덕을 어떻게 적용하는지(골 3:12-13) 볼 수 있다.

바울이 명령보다 설득을 사용한 것은(몬 14절) 상호성 원칙의 추가 적용이다. 빌레몬에게 해결책을 지시하는 대신 바울은 존경하는 마음으로 그에게 다가갔고, 설득력 있는 논리를 펴되 결정은 빌레몬의 손에 맡겨 둔다. 빌레몬은 바울의 명백한 소원과 자신을 양육하고자 하는 바울의 진술을 눈치채지 못할 수가 없었다(몬 21절). 그러나 바울은 솜씨 좋게 소통했고, 이는 직장 안에서 갈등을 해결하는 데 훌륭한 하나의 본이 된다.

○
결론

골로새서는 일에 대한 하나님의 기준을 보여 주는 그림을 제시한다. 근로자 입장이라면, 받는 월급에 합당한 일을 함으로써 성실하게 고용주를 섬긴다(골 3:23). 반면 관리자 입장이라면, 하나님이 우리를 대해 주시는 것처럼 긍휼과 자비와 겸손과 온유와 오래 참음(골 3:12)으로 부하 직원들을 대한다. 하나님은 우리 일이 호혜적 관계 안에서 즉, 일 전체를 감안하여 각 당사자가 서로에게 기여하고 서로에게 유익이 되도록 일을 수행해 나가길 의도하셨다. 설령 상대가 호혜적 책무를 다하지 못할지라도 크리스천들은 자신들의 의무를 다한다(골 3:22-4:1). 예수님의 본을 따라 우리는 갈등에 직면해서는 용서해 주고(골 1:13), 다른 사람의 유익을 위해서라면 자신의 힘도 내려놓는다(골 1:20).

이것은 우리에게 엄격한 기준이나 책임감이 모자란다는 의미도 아니고, 사업을 하거나 직장을 다니는 크리스천들이 활기 넘치고 성공적으로 경쟁할 수 없다는 의미도 아니다. 다만 우리가 용서를 제시한다는 것을 뜻한다. 크리스천들은 직장 문화가 용인하는 것들과 언제나 같이 갈 수는 없다(골 3:1-3). 특히 그것이 동료나 근로자를 불공정하게 또는 부당하게 대우하는 것일 때는 더욱더(골 4:1) 같이 가서는 안 된다. 오네시모와 빌레몬의 경우가 바로 이런 사례다. 우리 일이 어떤 것이든지 우리는 탁월하게 하려고 애쓰는데, 그 이유는 우리가 단순히 인간인 주인을 위해서가 아니라, 주님으로부터 상을 받는다는 것을 알고(골 3:23-24) 주 예수의 이름으로 그 일을 하기 때문이다.

일하는 크리스천을 위한
서신서 · 요한계시록

06

데살로니가서 & 일의 신학

"예수님도 최선을 다하셨다"

○
서론

"일은 저희가 합니다. 여러분은 쉬세요." 현대인을 대상으로 한 화장실 세정제 광고다.[1] 이 문구를 조금 수정해 보자. "예수님이 열심히 일하셨으니까 나는 이제 아무것도 안 해도 돼."

이 문장은 고대 데살로니가 도시에 거주했던 일부 기독교인을 묘사하는 게 된다. 당시 많은 사람들은 예수께서 주신 새로운 삶의 방식을 따르면 더 이상 과거의 고된 노동을 하지 않아도 된다고 믿었다. 당연히 그들은 한없이 게을러졌다. 데살로니가 사람들이 일을 하지 않았던 이유가 정확하게 알려져 있지는 않다. 어쩌면 영생을 약속받았으니 현재 삶은 더 이상 의미가 없다고 생각했을 수도 있다. 이렇게 나태해진 사람들은 이들보다 더 책임감 있는 이들에 기대어 살았다. 관대한 교회 신도들의 도움으로 생계를 유지하면서 진정으로 생계 유지가 어려워 도움이 필요한 사람들의 몫을 소비했다. 게다가 그들은 문제를 일으키고 언쟁을 일삼기도 했다.

바울이 데살로니가 사람들에게 보내는 서신을 보면, 바울에게서는 이러한 나태함을 전혀 찾아볼 수 없다. 바울은 주님의 방식이 나태함이 아니라 섬김 및 자신의 일에 최선을 다하는 것이기 때문에 기독교인은 노동을 계속해야 한다는 점을 분명히 했다.

항구 도시 데살로니가와 데살로니가 교회

로마의 속주 마게도냐의 수도이자 지중해의 주요 항구 도시였던 데살로니가에는 10만 명이 넘는 인구가 거주했다.[2] 데살로니가에는 자연적으로 형성된 항구가 있었고, 뿐만 아니라 남북을 연결하는 주요 무역로로써 동서를 잇는 에그나티아가도 위에 위치했다. 이탈리아와 동부를 연결하는 에그나티아가도는 항상 분주했고 때문에 인근 마을 사람들은 이곳 대도시로 몰려들었다. 그렇게 데살로니가는 무역이 발달했고 아울러 철학의 중심지로서 자리 매김했다.

데살로니가에는 목재, 곡식, 대륙성 과일, 금, 은과 같은 천연자원이 있었다(BC 1세기에 금·은 광산이 실제 있었는지는 확실치 않다). 로마에게 특히 호의적이었기에 데살로니가는 자치를 통해 운영하면서 자유 도시로서의 지위를 누렸다. 또한 데살로니가 시민들은 로마 시민권이 있었기 때문에 로마에 공물을 바치지도 않았다.[3]

바울과 그의 동역자 디모데와 실라는 AD 50년 2차 선교 여행 중에 데살로니가 교회를 세웠다. 그리고 하나님의 크신 도움으로 선교 여행을 통해 많은 이들이 하나님을 믿기 시작했다. 구성원을 살펴보면 일부 유대인들이 믿었으나, 대부분은 이방인들이었다(살전 1:9-10). 당시 교회에는 야손이나 아리스다고, 그리고 여러 귀부인(행 17:4, 6-7; 20:4) 등 상대적으로 부유한 신도들이 있었다. 하지만 대부분은 노동자(살전 4:11)였고, 노예도 일부 있었던 것으로 추정된다. 고린도후서에서 바울은 '마게도냐 교회들'이 '극심한 가난'(고후 8:2)

에 시달렸다고 말하는데, 데살로니가 교회 또한 이 가운데 하나로 보인다.

정확히 어떤 상황 때문에 바울이 이 두 서신을[4] 썼는지는 아직도 의견이 분분하다. 하지만 바울이 적대적인 이교도 환경에서 독실한 기독교인의 삶을 살고자 하는 신도들을 격려하려 했다는 사실은 분명하다. 이들 역시 다른 곳에서와 같이 우상숭배와 간음을 멀리하려 애썼고, 세상의 종말, 일상적인 노동의 역할, 그리고 믿음의 삶이 어떤 것인지 혼란스러워하고 있었다.

일하는 크리스천을 위한
서신서 · 요한계시록

믿음의 삶

살전 1:1-4:8; 4:13-5:28; 살후 1:1-2:17

▽ 살전 1:1-4:8

믿음, 마음속에 품고만 있는가

서신 뒷부분에서 언급할 노동 문제를 고려해 볼 때, 바울이 데살로니가 사람들의 "믿음의 역사와 사랑의 수고와 우리 주 예수 그리스도에 대한 소망의 인내"(살전 1:3)를 기억하는 것으로 서신을 시작한다는 점은 흥미롭다. 바울은 편지 도입부에서 자신이 주장하고자 하는 노동이 가리키는 범위를 조심스레 소개한다.

동시에 믿음이란, 단지 마음속에 품고 있는 데서만 그쳐서는 안 된다고 상기시켜 준다. 믿음에는 노력이 필요하다. 믿음은 성령님을 통해 우리에게 권능을 주시고 새롭게 하시는 하나님의 명령과 약속을 향해 우리 삶을 모두 내어드리는 응답이다. 데살로니가 교인들은 믿음의 삶을 살면서 이러한 응답을 잘 해내는 것처럼 보였다. 하지만 도덕적으로 신성한 삶을 살기 위한 권면이 필요했다(살전 4:1-8).

노동과 관련된 문제는 데살로니가전서 2장 9절에서 바울이 데살로니가 사람들에게 그와 친구들이 밤낮으로 일해 이들에게 짐이 되지 않으려 했다는 점을 상기시키는 부분에서 다시 한 번 직접 언급된다. 바울이 이같이 말하는 이유는 비록 데살로니가 사람들과 몸은 떨어져 있어도 자신이 이들을 얼마나 아끼는지 알아주기를 원하기 때문이다. 또한 신도들 가운데 다른 신도의 관대함에 빌붙어 사는 이들을 향한 질책이기도 했다. 만약 데살로니가 사람들에게 대접을 받아야 할 사람이 있다면 이는 제일 먼저 그리스도의 새로운 삶을 전파한 바울이 되어야 할 것이다. 하지만 바울은 데살로니가 사람들에게서 재정적 대가를 받기보다, 오히려 그들을 향한 관심의 표현으로 천막을 지으며 힘들게 일했다.

▽ 살전 4:13-5:28
완주할 때까지 계속 가야 할 길

계속해서 바울은 데살로니가 공동체 안에서 생명을 다한 사람들을 다음과 같이 위로한다. 예수님께서 이들을 마지막 날에 깨우실 것이기 때문에 이들은 죽은 것이 아니며 단지 잠을 자는 것이다(살전 4:13-18). 그 날이 언제 올지는 하나님께서 주관하시니 우리는 전혀 염려할 필요가 없다. 우리의 유일한 관심사는 이 어둠의 세상에서 믿음과 희망을 잃지 않고 계속해서 빛 가운데로 걸어가는 것이다(살전 5:11).

이러한 말씀은 사람들에게 일하는 자를 존경하고(살전 5:12-13; 여기서 언급한 '일'은 사람들을 믿음으로 이끄는 '사역'을 의미하지만 동시에 나태한 이들과 구분되는 일반적인 노동자를 의미하기도 한다). 그들 가운데 나태한 이들을 질책하고자 함을 의미하기도 한다(살전 5:14). 영생의 약속을 구실 삼아 게을러서는 안 된다. 오히려 이로 인해 현재 삶에서 더욱 열심히 일해야 한다. 이는 우리가 망각의 밤이 아닌 그리스도의 구속이라는 '낮에 속하기에', 우리가 행한 모든 선한 것들은 영원히 지속되기 때문이다. 따라서 우리는 매일매

일 '서로 대하든지 모든 사람을 대하든지 항상 선을 따르는' 기회를 얻는
것이다(살전 5:15).

▽ 살후 1:1-2:17

어려운 상황에서도 믿음을 지키다

데살로니가후서는 바울이 데살로니가 사람들이 어려운 환경에서도
그들의 믿음을 지키고 있다는 사실을 기뻐하는 글로 시작한다. 바울은
예수님께서 재림하셔서 모든 것을 바로잡아 주실 거라며 이들을 격려한
다(살후 1:1-12). 하지만 이들 가운데 일부는 주의 날이 벌써 도래했으며 자
신들은 그날을 놓쳤다며 고민했다. 이에 바울은 그날은 아직 오지 않았
으며, 사탄이 마지막으로 "불법한 자"(살후 2:8; 흔히 '적그리스도'라고 불리는 자를
의미하는 것으로 추정된다)를 통해 이 세상을 기만하기 위해 강력한 최후의 시
도를 하기 전까지는 오지 않을 것이라고 말한다. 하나님께서 사탄과 그
앞잡이들을 심판하시고 사랑하는 자녀들에게 영원한 축복을 주실 것이
므로(살후 2:9-17) 우리는 담대해야 한다.

크리스천,
직장에서 나태해도 괜찮다?

살전 4:9-12, 살후 3:6-16

~~~~~~

데살로니가전서 4장 9-12절과 데살로니가후서 3장 6-16절 말씀은 노동 문제를 직접 다룬다.[5] 학자들은 데살로니가의 나태함이 정확히 어디에서 비롯되었는지를 두고 여전히 논쟁을 벌이고 있지만, 우리가 가장 큰 관심을 가지는 부분은 바울이 그 문제를 어떻게 해결하고자 했느냐이다. 따라서 이러한 나태함의 문제가 어떻게 시작됐는지 몇 가지 의견을 제시해 본다면 도움이 될 것이다.

○ 많은 사람들은 데살로니가인들이 가까이 다가온 종말 때문에 일을 그만두었다고 생각한다.[6] 이미 하나님 왕국에서 살고 있다고 믿기에 노동의 필요를 느끼지 못했거나, 예수님께서 오실 날이 얼마 남지 않았기에 일을 하는 것은 의미가 없다고 생각했을 수도 있다. 이에 데살로니가 서신에서는 종말에 대해 잘못 알려진 부분을 다룬다. 데살로니가전서 4장 9-12절과 데살로니가후서 3장 6-16절의 구절 모두 흥미롭게도 종말에 대한 가르침을 전수하는 맥락에서 나태함을 이야기한다. 하지만 바울은 나태함과 종말을 명료하게 연결하지는 않는다.

○ 어떤 이들은 이러한 나태함을 좀 더 고상한 이유로 설명한다. 복음을 전파하기 위해 사람들이 본업을 포기했다는 것이다. (앞서 언급한 종말론에 빠져 있던 사람이라면 이를 통해 근심을 덜 수 있었을 것이다.)[7] 그리고 이렇

게 복음 전파를 희망한 사람들은 교회에 짐이 되지 않으려고 열심히 일하는 최고 전도사 바울과 첨예하게 대립한다. 마게도냐의 교회들 또한 이러한 복음주의적 열의로 잘 알려져 있었지만 나태한 데살로니가 사람들이 왜 자신들의 자유 시간을 복음과 관련된 일에 사용하였는지는 명확하게 밝혀지지 않았다.

○ 세 번째 의견은 이 문제를 신학적 시각이 아닌 사회학적 시각으로 바라본다.[8] 일부 노동자들이 (나태함, 박해, 또는 일반적인 경제적 문제로 인해) 해고를 당해서 다른 신도들의 자선에 의존하게 되었다는 것이다. 그리고 이들은 하루 일을 힘겹게 해내는 노동자의 삶보다 부유한 후원자 밑에서 살아가는 삶이 훨씬 쉽다는 것을 깨달았다. "서로를 돌보라"는 기독교적 권고가 이들이 남에게 빌붙어 사는 삶을 계속 영위할 수 있는 구실이 되어 버린 것이다.

이렇게 재구성한 의견 가운데 하나를 선택하기란 쉬운 일이 아니다. 위의 견해 모두 이를 뒷받침할 만한 증거가 서신에 제시되어 있고, 현대 교회에서도 이와 비슷한 상황이 벌어지고 있기 때문이다. 오늘날에도 많은 사람들이 "예수님이 곧 재림하셔서 모든 것이 불타 없어질 것"이라고 말하며 일상적으로 하는 일을 중히 여기지 않는다. 많은 기독교인 근로자들은 맡은 일을 수준 이하로 수행하고는 직장에 다니는 '진정한' 목적은 자신의 동료에게 복음을 전파하는 것이라고 정당화한다. 그리고 다른 이의 자선에 불필요하게 의존하는 문제도 지역적인 맥락(올해에만 세 번째로 어머니가 돌아가셨다며 목사님에게 돈을 요구하는 경우)과 세계적인 맥락(해외 원조가 과연 진정한 도움이 되는지에 대한 의문)에서 발생한다.

하지만 다행히도 우리는 데살로니가인들이 나태해진 원인을 정확히 알지 못하더라도 다음 내용으로 넘어갈 수 있다. 먼저 알아볼 것은 위의 견해들이 공통적으로 그릇된 가정을 기반에 두고 나왔다는 점이다. 그리스도께서 이 세상에 오셨기 때문에 일상적인 노동의 가치가 급격하게 낮아졌다는 생각 말이다. 사람들은 그리스도의 재림, 세상에 복음을 전파하라는 그리스도의 말씀, 또는 공동체 내에서 철저히 나눔을 실천하라는 명령 등, 예수님의 가르침에서 한 면만을 사용하여 자신들의 나태함을 정당화시켰다. 하지만 바울은 이와 같은 모습을 절대로 보이지 않는다. 책임감 있는 기독교인은 1세기 당시, 고된 육체노동까지도 기꺼이 받아들였다. 따라서 교회 신도들의 관대함을 이용하는 이들을 본 바울이 근심한 것은 당연한 일이다. 일할 능력이 있는 자들은 일해야 한다. 결론적으로 크리스천의 나태함 때문에 이교도 사회 내에서 교회의 명예는 실추되었을 것이다.

우리는 일해야 한다
살전 4:9-12; 5:14

힘닿는 데까지

바울은 하나님께서 일할 능력이 있는 모든 신자가 일하기를 바라신다고 강조했다(살전 4:11-12). 또한 데살로니가 사람들에게 "손으로 일하기를 힘쓰라"(살전 4:11)라고 말하면서 "아무 궁핍함이 없게"(살전 4:12) 하라고 권면한다. 데살로니가의 교인들은 일을 회피하지 않고 근면해야 했으며 남에게 짐이 되지 않고 스스로 생계를 유지할 수 있도록 일해야 했다. 그리스-로마 도시에서 육체노동자가 되는 것은 현대 시각뿐만 아니라 고대 시각으로도 굉장히 어려운 삶을 의미했다. 그러니 이러한 노동을 하지 않아도 된다는 생각은 굉장히 유혹적이었을 것이다. 하지만 다른 사람의 노동에 빌붙어 살면서 일을 하지 않는 것은 용납할 수 없는 일이다. 바울은 놀랍게도 데살로니가전서의 "형제 사랑"(살전 4:9) 측면에서 이 문제의 해결법을 다룬다. 이로써 기독교 관계에서 사랑과 존중은 반드시 필요하며, 불필요하게 다른 이의 자선에 생계를 의존하는 것은 이를 베푸는 형제자매를 사랑하거나 존중하지 않는 것임을 명확히 보여 준다.

여기서 기억해야 할 점은 노동에 항상 급여가 따르지는 않는다는 것이다. 요리, 청소, 수리, 미용, 육아, 청소년 지도와 같은 수많은 노동은 가족 또는 공동체의 필요를 채워 주지만 보수를 받지 않는다. 어떤 예술의 경우에는 대가 없이 노동을 제공하기도 하고, 생계를 유지하기에는 턱없이 부족한 보수를 받기도 한다. 하지만 이 모두는 분명 노동이다.

크리스천은 돈을 벌기 위해 일하는 게 아니라 자신과 가족, 그리고 교회와 공동체를 위해 일한다.

창조 명령, 여전히 유효하다

창세기 2장 15절 말씀("여호와 하나님이 그 사람을 이끌어 에덴 동산에 두어 그것을 경작하며 지키게 하시고")의 창조 명령은 여전히 유효하다. 예수님께서 하시는 일은 사람이 원래 하던 일을 없애거나 대신하는 것이 아니라, 이를 더욱 풍성하고 굉장히 가치 있게 만든다. 바울은 데살로니가전서 5장 14절, 데살로니가후서 3장 6절과 11절, 데살로니가전서 5장 7절에서 각각 게으른 자들을 일컬을 때 '무질서'를 의미하는 어근 'atakt-'에서 파생된 헬라어 형용사, 부사, 동사를 사용한다. 이때 창세기 2장 15절 말씀을 보고 있었는지도 모른다. 이 단어들은 모두 "노동의 의무에 대한 무책임한 태도"를 폭로하면서 게으른 자들의 행동을 무질서하고 혼란한 것으로 그린다.[9] 여기서 이들이 위반하는 명령은 틀림없이 창세기 2장의 명령일 것이다.

바울이 계속해서 노동의 타당성을 주장하는 것은 속물적 의제에 따르는 것이 아니라 '이미 그러나 아직'이라 표현되는 하나님 나라의 균형 잡힌 관점을 반영하는 것이다. 예수님께서 인간의 몸으로 이 세상에 오시면서 이미 하나님 나라는 도래했지만 아직 완성되지는 않았다(살전 4:9-10). 만일 크리스천이 성실히 일을 해내 뛰어난 성과를 보인다면, 이는 하나님 나라가 현실 도피적인 판타지가 아니라 이 세상의 가장 깊숙한 현실을 충실하게 이행하는 것임을 보여 주는 것이다.

탁월하게 하자

노동의 중요성을 고려할 때 크리스천은 능력이 닿는 한 최고의 일꾼이 되어야 한다. 높은 성과를 보이지 못하면 교회의 평판을 떨어뜨릴 수도 있다. 그리스-로마의 많은 키니코스 학파(Cynics)는 일터를 떠났으며, 익히 알려진 것처럼 이들은 수치스러운 행동을 일삼았다.[10]

바울은 크리스천이 노동의 책임을 회피하면 교회 전체의 평판이 훼손된다고 인식했다. 데살로니가전서 4장 11-12절에서 명백히 알 수 있듯이 바울은 사회가 교회에 잘못된 견해를 갖게 될까 봐 깊이 염려한다. 그리스-로마 시대의 맥락으로 보았을 때 바울의 염려는 지극히 타당하다.

일하는 크리스천을 위한
서신서 · 요한계시록

데살로니가 교회에서 일어난 일 때문에 교회의 명예가 실추되었을 뿐만 아니라 자선을 베푸는 신자들을 속이기 쉽고 멍청한 사람들로 치부했기 때문이다.

바울은 신자들의 업무 성과가 사회가 세운 기준에 미달하지 않고 오히려 이를 넘어서길 바랐다. 당시 교인들은 사회 내에서 적절한 역할 수행에 실패하면서 반기독교적인 루머와 이들을 향한 분개심을 불러일으킬 수 있는 위험에 처해 있었다. 바울은 교회를 박해하는 사람들이 자신의 적개심을 정당화할 수 있는 구실을 찾지 못하기를 간절히 바랐다. 교인은 노동을 존중하는 모범시민이 되어야 한다. 교회가 게으른 자들을 엄한 규율로 다스리면서 실추된 명예를 다시 효과적으로 회복해야 하는 것이다.

성숙한 크리스천들은 젊은 크리스천들에게 올바른 직업의식을 심어 주어야 하고 이들에게 귀감이 되어야 한다. 바울은 경제적 지원을 받는 것이 복음 전도사가 지닌 권리임을 알고 있었으나(딤전 5:17-18) 이를 자신에게 유리하게 이용하지 않았다(살전 2:9; 딤전 3:8). 바울은 새로이 개종한 이들에게 크리스천다운 삶이 어떠한 것인지 보여 줘야겠다는 필요를 느꼈다. 이는 곧 교인들을 육체노동에 가담시키는 것이었다. 그리스-로마 시대의 순회 철학자들은 개종한 이들에게 매우 빠르게 재정적 부담을 안겨 주었지만, 바울은 편한 생활을 하는 것이나 영적으로 자신이 우월하다는 인상을 주는 일에는 관심이 없었다. 기독교 리더십은 일과 관련된 분야 내에서도 섬기는 종의 리더십이다.

육체노동과 고된 노동, 고결하다

바울은 고된 노동을 긍정적으로 대해야 한다고 장려했지만 사실 이는 문화에 반하는 것이었다. 그리스-로마 시대는 육체노동을 굉장히 부정적으로 보았다.[11] 빈민이나 경범죄인들의 도시 강제노역소를 바라보는 부정적인 인식을 떠올려 보면 어느 정도 이해할 수 있을 것이다. 만약 데살로니가의 게으른 자들이 실직한 육체노동자였다면 빈민 수용 작업 시설로 다시 돌아가는 대신 형제자매들의 자선에 의존하는 것을 쉽게 정당화할 수 있었을 것이다. 결국 모든 크리스천은 그리스도 안에서 동등하지 않던가? 하지만 바울은 이러한 정당화 작업에는 관심이 없다. 바울은 구약에서 하나님께서 일을 주시기 위해 아담을 창조하시고 아담의 육체노동은 예배에서 벗어난 것이 아닌 예배의 한 형태였다는 점에 굳게 기반을 두고 이 문제에 접근한다.

바울은 육체노동을 크리스천이 하기에는 수준이 낮은 것이라고 폄하하지 않았으며, 게으른 자들에게 바울이 권면한 일을 바울 스스로도 수행했다. 사도 바울은 일을 통해 신도들이 하나님을 경외하고 다른 신도들에게 사랑을 표현하며 세상 사람들에게 복음이 지닌 변화의 힘을 보여줄 수 있다고 확신했다. 그리고 게으른 형제들이 자신의 관점을 받아들여서 믿지 않는 당대 사람들에게 치욕이 되기보다는, 오히려 인상을 남기는 좋은 귀감이 되기를 바랐다.

진정으로 일할 수 없는 사람은
지원을 받아야 한다
살전 4:9-10

~~~~~~

바울은 사회복지와 자선 기부를 열렬히 옹호했지만 이는 도움이 절실한 사람들을 대상으로 했을 때만 해당됐다. 초반에 실직한 데살로니가 교인들이 관대한 자선을 받는 것을 보고 바울은 이를 예수님의 사랑을 적절하게 표현하는 것이라고 여겼다(살전 4:9-10). 이기적인 사람들이 이러한 사랑의 표현을 악용한다 할지라도 바울은 여전히 진실로 도움이 필요한 이들에게 선을 베푸는 일을 계속 행하라고 교회에 권고한다(살후 3:13). 자신들의 선행이 의도한 대로 사용되지 않는다면, 후원자들이 실망하고 환멸을 느껴 이후에는 자선을 하지 않게 될 수도 있기 때문이다.

실직한 사람이 자선이나 복지 혜택을 받기에 마땅한 사람인지를 결정하기 위해 고려해야 할 중요한 요소는 바로 일하고자 하는 의향이 있는지다(살후 3:10). 아무 문제없이 일할 수 있는 사람들이 그저 하기 싫다는 이유로 일하지 않는다면, 이들은 경제적·물질적 원조를 받을 자격이 없다. 반면 능력이 없거나 어떠한 경감 사유가 있어서 일하지 못하는 이들은 당연히 경제적·물질적 원조를 받을 자격이 충분하다. 13절 말씀을 보면 데살로니가 교회에서 도리에 맞는 자선이 이뤄졌음을 추측할 수 있다.

물론 현실적으로 누가 게으름을 피우는지, 또는 일할 의향이 있지만 일을 하거나 직장을 잡지 못하는지 분간해 내기란 쉽지 않다. 데살로니가 교회와 같이 서로가 친밀한 관계를 유지했던 신도들 가운데 경제적 지원을 받을 자격이 있는 사람들을 구분해 내는 데 어려움을 겪었다면, 서로 교류조차 없는 현대 도시, 지방, 또는 국가에서는 이러한 일이 얼마나 더 어려울지 상상해 보라. 현실이 이렇다 보니 교회와 정부의 사회정책과 관련해 기독교인들 사이에 분열이 생겼다.

일부는 지나칠 정도로 자비의 측면을 강조하여 경제적 어려움을 겪는 듯 보이는 이들에게 상대적으로 얻기 쉽고 큰 혜택을 제공해 주며 때로는 이를 장기간 제공하기도 한다. 다른 일부는 지나치게 근면에만 치우쳐서 원조 수혜자가 어찌할 수 없는 이유로 경제적 어려움이 발생한 것임을 증명하는 데 상대적으로 엄격한 증거를 요구하고, 지원금과 지속 기간이 한정된 혜택을 제공한다. 혼자서 아이를 키우는 여성들과 경제침체로 인해 장기간 실직한 이들을 지원하는 이슈는 지금까지도 특별히 골치 아픈 문제를 낳는다.

이러한 지원이 사회의 가장 취약한 구성원들, 특히 어려운 가정에서 자라나는 아이들에게 도움을 줄 수 있는 것일까? 아니면 일하는 사회로부터 격리되는 문화 자체에 보조금을 제공함으로써 개인과 공동체 모두를 해롭게 하는 것은 아닐까? 굉장히 힘들고 어려운 문제들이다. 이를 해결하기 위해서는 데살로니가 서신에서 볼 수 있는 말씀과 같은 성경 구절이 크리스천의 사회적·정치적 이해에 깊숙이 스며들어야 한다. 이를 통해 내린 결론 때문에 다른 크리스천들과 대립할 수도 있지만, 이를 이유로 사회적·정치적 참여에서 멀어질 필요는 없다.

그러나 우리는 존중과 배려, 우리의 의견만이 옳은 것은 아니라는 겸손, 그리고 똑같은 구절이라도 다른 신도들은 전혀 반대 결론에 도달할 수 있다는 생각으로 정치·사회적 담론에 참여해야 한다. 데살로니가 서신은 고대 데살로니가의 상황에 맞는 하나님의 가치와 통찰을 보여 주는 것이지, 오늘날 굉장히 다른 맥락에서 적용되는 사회 또는 특정 정당의

프로그램을 제시하는 것은 아니다.

바울은 모든 데살로니가 교인들이 힘닿는 데까지 일하고 교회가 진정으로 도움이 필요한 이들을 돌보기를 간절히 원한다. 그리고 교회 신도들의 후원으로 모인 자금을 어리석게 낭비하기보다 전략적으로 사용하기를 바란다. 만약 게으른 자들이 일터로 돌아가면 이들은 수혜자가 아닌 기부자의 자리에 설 수 있을 것이며, 교회의 능력, 즉 복음을 전파하고 교회 안팎에서 가난하고 궁핍한 이들을 섬길 수 있는 능력이 증대될 것이다. 크리스천들이 할 수 있는 한 경제적 자립을 위해 일해야 한다는 성경 말씀은, 결국 이 세상에서 하나님 나라를 확장하기 위한 계획이다.

게으름,
개인의 성향일 뿐이다?
살후 3:6-15

게으름, 공동체적 문제

데살로니가후서 3장 10절 말씀은 굉장히 중요하다. "누구든지 일하기 싫어하거든 먹지도 말게 하라." 하나님께서는 게으른 신도들을 바로잡으라고 교회를 부르실 정도로 일을 회피하는 것을 굉장히 큰 죄로 여기신다. 이 때문에 바울은 교회에 노동의 의무를 회피하는 이들을 '경고'하라고 촉구하며(살전 5:14), 데살로니가후서 3장 6-15절에서는 "우리 주 예수 그리스도의 이름으로 명하노니" 게으른 형제들을 권계해야 한다고 말한다. 이는 나름 가혹한 권계로, 바울이 게으름을 가벼운 결점으로 치부하지 않았음을 극명하게 보여 준다.

교회는 일하는 책임을 회피하는 자들에게서 떠나라는 요구를 받았으며, 이는 신도들이 교회 모임을 가질 때 이들을 배제시키라는 의미로 해석이 가능하다. 이들을 배척함으로써 짧지만 강한 충격을 주어 이들이 다시 공동체로 돌아오게 하려는 의도에서였다.

게으름, 반드시 문제와 재앙으로 이어진다

일을 회피하는 것은 다른 이들에게 부담을 지우는 것 이상의 부정적인 결과를 초래한다. 노동을 꺼리는 이들은 종종 불건전한 것을 추구하면서 시간을 보내게 마련이다. 바울이 데살로니가의 육체노동자들에게 "조용히 자기 일을 하고 너희 손으로 일하기를 힘쓰라"(살전 4:11)라고 권고한 것은 데살로니가후서 3장 11절 말씀("우리가 들은즉 너희 가운데 게으르게 행하여 도무지 일하지 아니하고 일을 만들기만 하는 자들이 있다 하니")이 말하려는 요지와 연관이 있다. "일만 만들기만 하는 자들"의 헬라어 원문 'periergazomai[페리에르가조마이]'는 남들 문제에 개입하여 쓸데없이 참견하는 것을 가리킨다.[12]

디모데전서 5장 13절에서 교회의 도움을 받는 젊은 과부들을 향해 "그들은 게으름을 익혀 집집으로 돌아다니고 게으를 뿐 아니라 쓸데없는 말을 하며 일을 만들며 마땅히 아니할 말을 하나니"라고 말할 때 드러난다. 또한 데살로니가의 게으른 자들이 다른 사람의 일을 방해하며 논쟁을 일삼았음을 보여 주는 대목이기도 하다. 게으름은 반드시 문제를 낳는다.

○
결론

데살로니가전후서에서는 '일과 직장'이라는 주제를 담아낸다. 특히 여러 말씀과 데살로니가후서에서 두드러지게 나타난다. 두 서신은 크리스천이 힘닿는 데까지 최선을 다해 일하도록 부름받았다는 사실을 바탕으로 이루어져 있다. 식탁 위에 음식을 올려놓기 위해서는 노동이 필요하기에 음식을 먹는 사람들은 마땅히 일을 해야 한다.

또한 노동의 고결함은 인류를 창조하신 하나님의 의도를 나타낸다. 하지만 모든 사람들이 일할 수 있는 능력을 동일하게 지닌 것은 아니기 때문에 업적의 크기에 따라 노동을 평가하는 것은 옳지 않다. 대신 섬김의 태도와 업무를 얼마나 탁월하게 수행하는지에 따라 평가해야 한다. 따라서 자신의 능력껏 최대한 열심히 일하는 사람들은 공동체 내에서 대우받을 권리가 있다. 하지만 일의 의무를 기피하는 자들은 교회와 맞서게 될 것이다. 만약 이들이 계속해서 나태하다면 경제적 지원을 제공해서는 안 된다. 타인의 노동에 따른 산물을 소비하고 간섭과 험담을 일삼으며 훼방을 놓아 공동체를 분열시킨다면, 이들을 공동체에서 추방하는 최후의 수단을 사용해야 할 것이다.

목회서신 & 일의 신학

딤전·딤후·딛

"경건의 모양뿐 아니라,
경건의 능력도 지녔는가"

○
서론

　목회서신은 초대 교회 지도자들에게 쓴 글이다. 그러나 목회서
신 내용의 상당수는 다른 분야에서 일하는 사람들에게도 똑같이
적용할 수 있다. 물론 비교회적 일에 적용할 때는 교회와 다른 일터
나 기관들과의 유사점과 차이점들을 고려해야 한다.

　그 둘 다 (일반적으로는) 구조와 목적을 가진 자발적 기관이다. 둘
다 궁극적으로는 같은 주님이 통치하신다. 둘 다 하나님의 형상으
로 만들어진 사람으로 구성된다. 둘 다 때로는 심각하고 중대한 도
전에 직면하지만, 다음 세대에 맞게 적응하고 다음 세대를 지탱하
도록 설계됐다. 나중에 이런 유사성들을 더 깊이 논의하겠지만, 각
각에 상당수의 성경적 원칙을 적용해 볼 수 있다.

　디모데전후서와 디도서는 고대부터 목회서신으로 함께 묶었
다. 이 서신들은 지도자들의 자격과 성장 그리고 지도자로 세워짐,
구성원들을 돌보고 보상하며 훈련하기 위한 조직상의 구조, 개인적
이고 기관적인 목표 설정과 실행 등을 요약해 준다. 그것은 기관들
의, 특히 교회의 훌륭한 통치와 효율성 및 성장과 관련이 있다.

　이 세 서신의 핵심 주제는 디모데전서 3장 14-15절에 잘 표현되
어 있다. "내가 곧 그대에게 가기를 바라면서도, 이 편지로 이런 지
시를 써 보내는 것은, 만일 내가 늦어지더라도, 하나님의 가족 가운
데서 사람이 어떻게 처신해야 하는지를 그대가 알게 하려는 것입

니다. 이 가족은 살아 계신 하나님의 교회요, 진리의 기둥과 터입니다"(새번역).

그러나 거기에는 차이점도 분명히 있다. 교회는 사람들을 불러서 그들의 삶을 그리스도께 헌신하고, 하나님 나라를 섬기며, 하나님을 예배하도록 준비시키는 고유한 사명이 있다. 하나님이 교회를 그리스도의 몸으로 정하셨으며, 그리스도께서 다시 오실 때까지 교회에 계속해서 관심을 가지실 것이라고 약속하셨다.

다른 기관들은 경제적 가치를 창출하고(사업), 회원들을 보호하고(노동조합), 어린이와 어른을 교육시키고(학교와 대학), 국방, 사법, 행정 같은 필요를 채워 주는 것(정부) 등 각각 맡은 사명이 있다. 그런 기관들은 헌장이나 헌법 등에 의해 조직(기업이나 국가)으로 제정되어 있으며, 그것들은 존재할 수도 있고, 존재하지 않을 수도 있다. 다른 기관들이 교회보다 열등하다는 말을 하려고 이런 차이점들을 짚는 것이 아니다. 도리어 그 각각의 기관은 종류별로 각기 고유한 사명이 있으므로 존중해야 한다.

그럼에도 불구하고 목회서신은 교회 공동체의 특별한 역할을 도드라지게 보여 주면서, 비교회적 일터에서의 관계들을 형성하고 유지해 가는 데 필요한 풍부한 자료를 제공한다. 비록 목회서신이 기본적으로 기관들과 관련되기는 하지만, 그렇다고 해서 가정이나 단일 소유지나 그와 유사한 여러 일터에서 일하는 사람들을 반드시 배제시키지는 않는다. 지금부터 이 장에서는 '일터'라는 용어를 '교회가 아닌 일터'의 뜻으로만 사용하겠다.

디모데전서와
일

◇◇

　　세 목회서신은 각각 사도 바울이 동역자 중 한 사람에게 조언하는 편지 형식을 띤다.[1] 디모데전서는 바울이 자신의 젊은 동역자인 디모데에게 쓴 편지인데, 편지에서 그는 교회 안에서의 사역은 어떻게 해야 하고, 거짓 교사들은 어떻게 처리해야 할지 지시한다. 그러나 이 서신의 마지막 말, "은혜가 너희와 함께 있을지어다"(딤전 6:21)는 에베소에 있는 모든 교회가 이 편지를 읽어 모든 사람이 디모데에게 한 바울의 조언에서 유익을 얻게 할 의도가 있었음을 암시한다.

　　이 서신들이 공통 주제들을 같이 나누므로 우리도 서로 연관된 본문들을 함께 묶어서 다룰 것이다. 목회서신에 나타나는 순서대로 그 주제들을 탐색해 보자.

▽ 딤전 1:1-11, 18-20; 3:14-16
조직의 건강한 사명과 문화를 형성하는 데 앞장서라

　　디모데전서에서는 믿음과 행동, 또는 가르침과 행함은 매우 긴밀해야 한다고 거듭 강조한다. 건강한 가르침은 경건에 이르게 하는 반면, 거짓 가르침은 기껏해야 비생산적이고, 최악의 경우에는 저주를 부른다. 서신 서두부터 바울은 디모데에게 "어떤 사람들을 명하여 다른 교훈을 가르치지" 말라고 권면한다(딤전 1:3). 왜냐하면 그런 다른 교훈(가르침)은 신화와 족보와 더불어 "믿음 안에 있는 하나님의 경륜을" 이루지 못하기 때문이다(딤전 1:4).

바울은 교회 안에서의 건전한 교리의 중요성을 말하는데, 그가 하는 말들은 일터에도 그대로 적용 가능하다. CQI(Continuous Quality Improvement; 지속적 품질 개선)의 창설자 가운데 한 사람인 에드워즈 데밍(W. Edwards Deming)은 자신의 방법을 '심오한 지식 시스템'이라 불렀다. 그는 "일단 개인이 심오한 지식 시스템을 이해하고 나면, 그는 그 원리들을 다른 사람들과 맺는 모든 대인관계에 적용할 것이다. 그렇게 그 사람은 자기 자신이 내린 결정을 판단하고, 자신이 속한 조직의 변혁을 이끌기 위한 근거를 갖춘다."[2] 어떤 기관에서든 진실을 가장 깊이 있게 아는 것이 가장 중요하다.

루크 티머시 존슨(Luke Timothy Johnson)은 디모데전서 1장 4절을 좀 더 솔직하게 "믿음으로 알게 된 것으로서, 현실에 질서를 부여하는 하나님의 방식"이라고 번역했다.[3] 교회는 하나님의 방식에 따라 정돈되어야 한다. 이에 반박할 사람은 없을 것이다. 그러나 다른 기관들 역시 하나님의 방식으로 정돈돼야 할까? 1세기 그리스-로마 세계는 사회가 '자연'에 따라 정돈되어야 한다고 믿었다. 따라서 만약 자연이 하나님의 피조물이라면, 그때는 하나님께서 피조물을 정돈하시는 방식이 사회가 정돈되는 방식에 그대로 반영되어야만 한다. 존슨이 관찰한 대로 "하나님의 뜻과 사회 구조 사이에는 근본적인 불연속은 없다. 'oikos[오이코스]'(집) 조직과 'ekklēsia[에클레시아]'(교회) 조직의 구조들은 서로 연속적일 뿐 아니라, 둘 다 세상 속에서 해 나가시는 시혜(행정)의 일부다."[4] 일터, 집 그리고 교회는 모두 유일한 하나의 창조 질서를 나타낸다.

하나님의 방식을 제대로 이해하는 일은 모든 일터에서 반드시 필요하다. 예를 들면, 창조에서의 두드러진 주제는 인간이 선하게 창조되었다는 것이다. 그 후에 우리는 죄에 빠졌고, 예수님께서 죄인들을 구속하려고 오셨다. 이것이 기독교의 중심 진리다. 그러므로 일꾼들은 죄를 짓지만 하나님의 은혜로 구속을 경험하고, 하나님께서 항상 의도하셨던 선한 존재가 될 수 있다는 것이다.

선, 죄, 구속에 관한 진리를 조직 관습에 반영해야 한다. 만약 사람이 단지 선하기만 할 뿐 죄인은 아니라는 생각을 한다면 교회도 직장도 정상적인 기능을 할 수가 없다. 회계는 감사를 받아야 하며, 의도적으로 남을 못살게 구는 것은 중단되어야 한다. 고객 봉사에 대해서는 보상이 따라야 한다. 목사들, 근로자들과 경영진도 감독을 받아야 한다. 이와 비슷하게, 교회도 일터도 실수를 하거나 죄를 짓는 사람들은 자동으로 해고해야 한다는 생각을 해서는 안 된다. 구속의 제안을 그리고 변혁을 일어나게 하기 위한 실질적 도움을 제시하라는 뜻이다.

교회 안에서는 영적이며 영원한 구속에 초점을 두어야 한다. 교회 아닌 일터에서는 그 조직의 사명과 관련된 보다 더 제한된 구속에 초점을 맞춰야 한다. 당장 해고하지 않고 업무 향상 계획, 재훈련, 다른 직위로 재배치, 멘토링과 근로자 지원 프로그램을 발동하는 것은, 특정 직장들, 특히 서구의 직장에서 실행하는 구속 사례들이다. 실제로 어떤 프로그램을 적용할지는 당연히 조직의 형태, 그 조직의 사명, 주변 문화적·법적·경제적 환경, 그 외 다른 요소들에 의해 상당히 달라질 수 있다.

만약 직장을 다니는 크리스천들이 하나님께서 자신들이 어떻게 행동하길 바라시는지 알고 싶다면(딤전 3:15), 성경에 하나님께서 계시하신 것을 이해하고, 그것을 믿어야 한다. 진실은 사랑에 이르게 하지만(딤전 1:5), 거짓 교리들은 "변론"(딤전 1:4), "언쟁"(딤전 6:4) 그리고 영적인 파선에(딤전 1:19) 이르게 한다. 그분 말씀에 나타난 하나님의 방식을 이야기하는 지식은 성경학자들만의 영역이 아니다. 성경 이해 역시 오로지 교회 안에서만 이루어져야 하는 일이 아니다. 크리스천 근로자들도 성경 지식이 있어야 하며, 그래야 그들이 세상에서 하나님의 뜻에 따라 그분의 영광을 위하여 살아갈 수 있다.

모든 크리스천들은 조직 내에서 그들의 지위가 어떠하든지 상관없이 다 리더의 역할이 주어져 있다. 경영진은 대개 한 조직의 전략과 구조를 짤 수 있는 가장 큰 기회를 갖는다. 모든 근로자들에게는 좋은 관계를 형성해 가고, 탁월한 제품과 서비스를 생산하고, 정직하게 행동하며, 다른 사람들이 능력을 개발하도록 돕고, 자신들이 일하는 그룹의 문화를 형성할 기회가 계속해서 주어진다.

이렇게 일터에서는 누구나 다 나름의 영향을 끼친다. 바울은 디모데에게 조언했다. 다른 사람들이 디모데의 지위가 부족하다고 생각한다 해서 디모데 스스로 변화 도모를 주저해서는 안 된다고 말이다. "누구든지 네 연소함을 업신여기지 못하게 하고 오직 말과 행실과 사랑과 믿음과 정절에 있어서 믿는 자에게 본이" 되라(딤전 4:12).

이런 실상은 오늘날의 일터에서도 비일비재하다. 많은 기관들은 "사명선언문"과 "핵심 가치" 등을 가지고 있다. 이러한 단어들은 세속적 기관에서 교회의 '신조'나 '교리'와 같은 의미다. 교회와 같이 기관들은 문화에 세심한 주의를 기울인다. 근로자들이 무엇을 믿거나, 또는 한 기관이 무엇을 가르치는지에 따라 사람들의 행동양식이 달라진다. 일터에 있는 크리스천들은 힘닿는 데까지 최선을 다해서 우리가 참여하는 조직의 가치와 사명과 문화를 형성하는 일에 앞장서야 한다.

일터에도 기도와 화평과 질서가 필요하다

바울은 이 장을 "모든 사람을 위하여 간구와 기도와 도고와 감사를 하되 임금들과 높은 지위에 있는 모든 사람을 위하여 하라"(딤전 2:1-2)라는 권면으로 시작한다. 이 기도의 목적은 크리스천들이 "모든 경건과 단정함으로 고요하고 평안한 생활을" 하기 위함이라고 말한다(딤전 2:2). 추측할 수 있듯이, 1세기 이 통치자들은 크리스천들의 삶을 어렵게 만들거나 파멸시킬 만한 권력이 있었다. 이 때문에 바울은 크리스천들에게 그들의 국가 통치자들을 위해 기도하라고 권면한다. 세속적인 일에 참여할 때 크리스천들이 활용할 수 있는 첫 번째 도구가 기도, 화평 그리고 질서다.

다시 한 번 바울의 지시들이 하나님의 한 분 되심, 중보자이신 그리스도, 그리스도의 보편적 구속, 그리고 모든 사람이 구원받기를 바라시는 하나님의 소원(딤전 2:3-7)에 토대를 두고 있음을 알 수 있다. 그리스도는 만물의 창조주시며 세상의 구주시다. 그분의 영역에는 모든 일터가 포함된다. 크리스천들은 자신이 일하는 특정한 일터에 있는 모든 사람들을 위해 기도해야 한다. 특히 '고위직에 있는' 감독 역할을 하는 사람들을 위해 기도해야 한다.

크리스천들은 다른 사람들의 일에 지장을 주지 않으면서, 자신들에게 과도한 관심을 끌지 않으면서, 그리고 권위에 계속 대들지 않으면서, 다른 말로 하면 "모든 경건과 단정함으로"(딤전 2:2) 일을 하면서 자신들의 일을 수행해야 한다. 크리스천들이 화평케 하고 순종하는 이유는 두려워서나, 사람을 기쁘게 하려거나, 사회적 통념 때문이 아니라, 하나님께서 세우신 질서에 대한 건강한 감사와, 다른 사람들이 '진리를 아는 데에 이르게 하려는'(딤전 2:4) 열망 때문이다. 성경의 다른 곳에서 바울이 말한 것처럼, "하나님은 무질서의 하나님이 아니시요 오직 화평의 하나님이시니라"(고전 14:33).

이것은 일터에서 사명을 정하고 핵심 가치를 만드는 첨병이 되어야 하는 우리의 의무와 상충되는가? 어떤 크리스천들은 동성애자의 복지 혜택, 낙태나 피임에 대한 건강 보험 배제, 조합 결성, 종교적 상징들의 표시 등과 같은 논란이 되는 여러 쟁점들을 다루는 직무를 수행해야 할 수 있다. 이 경우 불가피하게 마찰을 빚으면서 사명과 핵심 가치들을 제정하려고 애를 쓰기도 한다. 만약 그 일을 성공한다면, 이런 접근법은 그 기관의 사명이나 가치 제정에 도움이 된다. 그러나 그렇게 하는 것이 종종 다른 사람들의 일을 방해할 수도 있고, 평화를 깨뜨릴 수도 있으며, 감독자들의 권위를 무시하는 결과를 낳을 수도 있다.

그보다 우리가 해야 할 일은 그 조직의 문화를 좀 더 개인적으로, 깊이 있게 존중하는 자세로 참여하는 것이다. 크리스천들은 건강 혜택을 두고 다투는 것보다는 동료들과의 우정에 더 투자하고, 인생의 중대 위기에 처한 사람들을 상담해 주면서 지혜를 나눌 수 있지 않을까? 연설의 자유와 다른 사람을 골탕 먹이는 것 사이의 경계선을 무너뜨리는 대신, 맡은 일을 탁월하게 해내 직장 동료들이 도대체 그렇게 할 수 있는 힘의 원천이 뭐냐고 물어볼 정도의 사람들이 될 수 있지 않을까? 크리스마스 실내 장식같이 그다지 중요하지도 않은 일로 논쟁하는 대신, 직무 수행, 고객 서비스 그리고 제품 디자인 같은 자신들의 일터에서 하는 핵심 활동들을 향상시키도록 도와줌으로써 주변 사람들의 존경을 받을 수 있지 않을까?

이런 질문들에 답을 하다 보면 바울이 디모데에게 한 조언이 모순이 아니라 균형 있는 조언임을 알 수 있다. 우리 주변 사람들과 평화롭게 협력하면서 살라. 사람들을 섬김으로 그들에게 영향력을 끼치고, 그들 위에 군림하려 하지 말라. 바로 그것이 왕 중의 왕께서 하신 일이다.

▽ 딤전 3:1-13; 딛 1:5-9

고결성과 대인관계 능력, 리더십의 핵심이다

디모데전서 3장 1-7절과 디도서 1장 5-9절에서는 장로와 감독들의 자질을 규정한다.[5] 그리고 디모데전서 3장 8-13절은 (어쩌면 여자 집사를 포함해) 집사들의 자질을 설명한다. 다양한 자질들을 제시해 놓았는데, 도덕적 고결성과 사람들과 관계를 잘 맺는 능력이 공통적으로 나타난다.

장로들의 자질로 '가르칠 수 있는 역량'을 명시해 놓기는 했지만(딤전 3:2; 딛 1:9), 전체적으로 볼 때 다른 자질만큼 강조하지는 않았다. 이 목록에서 가정과 교회의 연결점을 발견할 수 있다. 한 가정을 잘 다스리는 것을 하나님의 집을 다스리는 데 반드시 필요한 경험으로 간주한다(딤전 3:4-5, 12, 15; 딛 3:6). 뒤이어 나오는 부분에서 이런 연결점을 더 많이 살펴볼 것이다.

앞에서 살펴본 것처럼 조직마다 사명이 다르다. 그러므로 각 기관마다 필요로 하는 리더십의 자질도 다르다. 일터에서의 일반적인 자질 기준으로 이 본문을 사용하는 것은 잘못일 수 있다. 예를 들면, 신중함이나 진지함은 관광 가이드에게는 조금 맞지 않는 자질일 수 있다. 그러나 도덕적 고결성과 대인관계 능력을 우선하는 것은 어떤가? 관광 가이드의 경우 '책망할 것이 없음', '청결한 양심', '모든 일에 충성스러움'(신뢰할 수 있음)과 같은 도덕적 자질과, '나그네를 대접함', '다투지 않음' 그리고 '절제'와 같은 대인관계 자질들은 어떤 특정 기술이나 전문성보다 중요하다.

이것이 교회 리더십에 해당한다면, 이를 일터에서의 리더십에도 적용할 수 있을까? 최근에 유명한 회사나 정부 지도자들이 보여 준 도덕성과 인간관계의 실패 사례들이 널리 공론화되면서 고결성, 인품 그리고 대인관계를 그 어느 때보다 일터에서 더욱더 중요시한다. 교회 못지않게 일터에서도 리더들을 제대로 키우고 선발하는 것이 절대 중요하다. 그러나 우리는 직장과 경력을 준비하면서 특별한 기술이나 자격을 쌓으려고 노력하는 만큼 과연 윤리적 인품과 대인관계 능력을 함양하기 위해 애를 쓰는가?

흥미롭게도 초대 교회 많은 지도자들은 직장에서도 또한 지도자들이었다. 루디아는 자주 염색이라는 고가의 상품을 팔았다(행 16:14, 40). 도르가는 의류 제작자였다(행 9:26-41). 아굴라와 브리스길라는 바울과 동업자가 된 천막 제조업자(가죽 노동자)였다(행 18:2-3). 이 지도자들은 이미 일터에서 효율성을 검증받은 후에 교회에서도 아주 효과적으로 일했으며, 공동체에서 널리 존경을 받았다. 어쩌면 교회나 일, 또는 민간 부분에서의 리더십에서 기본이 되는 자질들에는 서로 상당한 공통점이 있을 수 있다.

▽ 딤전 4:1-5

하나님께서 지으신 것은 선하다

디모데전서는 "현실에 질서를 부여하시는 하나님의 방식"을 확증해 주며, 이 신적인 질서는 크리스천들이 자신들의 집과 교회 안에서 그리고 (본문의 논리를 확장시킨다면) 일터에서 어떻게 행동해야 하는지 함축하고 있다. 하나님의 창조 질서를 가장 분명하게 설명한 글은 디모데전서 4장 1-5절에 나온다. 디모데전서 4장 4절에서 바울은 '하나님이 지으신 모든 것이 선하다'고 선언하고 있고, 이것은 "하나님이 지으신 그 모든 것을 보시니 보시기에 심히 좋았더라"라는 창세기 1장 31절 말씀의 선명한 메아리다.

이 서신의 문맥 안에 드러난 창조에 대한 이 같은 긍정적 칭찬은, 혼인과 어떤 음식물을 금지하던 거짓 교사들(딤전 4:3)과 싸울 때 사용됐다. 바울은 이런 것은 감사함으로 받아야만 하는 것들이라고 확실하게 주장함으로써(딤전 4:3-4) 그들의 가르침에 반격을 가한다. 음식은 (그리고 하나님이 지으신 것은 뭐든지) 하나님의 말씀과 기도로 거룩해진다(딤전 4:5). 이것은 선하지 않게 창조된 어떤 것을 하나님의 말씀과 기도가 선하게 만든다는 뜻이 아니다. 도리어 감사하는 마음으로, 하나님을 창조주와 모든 것을 공급해 주시는 분으로 인정함으로써, 크리스천은 하나님이 지으신 음식 등을 거룩하고 하나님을 영화롭게 하는 것으로 따로 구별해 두게 된다는 뜻이다. 크리스천으로서 먹거나 마시는 것도 하나님의 영광을 위해 한다는 것이 가능하다(고전 10:31).

하나님의 창조에 대한 이런 확증은, 우리가 일할 때 사용하는 모든 것은 본래 악하게 지음받은 것이 없으며, 죄와 연계된 것만 아니라면 창조와 연계된 어떤 일이든 크리스천이 행하지 못할 일은 없다는 것을 의미한다. 다시 말하면, 크리스천은 하나님의 영광을 위해 유전을 퍼 올리고, 컴퓨터 칩을 설계하고, 화장실을 청소하고, 달 위를 걷고, 휴대폰을 수리하고, 나무를 심거나 곡식을 수확할 수 있다는 말이다. 이런 직업이나 재료 가운데 어떤 것도 본래 악한 것은 없다. 어떤 직업이든 하나님을 기쁘게 할 수 있다. 고대 그리스-로마 시대 때의 사람들이 분투한 만큼 금욕주의 때문에 크게 분투하지 않는 현대 서구인들에게는 이것이 직관적으로 이해될 것이다.

그러나 디모데전서 4장 4절은 물질계를 중립적·도덕적 가치를 가진 것으로 보거나, 또는 예를 들면, 기술 같은 것을 본래 악한 것으로 보지 말 것을 우리에게 상기시켜 준다. 하나님이 지으신 모든 것이 선하다는 얘기는, 우리가 하나님의 손에서 모든 것을 받아 누리면서, 즐거워하고, 자유롭게 일하며 살아가게 해 준다.

▽ 딤전 5:1-6:2; 딛 2:1-10
직장을 가족같이?

디모데전서 4장 6-16절에는 바울이 디모데에게 준 구체적인 지시들로 가득하다. 그 가운데 경건 훈련이 전문성 개발의 필수 구성 요소임을 기억해 두면 크리스천들에게 도움이 될 것이다(딤전 4:8). 그러나 여기서는 디모데전서 5장 1절-6장 2절로 시작하는 다음 부분으로 재빨리 넘어가고자 한다. 다시 말하지만 이 부분은 디도서 2장 1-10절과 비슷하다. 교회 구성원이 된다고 해서 교회 안에 있는 다른 사람들을 착취해서는 안 되며(딤전 5:16; 6:2), 도리어 그들을 축복하기 위해 더욱 열심히 일해야 한다. 이것은 일에도 그대로 적용된다.

특별히 이 두 본문은 남자와 여자, 늙은이와 젊은이, 상전과 종이 마땅히 하나님의 가족 안에서 어떻게 행동해야 하는지 설명한다. 디모데전서에서 이 부분의 첫 두 구절은 아주 중요하다. "늙은이를 꾸짖지 말고 권하되 아버지에게 하듯 하며 젊은이에게는 형제에게 하듯 하고 늙은 여자에게는 어머니에게 하듯 하며 젊은 여자에게는 온전히 깨끗함으로 자매에게 하듯 하라"(딤전 5:1, 새번역).

이 명령은 (디모데전서 5장 4절과 8절에서 밝히듯) 가족과 교회 간의 구별을 없애라는 게 아니라, 친절함, 불쌍히 여김, 충성심, 정결함 같은 특징들이 우리의 가장 친밀한 가족관계를 특징짓듯이 하나님의 가족인 교회 안에 있는 사람들과의 관계 또한 그와 똑같아야 한다고 시사해 준다.

'온전한 깨끗함'(절대적 정결)에 대한 바울의 권면은, 가정이나 교회에서 성적 경계선을 어기는 일이 일어나며, 일터에서도 마찬가지라는 것을 우리에게 상기시켜 준다. 일터에서의 성적 학대는 큰 문제없이, 심지어 학대당하지 않는 사람들은 알아 채지도 못한 채 넘어가 버릴 수 있다. 그러므로 우리는 사람들이 어떤 대접을 받는지 관심을 기울이고, 부적절하고 학대하는 말과 행동을 발견한다면 담대히 지적함으로써 일터에 축복을 안겨 줄 수 있다.

일터를 가족으로 생각하는 것이 옳은가? 그 답은 '아니다'일 수도 있고, '그렇다'일 수도 있다. 〈The Office〉(미국 NBC에서 방영 중인 인기 코미디 TV 시리즈다. 원작은 영국 BBC에서 방영된 동명의 시트콤이다. 펜실베이니아주 스크랜턴에 위치한 가상의 제지회사 사원들의 일상생활을 그린다-옮긴이 주)에서 너무도 재미있게 묘사한 여러 이유에서도 볼 수 있듯 진짜 가족은 아니다. 일터에서의 결속력은 어떤 역할을 제대로 해내는지의 여부에 따라 조건적이다. 가족과 달리, 관리자의 인정을 더 이상 받지 못하는 근로자들은 해고되고 만다. 그렇다고 해서 고용이 "어쨌든 간에 당신이 가질 자격이 없는 어떤 것"은 아니다.[6] 직장을 가족인 양 가장하는 건 순진한 생각이며, 심지어는 학대하는 것이 될 수도 있다.

그러나 만약 그 용어를 가족들이 마땅히 서로서로에게 보여 주어야 하는 존경, 헌신, 열린 소통 및 돌봄 등을 묘사하기 위해 사용한다면, 일터는 가정과 같이 될 수 있다. 만약 크리스천들이 동료들을 그런 식으로 대하는 사람들로 알려진다면, 그것은 세상을 향한 교회의 구속적인 섬김의 큰 표시가 될 수 있다.

예를 들면, 멘토링을 해 주는 것은 숙련된 일꾼들이 신참 직원들에게 제공하는 대단히 소중한 섬김이다. 이는 부모가 자식들에게 하는 투자와 비슷하다. 그리고 학대와 착취에서 가족들을 지키듯이, 그리스도의 사랑은 우리가 직장 사람들을 위해서도 똑같이 행동하도록 강권한다. 가족(교회) 구성원들에게 하는 것보다 일터에 있는 사람들을 덜 존중하거나 덜 배려해도 된다고 생각해 그들을 학대하거나 착취하는 일에 참여해서는 절대 안 된다. 오히려 우리는 직장 동료를 포함해 모든 이웃을 마치 우리 가족이나 우리 자신같이 사랑해야 한다.

▽ 딤전 6:3-10, 17-19
경건과 돈

디모데전서의 마지막 부분에는 부유한 크리스천들을 향한 강력한 권면과 경고가 가득하다. (우리는 디모데가 처한 특수한 상황과 직결된 내용인 11-16절, 20절에서 바울이 디모데에게 하고 있는 당부는 건너뛸 것이다.) 디모데전서 6장 3-10절과 17-19절에는 일터에 직접적으로 적용한 내용이 나온다. 이 본문들을 읽으면서 흔히 저지를 수 있는 두 가지 실수가 있는데, 이를 피해야 한다.

첫째, 이 단락은 경건한 사람이 됨으로써 얻을 수 있는 '이익'이 없다고 가르치지 않는다. '마음이 부패하여지고 진리를 잃어버린' 사람들은 "경건을 이익의 방도로" 생각한다고(딤전 6:5) 바울이 적었다. 그는 경건이 반드시 이생에서 재정적 이익에 이르게 해 주어야 한다거나, 또는 경건을 추구하는 목적이 당장의 재정적 이익이어야 한다고 생각하는 마음 상태를 책망한 것이다. 이런 생각은 다음 세 가지 이유로 인해 잘못됐다.

1. 하나님은 종종 자신의 성도들을 이생에서 물질적 부족이라는 고난을 당하게 하시며, 그러므로 하나님의 백성들은 "정함이 없는 재물"(딤전 6:17)에 소망을 두지 말아야 한다.

2. 혹 누군가가 이생에서 엄청난 부를 얻는다 해도 이익을 보는 순간은 아주 짧다. 그 이유는 존 파이퍼가 말한 대로 "영구차 뒤에는 짐칸이 없기 때문이다"(딤전 6:7).[7]

3. 부를 추구하다 보면 악과 배교, 파멸과 멸망(딤전 6:9-10)에 이르고 만다.

그러나 바울은 인생의 기본적 필요에 만족하는 자세와 경건이 결합되면(딤전 6:6, 8) 그 경건은 큰 이익이 된다고 자기 글을 읽는 이들을 격려한다. 우리 하나님은 "우리에게 모든 것을 후히 주사 누리게 하시는 하나님"(딤전 6:17)이시다. 바울은 의로운 부자들에게 "선을 행하고 선한 사업을 많이 하고 나누어 주기를 좋아하며 너그러운 자"가 되라고 명령했지(딤전 6:18), 가진 것들을 다 팔아 가난한 자가 되라고는 하지 않았다. 그들이 선행을 넉넉히 함으로써 "장래에 자기를 위하여 좋은 터를 쌓아 참된 생명을 취하는 것"이기 때문이다(딤전 6:19). 다시 말하면, 현세에서 더 많은 돈을 갖는 게 아니라 하나님의 임재 안에서의 생명과 복으로 이익을 이해한다면, 그 경건은 곧 진정한 이익의 수단이 된다. 디모데전서 6장 18-19절에서 바울이 하는 권면은 예수님께서 하신 "오직 너희를 위하여 보물을 하늘에 쌓아 두라 거기는 좀이나 동록이 해하지 못하며 도둑이 구멍을 뚫지도 못하고 도둑질도 못하느니라"(마 6:20; 19:21; 눅 12:33)라는 가르침과 매우 유사하다.

우리가 피해야 할 두 번째 실수는 돈을 사랑하는 것에 대한 정죄의 의미를 오해하는 것이다. 이 구절은 크리스천은 절대로 임금 인상이나 승진을 추구해서는 안 된다거나, 크리스천 사업가는 이윤을 추구해서는 안 된다는 의미가 아니다. 누군가 더 많은 돈을 원하는 데는 여러 가지 이유가 있다. 어떤 이유는 선하고 어떤 이유는 악할 수 있다.

만약 어떤 사람이 돈이 제공하는 지위나 호화로운 생활, 또는 자아 만족을 위해 더 많은 돈을 원하는 경우, 이는 정말로 이 성경 구절이 책망하는 범주에 속할 것이다. 그러나 만약 어떤 사람이 가족을 적절히 부양하려는 목적이나, 그리스도를 영화롭게 하는 일들에 더 많이 기부하려는 목적이나, 혹은 공동체를 번창하게 할 물품과 봉사를 창출하는 데 투자할 목적으로 더 많은 돈을 벌기 원한다면 이는 악한 일이 아니다.[8] 돈을 사랑하는 것을 거부한다고 해서, 일터에서 성공하거나 이윤을 얻고자 하는 모든 소원까지 반대하는 건 아니다.

디모데후서와
일

◇◇◇

디모데전서와 마찬가지로 디모데후서도 사도 바울이 자신의 어린 동역자에게 보낸 서신으로, 어쩌면 바울이 쓴 마지막 서신일 가능성이 크다. 그러나 디모데후서가 훨씬 개인적이다. 디모데후서를 통해 바울은 디모데를 격려하며 자신이 세상을 떠난 후에도 끝까지 충성하라는 엄숙한 부탁을 한다. 그러나 디모데후서가 보존되어 기독교의 정경에 포함되었다는 사실에서 이 개인적 서신에 본래의 특정한 상황적 맥락을 뛰어넘는 중요성이 있음을 알 수 있다.

▽ 딤후 1:1-2:13; 3:10-17
당신의 일은 유산을 남긴다

디모데후서의 놀라운 주제 가운데 하나는 세대를 잇는 신앙심이다. 서신 서두에서 바울은 디모데의 할머니와 어머니 그리고 디모데에게 전해져 내려온 신앙을 상기시킨다(딤후 1:5). 이런 전달 과정은 디모데의 할머니와 어머니의 충성스런 증거와 모범이 디모데를 믿음에 이르도록 하기 위해 하나님께서 사용하신 수단 가운데 하나라는 것을 시사한다. 이런 해석은 서신 후반부에서 바울이 디모데를 격려한 말에서 확실히 드러난다. "너는 배우고 확신한 일에 거하라 너는 네가 누구에게서 배운 것을 알며 또 어려서부터 성경을 알았나니"(딤후 3:14-15).

또한 바울은 구세대의 일원으로서 디모데가 따라야 할 본을 제시한다. "하나님의 능력을 따라 복음과 함께 고난을 받으라"(딤후 1:8). "너는 …… 내게 들은 바 바른 말을 본받아 지키고"(딤후 1:13), 또 너는 "나의 교훈과 행실과 의향과 믿음과 오래 참음과 사랑과 인내와 박해받음"을 보고 알고 있다(딤후 3:10-11)고 바울은 썼다.

디모데는 이전 세대들에게서 교훈을 얻었겠지만, 바울은 한 걸음 더 나아가 디모데가 자신이 배운 것을 다음 세대에게 똑같이 전하기를 바란다. "또 네가 많은 증인 앞에서 내게 들은 바를 충성된 사람들에게 부탁하라 그들이 또 다른 사람들을 가르칠 수 있으리라"(딤후 2:2).

이 주제는 크리스천 직장인들에게 자신의 직장과 산업 분야에 과연 어떤 종류의 유산을 남길 것인지 생각해 보라는 과제를 던져 준다. 긍정적인 유산을 남기기 위한 첫걸음은 당신의 직업에 충실하고, 능력을 최대한 발휘해서 감당하는 것이다. 다음 단계는 후임자를 훈련시켜 언젠가 당신의 자리를 대신할 그 사람이 업무를 잘 감당하도록 하는 것이다. 크리스천 직장인은 다른 사람에게서 언제나 배울 수 있을 만큼 충분히 겸손해야 하며, 인내심을 가지고 다른 사람들을 가르칠 만큼 마음이 긍휼해야 한다. 하지만 무엇보다 크리스천 직장인은 자신이 말과 행동으로 구속의 유산을 남겼는지 자문해야만 한다.

디모데후서의 세대적 특성은 단지 개인에게만 적용되는 게 아니라, 영리와 비영리를 포함한 모든 종류의 회사들에도 적용이 가능하다. 법인회사 형태가 탄생한 이유는 개별 구성원보다 오래 존속하여 세대 교체기마다 새로 조직하는 혼란을 없애기 위해서다. 재무감사의 가장 기본이 되는 원칙 가운데 하나가 회사가 반드시 '계속기업'(going concern)이어야 한다는 것이다. 그 회사가 지속 가능한 방식으로 운영해야 한다는 의미다.[9]

만약 어느 한 조직의 급여 관행이나, 부채 부담, 위기 관리, 재정 관리, 품질 관리 또는 어떤 다른 요소가 그 조직의 존속에 심각한 영향을 끼친다면, 그 조직 리더들은 이를 변화시킬 책임이 있다. 회사가 망할 지경에 처했어도 절대 회사를 합병하거나 분립해서는 안 된다는 뜻이 아니다. 어떤 때는 한 조직의 사명이 완수되었거나, 또는 그 조직의 목적이 쓸모없게 되었거나, 또는 더 이상 중대한 가치를 제공하지 못할 수도 있다. 그럴 때는 물론 그 조직을 해체할 수도 있다. 그러나 설령 그렇다 하더라도 그 조직 리더들에게는 회사가 사라진 후에도 회사의 유산을 사회에 남겨 줄 책임이 있다. 예를 들면, 연금 기금에 대한 기업의 책임을 제대로 지지 않아 은퇴한 직원들을 빈곤 위험에 그대로 노출시키는 회사들이 적지 않다. 지방정부와 중앙정부들은 이런 일을 제대로 하지 못할 가능성이 더욱 크다. 기관들은 자신들의 운영이 후대에 책임을 떠넘기지는 않는지 성경적 관점 그리고 공공의 관점에서 돌아보아야 한다.

마찬가지로 디모데후서 역시 조직들을 환경·사회적 측면에서 지속 가능한 방식으로 운영해야 한다고 제안한다. 성공을 위해 지속 가능하지 않은 방식으로 자원을 채취하거나, 환경을 오염시키는 것은 다음 세대를 생각하고 위해야 하는 세대 간의 원칙을 어기는 것이다. 회사가 의존하는 학력을 갖춘 노동력, 거래 수단, 평화로운 사회, 그리고 다른 여러 요소들을 제공하는 교육적·문화적·법적·기타 사회적 투자를 의미하는 공동체의 '사회자본' 고갈 역시 영원할 수 없다. 회사는 납세를 통해 어느 정도까지는 정부의 환경적·사회적 프로그램들을 지원함으로써 환경적·사회적 자본에 투자한다. 그러나 만약 그들이 자발적으로 지속 가능한 시스템을 만들어 내기 위해 더 많은 일을 했더라면, 어쩌면 환경적·사회적 자본에 조금 더 안정적으로 접근할 수 있을 것이다.

▽ 딤후 2:14-26
말을 주의하라

다음 부분에서 바울은 디모데를 위해 일터에 그대로 적용 가능한 여러 가지 상담을 해 준다. 바울은 그에게 "말다툼"(딤후 2:14)과 '망령된 말'(딤후 2:16)과 "어리석고 무식한 변론"(딤후 2:23)을 피하라고 거듭 경고한다. 이것은 비록 노골적으로 악하지는 않더라도 쉬는 시간에 하는 모든 말들이 다 유익하지만은 않다는 점을 크리스천 일꾼들에게 잘 상기시켜 준다.

우리의 대화와 대화 방식이 주변 사람들에게 도움이 되는가? 우리가 하는 말들이 화목과 구속의 대사로 쓰이는가?(고후 5:20) 도움이 안 되는 대화는 악성 종양같이 퍼져 나가고(딤후 2:17), 멸망과 경건치 않음에 이르게 하고(딤후 2:14, 16), 다툼을 야기할 수 있다(딤후 2:23). 야고보도 말이 지닌 잠재적 파괴력과 관련해 유사한 경고를 했다(약 3:2-12).

실제로 크리스천들이 예수님을 증거하는 가장 중요한 방식은, 예수님이 주제가 아닐 때 동료들에게 어떤 식으로 말하느냐는 것이다. 세 마디의 험담이 삼천 마디의 찬양과 경건을 파괴시킬 수 있다. 그러나 자신의 말로 계속해서 격려하고, 감사하고, 존경하고, 돌봄을 증명해 보이는 크리스천들은, 비록 그들이 말로 예수님을 직접 언급하지 않더라도 예수님의 강력한 증인이 된다. '겸손한 자세'와 '판단하는 태도를 엄격하게 피하는 것'은 어리석고 무식한 변론을 피하는 가장 확실한 방법이다.

바울은 또한 디모데에게 '청년의 정욕을 피하고 의를 따르라'(딤후 2:22)라고 권면한다. 이 말에서 알 수 있듯이 대부분의 사람들이 자기 개인의 문제를 일터로 가져온다. 알코올 의존증과 약물 남용은 일터에 상당한 영향을 끼친다. 또한 "인터넷을 사용하는 근로자들 가운데 적지 않은 이들이 주중 근무 시간에 인터넷 포르노 사이트를 방문하고 …… 하루 중 포르노 사이트 방문자 수가 가장 많은 시간대도 근무 시간이다."[10]

크리스천 일꾼들에게 적용할 수 있는 또 다른 권면은 "주의 종은 마땅히 다투지 아니하고 모든 사람에 대하여 온유하며 가르치기를 잘하며 참으며 거역하는 자를 온유함으로 훈계"하라는 것이다(딤후 2:24-25). 크리스천 일꾼들은 이 서신에서 바울이 그리는 디모데의 모습 상당 부분을 힘써 닮아야 한다. 디모데에게 편지를 쓰는 바울은 그의 지지망이 되어 준다. 그렇다면 오늘날의 회사들은 일꾼들을 위해 어떤 종류의 지지망을 제공할 수 있을까?

▽ 딤후 3:1-9

지금이 말세의 고통의 때다

디모데후서의 마지막 4-5장은 주로 바울이 디모데에게 하는 당부와, 자신의 생애에 대한 회고, 그리고 구체적인 지시와 인사로 이루어져 있다. 이 가운데 직장생활에 간접적으로 적용 가능한 것들이 있다. 그러나 여기서 우리는 디모데후서 3장 1-9절 하나만 더 살펴볼 생각이다.

첫 구절은 그 단락 전체의 주제를 제시한다. '말세에 고통하는 때가 이를 것이다'(딤후 3:1). 그러나 그 뒤에 나오는 설명은 디모데가 이미 이런 말세를 살아가고 있다는 점을(딤후 3:2, 5) 분명히 한다. 신약에서는 그 "말세"가 이미 우리 모두에게 임해 있다고 분명하고도 일관되게 증언한다(행 2:17; 히 1:2; 약 5:3; 벧후 3:3) 크리스천들은 이 말세와 관련된 역경과 고난에 대비해야 한다. 뒤에 가서 바울은 "무릇 그리스도 예수 안에서 경건하게 살고자 하는 자는 박해를 받으리라"(딤후 3:12)라고 경고한다.

이것을 들으면, 힘든 환경 속에 있지만 1세기의 (혹은 오늘날 세계 여러 많은 지역의) 사회 현실보다는 훨씬 덜 위협적인 환경에서 일하는 크리스천들은 정신이 번쩍 들 것이다. 크리스천인 우리는 일에서 부당한 대우나 불의, 편견, 박해나 조롱당할 것을 예상해야 한다. 만약 우리가 이런 것들을 거의 경험하지 않고 있다면 마땅히 기뻐할 일이지만, 그렇다고 현재의 호의적인 근무 조건에 취해 잠들어 버려서는 안 된다. 직장에서 그리스도께 충실하다는 것 때문에, 사람들이 우리를 이상하게 쳐다보고 뒤에서 우리를 조롱하는 것보다 더 심한 결과가 나타날 날이 곧 올 것이다.

실제로 많은 근로자가 하나님의 말씀에 어긋나고 비윤리적으로 행동하라는 압력을 언제든지 받을 수 있다. 그런 경우에는 우리가 단지 "경건의 모양"(딤후 3:5)만 있는지, 아니면 그 이상을 소유하고 있는지 더욱 분명

하게 보일 것이다. 그 이상을 소유한다면 하나님께서 우리 곁에 서 계시
며 우리에게 힘을 주신다는 것을 알게 될 것이다(딤후 4:17).

디도서와
일

◇◇◇

디도에게 보낸 바울의 편지는 목회서신의 마지막 편지로, 디모데전
후서와 유사점이 상당히 많다(딛 1:5-9와 딤전 3:1-13을 함께, 딛 2:1-10과 딤전 5:1-
6:2를 함께 읽으라). 이 서신에서 바울은 디도를 그레데에 남겨 둔 것은 "남
은 일을 정리하게 하기 위함"(딛 1:5)이었다고 디도에게 상기시켜 준다. 디
모데처럼 디도도 거짓 교사들과 싸워야 했고, 올바른 리더십을 세워야
했으며, 사람들이 선행에 헌신하도록 확실히 해 두어야만 했다(딛 3:8, 14).

▽ 딛 2:11-3:11
하나님을 기쁘시게 하는 선행

우리는 이미 이 글 앞부분에서 디도서 1장 5-9절에 묘사한 리더의 자
질들과 디도서 2장 1-10절에 묘사한 교회 가족의 관계들을 살펴보았다.
바울은 이 서신의 나머지 상당 부분을 할애해서 하나님의 백성으로서 선
행을 위해 노력해야 한다는 비전을 제시한다. 이 비전은 분명히 크리스

천 일꾼들에게 적용되는 바, 곧, 교인들은 자신이 고용된 그 자리에서 선한 일에 열심을 내야 한다는 것이다. 당연히 선행은 자신이나 다른 사람들을 기쁘게 해 주기 위해서가 아니라 하나님을 기쁘시게 하기 위해 일하는 것을 의미한다.

선행은 이 세상 피조물 가운데 나타난 하나님의 목적을 이루게 한다. 그것은 세상을 더 나은 곳으로 만든다. 깨어진 세상을 구속해 내고, 사람과 사람끼리, 그리고 사람과 하나님을 화목하게 한다. 이런 유형의 헌신은, 단순히 돈이나 업무 평가를 위해 자신의 일을 잘 해내야겠다는 열정 이상으로 크리스천 일꾼을 이끌어 간다. 그러나 선행에 대한 이런 경건한 열정을 가지려면, 무엇이 이런 선행들을 가능하게 하며 왜 크리스천이 선행을 하는지 먼저 이해해야 한다. 디도서에 이 두 가지 의문을 충족시키는 답이 있다.

먼저 크리스천들은 하나님께서 "우리가 행한 바 의로운 행위로 말미암지 아니하고 오직 그의 긍휼하심을 따라"(딛 3:5) 우리를 구원하셨다는 것을(딛 3:5) 기억해야 한다. 일터든, 가정이든, 다른 어디서든, 우리가 하는 행위 덕분에 하나님과의 관계를 맺을 수는 없다. 우리는 그분의 "긍휼"을 노력으로 살 수가 없다. 그럼에도 불구하고 디도서는 하나님의 은혜가 우리 죄를 용서하셨을 뿐만 아니라, 우리가 '경건하지 않은 것과 이 세상 정욕을 다 버리고 신중함과 의로움과 경건함으로 이 세상에 살도록'(딛 2:12) 훈련시키신다는 것을 분명하게 가르쳐 준다. 예수님께서 자신의 전부를 주심으로 "모든 불법에서 우리를 속량하시고" 동시에 "우리를 깨끗하게 하사 선한 일을 열심히 하는 자기 백성이 되게 하려" 하셨다(딛 2:14).

디도서 3장 3-7절은 회심과 칭의에 부어지는 하나님의 긍휼을 다음 명령의 토대로 신자들에게 훌륭하게 설명한다. "너는 그들로 하여금 통

일하는 크리스천을 위한
서신서 · 요한계시록

치자들과 권세 잡은 자들에게 복종하며 순종하며 모든 선한 일 행하기를 준비하게 하며 아무도 비방하지 말며 다투지 말며 관용하며 범사에 온유함을 모든 사람에게 나타낼 것을 기억하게 하라"(딛 3:1-2).

구원을 허락하시는 하나님의 은혜는 순종하고 선한 일을 하는 (비록 불완전하기는 하지만) 경건한 삶을 살도록 도우신다. 매일 이런 실상을 기억한다면, 보다 유능한 그리스도의 종들이요, 피조 세계의 청지기들이 되지 않을까?

둘째, 디도서의 이 부분은 선행의 목적을 우리에게 상기시켜 준다. 선행은 다른 사람들의 필요를 채워 주고, 하나님이 창조하신 우리의 자리에 열매를 맺게 하려는 의도를 가진다(딛 3:14). 이것은 땅을 경작하고 그것을 생육하게 하라는 명령을(창 2:5, 15) 다시금 귀담아 듣게 해 준다.

선행은 하나님과 사람들을 섬기지만, 기본적으로 그것은 하나님이나 사람들로부터 호의나 호감을 얻기 위해 하는 게 아니다. 선행은 믿음에 따르는 필연적인 결과다. 그것은 "중생의 씻음과 성령의 새롭게 하심"(딛 3:5) 이후에 우리가 하나님께 보이는 반응이다. "우리로 그의 은혜를 힘입어 의롭다 하심을 얻어 영생의 소망을 따라 상속자가 되게 하려" 하셨다(딛 3:7). 그 결과 우리는 선한 일에 힘쓰게 되고, 이것은 아름다우며 사람들에게 유익하다(딛 3:8).

바울은 연설을 하거나, 전도지를 나눠 주거나, 또는 사람들에게 예수님 이야기를 하는 것이 아니다. 그는 다른 사람들이 보기에 사람들의 필요를 충족시켜 주는 행동이라는 일반적 의미에서의 선행을 얘기한다 일터에서라면 새로 들어온 신입 직원들을 성경 공부에 초청하는 것보다는 그들이 일을 잘 배우도록 도와주는 것과 같은 것을 의미하는 것이다.

더 나아가 "하나님의 말씀이 비방을 받지 않게"(딛 2:5), 그리고 "대적하는 자로 하여금 부끄러워 우리를 악하다 할 것이 없게"(딛 2:8) 경건한 행동을 장려한다. 긍정적으로 말하면, 크리스천들에게 경건한 행동을 장려하는 이유는 "범사에 우리 구주 하나님의 교훈을 빛나게" 하기 위해서다(딛 2:10). 올바른 교리는 선행을 이끌어 내고, 선행은 다시 하나님의 진리에 다른 사람들이 더 이끌리게 만든다. 그것이 바로 크리스천 일꾼들이 자신의 일에서 선행(그들이 입으로 선포하는 진리를 직접 실천하는 일)에 헌신하는 이유다. 이것은 크리스천들에 대한 사람들의 반감을 완화시켜 주고, 또한 비신자들에게 그리스도를 따르라고 호소하는 강력한 증언이 될 수 있다.

디도서 전체에 걸쳐 바울은 선행을 위한 실천적인 지침을 준다. 대부분은 직장에서 쉽게 적용할 수 있는 것들이다. 자기 조직의 가치나 훌륭한 관행을 찾고 있는 거의 모든 직장은 디도서를 그냥 잘라서 갖다 붙이는 것 같은 간단한 방법으로도 멋지게 시작할 수 있다. 바울의 조언은 다음과 같은 것들을 포함한다.

존중

- 모든 사람을 존중하라(딛 3:1).
- 남들을 잘 대접하라(딛 1:8).
- 친절하게 대하라(딛 2:5, 현대인의성경).
- 중요하지 않은 문제에 관한 분란에 개입하지 말라(딛 3:9).
- 고집대로 하거나 급히 화내거나 자기 의견만 내세우지 말라(딛 1:7, 8).
- 관리와 감독의 수단으로 폭력을 쓰지 말라(딛 1:7). 대신 온유함을 나타내라(딛 3:2).

절제

- 절제하라(딛 1:8; 2:6).

○ 더러운 이익을 탐하지 말라(딛 1:7).

○ 술의 종이 되지 말라(딛 1:7; 2:3).

○ 악의와 투기를 피하라(딛 3:3).

고결함

○ 고결하게 행하라(딛 1:8).

○ 선행을 사랑하라(딛 1:8).

○ 직장 상사에게 순종하라(딛 2:9).

○ 국가의 권세자들에게 복종하라(딛 3:1).

○ 타인의 물건을 존중하고(딛 2:10), 당신이 맡아서 관리하는 책무를 지고 있을 때는 그들을 위해 충성을 다해 그것을 관리하라(딛 2:5).

권위와 책임

○ 당신에게 주어진 권위를 행사하라(딛 2:15).

○ 신중하라(딛 1:8).

○ 거역하는 자들, 게으른 말쟁이들, 속이는 자들, 중상모략하고 의도적으로 개인적 분열을 조장하는 자들의 입을 막으라(딛 1:10; 2:3; 3:10). 그런 사람들을 엄하게 꾸짖으라(딛 1:13).

○ 이와 같은 미덕으로써 지도력을 발휘해 다른 사람들을 훈련시키라 (딛 2:2-10).

충분히 적용 가능한 이런 점들을 단순한 교리나 신조로 바꾸지 않도록 조심해야 한다. 예컨대 '신중하라'는 말은 분석만 하고 위험을 무릅쓸 시간은 절대 없다는 의미가 아니다. 또 '온유함을 나타내라'는 것은 절대 권력을 행사하지 말라는 뜻이 아니다. 이런 것들이 교회를 위한 고대 편지에서 현대 일터에 적용할 점들이다. 디도서에 나오는 이런 항목들은 교회와 일터 양쪽의 훌륭한 리더십에 딱 들어맞는 원칙과 가치들을 제공해 준다.

O
결론

    목회서신은 하나님 집에서의 조직과 관계와 리더십에 초점을 맞춘다. 하나님의 집은 가족에서 시작해 교회로 확장되고, 그리고 종종 일터에도 적용된다. 가족과 교회를 세우신 하나님께서 일 또한 창조하셨다. 하나님께서는 화평과 번성, 그리고 안정을 가져다주는 교회를 위한 질서를 세우셨다. 똑같은, 또는 대단히 유사한 질서가 다른 일터에도 동일한 복을 가져다줄 수 있다.

    어떤 기관이든지 첫째로 해야 할 일은 하나님의 성품과 그분의 창조를 제대로 이해하는 것이다. 어떤 일터든 업무 효과를 내려면 "진리의 기둥과 터"(딤전 3:15) 위에 기초를 세워야 한다. 그러기 위해서는 먼저 하나님의 선한 피조물인 인간이 얼마나 타락했는지 인식해야 한다. 더불어 세상 속에서 한결같은 하나님의 은혜, 세상과 그 사람들을 구속하시려는 그리스도와 교회의 사명을 알고, 하나님의 완벽한 질서 회복에 대한 약속의 진실을 깨달아야 한다.

    구속은 오로지 값없이 주시는 하나님의 선물로만 일어나며, 이런 이유로 우리가 온갖 종류의 선을 행하고자 하는 열망을 품고 또 선행할 수 있는 능력을 갖출 수 있는 것이다. 그렇게 함으로써 우리는 세상을 더욱 열매 맺는 곳으로 변화시켜 가고, 어려운 사람들을 섬기게 된다.

    목회서신은 리더십과 훌륭한 대인관계에 특별한 관심을 가지고 교회를 조직화하기 위한 여러 가지 진리의 시사점을 제시한다. 교회와 다른 기관들과의 차이점만 염두에 둔다면, 여기서 고려하는 내용은 교회 밖 직장에도 충분히 적용 가능하다.

또 항상 직접적이고 분명하게 목회서신을 직장에 적용하지 않는다 해도 기도하는 마음으로 일터에 적용한다면 이 서신에서 발견한 진리들은 현실에 질서를 부여하는 하나님의 방식을 나타낼 것이다. 그렇게 함으로써 "어떤 사람도 보지 못하였고 또 볼 수 없는"(딤전 6:16) 분께 영광을 돌리게 될 것이다.

08

히브리서 & 일의 신학

"믿음을 더 편한 삶과 맞바꾸지 말라"

○

서론

히브리서는 우리가 이 세상에서 하는 일의 가치를 이해하고, 일할 때 생기는 악을 이겨 내며, 일과 휴식 사이의 리듬을 찾고, 함께 일하는 사람들을 섬기고, 어려움을 견디며, 일터에 화평을 가져오고, 오래도록 일자리를 유지하고, 사람들을 대접하며, 생계 유지에 반드시 필요한 돈에 관한 태도를 기르고, 무엇보다 그리스도의 사랑이 부족하다고 흔히 생각하는 일터에서 충성스러움과 기쁨을 찾아낼 수 있도록 실질적인 도움을 준다.

이 책은 '예수님께 귀를 기울이라'는 메시지를 근간에 깔고 이야기를 이어 간다. 어떤 신자들은 메시아를 포기하고 옛날의 언약으로 되돌아가라는 압박을 받았다. 히브리서는 그들에게 세상을 창조하신 왕 예수님은 이 땅에 아주 분명한 결과들을 가져다주는, 더 새롭고 더 나은 언약을 시작하신 하늘의 완벽하신 대제사장이심을 상기시켜 준다.

예수님은 우리 죄를 대속하는 데 드려진 최후의 희생제물이시고, 일상에서 우리를 위하시는 최후의 중보자시다. 우리는 구원을 받기 위해서 다른 어떤 곳도 쳐다보지 말고, 오직 우리 자신을 그리스도께 맡기며, 우리를 변혁되고 새로워진 하나님의 도성에 데려다주실 때까지 그분께 순종해야 한다. 거기서 우리는 영원한 안식을 누릴 것이다. 그 안식은 '일하지 않는 것'이 아니라 7일 동안 세상을 창조하실 때 하나님께서 의도하셨던 일과 휴식이라는 사이클의 완성이다.

그리스도께서 세상을 창조하셨고 지금도 보존하고 계신다

히 1:1-2:8

◇◇

히브리서 신학의 토대는 그리스도께서 세상을 창조하셨으며, 지금도 그 세상을 보존하신다는 것이다. 그는 하나님의 아들이시고 '그로 말미암아 모든 세계를 지으셨다'(히 1:2). 그러므로 히브리서는 자신의 일터에서 창조라는 일을 하신 창조주 그리스도에 대한 책이다. 성부 한 분만을 창조주로 생각해 오던 일부 사람들에게 이것은 충격일 수 있다. 그러나 히브리서는 그리스도를 창조에서 성부의 대리인으로 명명하는 신약의 나머지 부분들과 맥을 같이한다(요 1:3; 골 1:15-17).[1]

그리스도께서 온전히 하나님이시며, "하나님의 영광의 광채시요 그 본체의 형상"(히 1:3)이시기 때문에 히브리서 저자는 그리스도와 성부 하나님을 번갈아 가며 창조주라고 언급할 수 있었다.

그렇다면 히브리서는 창조라는 일을 하시는 그리스도를 어떤 모습으로 그리는가? 그분은 건축가로서 땅의 기초를 놓고, 하늘들을 건설하신다. "주여 태초에 주께서 땅의 기초를 두셨으며 하늘도 주의 손으로 지으신 바라"(히 1:10). 게다가 '그의 능력의 말씀으로 만물을 붙드심으로써'(히 1:3) 현재도 그 피조 세계를 유지해 가신다. 그 "만물"에는 당연히 우리 인간도 포함된다. "집마다 지은 이가 있으니 만물을 지으신 이는 하나님이

시라"(히 3:4). "우리가 소망의 확신과 자랑을 끝까지 굳게 잡고 있으면 우리는 그의 집이라"(히 3:6). 하나님은 모든 창조 역사를 그분의 아들을 통해 하셨다. 이 사실은 창조가 하나님의 임재와 구원의 가장 중요한 장이라는 걸 확증해 준다.

일하시는 이미지의 하나님은 히브리서 전체에 계속해서 나타난다. 그분은 하늘의 장막을 펴고 치시며(히 8:2; 여기서의 암시가 9장 24절에 나타난다), 모세가 지은 성막의 모형 또는 청사진을 건축하셨고(히 8:5), 한 성을 설계하고 세우셨다(히 11:10, 16; 12:22; 13:14). 그분은 법정의 재판관이요 집행관이시다(히 4:12-13; 9:28; 10:27-31; 12:23). 또한 군대 사령관이시며(히 1:13), 부모요(히 1:5; 5:8; 8:9; 12:4-11), 자기 집안을 정돈하는 주인이시며(히 10:5), 농부요(히 6:7-8), 기록자이시며(히 8:10), 상 주시는 분이시며(히 10:35; 11:6), 의사이시다(히 12:13).[2]

시편 102편을 인용한 히브리서 1장 10-12절은 창조주와 피조물 간의 대조를 보여 준다.

> 또 주여 태초에 주께서 땅의 기초를 두셨으며 하늘도 주의 손으로 지으신 바라 그것들은 멸망할 것이나 오직 주는 영존할 것이요 그것들은 다 옷과 같이 낡아지리니 의복처럼 갈아입을 것이요 그것들은 옷과 같이 변할 것이나 주는 여전하여 연대가 다함이 없으리라 하였으나.

이 세상에서의 삶이 갖는 일시성과, 새 하늘과 새 땅에 영원히 있을 하나님의 도성을 추구해야 할 필요성을 동시에 강조하는 말씀이다. 그럼에도 불구하고 히브리서 1장 10-12절 말씀은 우주의 덧없음보다는 주님의 능력과 그분의 구원을 강조한다.[3] 하나님은 창조 세계 안에서 지금도 일하고 계신다.

사람은 하나님이 창조하신 산물일 뿐 아니라, 동시에 하나님과 함께하는 하부 창조자들(또는 공동 창조자들)이다. 그분의 아들처럼 우리도 세상에 질서를 부여하라는 일로 부름을 받았다. "사람이 무엇이기에 주께서 그를 생각하시며 인자가 무엇이기에 주께서 그를 돌보시나이까 그를 잠시 동안 천사보다 못하게 하시며 영광과 존귀로 관을 씌우시며 만물을 그 발 아래에 복종하게 하셨느니라"(히 2:6-8; 이 내용은 시편 8편을 인용한 것이다).[4]

사람을 창조 사역의 참여자로 간주하는 것이 이치에 맞지 않는다 생각하는 이들을 위해 히브리서는 '예수님은 그들을 형제라 부르시기를 부끄러워하지 아니하셨다'(히 2:11)는 사실을 상기시켜 준다. 따라서 우리가 하는 일은 하나님의 일을 닮아야 한다. 거기에는 영원히 사라지지 않는 가치가 있다. 우리가 컴퓨터, 비행기, 셔츠를 만들고, 신발을 팔고, 대출 계약을 하고, 농산물을 수확하고, 자녀를 양육하며, 도시나 지방이나 국가를 다스리거나 또는 온갖 종류의 창의적인 일을 할 때, 하나님께서 자신의 창조물 안에서 하시는 일과 나란히 일을 하는 셈이다.

요점은 창조의 최고 책임자는 예수님이시요, 우리가 그분 안에서 일할 때만 하나님과의 교제를 회복할 수 있다는 것이다. 나아가 이로써 우리는 이 땅에서 하나님의 대리 통치자로서의 위치를 회복할 수 있다. 창조된 우리 사람의 운명은 예수님 안에서 이뤄지고 있으며, 그분 안에서 우리는 우리가 하는 모든 일의 모범(히 2:10; 12:1-3), 공급하심(히 2:10-18), 끝, 그리고 소망을 찾을 수 있다. 다만 우리는 바로 우리의 실존을 위협하는 (무의미함을 포함해) 죽음과 좌절로 얼룩진 시간의 한복판에서 그렇게 하는 것이다(히 2:14-15). 히브리서는 '아직은 우리가 만물이 그에게 복종하고 있는 것을 보지 못하고 있다'(히 2:8)는 사실을 인정한다. 지금은 악의 세력이 강력하다.

이 모든 것은 히브리서가 말하는 하늘과 "오는 세상"(히 2:5)을 이해하는 데 반드시 필요한 사실들이다. 히브리서는 두 개의 다른 세상, 곧 물질로 된 악한 세상과 영으로 된 좋은 세상을 대조시키는 게 아니다. 하나님의 선한 창조가 악에게 굴복했으므로, 다시 온전한 선을 이루기 위해서는 회복이 시급하다는 점을 인정한다. 하나님은 인간의 영혼뿐만 아니라 창조된 모든 것을 구속하고 계신다. "하나님께서 만물을 사람에게 복종시키심으로써, 그에게 복종하지 않는 것이라고는 아무것도 없게 하신 것입니다"(히 2:8, 새번역).

타락으로 고통받는 세상
히 2:14-3:6

비록 그리스도께서 세상을 완전히 선하게 창조하셨지만, 그 세상은 오염되었고 "죽음의 세력을 잡은 자 곧 마귀"(히 2:14)에게 복종하게 되었다. 히브리서는 이런 일이 어떻게 일어났는지는 말하지 않지만, "죽기를 무서워하므로 한평생 매여 종 노릇 하는 모든 자들을 놓아주려 …… 오직 아브라함의 자손을 붙들어 주려"(히 2:15-16) 하나님께서 행하시는 일은 매우 자세하게 말한다. 이 후손에는 이삭(유대인들)과 이스마엘(이방인들)을 통한 아브라함의 후손이 다 포함된다. 다시 말하면 모든 사람을 다 가리키는 것이다. 히브리서가 던지는 질문은 "어떻게 하나님께서 사람을 악과 사망과 마귀에서 해방시키실 것인가?"이다. 그리고 그 대답은 이렇다.

"위대한 대제사장이신 예수 그리스도를 통해서 하신다!"

히브리서 중심부(5-10장)에 도달하면, 예수님의 제사장직을 자세하게 살펴볼 것이다. 히브리서 시작 부분을 보면 예수님께서 하신 창조의 일과 그분의 제사장직이 서로 분리되어 있지 않음을 강조한다. 히브리서는 "주여 태초에 주께서 땅의 기초를 두셨으며 하늘도 주의 손으로 지으신 바라"(히 1:10)라는 것과 그 결과 '죽음을 통하여 죽음의 세력을 잡은 자 곧 마귀를 멸하신다'(히 2:14)는 것을 하나로 합쳐 놓았다. 이는 그리스도께서 창조와 구속이라는 두 가지 일을 다 하시는 하나님의 대리인이라는 것을 시사한다. 그리스도께서 맡은 창조 사역은 인간의 타락 이후 '한평생 매여 종 노릇 하는 모든 자들을'(히 2:15) 해방시키시는 것이었다. 그리하여 그리스도는 스스로를 '백성의 죄를 속량하는'(히 2:17) 제물이 되도록 이끌어 가셨다.

우리의 일터들이 하나님의 원래 의도에서 얼마나 벗어나 있는가? 어떤 일터들은 세상에 가득한 악을 억제하기 위해 존재하기도 한다. 범죄 억제를 위해 경찰이 필요하고, 평화 회복을 위해 외교관이 필요하며, 질병을 고치기 위해 의료전문가들이 필요하고, 사람들을 하나님께로 돌이키기 위해 전도자들이 필요하며, 사고 난 차량 정비를 위해 자동차 정비소가 필요하고, 부패를 찾아내기 위해 탐사보도 언론인들이 필요하고, 노후해 가는 다리를 보수하기 위해 기술자들이 필요하다.

그리고 모든 일터가 타락 때문에 심하게 고통받는다. 잘못된 경영과 노사 갈등, 험담, 학대, 차별, 게으름, 탐욕, 진실하지 않음, 그 외 크고 작은 수많은 문제들이 우리의 일을 방해하고, 모든 방향에서 우리의 관계를 어그러뜨린다. 이럴 때 우리 하나님은 자신의 피조물을 포기하시거나 또는 인간을 그것에서 분리시킴으로써 해결하지 않으신다. 그것을 완전히 변혁시키는데, 다만 본질적인 선 안에서 재창조하신다. 이 목적을 달성하기 위해서 하나님께서는 자신이 세상의 창조주이셨던 그대로 아들을 세상에 보내셔서 세상 안에 성육신하게 하셨다.

일터에서 우리는 그분의 창조를 유지하고 동시에 회복시키기 위해 '하늘의 부르심을 함께 받은 그리스도의 거룩한 동역자들'(히 3:1)이 된다. 이것으로 에덴 동산에서 시작된 창조의 일을 대체하는 것이 아니다. 오히려 그것을 조화시키며 거기에 더하는 것이다. 창조와 구속의 일은 동시에 일어나며, 이는 그리스도께서 다시 오셔서 악이 없어질 때까지 서로 얽혀 있다.

광야 생활
: 새로운 세상으로의 여정
히 3:7-4:16

창조가 하나님께서 그리스도 안에서 하신 선한 일인 것 못지않게, 거기에는 아직도 현재의 깨어진 세상과 앞으로 올 영광스러운 세상 간의 너무도 현격한 차이가 있다. 히브리서 2장 5절에서 저자는 자신의 대주제를 "우리가 말하는 바 장차 올 세상"으로 설명한다. 이것은 만물이 안벽해질 때에 하나님에 의해 완전하게 될 창조가 이 책 전체의 기본 초점이라는 것을 시사한다. 히브리서 3장과 4장을 관통하는 '안식일의 안식'에 대한 장황한 토론이 이를 뒷받침한다.

히브리서는 책 전체에 걸쳐 구약 본문을 책의 출발점으로 삼는다. 이

번 경우에는 출애굽기 이야기에서 내용을 가져와 '안식일의 안식' 사상을 설명한다. 출애굽기의 이스라엘처럼 하나님의 백성들도 구원이라는 약속 지점을 향해 순례하는 여정에 있다는 것이다. 이스라엘의 경우 그 지점은 가나안이었다. 우리의 경우, 그것은 완전해진 창조 세계다. 히브리서 4장 9-10절에 나오는 안식일의 안식은 단순히 '일을 쉬는 것'일 뿐 아니라(히 4:10) 안식일을 축하(celebration)하는 것이기도 하다(히 12:22).[5]

구약 이야기를 계속해 나가면서 히브리서는 여호수아의 지휘 아래 이루어졌던 가나안 땅의 정복을 앞으로 올 세상에서 우리가 누릴 최후의 안식에 대한 하나의 추가 표식으로 삼는다. 여호수아의 안식은 불완전했으며, 오직 그리스도를 통해서만 오는 성취가 있어야 한다. "만일 여호수아가 그들에게 안식을 주었더라면 그 후에 다른 날을 말씀하지 아니하셨으리라"(히 4:8).

여기 적어도 두 가지 핵심이 있다. 첫째, 이 세상에서의 삶에는 어려움이 있을 것이라는 점이다. 출애굽기 이야기의 핵심인 여정(journey)이라는 개념이 이를 암시한다. 여행을 해 본 사람이라면 누구나 여정에는 엄청난 수고가 따른다는 것을 안다. 히브리서는 단지 안식뿐 아니라 또한 그 안식을 둘러싼 일도 서술하기 위해 안식일을 모티프로 사용한다. 당신은 6일간 일하고 7일째 쉰다. 마찬가지로 당신은 인생 여정 동안에 그리스도 안에서 열심히 일하고, 그런 다음 하나님 나라가 이루어질 때 그리스도 안에서 안식한다.

물론 히브리서는 다른 어떤 것도 하지 말고 오로지 일만 해야 한다고 말하지 않는다. 잠시 뒤 보겠지만 쉴 때도 있다는 것을 암시한다. 또한 이 책은 그리스도의 나라가 완전히 이루어지면 모든 활동이 끝난다고 말하지도 않는다. 다만 크리스천은 지금 여기서 해야 할 일이 있다는 것, 그것이 요점이다. 우리는 광야에 털썩 주저앉아 편히 쉬면서 하나님께서 나타나셔서 우리 삶을 완전케 해 주시길 기다리면 안 된다. 하나님께서는 이 깨어진 세상을 태초에 의도하셨던 그 세상으로 되돌리기 위해 그리스도 안에서 지금도 일하신다. 우리는 이 장엄한 일에 참여하라는 초청을 받은 특권자들이다.

두 번째 요점은 매주 안식일의 안식을 누리고 예배하는 것과 관련이 있다. 히브리서 저자가 매주 돌아오는 안식일을 확정하지도 않고, 또 정죄하지도 않으면서 의문을 품지 않는다는 점에 주목하자. 그는 독자들이 어떤 식으로든 안식일을 지키리라고 확신했을 가능성이 크지만, 그저 추측만 할 뿐 현대 우리가 그 사실을 확실히 알 수는 없다. 히브리서에서 매주 갖는 안식의 가치는, 다가오는 하나님 나라를 위한 그 안식의 가치가 어떠하냐에 달려 있었다.

현재 갖는 이 안식이 장차 우리가 누릴 안식에 대한 하나님의 약속과 더 긴밀하게 우리를 연결시켜 주는가? 그것이 우리의 인생 여정을 지탱시켜 주는가? 지금 안식일을 지키는 것이 영원의 때에 가서 완성될 것으로 알고 있는 그 기쁨을 지금 누리게 하는 믿음의 행위인가? 어쨌든 안식일을 정한 까닭은 한 주의 삶에 예배와 안식이라는 종지부를 찍음으로써 우리의 일이 목적이 있는 활동임을 주지시키기 위해서다. 우리의 수고가 어떤 지향점에도 도달하지 못하게 만드는, 고된 일의 끝없는 반복을 멈춰야 한다.

이런 관점에서 볼 때, 우리가 매주 반복해서 하는 일은 (안식일 하루처럼 6일 모두가) 영적인 깨달음의 실천이 될 수 있다. 경기 침체, 경영 부실, 험담하는 직장 동료들, 감사할 줄 모르는 가족들, 부당한 임금 등으로 자기 일이 저주스럽기까지 한 상황이 닥칠 수 있다(창 3:16-19). 이때 우리는 하나님의 집이 그분의 인간 소작인들 때문에 심하게 손상을 입었다는 사실을 깨닫게 되고, 그 집이 완전히 회복될 날을 소망한다. 일이 잘돼 나갈 때도 있다. 그럴 때면 우리는 하나님의 창조와 그 안에서 우리가 하는 일은 선하며, 우리가 하는 일이 이 세상을 향한 그분의 계획을 더욱 확장해 나가는 것임을 기억한다. 그리고 우리의 안식일에 우리는 예배하고 참안식을 누린다.

그리스도,
우리의 위대하신 대제사장
히 5:1-10:18

'예수 그리스도께서 우리의 위대하신 대제사장'이라는 주제가 히브리서 전체를 주도한다. 히브리서 저자는 시편 110편을 지침으로 삼아 메시아가 '멜기세덱의 반차를 따르는 제사장이 되도록' 되어 있었으며(히 5:6), 이 제사장직은 이스라엘 백성들의 종교 생활을 감독해 왔던 레위인들의 제사장직보다 더 뛰어나다고 주장한다.

히브리서에 따르면, 옛 언약 아래 일하던 옛날의 제사장은 진짜로 죄를 없애지는 못했고, 불완전하고 죽을 수밖에 없었던 제사장들에 의해 끝없이 드려지던 희생제사로 사람들이 죄를 깨닫게 하는 역할만 할 수 있었다. 반면에 예수님의 제사장직은 단번에 영원히 확정적인 제사를 드렸고, 항상 우리를 위해 중보하시는 중보자를 우리에게 제공해 주었다. 이에 여기에서는 희생(sacrifice)과 중보(intercession)라는 이 두 주제가 우리 일에 어떤 시사점을 던져 주는지 집중적으로 살펴보려고 한다.

하나님을 섬길 수 있는 자유를 얻다

예수님은 자기를 희생하심으로 인간의 죄를 영원히 없애는 데 성공하셨다. "오직 그리스도는 죄를 위하여 한 영원한 제사를 드리시고 **하나님 우편에 앉으사** 그가 거룩하게 된 자들을 한 번의 제사로 영원히 온전하게 하셨느니라"(히 10:12, 14). "그는 저 대제사장들이 먼저 자기 죄를 위하고 다음에 백성의 죄를 위하여 날마다 제사 드리는 것과 같이 할 필요가 없으니 이는 그가 단번에 자기를 드려 이루셨음이라"(히 7:27). 죄를 완전히 속죄한 이야기는 '그리스도께서 하신 일'로 종종 언급한다.

죄 용서는 (우리 일터에는 전혀 시사할 게 없는) 순전히 교회의 일 또는 영적인 일이라 생각할 수도 있다. 하지만 전혀 그렇지 않다. 오히려 그 반대로, 예수 그리스도의 확정적 희생제사는 크리스천들이 삶의 모든 영역에서 열정적으로 하나님을 섬기는 삶을 살도록 그들을 해방시켜 주겠다고 약속한다. 본문은 히브리서 10장 16절에서 용서의 윤리적인 즉, 실질적인 결과들을 강조해서 보여 준다. "내 법을 그들의 마음에 두고 그들의 생각에 기록하리라." 다시 말해 용서받은 우리는 하나님의 뜻을 행하고자 하는 소원을 (우리 마음속에) 갖게 되며 (우리 생각 속에) 그렇게 할 수 있는 지혜와 비전과 능력을 받으리라는 말이다.

어떻게 해서 이렇게 되는가? 많은 사람들이 교회 활동을 마치 이스라엘 백성들이 옛 언약의 의식들을 대하는 것과 거의 같은 걸로 본다. 그런 사람들의 계산법에 따르면, 하나님께서 종교적인 것들에 관심을 가지시므로 우리가 하나님 편이 되고자 한다면 그런 일을 해야 한다는 것이다. 교회에 가는 것이 그런 요구를 충족시키는 쉬운 방법인데, 매주 그렇게 해야만 마법 효과가 떨어지지 않는다는 단점이 있다. 소위 기쁜 소식은 일단 우리가 그런 종교적 요구들을 충족시키고 나면, 하나님에 대해 크게 걱정하지 않으면서 우리가 하고 싶은 일을 마음껏 할 자유가 생긴다는 것이다. 물론 가증스런 일은 하지 않을 테지만 다음 주에 다시 교회에 나가 우리의 바구니를 하나님의 은혜로 다시 채우기 전까지는 마음대로 해도 된다.

그런데 히브리서는 하나님에 대한 그런 견해를 전혀 쓸모없는 것으로 취급한다. 레위인 중심의 제사장 제도가 하나님 백성들의 유익을 위한 하나의 제도긴 했지만, 그것은 원래 그 자체를 뛰어넘어 장차 있을 그리스도의 확정적인 희생제사를 가리키려는 의도가 항상 있었다. 그것은 마법적인 은총의 시혜가 아니라 여정을 위한 간이 휴게였다. 이제 그리스도께서 오셨고 우리를 대신해 자신을 드리셨기 때문에, 우리는 직접 하나님의 은혜를 통해 진짜 죄 용서를 경험할 수 있게 되었다.

의식을 통해 영원히 정결하게 만들려는 노력은 이제 아무 의미가 없다. 종교적인 활동을 함으로써 하나님의 은혜로 채울 필요가 있는 (또는 채울 수 있는) 바구니는 우리에게 없다. 그리스도와 그의 희생제사를 믿음으로 우리는 하나님과 바른 관계를 형성할 수 있다. 히브리서 10장 5절은 그것을 다음과 같이 명료하게 말한다. "그러므로 주께서 세상에 임하실 때에 이르시되 하나님이 제사와 예물을 원하지 아니하시고 오직 나를 위하여 한 몸을 예비하셨도다."

물론 이들 가운데 그 어느 것도 크리스천들이 교회를 가지 말아야 한다거나, 또는 기독교 예배에서 그런 예식들을 위한 자리는 없다는 뜻은 아니다. 그렇다 하더라도 정말 중요한 것은, 그리스도의 희생이 완성되었기 때문에 우리가 드리는 예배가 우리 삶과 동떨어진 종교적 행위가 되어서는 안 된다는 점이다. 오히려 그것은 주님과 우리를 새롭게 연결해 주고, 우리의 양심을 깨끗하게 해 주며, 우리의 의지를 성화시켜 주고,

그 결과 우리가 어디에 있든 그 자리에서 매일매일 하나님을 섬길 수 있게 해방시켜 주는 "찬송의 제사"다(히 13:15).

우리는 섬김을 위해 성화되고 있다. 그리스도는 "하나님이여 보시옵소서 두루마리 책에 나를 가리켜 기록된 것과 같이 하나님의 뜻을 행하러 왔나이다"(히 10:7)라고 말씀하신다. 섬김은 하나님이 주시는 용서에 필연적으로 따라오는 결과다. "하물며 영원하신 성령으로 말미암아 흠 없는 자기를 하나님께 드린 그리스도의 피가 어찌 너희 양심을 죽은 행실에서 깨끗하게 하고 살아 계신 하나님을 섬기게 하지 못하겠느냐"(히 9:14).

그러면 역설적이게도, 그리스도의 제사장다움에 초점을 맞춘 하늘의 일은 굉장히 현실적이고 실용적인 섬김으로 우리를 이끌 것이다. 그리스도께서 궁극적으로는 하늘뿐 아니라 땅까지 새롭게 하기 위해(히 12:26; 계 21:1) 드리신 희생제사는 여기 이 땅 위에서 효과가 나타났다. 마찬가지로 우리 각자가 여기서 수행하는 섬김도 매일매일의 삶에서 오는 험난한 부침(浮沈) 가운데서 이루어진다. 그러나 우리는 예수님께서 우리보다 먼저 가셔서 우리가 현재 겪는 여정을 마치셨다는 확신을 가지고 이 세상을 걸어가며 일하고 있다. 이 같은 확신 덕분에 삶의 모든 영역에서 우리가 그분을 위해 하는 모든 수고가 헛되지 않을 것이라는 믿음 또한 더욱 견고해진다.

▽ 히 7:1-10:18
우리를 뼛속 깊이 헤아리시는 중보자

고대 이스라엘에서 제사장들은 백성들을 위해 제사를 드렸을 뿐만 아니라, 중보기도를 올리기도 했다. 그래서 예수님께서 하나님의 보좌 앞에서 우리를 위해 기도하시는 것이다. "그러므로 자기[예수]를 힘입어 하나님께 나아가는 자들을 온전히 구원하실 수 있으니 이는 그가 항상 살아 계셔서 그들을 위하여 간구하심이라"(히 7:25). '그리스도께서는 …… 바로 그 하늘에 들어가사 이제 우리를 위하여 하나님 앞에 나타나셨다'(히 9:24).

우리는 계속해서 죄를 짓고 하나님에게서 멀어지며 그분의 기준에 미치지 못한다. 그러므로 우리는 예수님을 "항상" 우리를 대신해 하나님 앞에서 중보하시는 분으로 삼아야 한다. 하나님 보시기에 우리의 행위는 부끄럽고 한편 악할 수도 있다. 하지만 하나님의 보좌 옆에 계신 예수님이 사랑의 말씀으로 우리를 대변하신다.

한 젊은 엔지니어가 국유기업인 고속도로공사 사장을 만나라는 연락을 받았을 때 느낄 두려움을 상상해 보라. 그 사람은 무슨 말을 할 수 있을까? 맡아서 진행 중인 공사의 공기가 늦어진 데다 예산도 초과 사용 중이어서 더욱 두려운 상황이다. 그러던 차에 그를 아끼는 멘토인 자기 상사가 그 모임에 동행할 것이라는 소식을 듣는다. 게다가 알고 보니 자기 상사와 고속도로공사 사장은 대학 시절까지 거슬러 올라가는 오랜 친구였다는 것이 드러난다. "걱정하지 마!" 그 멘토는 엔지니어를 안심시켜 준다. "내가 다 처리할게." 고속도로공사 사장의 친구가 보는 앞에서 그 사장 앞에 간다면 젊은 엔지니어는 훨씬 자신감을 갖게 되지 않을까?

히브리서는 예수님이 대제사장임을 강조할 뿐 아니라, 우리와 연대하고 계시는 대제사장임을 강조한다. "우리에게 있는 대제사장은 우리의 연약함을 동정하지 못하실 이가 아니요 모든 일에 우리와 똑같이 시험을 받으신 이로되 죄는 없으시니라"(히 4:15). 앞에서 논의한 구절로 되돌아가 보면, 예수님께서는 하나님께 "나를 위하여 예비하신 그 한 몸"(히 10:5)에 대해 말씀 드리신다. 그리스도는 진짜 인간의 몸으로 오셨고, 우리들 가운데 한 사람으로 똑같은 삶을 진짜로 품으셨다.

저자는 이렇게 추론한다. 충성스런 대제사장이 되시기 위해, 예수님께서는 사람들을 연민을 가지고 볼 수 있어야 했다. 사람들이 경험하는 것을 본인이 직접 경험하지 못하셨더라면 그렇게 하실 수 없었을 것이다. 그래서 그는 아주 조심스럽게 예수님께서 순종을 배우셨다고 기술한다. '그가 아들이시면서도 받으신 고난으로 순종함을 배우셨다'(히 5:8). 이는 우리가 그러는 것처럼 예수님께서 하나님에 대한 불순종을 그침으로써 순종을 배우셨다는 뜻이 아니다. 예수님이 대제사장으로서의 자격을 얻기 위해 직접 고난과 유혹을 경험할 필요가 있었음을 의미한다.

다른 구절들도 비슷한 용어를 써서 같은 요점을 말한다. 예수님의 고난이 그분을 '온전하게 만들었다'(히 2:10; 5:9; 7:28)는 내용이다. 여기서 말하는 '온전함'의 뜻은 단지 '결점이 없음'(flawless)을 뜻할 뿐 아니라 '완전함'(complete)도 의미한다. 예수님께서는 이미 흠이 없으셨다. 그러나 우리의 대제사장이 될 자격을 얻기 위해서, 또 그 직무를 수행할 수 있도록 완전해지기 위해 그런 고난들이 필요하셨던 것이다. 이 방법 말고는 이 세상에서 우리가 매일매일 고생을 하고 있을 때 도대체 어떻게 그분이 진정으로 우리와 이어질 수 있단 말인가?

여기서 가장 위로가 되는 것은 이 고난과 배움이 예수님의 일이라는 배경하에서 일어났다는 점이다. 예수님은 공감하지 못한 채 임상적인 방법으로 세상을 '배워 가는' 단순한 신학적 박애주의자 유형의 사람으로 오신 게 아니다. 또한 갑작스럽게 방문 비자를 가지고 관광객으로 오신 것도 아니다. 그분은 인간의 진짜 일을 포함한 인간의 진짜 삶이라는 피륙 속으로 자신을 짜 넣으셨다. 그렇기 때문에 우리는 우리 일에서 곤경에 처하면, 우리가 겪는 모든 일을 그가 친히 알고 계신다는 확신을 가지고, 우리를 동정해 주시는 대제사장께로 돌아설 수 있다.

믿음으로
산다는 것
히 10-11장

✕✕

예수님을 따르기란 사실 어려운 일이며, 그분께서 약속하신 것은 마지막에 반드시 이루어진다는 믿음만이 우리를 계속 전진하게 해 줄 수 있다. "믿음은 바라는 것들의 실상이요 보이지 않는 것들의 증거"다(히 11:1). 현재 상황에서는 그렇지 않은 것처럼 보여도 하나님께서 하신 약속들은 진실인 것을 우리는 믿어야 한다.

이 구절을 보다 정확히 번역하면 믿음의 실제적 중요성을 깨닫는 데 도움이 된다. "믿음은 바라는 것들의 realization(깨달음/실현)이고 보지 못하는 것들의 증명이다."⁶ 여기서 'realization'은 매우 적절한 번역인데, 이 영어 단어가 갖는 이중적 의미가 히브리서 11장에서 제시된 믿음의 사례들 사이의 미묘한 차이를 완벽하게 포착해 내기 때문이다. realization(깨달음)은 우리가 마침내 상황을 분명하게 보게 되는 것을 말한다. 마침내 이해하는 것이다. 그러나 realization(실현)은 우리가 바라던 것이 마침내 이루어져서 현실이 되는 상황도 의미한다. 히브리서 11장의 믿음의 영웅들은 바라던 것을 깨닫기도 하고 실현하기도 한다. 해당 구절의 후반부를 보면, 그들은 하나님이 하신 말씀을 너무나 확신한 나머지 그것을 증명하는 방식으로 행동한다.

히브리서는 노아, 아브라함, 모세, 그리고 구약의 다른 인물들의 실제 예들을 보여 준다. 그들은 모두 그들이 현재 경험하는 것보다 더 나은 무언가에 대한 하나님의 약속이 성취되기를 갈망했다. 노아는 홍수를 넘어선 의로운 세상에 대한 믿음이 있었다. 그 믿음 때문에 자기 가족을 구원하기 위한 방주를 지었다(히 11:7). 아브라함은 다가오는 하나님 나라(또는 "도성")에 대한 믿음이 있었다(히 11:10). 그렇기에 어디로 가는지도 모르면서 하나님께서 그에게 약속해 주신 땅을 향해 여정을 떠났다(히 11:8-12).

모세는 바로 왕의 딸의 아들로서 받을 수 있는 즐거움보다 더 큰, 그리스도 안에서 누리는 생명을 믿는 믿음이 있었다. 그 믿음을 이해하는 것이란, "하나님의 백성과 함께 고난받기를 잠시 죄악의 낙을 누리는 것보다 더 좋아하고 그리스도를 위하여 받는 수모를 애굽의 모든 보화보다 더 큰 재물로"(히 11:25-26) 여기는 것이었다. 이런 소망과 약속들은 그들이 살아 있는 동안에는 완전하게 이뤄지지 않았다. 그럼에도 그들은 이미 그것을 성취시켜 주는 하나님의 능력을 경험하기라도 하는 듯이 매일을 살았다.

이런 믿음은 그냥 소원을 담은 생각이 아니다. 그것은 "죽은 행실을 회개"(히 6:1)하는 마음과 "사랑과 선행"에서의 인내(히 10:24)를 결부시켜 성경에 나오는 하나님의 자기 계시를 진지하게 받아들이는 것이며(히 8:10-11), 악이 만연한 세상에서 하나님의 일하심을 보는 능력이다(히 11:3). 믿음은 성령님에게서 온 선물인데(히 2:4), 우리 자신의 의지력으로는 절대 그런 믿음을 붙들 수 없기 때문이다.

이것은 이 땅에서의 더 편한 삶과 바꾸기 위해 그리스도에 대한 소망을 던져 버리라는 유혹을 받던 히브리서 독자들에게 아주 중요한 메시지였다. 그들은 미래의 영광은 생각지 못하고 현재의 궁핍한 모습만을 바라보았다. 이 책이 주는 권면의 말들은 하나님의 약속이 더 오래가고, 더 영광스러우며, 지금 여기서의 일시적인 쾌락보다 훨씬 더 실질적이라는 것이다.

만약 하나님께서 주신 믿음을 실현시키려 한다면, 우리는 미래에 대한 하나님의 약속과 오늘이라는 현실 사이의 긴장 가운데서 일을 해내야만 한다. 한편으로 우리는 우리가 하는 모든 일의 일시성과 한계성을 충분히 인식해야 한다. 그러면 바랐던 대로 일이 안 된다고 해도 우리는 놀라지 않을 것이다. "이 사람들은 다 믿음으로 말미암아 증거를 받았으나 약속된 것을 받지 못하였으니"(히 11:39).

선을 행하려 최선을 다하지만 주어진 환경 때문에 혹은 사람들이 고의적인 악행으로 방해하는 상황이 발생한다. 이 때문에 슬플 수도 있다. 하지만 우리는 앞으로 다가올 하나님의 도성을 바라보기에 절망에 빠지지 않는 것이다.

때로는 우리 자신의 연약함 때문에 우리의 일이 위협을 받기도 한다. 우리는 과녁에서 빗나갔다. 히브리서 11장 32절에 나오는 명단을 살펴보라. 그들은 실패했고, 더러는 처절한 실패를 경험했다. 장군으로서 바락의 소심함을 인간의 눈으로 읽는다면(삿 4:8-9), 그에게서는 믿음을 전혀 찾아볼 수 없다. 그러나 하나님께서는 그분의 눈으로 그들의 믿음을 보시며, 그들의 업적에 따라서가 아니라 하나님의 은혜로 그들의 일을 평가하신다. 우리도 넘어졌을 때 이것을 보고 용기를 낼 수 있다. 혹시 동료에게 심한 말을 했거나, 학생을 오래 참아 주지 못했거나, 가족에게 책임을 다하지 않았거나, 해야 할 일을 제대로 하지 못했을 수도 있다. 그렇지만 하나님께서 우리의 약함과 실패 가운데서도 세상에 대한 그분의 의도를 이루실 수 있는 능력이 있다는 믿음이 우리에게는 있다.

다른 한편으로는 우리가 앞으로 다가올 하나님의 도성에 정확하게 초점을 맞추고 있기 때문에 우리는 우리가 하는 매일의 일과 삶의 모든 영역에서 가능한 한 최대로 그 도성의 방식에 합당하게 살려고 애를 쓴다. 히브리서에 나오는 믿음의 영웅들은 온갖 종류의 일터에서 그들의 신앙을 실현시켰다. 그들은 "믿음으로 나라들을 이기기도 하며 의를 행하기도 하며 약속을 받기도 하며 사자들의 입을 막기도 하며 불의 세력을 멸하기도 하며 칼날을 피하기도 하며 연약한 가운데서 강하게 되기도 하며 전쟁에 용감하게 되어 이방 사람들의 진을 물리치기도"(히 11:33-34) 한 사람들이었다.

하나님의 우주적인 건축과 관련된 히브리서에 딱 맞는 예로 어떤 건축가를 생각해 보자. 이 사람은 다가오는 하나님 나라에서의 삶에 분명한 비전이 있다. 그는 그 나라가 공의와 조화로운 관계와 영속되는 아름다움을 특징으로 한다는 것을 안다. 믿음의 사람으로서 그는 현재에 이 비전을 실현시키고자 애쓴다. 그는 집 짓는 일에서 원자재를 구하는 청지기직을 수행하면서, 아름답지만 사치하지 않는 집을 만들어 낸다.

그는 장차 올 하나님 도성의 특징이 될 관심과 존중으로 고객과 하청업체 직원들, 인부들을 대한다. 그는 지상의 집에 기대하는 고객들의 소망에 귀를 기울이고, 제한된 돈과 자재를 이용해 그런 소망들을 실현시켜 주려고 애씀으로써 자기 고객들에게 하늘에 속한 사랑을 보여 준다. 고풍스러운 난방 장치를 욕실에 설치하려고 했더니 딱 5센티미터가 길어 안 맞을 때, 또는 목수가 엄청나게 비싼 들보를 잘랐는데 딱 5센티미터가 모자랄 때, 이러한 문제들을 참아 낸다.

그는 지진이나 태풍이 자신의 모든 수고를 순식간에 파괴시킬 수 있음을 알면서도 자신의 일에 자신의 전부를 쏟아 붓는다. 기쁨과 좌절이 교차하지만, 그는 자신이 짓고 있는 집의 질이라는 측면에서, 그리고 자신의 개인적 관계의 질이라는 측면에서 다른 사람들에게 한결같은 사랑을 보임으로써, 하나님 도성이 추구하는 가치대로 살고 싶어 한다. 그리고 (비록 무너지기 쉽고 불완전하다 해도) 자신이 짓는 모든 건물이, '건축주와 건설자가 하나님이신'(히 11:10) 앞으로 올 위대한 도성에 대한 매일매일의 증거라는 것을 신뢰한다.

역경을 견디며
화평을 추구하는 삶
히 12:1-16

히브리서는 충성스런 성도들의 예를 보여 주면서 당시 사람들을 향한 도전으로 넘어간다. 신약의 다른 부분과 마찬가지로 히브리서는 역경으로 가득한 크리스천들의 삶을 묘사한다. 우리는 이런 역경들을 하나님 아버지께서 자식들을 훈육하시는 방법이라 여기고 견뎌 내야만 한다. 그것들을 통해 그리스도의 거룩함과 의로움을 나눌 수 있기 때문이다. 아들이 징계를 받아 완전해지듯이(히 5:7-10) 하나님의 아들과 딸들도 똑같은 과정을 겪어 나간다.

대부분의 크리스천이 고난이 닥쳐 오면 하나님이 징벌을 내리신 거라고들 생각한다. 크리스천이 아닌 사람들조차 우리 면전에 대고 우리가 지은 진짜 죄와 허물을 거론하며 고개를 내저을 수도 있다. 그러나 히브리서는 그리스도께서 단번에 영원히 드리신 온전한 희생제사로 용서를 받은 사람들에게는 그런 징벌이 없다고 우리에게 상기시켜 준다. "이런 죄와 악한 행동을 용서받았기 때문에 더 이상 죄를 위한 제사는 필요하지 않게 되었습니다"(히 10:18, 새번역).

우리의 사랑하시는 아버지께서는 우리를 징계하실 것이지만(히 12:4-11) 그러나 이 징계는 형벌이 아니다(고전 11:32). 징계는 혹독한 훈련이긴 하지만, 그 또한 사랑의 한 형태다. 왜냐하면 '주께서는 자기가 사랑하는 자들을 징계하시기 때문이다'(히 12:6). 어느 누구도 우리의 역경을 하나님의 징벌로 해석하지 못하게 하라. "하나님은 우리의 유익을 위하여 그의 거룩하심에 참여하게 하시느니라"(히 12:10).

이 징계는 단순히 우리의 개인적 유익만을 위한 것이 아니다. 히브리서는 예수님을 따르는 사람들에게 "모든 사람과 더불어 화평함과 거룩함을 따르라 이것이 없이는 아무도 주를 보지 못하리라"라고 말한다. 히브리서 12장 14절이 말하는 "화평"은 히브리어 'shalom[샬롬]'이 지닌 의미를 완전히 담아낸 단어로, 공동체 내의 모든 사람이 다 같이 나누어 가지고 있는 최고 상태의 공의와 형통이라는 뜻이다. 그것은 구원의 마지막 목적이다. 이 장 뒷부분에서는 그것을 거룩한 하늘의 도성인 시온의 형상으로 다르게 묘사한다(히 12:22-24).

일터에서 일하는 동안 역경을 견디고 화평을 좇는 것이 얼마나 어려운지 안다. 그런데도 우리는 하나님의 약속을 받았기 때문에 그 약속들이 우리의 일을 더욱 즐겁게 만들어 줄 것이라는 희망을 갖는다. 하나님 보시기에 다 선한 것들인(창 1:28) 우리는 결실이 있길 바라고, 우리의 부가 기하급수적으로 늘어 가길 원하고, 권세를 얻고 싶어 하며, 우리가 하는 일 안에서, 그리고 일을 통해서 우정을 누리고 싶어 한다(창 2:18). 만약 우리가 역경, 돈 문제, 역량 부족, 까다로운 동료 등을 만나지 않는다면, 우리는 견딘다는 생각을 전혀 하지 않을 것이다. 우리에게 선택권이 있다면 포기하고, 그만두고, 이직을 하거나, 손을 떼거나, 게으름을 피우거나, 아니면 우리 스스로 만든 조악한 공의를 추구하는 것이 훨씬 쉬워 보일 수 있다. 혹은 지치거나 낙심해서 일터에 남아 있긴 하지만, 일을 하나님에 대한 섬김이라고 생각하는 데 흥미를 잃을 수도 있다. 하나님께서 우리에게 은혜를 베푸셔서 우리로 하여금 어려운 일터에서의 상황들을 잘 견뎌 나가게 되기를 기도한다.

역경이 오는 것은 하나님께서 우리를 징계하심으로써 우리를 더욱 충성스럽고, 유용한 사람들로 성장시키기 위해서일 수 있다. 만약 우리가 어려운 직장생활 가운데서 고결함(integrity)을 유지하지 못하고, 다른 이들을 섬기지 않고, 화목을 추구하지 못한다면, 우리는 도대체 어떻게 "이같이 자기에게 거역한 일을 참으신"(히 12:3) 예수님을 닮아 갈 수 있겠는가?

하늘과 땅이
진동할 날이 올 때까지
히 12:18-29

히브리서에 관해 크게 잘못 알고 있는 것 가운데 하나는, 히브리서가 하늘의 세상(창조되지 않은 것)과 땅의 세상(창조된 것)을 서로 싸우게 만든다는 생각이다. 하늘은 진동하지 않는 하나님 나라 그대로 남아 있는 반면, 우주는 멸절되길 기다린다고 생각하는 것이다. 히브리서 12장 26-27절

같은 구절이 그런 오해를 뒷받침한다고 생각할 수 있다.

> 그 때에는 그 소리가 땅을 진동하였거니와 이제는 약속하여 이르시되
> 내가 또 한 번 땅만 아니라 하늘도 진동하리라 하셨느니라 이 또 한 번
> 이라 하심은 진동하지 아니하는 것을 영존하게 하기 위하여 진동할 것
> 들 곧 만드신 것들이 변동될 것을 나타내심이라.

그러나 좀 더 자세히 살펴보면, 우리 생각이 틀리다는 것을 알 수 있다. 히브리서 12장 26절은 하늘도 땅처럼 진동할 것이며, 그 결과 '제거되어야 할 것들'은 두 영역에 다 영향을 미친다고 선언한다. 히브리서는 우주와 마찬가지로(히 8:2; 11:10) 하늘에 있는 세상을 '창조된 것'으로 묘사한다. 부활을 말할 때(히 6:2; 11:35), 그것은 창조 세계의 멸절이 아니라 수복이다. 우주를(히 1:2-6; 11:3) 하나님 아들의 기업(inheritance)으로 이해한다. 히브리서는 그리스도가 몸소 제물이 되셨으며, 이 세상 안에서 살과 피를 가지고 이뤄진 사건이라고 선언한다(히 12:24; 13:2, 20).

더 나아가 히브리서 12장 26-27절에 나오는 "진동"이라는 말(학개 2장에서 차용한 것)은 실제로는 파멸이 아니라, 심판함과 완전케 함을 가리킨다. 히브리서 12장 18-24절에 나오는 이미지에 부합하는 "땅"과 "하늘"은 아마도 옛 언약(시내 산, 만질 수 있음) 및 새 언약(시온 산, 하늘의 예루살렘)과 연관되어 있을 것이다.

진동의 효과는 현재와 장래에 다 나타난다. 궁극적으로 진동은 하늘이든 땅이든 불완전하고 죄악에 물든 모든 것을 제거한다. 학개서에서는 그리고 전체적으로 히브리서의 주장은 이 진동이 끝나면 하나님의 집인 그의 성전을 영광으로 가득 채우리라 이야기한다. 온 우주가 정결해지고, 하나님의 성전이 된다. 학개서 2장에서 하늘과 땅의 진동은 앞서

히브리서 12장에서 추구하라고 요청받았던 땅 위에서의 평화의 실현으로 이어진다. "내가 이곳에 평강[샬롬]을 주리라 만군의 여호와의 말이니라"(학 2:9).

일시적인 것은 창조된 세상이 아니라, 세상을 오염시키는 불완전함과 악과의 분쟁이다. 우리 삶을 하나님 나라에 쏟아 붓는다는 것은, 다가오는 그리스도의 통치(히 7:2)에 속한 창조와 구속의 일을 한다는 뜻이다. 우리가 요리사든, 교육자든, 운동선수든, 경영자든, 가정주부든, 생태학자든, 국회의원이든, 소방관이든, 목사든, 어느 누구든 간에 상관없다. 그리스도의 나라에 참여하는 방법은 '영적인' 일을 선호해서 '세상적인' 일을 버리는 것이 아니다. 그것은 하나님께 감사하면서(히 12:28) 그리스도의 훈련(징계) 아래 모든 종류의 일을 보존해 나가는 것이다.

환대할 기회를
놓치지 말라
히 13:1-3

히브리서 13장에 나오는 여러 가지 최종 권면들 가운데 두 가지가 일과 관련이 있다. "형제 사랑하기를 계속하고 손님 대접하기를 잊지 말라 이로써 부지중에 천사들을 대접한 이들이 있었느니라"(히 13:1-2).

히브리서 13장 2절부터 시작해 보자. 이 구절을 보면 히브리서에서 너무도 두드러진 인물들인(히 6:13-15; 11:8-20) 아브라함과 사라를 찾아온 손님들을 환대(hospitality)했던 장면이 떠오른다(창 18:10-15). 이들은 나중에 아브라함과 사라에게 아들의 약속을 전달하는(창 18:10) 천사들로 밝혀졌다(창 19:1). 이 구절들은 또한 예수님께서 하셨던 수많은 환대 모습과(예를 들면, 마 14:13-21; 막 6:30-44; 눅 9:10-17; 요 2:1-11; 6:1-14; 21:12-13) 그를 따랐던 사람들(막 1:31; 눅 5:9), 그리고 혼인잔치와 같은 비유들(마 22:1-4; 눅 14:15-24)을 생각나게 한다.

손님 접대는 세상에서 (적어도 현대 서구 세계에서는) 가장 평가절하된 일의 형태 가운데 하나일 것이다. 대부분의 사람들에게는 전혀 돈이 되지 않는 일인데도, 많은 사람들이 손님 접대를 실천하기 위해 열심히 일한다. 그러나 자신들의 직업이 뭐냐는 질문을 받으면 '손님 대접하는 일'이라고 말할 사람은 거의 없을 것이다. 많은 사람들이 손님 대접을 하나님에 대한 섬김으로 보기보다, 기분 전환이나 개인의 취향으로 생각한다.

그러나 환대는 대단한 믿음의 행동이다. 음식이나 음료, 즐겁게 해 주는 것이나 잠자리를 제공하는 데 드는 비용을 하나님께서 공급해 주시고, 재산상의 손해를 보거나 도둑을 맞을 위험은 감당하게 해 주시며, 나그네를 환대하느라 보낸 시간이 가족들이나 친구들과 보내야 할 시간을 깎아먹지 않으며, 또 무엇보다 나그네들은 돌보아 줄 가치가 있는 사람들이라는 믿음이다. 심지어는 우리가 사람들을 대접하기 위해 예를 들어 감옥이나 또는 그보다 더한 곳으로 찾아간다면(히 13:3) 환대는 인간이 할 수 있는 가장 고상한 일이나 섬김이 될 수 있다(마 25:31-40).

게다가 거의 대부분의 근로자들은 자신의 일을 해 나가면서 손님 접대의 정신을 실천하는 기회를 만난다. 많은 사람들이 환대 서비스 산업에 종사한다. 청소를 하고, 호텔 객실을 깨끗하게 정돈하며, 건강에 좋고 맛있는 식사를 제공하거나, 또는 파티나 리셉션에서 저녁식사를 제공하는 것은, 바로 히브리서 13장 1-3절 말씀을 충족시킨다는 사실을 그들은 알고 있을까? 직업이 어떠하든, 우리가 일터에서 동료나 소비자, 공급자, 고객, 또는 낯선 사람과 하는 모든 상호 활동은 다른 사람들이 자신이 환영받고 소중한 존재라고 느끼게 해줄 기회다. 크리스천들이 평범한 일 가운데서 환대하는 것으로 유명해진다면 과연 어떤 일이 벌어질지 상상해 보라.

돈 문제
히 13:5-6

13장에서 일과 관련된 두 번째 권면은 돈을 사랑하는 것에 대한 것이다. "돈을 사랑하지 말고 있는 바를 족한 줄로 알라 그가 친히 말씀하시기를 내가 결코 너희를 버리지 아니하고 너희를 떠나지 아니하리라 하셨느니라"(히 13:5). 돈을 사랑하지 말라는 이 명령에서 히브리서의 원래 독자들이 재정 압박에 시달리고 있었음을 알 수 있다. 히브리서 10장 32-36절에 이 사실을 이미 암시했고, 히브리서 11장 25-26에서도 간접적으로 나타난다. 아마도 장래에 올 "도성"(히 11:10; 12:22; 13:14)을 강조한 것도 부분적으로는 현재의 도성에서 그들이 겪고 있던 경제적·사회적 소외현상 때문에 빚어진 일일 수도 있다.

우리는 하나님의 보호와 공급하심을 확신하지만, 그렇다고 반드시 물질적 풍요를 누리리라는 보장은 아니다. 예수님께서는 우리에게 절대로 쉬운 삶을 약속하지 않으셨으며, 우리가 하는 힘든 일은 현생에서 부나 호화로움으로 보상받지 못할 수도 있다.

히브리서 13장 5-6절의 요점은 믿음에 토대를 둔 삶을 사는 데 필요한 모든 것을 주님께서 공급해 주시리라는 것이다. 물론 많은 신실한 신자들이 극심한 재정적 어려움을 겪었으며, 심지어는 자연재해, 목마름, 굶주림, 질병 등으로 죽기까지 했다. 그들은 믿음이 모자라서가 아니라 믿음으로 죽었다. 히브리서 저자는 "[어떤 크리스천들은] 심한 고문을 받되 구차히 풀려나기를 원하지 아니하였으며 또 어떤 이들은 조롱과 채찍질뿐 아니라 결박과 옥에 갇히는 시련도 받았으며 돌로 치는 것과 톱으로 켜는 것과 시험과 칼로 죽임을 당하고 양과 염소의 가죽을 입고 유리하여 궁핍과 환난과 학대를 받았으니 (이런 사람은 세상이 감당하지 못하느니라) 그들이 광야와 산과 동굴과 토굴에 유리하였느니라"(히 11:35-38)라고 자세히 설명함으로써 이 사실을 드러낸다. 궁극적으로, 하나님께서 하신 약속들과 우리가 드린 기도들은 (죽음에서의 부활을 통해 그분의 아들에게 이루어졌듯이) 전부 이루어진다(히 5:7-10).

히브리서에는 우리 개인의 형통보다는 하나님 나라의 확장으로 우리의 필요를 채우신다는 변혁된 경제적 비전이 담겨 있다. 따라서 가진 것이 전혀 없을지라도 우리는 절망하지 않으며, 만약 넉넉히 가졌다면 그걸 족하게 여기고, 또 만약 더 많이 가졌다면 다른 사람들을 위해 그것을 희생한다.

창조와 물질적인 세상에 있는 하나님 나라가 하늘에 있는 하나님 나라보다 덜 신령하므로 돈을 사랑하지 말라고 경고하는 것이 아니다. 돈을 사랑하다 보면, 현재의 질서에 집착하게 되어 타락한 세상을 변혁시키려는 마음에 망설임이 생길 수 있어 그리 권고한 것이다. 만약 우리가 직장을 얻고, 회사를 창업하고, 선거에 출마하고, 교회에 등록하고, 친구를 결정하고, 우리의 자원을 투자하고, 우리의 시간을 사용하고, 배우자를 찾는 주된 이유가 돈이라면, 우리는 믿음으로 사는 것이 아니다.

영문 밖에서
일하는 크리스천
히 13:11-25

다음은 13장에 나오는 일과 관련된 세 번째 권면이다. "우리도 그의 치욕을 짊어지고 영문 밖으로[outside the camp, NIV] 그에게 나아가자"(히 13:13). 히브리서 13장 11-13절에 의하면, '죄를 위한 짐승의 피는 대제사장이 가지고 성소에 들어가고 그 육체는 영문 밖에서 불사르게' 되어 있다. 영문 밖은 곧 부정한 곳이다. 예수님도 영문 밖 거룩하지 않은 곳에서 "자기 피로써 백성을 거룩하게 하려고" 고난을 받으셨다. 이렇게 히브리서는 우리도 역시 영문 밖으로 나가서 그곳에 계신 예수님과 하나가 되어야 한다는 교훈을 도출해 낸다.

예수님 나라의 일을 하는 것에는 예수님과 함께 고난을 받는 것이 포함된다. "치욕을 짊어지고"라는 구절에서 애굽의 영화와 보물보다는 '그리스도의 능욕'을 택했던 모세의 신앙이(히 11:24-26) 떠오른다. 이 "치욕"은 이 책 앞에서 언급했던 영광과 소유의 상실을 의미한다. 이처럼 우리의 소유, 특권 및 지위를 희생하는 것이 다른 사람들을 도울 수 있는 유일한 방법일 수도 있다. "오직 선을 행함과 서로 나누어 주기를 잊지 말라 하나님은 이같은 제사를 기뻐하시느니라"(히 13:16).

많은 크리스천들이 거룩함의 "영문 밖"에서 일한다. 때로 우리는 그리스도를 잘 따르려면, 더 거룩한 일터들을 찾아야 할 것 같은 느낌을 받는다. 그러나 히브리서의 이 구절은 그 반대가 진실이라는 것을 보여 준다. 그리스도를 온전히 따르는 것은 삶의 거룩하지 않은 곳들에서도 그분을 따르는 것이다.

o

결론

히브리서는 아브라함에게 하신 하나님의 약속의 세계, 곧 온 인류를 하나님 나라의 거룩한 영역으로 데려가시겠다는 약속으로 우리를 부른다. 그것은 전 우주를 자기 자신의 거룩함의 영역 안으로 통합시키시려는 하나님의 뜻이 성취됨을 선언한다. 하나님 나라를 향해 가는 순례 백성으로서, 우리는 일을 포함해 우리 삶 전체를 하나님께서 지으신 우주 속에 투자하라는 소명을 받았다.

히브리서는 하나님의 공급하심에 만족하고, 모든 사람을 위한 화평(샬롬)과 거룩함을 위해 일하라고 권면한다. 우리는 우리 앞에 놓인 기쁨을 위해 기꺼이 우리의 소유와 영화를 놓아 버릴 줄 알아야 한다. 이 여정에서 우리는 참제사장이요 하나님의 아들이신 예수님께 공급을 받고, 또 그를 닮아 담대해지며, 위로를 받는다. 예수님은 자기 자신을 희생시켜 세상이 거룩해지고, 하나님께서 태초에 의도하셨던 세상으로 회복될 길을 열어 놓으신 분이다. 또한 우리가 고난 중에도 감사하는 것은, 그것이 우리가 취해야 할 기본 자세이며, 그 감사는 곧 우리가 인내할 수 있는 원천이다. 그리스도는 타락한 세상의 경제·사회·정치 구조 속에서 하나님 나라의 가치를 알리라고 우리를 부르셨다.

돈을 위해 살려는 함정에서 벗어나라고 끊임없이 요구한다. 우리가 하는 일, 그리고 우리가 삼가서 하지 않는 일들은 다 이런 가치에 근거를 둔다. 직업이 무엇이든 상관없이 우리에게는 한 가지 일이 있고 한 가지 열망이 있다. "모든 선한 일에 너희를 온전하게 하사 자기 뜻을 행하게 하시고 그 앞에 즐거운 것을 예수 그리스도로 말미암아 우리 가운데서 이루시기를 원하노라 영광이 그에게 세세무궁토록 있을지어다"(히 13:21).

09

일반서신 & 일의 신학

약·벧전·벧후·요일·요이·요삼·유

**"무슨 일을 하든지
순결하고, 거룩하게, 신뢰함으로"**

○
서론

야고보서, 베드로전서, 베드로후서, 요한일서, 요한이서, 요한
삼서, 유다서 이렇게 일곱 개 서신서는 개별 교회가 아닌 전체 교회
를 향해 말한다. 때문에 '일반서신서'(General Epistles)로 칭한다. 이 서
신서들은 또한 실질적인 문제들, 예를 들면 조직 내 지도력, 근면
함, 공평함, 좋은 관계, 그리고 효과적인 소통 등에 일관된 관점을
가지고 있다.

일반서신서는 당시 로마제국에서 크리스천들이 당면한 과제,
즉 어떻게 험한 세상에서 올바르게 예수를 믿고 따를 것인지를 반
영한다. 초기 교회는 노예 생활, 차별, 부자와 권력자들의 학대 같
은 문제를 겪었다. 이 서신서들은 거친 말과 대인 갈등도 다룬다.
인간적인 욕망과 하나님을 의지하려는 마음 사이에 일어나는 긴
장, 하나님께 순종할 때 발생하는 세상 권력과의 마찰에 대한 두려
움도 다루었다.

대체로 그들은 예수님을 믿고 따르는 삶과는 양립할 수 없어 보
이는 세상에서의 삶과 노동에 단절감과 소외감을 느끼고 있었다.
현대 크리스천들도 일터에서 비슷한 갈등을 겪는다. 이를 달리 해
석하면, 수많은 크리스천들이 그 어떤 삶의 영역보다 자기 일터에
서 더욱 주님을 섬길 기회를 많이 가지고 있다는 얘기다.

오늘날 사회는 기업, 정부, 교육 사업, 비영리 사업, 재택근무를

통해서 큰 결과를 달성해 간다. 그렇더라도 대부분의 직장들은 일반적으로 하나님 나라의 목적, 예를 들자면 공익을 위한 섬김, 타인의 유익을 위한 봉사, 헌신적인 인간관계, 정의 확산, 인격 개발 등의 일에 부합되지 못한다. 크리스천들은 자신이 추구하는 주님을 따르는 일과 일반 직장에서 추구하는 이윤의 극대화 같은 서로 다른 역할 때문에 큰 갈등을 겪을 수밖에 없다. 로마제국의 많은 분야들이 신자들에게 매우 적대적이지는 않았듯이, 비록 의도적으로 악을 추구하는 직장이야 별로 없지만, 직장에서 하나님을 섬긴다는 것은 여전히 도전이 될 수 있다. 일반서신서는 당시 세상에서 힘겹게 살아가던 신자들을 위해 쓰였기 때문에, 현대 크리스천들에게도 큰 도움이 될 것이다.

일반서신서는 이와 같은 실질적인 관심사들을 우선적으로 다룬다. 이 서신서들은 크게 다음 두 가지 원칙 위에서 다양한 사안들을 취급한다.

1. 우리는 채워 주시는 하나님을 신뢰할 수 있다.
2. 우리는 궁핍한 자들을 돕기 위해 일해야 한다.

일반서신서는 이 두 가지 원칙에서 21세기 일터에도 적용 가능한 놀랍게도 실질적인 활용 지침을 도출해 낸다. 어쩌면 그리 놀랄 일은 아닌지도 모른다. 하나님께서 예수 그리스도가 인간의 몸으로 태어나실 곳으로 로마제국을 선택하셨듯이, 현대 일터를 그분의 임재 장소로 선택하고 계시니까 말이다.

야고보서와
일

◇◇

야고보서는 채워 주시는 하나님을 신뢰하는 일과 궁핍한 자들을 돕기 위해 일해야 한다는 '행동(실천) 중심의 관점'을 보여 준다. 진정한 믿음이 있고 진실로 하나님을 신뢰한다면, 우리 믿음은 궁핍한 자들을 돕는 다양한 행동으로 나타날 것이다. 바로 이 관점 덕분에 야고보서가 탁월한 실용적 지침으로 돋보인다.

▽ 약 1:1-3

당신의 믿음은 진짜인가

야고보는 하루하루의 삶과 영적 성장 사이의 깊은 관계를 강조하면서 글을 시작한다. 하나님은 일상생활에서 겪는 고난과 역경들을 우리의 신앙 성장에 특별히 활용하신다. "내 형제들아 너희가 여러 가지 시험을 당하거든 온전히 기쁘게 여기라 이는 너희 믿음의 시련이 인내를 만들어 내는 줄 너희가 앎이라 인내를 온전히 이루라 이는 너희로 온전하고 구비하여 조금도 부족함이 없게 하려 함이라"(약 1:2-4). 일터에서의 문제와 같은 "여러 가지 시험"은 성장의 밑거름이 될 수 있지만, 야고보는 특별히 앞서 말한 극심한 고난과 역경들이 "믿음의 시련"으로 이어진다는 점에 주목한다.

그렇다면 우리 일터에서 그리스도를 믿는 신앙의 시련으로 이어지는 도전에는 어떤 종류가 있을까? 그중 하나는 종교에 대한 반감이다. 각자 처한 상황에 따라, 하나님을 믿는 우리의 믿음은 일터에서 편견, 구직 제한, 해고, 신체적 상해, 죽음에까지 노출될 수 있다. 설사 다른 사람들이 우리에게 압박을 가하지 않더라도, 신자로서의 정체성이 앞길을 가로막는다는 생각에 신앙을 포기하고 싶은 유혹을 받을 수도 있다.

또 다른 종류의 시련은 윤리적인 것이다. 우리는 도둑질, 사기, 정직하지 못함, 불공정 거래, 내 배를 채우기 위해 또는 내 앞길을 위해 남을 이용하는 행위 등을 통해 믿음을 저버릴 수 있다. 직장생활에서의 실패가 또 다른 시련이 될 수 있는데, 이는 너무 충격이 커 자칫 신앙이 흔들릴 수도 있다. 예컨대 정리해고나 일반적인 해고를 당하고 나면 너무도 황당하여 하나님을 향한 믿음을 비롯해서 지금까지 믿고 의지한 모든 것들을 회의적으로 보게 된다. 아니면 '하나님께서 우리를 일터로 부르셔서 큰 성공을 약속하시지 않았는가' 혹은 '우리가 그분께 충실했으니 성공시켜 주시는 것은 마땅하지 않은가' 하고 물을 수 있다. 더 나아가 하나님은 결국 믿을 수 없고 심지어 존재하시지 않는다는 생각까지 할 수 있다. 두려움에 사로잡힌 나머지 하나님이 과연 우리의 필요를 계속 채워 주실지 의심할 수도 있다. 일과 관련된 이 모든 도전들이 믿음의 시련이 될 수 있다.

일터에서 우리의 믿음이 시련을 만나면 어떻게 해야 될까? 인내하라!(약 1:3-4) 야고보는 "너희 중에 누구든지 지혜가 부족하거든 모든 사람에게 후히 주시고 꾸짖지 아니하시는 하나님께 구하라 그리하면 주시리라"라고 말한다(약 1:5). 위기를 넘기면 넘길수록 우리는 단단해지며, 실패에 대한 두려움을 느끼기보다 하나님의 도우심에 기쁨을 느낀다.

▽ 약 1:5-18

채워 주시는 하나님 의지하기

야고보서는 지혜를 논하면서 채워 주시는 하나님을 신뢰할 수 있다는 원칙에서 시작된다. "너희 중에 누구든지 지혜가 부족하거든 모든 사람에게 후히 주시고 꾸짖지 아니하시는 하나님께 구하라 그리하면 주시리라"(약 1:5). 우리가 업무상의 결정, 기회에 대한 평가, 동료나 고객에 대한 신뢰, 자원 투자 등에서도 하나님께 지혜를 구할 수 있다는 사실이 놀라운가? 심지어 야고보는 하나님이 우리에게 필요한 지혜를 주실 것을 '믿음으로 구하고 의심치 말라'고까지 일러 준다(약 1:6). 즉, 우리의 문제는 일터에서 하나님께 너무 많은 도움을 기대하는 데 있는 게 아니라 너무 적게 기대한다는 데 있다(약 1:8).

바로 이 점을 반드시 포착해야 한다. 우리의 모든 필요를 채워 주시는 근원이 하나님이라는 사실을 의심한다면, 당신은 야고보가 말하는 "두 마음"을 품은 자다. 어쩌면 아직 그리스도를 믿고 따를 것인지 아닌지를 결단하지 않았을 수도 있다. 그것은 "모든 일에 정함이 없는"(약 1:8) 것이고, 다른 사람의 유익을 위해 기여할 수도, 심지어 자기 자신도 "무엇이든지 주께 얻기를" 기대할 수 없을 것이다(약 1:7).

야고보는 하나님을 신뢰하는 것이 얼마나 어려운지에 대한 막연한 환상을 갖고 있는 게 아니었다. 그는 광대한 로마제국 전역에 흩어져 사는 수신자들이 이미 겪는 시련을 너무나 잘 알았다(약 1:1-2). 그러나 그는 신자의 삶이란 채워 주시는 하나님을 신뢰함으로써 시작돼야 한다고 강조한다.

야고보서 1장 9-11절에서 야고보는 이를 경제 영역에 즉각 적용한다. 당신이 부유한 사람이라 하더라도, 자신의 노력으로 그것을 얻었다고 착각하지 말아야 한다. 만약 자기 능력에 의지한다면, 비록 한창 사업을 진행하는 도중일지라도 당신은 이내 쇠진해질 것이다. 반대로 혹 당신이 가난하더라도 그것이 하나님의 냉대 때문이라고 생각하지 말라. 도리어 하나님께서 '일으켜 세우실 것'을 기대하라.

실패나 성공의 원인은 당신이 어쩔 수 없는 수많은 일들이다. 불경기, 기업 매각, 재배치, 흉작, 차별대우, 태풍 피해, 혹은 다른 온갖 요인으로 생계를 위협받게 된 사람들이 그 증인이다. 하나님은 당신이 직장에서 경제적으로 성공하리라고 약속하지도 않으셨지만, 그렇다고 실패하도록 만드시지도 않는다. 오히려 실패와 성공을 모두 다 사용하셔서 악을 극복하는 데 필요한 인내력을 기르길 바라신다. 야고보서 2장 1-8절이 역경의 시기에 하나님을 찾도록 우리에게 당부하는 구절이라면, 9-11절은 성공의 때에도 마찬가지로 하나님을 찾아야 한다고 되새겨 준다.

비록 야고보가 하나님의 선과 세상의 악을 대비시키기는 해도, 우리는 천사 편에 있고 세상 사람들은 마귀 편에 있다는 식의 상상을 하게 하지는 않는다. 이 점을 주목해야 한다. 대신 선과 악을 나누는 것은 크리스천의 마음 중심에서 비롯된다고 밝힌다. "오직 각 사람이 시험을 받는 것은 자기 욕심에 끌려 미혹됨이니"(약 1:14).

그는 지금 교우들을 향해 말한다. 이에 따라서 우리는 교회는 선하고 세상 일터는 악하다는 정의를 섣불리 해서는 안 된다. 비즈니스 세계에서 사기 행각 따위가 벌어지는 것과 꼭 마찬가지로 교회에도 추문이 생기곤 한다. 이처럼 악은 양쪽 영역에 모두 존재한다. 그러나 하나님의 은혜로 우리는 두 영역에서 모두 선을 나타낼 수 있다.

크리스천 공동체는 가난한 자들을 돕는 하나님의 도구 가운데 하나다. 가난한 자들을 돕는 하나님의 약속은 그분의 후하고 너그러우심을 직접 경험한 하나님의 사람들에 의해서 부분적으로 성취되었다. "모든 후하고 너그러운 베풂과 온전한 선물이 다 위로부터 빛들의 아버지께로부터 내려오나니"(약 1:17, NRSV). 이것은 하나님이 곧 우리를 채워 주시는 궁극적 근원이시며, 또한 신자들은 하나님을 대신해 궁핍한 자들을 채워 줄 책임이 있다는 두 가지 진리를 확인시켜 준다.

▽ 약 1:19-21
잘 듣는 훈련을 하라

야고보는 '경청'할 수 있는 실천적인 방법을 제시한다. 크리스천들은 사람들(약 1:19)과 하나님의(약 1:22-25) 말을 모두 경청해야 한다. "내 사랑하는 형제들아 너희가 알지니 사람마다 듣기는 속히 하고 말하기는 더디 하며 성내기도 더디 하라"(약 1:19). 무슨 기술이라도 습득하려는 양 하나님의 말씀을 듣는 것이 아니라, '모든 더러운 것과 넘치는 악을 내버리는'(약 1:21) 하나의 길로써 경청해야 옳다.

흥미롭게도 야고보는 성경 말씀뿐만 아니라 다른 사람의 말을 듣는 것까지도 자신의 악을 제거하는 한 수단임을 시사한다. 그는 남들이 우리에게 하나님의 말씀을 전하는 경우에 잘 듣는 걸 말하는 게 아니라, 그냥 다른 사람의 말을 듣는 것이 성경에 기록된 하나님의 말씀을 행하지 못하게 막는 오만과 분노를 없애 준다고 말한다. "사람이 성내는 것이 하나님의 의를 이루지 못함이라 …… 너희 영혼을 능히 구원할 바 마음에 심어진 말씀을 온유함으로 받으라"(약 1:20-21).

달갑지 않은 말들, 곧 거슬리는 말, 비판의 말, 묵살의 말을 남들이 건네면 안 그래도 스트레스가 넘치는 일터에서 분노로 응수하기가 십상이다. 하지만 그렇게 함으로써 우리의 입지가 더 나빠지고, 우리가 그리스도의 종이라는 증거를 믿지 못할 것이다. 화를 내거나 직설적인 말로 자신을 방어하기보다 하나님을 신뢰함으로써 우리의 입지를 지켜야 한다.

이런 조언은 모든 유형의 일과 일터에 적용된다. 경청은 비즈니스 서적에서도 중요한 리더십 기술 가운데 하나다.[1] 사업체들은 고객, 직원, 투자자, 공동체, 주주들의 말을 귀담아 들어야 한다. 사람들의 진정한 필요를 채워 주려면, 조직체는 자신들이 채워 주길 바라는 그 필요 대상자들에게 귀를 기울여야 옳다. 이 사실은 마치 로마제국이 그랬듯, 곤경과 박해 속에서도 우리의 일터가 하나님의 일을 위한 옥토가 될 수 있음을 상기시켜 준다.

▽ 약 1:22-28
궁핍한 이웃을 위해 일하라

위의 진리는 충성된 일의 두 번째 원칙, 곧 궁핍한 이웃의 유익을 위해 일하는 것을 다루게 해 준다. "너희는 말씀을 행하는 자가 되고 듣기만 하여 자신을 속이는 자가 되지 말라"(약 1:??). 이것은 첫 번째 원치, 곧 우리의 필요를 채워 주시는 하나님을 신뢰할 때 따라오는 자연스러운 결과다. 우리의 필요를 채우시는 하나님을 신뢰한다면, 남들의 유익을 위해서도 자유롭게 일하게 된다. 반대로 하나님을 신뢰한다면서 궁핍한 이웃을 돕지 않는다면, 이는 하나님을 진정 신뢰하지 않는 것이라고 야고보는 지적한다. 야고보가 말했듯이 "하나님 아버지 앞에서 정결하고 더러움이 없는 경건은 곧 고아와 과부를 그 환난중에 돌보고 또 자기를 지켜 세속에 물들지 아니하는" 것이다(약 1:27). 신앙은 신뢰를 뜻하며, 신뢰는 행동의 밑바탕이 되기 때문이다.

야고보가 이렇게 말하는 것은 다름 아닌 예수님께서 여러 소외계층에게 직접 실천해 보이신 모습을 잘 알기 때문이다. 또 야고보는 하나님 나라에서 가난한 사람들의 특별한 자리에 관한 주님의 가르침(약 2:5; 눅 6:20)을, 보물을 "땅에 쌓아" 썩혀 버림에 대한 경고(약 5:1-5; 마 6:19)와 결부시킨다.

이 진리는 우리의 일터에도 고스란히 적용된다. 왜냐하면 남의 필요를 채우는 것은 성공적인 일터의 으뜸가는 표상이기 때문이다. 그 일터가 기업이든, 교육의 장이든, 건강 관리든, 행정 공무든, 전문직이든, 비영리직 또는 다른 무엇이든 간에 말이다. 성공적인 조직체는 그 소비자, 직원, 투자자, 시민, 학생, 고객 또는 다른 주주들의 필요를 채우기 마련이다. 물론 이것이 야고보의 중점 사안은 아니다. 그는 빈민과 약자들의 필요에 각별히 관심을 기울이기는 하되, 그럼에도 여전히 실용적이다. 한 조직이 사람들의 진정한 필요를 채울 때, 그것은 하나님의 일을 하는 것이다.

야고보는 두려움을 계속 직시하고 믿음의 시련을 직접 맞닥뜨리라고 요청한다. 당신이 하나님을 신뢰하기 때문에 시련에 직면한다면, 하나님은 그 시련을 통해서 궁핍한 자들을 돌보는 당신의 역량을 배가시켜 주신다. "너희는 말씀을 행하는 자가 되고 듣기만 하여 자신을 속이는 자가 되지 말라"(약 1:22). 만약 당신이 하나님을 믿으면서도 궁핍한 자들을 돌아보지 않는다면, 당신은 자신을 속이는 거라고 야고보는 풀이한다. 그건 진정 하나님을 신뢰하는 것이 아니라는 얘기다.

다른 사람의 유익을 위해서 일하지 않는다면, 하나님을 신뢰하지 않기 때문일 것이다. 왜? 다른 사람의 유익을 위해 일하지 않고 있다면, 아마 당신 자신의 유익을 위해 일하느라 너무 바쁘기 때문일 테니 말이다. 그리고 만약 자신의 유익만을 위해서 일한다면, 아마도 하나님이 당신을 돌볼 것이라는 믿음이 없어서이리라.

다른 사람의 유익을 위해 일하지 않는 것은 하나님을 신뢰하지 않아서다. 혹은 야고보가 말하듯, "하나님 아버지 앞에서 정결하고 더러움이 없는 경건[하나님을 신뢰하는 것]은 곧 고아와 과부를 그 환난 중에 돌보고 또 자기를 지켜 세속에 물들지 아니하는 그것이니라"(약 1:27). 야고보는 예수님의 가르침을(특별히 다양한 소외계층과 가난한 자들을 실제로 돌보신 것을) 경험했기에 이런 통찰력을 갖게 되었을 것이다. 이를 뒷받침할 수 있는 것은 특별히 예수님이 가난한 자들에게 하나님 나라는 그들의 것이라고 가르친 사실(약 2:5; 눅 6:20)이며, 아울러 "이 땅"의 썩어질 재물에 대한 예수님의 경고(약 5:1-5; 마 6:19)를 언급하는 부분에서도 야고보의 암시를 발견할 수 있다.

이것은 성공적인 조직의 첫째 조건을 충족시키기 때문에 우리 일에도 직접 적용할 수 있다. 성공적인 조직은 손님, 고용인, 주주, 주민, 학생, 고객과 다른 주주들의 요구를 충족시킨다. 야고보는 사실 처음부터 이런 사람들에게 초점을 맞추지는 않았고, 가난하고 힘없는 자들을 주요 대상으로 삼았다. 그래도 이 원칙은 적용할 만하다. 어떤 조직이 사람들의 진정한 필요를 채워 줄 때가 바로 하나님이 함께 역사한 때이기 때문이다.

이는 단지 기업의 고객 서비스만 의미하는 것이 아니다. 크리스천들이 '기업에게 고객 대접을 받을 수 없을 만큼 가난한' 사람들의 필요를 채워 줄 때 오히려 더 큰 창조력이 필요하며, 하나님의 베푸시는 손길이 더욱 분명하게 드러난다. 예를 들어, 어떤 크리스천 그룹이 베트남에서 사회·경제적으로 가장 취약한 계층 사람들에게 일자리를 제공하기 위해 그곳에 가구 공장을 설립했다. 그 공장을 통해 하나님은 가구가 필요한 해외 고객들과 전에 실직자였던 지역 노동자들의 필요를 동시에 채워 주셨다.[2]

이와 비슷한 사례로, 글로리아 닐런드(Gloria Nelund)가 이끄는 트릴링크 글로벌(TriLinc Global)도 가난하고 소외된 사람들의 필요를 충족시키기 위해 개발도상국 내 창업을 돕는 투자회사다.[3]

크리스천들의 의무는 각자의 직업을 통해 가난한 이들을 섬기는 것으로 끝나지 않는다. 사회 구조와 정치·경제적 시스템은 빈민들의 필요를 채워 주는 데 지대한 영향을 미친다. 크리스천들도 이런 구조와 시스템에 영향력을 발휘할 수 있기까지, 우리에게는 빈궁한 사람들의 필요뿐만 아니라 부유층과 권력자들의 필요도 채워 줄 책임이 있다.

▽ 약 2:1-13
가난한 자를 차별하고 부자의 비위를 맞추는가

야고보는 또 앞서 말한 두 가지 기본 원칙을 부자 및 권력자 선호주의에 대한 경고로 사용한다. 그는 둘째 원칙, 곧 '가난한 이들의 유익을 위해 일하기'를 갖고 2장을 시작한다. "너희가 만일 성경에 기록된 대로 네 이웃 사랑하기를 네 몸과 같이 하라 하신 최고의 법을 지키면 잘하는 것이거니와 만일 너희가 사람을 차별하여 대하면 죄를 짓는 것이니 율법이 너희를 범법자로 정죄하리라"(약 2:8-9).

말하자면, 우리가 부자와 권력자들을 선호한다면, 그건 다른 사람이 아닌 우리 자신을 섬긴다는 점에서 죄라는 것이다. 그 이유는 부자와 권력자들은 그들의 부와 권력의 일부를 우리에게 뿌려 줄 잠재성이 있기 때문이다. 그와 달리, 빈민들은 우리를 위해 해 줄 수 있는 게 아무것도 없고, 필요한 것들만 잔뜩 내보인다. 야고보는 이를 설명하기 위해 부유하고 옷 잘 입은 사람이 교회에 오면 특별 대우를 받는 반면, 가난하고 허름한 차림의 사람은 멸시받기 십상이라는 실례를 든다. 그러니까 교회 출석이라는 간단한 것에서부터, 가난한 사람들은 환영의 인사말에 굶주려 있다는 말이다. 반면 가는 곳마다 환영받는 부자들은 아쉬울 게 없다.

야고보는 또 레위기 19장 18절, 곧 "네 이웃 사랑하기를 네 자신과 같이 사랑하라"라는 성구를 들어, 부자들은 반기고 챙겨 주면서 빈민은 깔보고 얕보는 행위는 살인이나 간음보다 더 나을 것이 없는 반율법적 행동이라고 지적한다(약 2:8-12). 그렇게 함으로써 이웃을 섬기지 않거나 심지어 가난한 사람을 이웃으로조차 여기지 않는다는 의미다.

야고보는 교회 모임을 언급한 것이었지만, 여기에도 직장에 적용할 부분이 있다. 일터에서 우리는 우리를 도울 사람들, 또는 우리의 도움이 필요한 사람들을 분별할 수 있다. 건강한 일터라면 이것은 단순히 강조점의 문제다. 그러나 사람들이 권력 다툼을 하느라 서로 치고받는 역기능적인 직장에서는 약한 사람 편에 서 주는 용기가 필요하다. 특정 계층 선호주의를 배격하다 보면, 특히 사회에 깊이 뿌리박힌 편파주의, 곧 인종차별, 성에 대한 고정관념, 또는 종교적 편견 등에 부딪칠 경우 더군다나 위험하다.

야고보가 시사하는 '타인의 유익을 위해 일하기' 원칙 적용에는 은연중 하나님 신뢰의 원리가 결부된다. 우리가 정말로 우리의 공급 능력을 확대하려는 마음으로 하나님을 의지한다면, 부자와 권력자들에게 빌붙고 싶은 유혹을 그다지 받지 않을 터이다. 또 일터나 학교에서 비주류 사람들과 어울려도 두렵지 않을 것이다. 야고보는 그리스도를, 그리고 하나님의 공급하심을 믿지 않는 이들에게까지 선행을 하라고 권하지는 않는다. 야고보는 그리스도를 믿는 믿음 안에서 선행이 어떻게 가능한지 가시적으로 보여 주는 것이다.

그리고 놀랍게도 빈민들 자신이 날마다 이 진리를 살아 낸다. "내 사랑하는 형제들아 들을지어다 하나님이 세상에서 가난한 자를 택하사 믿음에 부요하게 하시고 또 자기를 사랑하는 자들에게 약속하신 나라를 상속으로 받게 하지 아니하셨느냐"(약 2:5). 이것은 산상수훈이나 평지 설교(마 5:3; 눅 6:20)에 있는 예수님의 말씀에 빗댄 것일 수 있다. 가난한 사람들은 부자들보다 더 나은 사람이어서 하나님 나라를 상속받는 것이 아니다. 하나님을 믿기 때문에 가능하다. 자신을 의지할 이유가 없어서 그들은 하나님 의존하기를 더 잘 배워 왔다고 할 수 있다.

▽ 약 2:14-26
참믿음은 언제나 실천으로 이어진다

야고보는 2장에서 일이라는 주제를 좀 더 세부적으로 다룬다. 그는 예외 없이 "일"(헬라어로 ergon; '행함'이라는 뜻도 있음-옮긴이 주)이라는 단수형보다는 "일들"(erga)이라는 복수형을 사용한다. 어떤 사람은 이렇게 야고보가 단수형이 아니라 복수형을 쓰는 데는 다른 의미가 있을 거라고 추정한다. 그러나 'ergon[에르곤]'과 'erga[에르가]'는 단지 같은 단어의 단수형과 복수형일 뿐이다.[4]

야고보는 이 단어를 써서 누군가 배고픈 사람에게 음식을 제공하는 온정의 일들부터, 벼논의 수확을 꾸준히 늘리는 등의 일선 업무까지 그려 낸다. 그가 복수형을 사용한 것은 크리스천의 일이 지속되어야 한다는 기대를 보여 준다. 일(행위)에 중점을 둔 야고보 서신의 논조는 큰 논란을 불러오곤 했다. 루터는 야고보서 2장 24절("이로 보건대 사람이 행함으로 의롭다 하심을 받고 믿음으로만은 아니니라") 말씀을 읽고서, 이것이 갈라디아서 2장 16절('사람이 의롭게 되는 것은 율법의 행위로 말미암음이 아니요 오직 예수 그리스도를 믿음으로 말미암는다')과 배치되는 것이라 생각해, 야고보를 싫어하게 된 것으로 유명하다. 다른 개혁가들은 루터의 견해를 공유하지는 않았으나, 이후 루터의 이의 제기는 개신교가 야고보서를 보는 지배적인 관점이 되었다.[5]

여기서 루터의 야고보서 논쟁을 길게 논할 수는 없지만, 야고보가 주장하는 일(행함)이 개신교에서 반대하는 "행함으로 의롭다 하심"(약 2:21, 24-25)과 조화를 이룰 수 없는지 질문해 볼 수는 있다.

야고보 자신이 말하는 것은 무엇일까? 야고보서 2장 14절은 틀림없이 논쟁 중심부에 있으므로, 본서의 2장 1-13절에 앞서 이 부분을 먼저 생각해 볼 것이다. "내 형제들아 만일 사람이 믿음이 있노라 하고 행함이 없으면 무슨 유익이 있으리요?" 야고보는 자신의 이 질문에 직설적으로 자답한다. "이와 같이 행함이 없는 믿음은 그 자체가 죽은 것이라"(약 2:17). 그리고 '죽은 믿음'에 관해 신중하게 고른 에피소드에서, 누군가 이웃이 헐벗고 일용할 양식도 없는데 평안히 잘 가라는 빈말을 해 주는 경우를 언급한다(약 2:15-16). 야고보는 당연히 그리스도를 믿는 자(하나님을 신뢰하는 자)는 궁핍한 자들을 긍휼히 여기는 마음으로 도와주리라고 기대하는 것이다.

날마다 일을 하다 보면 주변 사람들의 필요를 채워 줄 기회가 생긴다. 원하는 물건을 찾지 못하는 고객을 간단히 도와줄 수도 있고, 도움이 필요한데도 도움 요청하기를 겁내는 신참 동료를 찾아내는 경우처럼 단순한 것일 수도 있다. 야고보는 이런 연약한 자들, 혹은 소외된 자들에게 각별히 관심을 가지라고 권고하고 있으니, 일터에서 그런 대상이 누군지를 가려내는 연습이 우리에게는 꼭 필요하다.

이것이 바로 야고보서의 핵심이다. 야고보는 일(행함)과 믿음이 상충된다고 상상하지 않는다. 믿음(신뢰)이 없다면 선한 행위도 없기 때문에 '행함으로 의롭게' 될 수는 없다. 야고보의 말은, 일들(행함) 없이도 믿음이 존재할 수 있다는 뜻이 아니라, 온전한 구원에 이르기에는 충분하지 않다는 의미다. 야고보는 행함에 이르지 못하는 믿음은 죽은 것이라고 말한다. 바꿔 말하면, 그건 전혀 믿음이 아니라는 뜻이다. "영혼 없는 몸이 죽은 것같이 행함이 없는 믿음은 죽은 것이니라"(약 2:26).

크리스천들을 향한 야고보의 명령은, 주님께 대한 신앙 대신 다른 궁핍한 이들의 유익을 위해서 일하라는 게 아니다. 심지어 그리스도를 향한 신앙에 덧붙여 그러라고 하지도 않는다. 그는 그리스도를 향한 믿음의 한 결과로써 궁핍한 자들의 유익을 위해서 일하는 것을 기대한다.[6]

크리스천의 믿음은 언제나 실천으로 이어진다는 통찰은, 일터 현장에서 큰 교훈으로 삼아야 한다. 영적인 것이 곧 실천적인 것이므로, 우리는 세상을 영적인 것과 실천적인 것으로 나눌 수 없다. 야고보는 2장 22절에서 말한다. "네가 보거니와 [아브라함의] 믿음이 그의 행함과 함께 일하고 행함으로 믿음이 온전하게 되었느니라."

그렇기에 우리는 결코 "나는 예수님을 믿고 교회를 다닌다. 그렇지만 나는 내 행함(일)과 믿음은 별개의 문제"라고 말해서는 안 된다. 그런 믿음은 죽은 것이다. 야고보가 "이로 보건대 사람이 행함으로 의롭다 하심을 받고 믿음으로만은 아니니라"(약 2:24)라고 말한 것은, 매일 활동에서 그리스도께 대한 우리의 헌신을 행동으로 이루어 내야 할 과제를 던진 것이다.

야고보서의 나머지 부분에서는 하나님을 신뢰하는 일과 궁핍한 자들에게 유익을 주는 일이라는 기본적인 두 원칙을 실제로 적용한 예를 보여 준다. 야고보서 2장 14-26절에 대한 이 같은 우리의 평가를 전제로, 이런 적용이 그리스도를 향한 믿음의 완성이라는 관점, 야고보 시대에 유효했고 우리 시대에도 큰 교훈을 주는 이 관점을 유지하고 계속 진행해 나갈 것이다.

▽ 약 3:1-12

혀를 길들이라

야고보는 '듣기'에 대한 실천 지침을(약 1:19-21) '말하기'에도 적용한다. 야고보서 3장 1-12절에서 그는 자못 맹렬한 단어를 사용한다. "혀는 곧 불이요 불의의 세계라 혀는 우리 지체 중에서 온몸을 더럽히고 삶의 수레바퀴를 불사르나니 그 사르는 것이 지옥 불에서 나느니라 혀는 능히 길들일 사람이 없나니 쉬지 아니하는 악이요 죽이는 독이 가득한 것이라"(약 3:6, 8). 또 구약 잠언 말씀에서 혀가 생명을 주관하는 권세를 가졌다는 것을 의심하지 않았으며(그 예로 잠 12:18-"칼로 찌름같이 함부로 말하는 자가 있거니와 지혜로운 자의 혀는 양약과 같으니라"), 혀가 죽음까지 불러올 수 있다는 점도 잘 알았다.

교회에서 가혹한 말로 상처를 줄 수 있다는 점을 제대로 주의하지 않는 크리스천들도 많다. 일터에서 "하나님의 형상대로 지음을 받은 사람을 저주"하는 부주의를 범하지는 않는가?(약 3:9; 창 1:26-27) 직장 내 정수기 옆에 모여서 나누는 수다, 뒷담화, 희롱, 경쟁자에 대한 경멸과 같은 일로 상처받지 않는 사람이 어디 있겠으며, 또 상처를 안 입혀 본 사람이 어디 있겠는가?

▽ 약 3:13-4:12
이기적 욕망을 해결하는 길

야고보서 3장 14절-4장 12절에서는 하나님을 향한 의존의 원칙과 궁핍한 자들을 섬기는 원칙을 기술한다. 늘 그렇듯이 야고보는 순서를 바꾸어서 섬김을 먼저 논하고, 신뢰는 나중에 다루었다. 여기서 야고보는 먼저 이기적 욕망(selfish ambition)을 꾸짖는 것으로 시작해, 뒤이어 하나님께 대한 복종을 권고한다.

이기적 욕망

이기적 욕망은 화평하게 하는 일을 가로막는다(약 3:16-4:11). 이기적 욕망은 다른 사람을 돕는 일과 반대 개념이다. 야고보서 3장 16절 말씀에 그것을 적절하게 요약했다. "시기와 이기적인 욕망이 있는 곳에는 혼란과 온갖 악한 일이 있을 뿐입니다"(현대인의 성경). 야고보는 이런 이기적 욕망을 극복하는 실질적 방안으로 화평하게 하는 일(peacemaking)을 강조한다.[7]

"화평하게 하는 자들은 화평으로 심어 의의 열매를 거두느니라"(약 3:18). 그 전형적인 방법으로 곡식을 수확하는 경우를 들어 강조하면서 일터를 암시하고, 몇 가지 화평하게 하는 일들을 나열한다. 피해를 입은 자들을 위해 슬퍼하는 것(약 4:9), 스스로 낮아지는 것(약 4:10), 비방과 기소와 판단을 자제하는 것(약 4:11), 그리고 자비와 진실(약 3:17)이다. 직장에서 일하는 크리스천들은 일터에서 이 모든 것을 실천할 수 있다.

하나님께 복종함으로 이기적 욕망을 극복할 수 있다*(약 4:2-5).* 이기적 욕망은 기독교 공동체 안에서도 다툼과 싸움을 일으킨다. 야고보는 그것이 근본적으로 하나님께 의존하는 데 실패했기 때문이라고 규명한다. "너희는 욕심을 내어도 얻지 못하여 살인하며 시기하여도 능히 취하지 못하므로 다투고 싸우는도다 너희가 얻지 못함은 구하지 아니하기 때문이요 구하여도 받지 못함은 정욕으로 쓰려고 잘못 구하기 때문이라"(약 4:2-3).

하나님을 의지하지 않고서는 필요한 것을 하나님께 구할 수 없다. 흥미롭게도 우리가 하나님께 의존하지 않는 이유는 다른 사람을 섬기기보다 자신의 기쁨을 원하기 때문이다. 이것은 두 가지 원칙을 완전한 하나로 묶는다. 야고보는 하나님 없이 부와 기쁨을 누릴 수 있을 것이라 믿는 유혹을 '세상과의 간음'이라는 말로 비유한다(약 4:4-5).[8]

▽ 약 4:1-12

다른 사람들을 위해 투자하라

간음의 비유를 쓰기는 했지만, 야고보는 전반적으로 이기적 욕망에 관해 말한다. 일터에서 우리는 자신의 성공을 위해 다른 사람을 디딤돌로 쓰려는 유혹을 받는다. 우리가 동료나 부하 직원의 실적을 가로챌 때, 승진을 위해 경쟁 직원에게 정보를 숨길 때, 자리에 없어서 자신을 미처 방어할 수 없는 사람한테 자신의 잘못을 전가시킬 때, 누군가의 어려운 상황을 자신의 기회로 이용할 때, 우리에게는 이기적 욕망의 죄책이 있다. 야고보는 이것이 다툼의 한 근원이라고 지적한다.

역설적이게도 이기적 욕망은 성공을 촉진시키기보다 오히려 지연시킨다. 조직에서 높은 지위에 오를수록 성공을 위해 남들을 더 많이 의지하게 된다. 일이란 게 부하 직원들한테 떠맡길 만큼 간단할 수도 있고, 국제팀에서 조정해야 할 만큼 복잡할 수도 있다. 그렇지만 만약 당신이 앞서려고 남들을 밟고 간다는 평판이라도 나돈다면, 누가 당신의 리더십을 믿고 따르겠는가?

자기 형상대로 모든 사람을 지으신 하나님(창 1:27), 모든 사람을 위해 죽도록 아들을 보내신 하나님(고후 5:14)께 복종하는 것이 해결책이다. 우리 자신에 앞서 남들을 섬기는 데까지 야망을 낮출 때마다 우리는 하나님께 순복하는 것이다. 당신의 권위와 전문성이 더 높아지길 원하는가? 좋다. 다른 동료들의 권위와 장점을 추켜올리며 돕기 시작해 보라. 성공하고 싶은가? 좋다. 주변 사람들이 성공하도록 투자하라. 역설적이지만 다른 사람의 성공을 위한 투자는 자신을 위한 최고의 투자가 될 수 있다. 브리티시컬럼비아대학교(University of British Columbia)의 엘리자베스 던 교수와 하버드경영대학원(Harvard Business School)의 마이클 놀턴, 이 두 경제학자는, 우리 자신을 위해 돈을 쓰는 것보다 다른 사람을 위해 투자하는 것이 훨씬 더 우리를 행복하게 만든다고 말한다.[9]

▽ 약 4:13-17

크리스천이라고 앞날을 다 통제할 수 없다

이제 야고보는 두 원칙들의 새로운 적용의 하나로 옮겨 가면서 사업상의 예측에 대한 경고를 다룬다.[10] 지금까지와는 달리 이제는 먼저 하나님을 신뢰하는 원칙에 초점을 맞춘다. 그는 정신이 번쩍 드는 말로 시작한다. "들으라 너희 중에 말하기를 오늘이나 내일이나 우리가 어떤 도시에 가서 거기서 일 년을 머물며 장사하여 이익을 보리라 하는 자들아 내일 일을 너희가 알지 못하는도다 너희 생명이 무엇이냐 너희는 잠깐 보이다가 없어지는 안개니라"(약 4:13-14).

마치 단기 사업계획에 선고를 내리는 것 같다. 그렇지만 우리의 사전 계획이 그가 우려하는 관심사는 아니다. 앞날에 무엇이 일어날지를 우리가 통제할 수 있다고 상상하는 점이 문제라는 것이다. 그다음 절에서 야고보가 말하려는 진짜 포인트를 엿볼 수 있다. "너희가 도리어 말하기를 주의 뜻이면 우리가 살기도 하고 이것이나 저것을 하리라 할 것이거늘"(약 4:15).

문제는 계획 자체가 아니라, 미래가 우리 손안에 있는 양 계획하는 태도다. 우리는 하나님이 주신 자원, 능력, 관계, 시간 등을 지혜롭게 활용할 책임이 있다. 그러나 그 결과는 우리가 어떻게 할 수 있는 부분이 아니다. 우리가 돈으로 할 수 있는 최상의 계획을 세워 실행하더라도, 그 결과는 얼마나 예측 불가능한지 대다수의 사업가들이 잘 안다. 어떤 주식회사의 연간보고서든 10-20쪽에 달하는 지면 가득 회사에 닥칠 위험 요소로 가득하다. "우리 주식 가격은 회사가 통제할 수 없는 어떤 불특정 요인 때문에 크게 변동할 수도 있다."

오늘날의 일반 회사들과 마찬가지로 예측할 수 없는 일에는 적절히 대응할 수 없다는 것을 야고보는 명확히 밝힌다. 그럼 어째서 야고보는 세상의 일반 사업체들이 그토록 잘 아는 것을 신자들에게 상기시키는 것일까? 아마도 신자들이 그리스도를 따르노라면 예측할 수 없는 삶과 일에 대해서도 면역력을 얻을 거라고 때때로 착각하기 때문일 것이다. 하지만 이는 잘못이다. 야고보는 크리스천들이야말로 더욱 지속적으로 재평가하고, 적응하고, 조정할 필요가 있음을 깨달아야 한다고 말한다. 계획은 조정 가능해야 하고 상황 변화에 맞추어 실행해야 한다. 언뜻 보면,

이것은 단순히 사업 실행의 좋은 예다. 그렇지만 의미를 깊이 생각해 보면, 이것은 영적인 문제이고 단순히 시장 조건에 대응하는 필요를 떠나 하나님의 인도함을 따르는 일이다. 그러므로 우리는 야고보의 훈계를 다시금 주의 깊게 받아들여야 한다. 크리스천 리더십은 다른 사람들에게 우리 계획과 조치에 강제로 따르도록 하기보다, 먼저 스스로 하나님의 말씀과 인도하심을 우리 삶에 적용하는 것이다.

▽ 약 5:1-6
부당한 권력 남용과 노동 착취

여기서 야고보는 다른 사람의 필요를 위해 섬겨야 한다는 원칙으로 다시 돌아간다. 야고보서 5장을 시작하는 그의 말은 준엄하다. 그는 '부유한 자들에게' 경고한다. "너희에게 임할 고생으로 말미암아 울고 통곡하라"(약 5:1). 금고 안에 빛나는 금은보화와 옷장 안의 화려한 옷들은 언제나 빛날 것처럼 보이지만, 야고보는 그들의 재물이 이미 썩기 시작했다고 단언할 만큼 심판이 임박했음을 확신한다. "너희 재물은 썩었고 너희 옷은 좀먹었으며 너희 금과 은은 녹이 슬었으니 이 녹이 너희에게 증거가 되며 불 같이 너희 살을 먹으리라 너희가 말세에 재물을 쌓았도다"(약 5:2-3). 그들의 사치하고 허랑방탕한 삶은 오직 도살의 날을 위해 '살찌는' 데까지만 이어질 뿐이다(약 5:5).

이들 부자들은 어떻게 그들의 부를 획득했는지, 그리고 부를 획득하고 나서 무엇을 했는지 안 했는지에 따라 파멸당할 운명이다. 야고보가 불의한 사업 관행을 강하게 꾸짖는 것을 보노라니 구약 성경의 교훈이 떠오른다. "보라 너희 밭에서 추수한 품꾼에게 주지 아니한 삯이 소리 지르며 그 추수한 자의 우는 소리가 만군의 주의 귀에 들렸느니라"(약 5:4; 레 19:13). [11] 일꾼의 손에 있어야 할 돈이 사업주의 금고 안에 쌓여 있는 것이다. 그들은 부를 비축했고 주변의 필요한 자들을 외면했다(약 5:3).

사업주는 특별히 일꾼들에게 임금을 지불하는 데 바지런해야 한다. 공평한 임금 지불에 대한 분석 연구는 여기서 다루고자 하는 주제의 범위를 벗어나지만, 야고보가 '사기 쳐서 남기는 임금'(약 5:4, NRSV)이라고 한 것은 이 특정 지주들의 권력 남용을 꾸짖는 것이다(개역개정에는 "추수한 품꾼에게 주지 아니한 삯"으로 번역했다 - 옮긴이 주). 일꾼들이 마땅히 삯을 받아야 하는데도 권세 있는 부자는 법적 처벌을 용케 피해 가면서 지불하지 않을 길을 발견한 것이다. 그런 부자는 흔히 사법체계를 무력화시킬 수단을 갖고 있어서 알지도 못하는 사이에 부당한 권력을 남용하기가 너무나 쉽다.

부자들의 권력 남용에는 직원들을 독립 계약자(independent contractors)로 잘못 분류하거나 미숙련자로 분류해 낮은 임금을 지급하게 만드는 부정확한 업무 배치, 같은 일이지만 여자 혹은 소수민족을 고용해서 다른 사람보다 낮은 임금 지급하기, 어른들도 꺼리는 위험한 일을 어린이들에게 시키는 아동 노동학대 등등이다. 권력 남용은 소위 표준관행이라는 이유로도 결코 용납해서는 안 된다.

야고보는 이와 같이 "땅에서 사치하고 방종"한 자들을 단죄한다(약 5:5). 땅에서 사치하고 방종한 삶이 과연 무엇인지를 말하기는 좀 복잡하지만, 수많은 크리스천들에게도 도전이 된다. 이 대목에서 야고보의 주된 관심은 빈민들이 잘 사는 것이므로, 우리 자신에게 물어볼 가장 적절한 물음은 이런 것일 터이다. "내가 사는 방식이 가난한 사람들의 삶을 나아지게 하는가? 아니면 더 가난하게 하는가? 나의 돈 씀씀이가 사람들을 가난에서 벗어나게 돕는가, 아니면 사람들을 빈곤 속에 머물게 하는가?"

추수의 날을 기다리며

야고보는 인내, 정직, 기도, 죄 고백, 병 고침에 대한 다양한 권면으로써 서신을 끝맺는다. 늘 그랬듯이 이런 것들은 진실한 행함(일들)으로 다른 사람의 유익을 구해야 하는 원칙 또는 하나님께 의존한다는 원칙 가운데 하나 또는 둘 모두에 호소한다. 그리고 여태 해 왔듯이 야고보는 이를 일터에 직접 적용한다.

조급한 마음을 내려놓고 인내하라

야고보는 그리스도의 재림이 임박했다는 증거를 일터로 비유하면서 5장을 시작한다. "그러므로 형제들아 주께서 강림하시기까지 길이 참으라 보라 농부가 땅에서 나는 귀한 열매를 바라고 길이 참아 이른 비와 늦은 비를 기다리나니 너희도 길이 참고 마음을 굳건하게 하라 주의 강림이 가까우니라"(약 5:7-8). 그리고는 위의 말에 메아리치는 경구로 마무리한다. "엘리야는 우리와 성정이 같은 사람이로되 그가 비가 오지 않기를 간절히 기도한즉 삼 년 육 개월 동안 땅에 비가 오지 아니하고 다시 기도하니 하늘이 비를 주고 땅이 열매를 맺었느니라"(약 5:17-18).

일터에서의 인내는 하나님을 의지하는 한 형태인데, 매우 힘든 일이다. 일은 어떤 결과를 얻으려는 것인데, 그렇지 않다면 일일 수가 없을 것이다. 그런 만큼 일을 하지 않고서도 결과를 움켜쥐려는 유혹은 항상 있다. 만약 내가 돈을 투자한다면, 빨리 부자가 되고 싶어 하지 천천히 되고 싶어 하겠는가? 내부자 거래, 폰지 사기(Ponzi scheme), 슬롯머신에 생활비를 날리는 도박 등은 그런 조급한 마음에서 비롯되는 것이다.

만약 승진하고자 한다면 상사의 눈에 들도록 별의별 수단을 동원하지 않겠는가? 그것은 중상모략, 신용 위조, 험담, 팀 와해로 이어진다. '만약 내가 할당량을 채워야 한다면, 엉성하게 빨리 해치워서 생산라인의 다음 사람한테 문제를 전가시키면 되지 않을까?' 이런 것들은 개인의 도덕적 문제로 끝나는 정도가 아니라, 직원이 자신의 이익을 도모할뿐더러 제품의 질도 나빠지는 더 심각한 결과를 초래한다.

진실만을 말하라

"내 형제들아 무엇보다도 맹세하지 말지니 하늘로나 땅으로나 아무 다른 것으로도 맹세하지 말고 오직 너희가 그렇다고 생각하는 것은 그렇다 하고 아니라고 생각하는 것은 아니라 하여 정죄 받음을 면하라"(약 5:12).

항상 진실만을 말하는 사람들이 근무하는 직장을 상상해 보라. 단순히 거짓말을 회피하는 것이 아니라, 언제나 사실 그대로 가장 정확히 이해한 것을 듣고 말한다면? 맹세와 서약도 필요 없고, 소급 해명이 없어도 되고, 허위 진술과 사기에 대한 별도의 계약 조항도 따로 필요 없을 것이다. 판매자가 제품에 대한 모든 정보를 항상 제공한다고 상상해 보라. 또 계약서 내용은 모든 당사자들에게 늘 명료하게 전달되고, 사장과 상사들은 수하 직원들에게 돌릴 공을 명확하게 돌린다고 상상해 보라. 업무 관련 정보를 교묘히 감추기보다 언제나 명확한 대답을 하여 그림처럼 정확하게 전달한다고 상상해 보라. 현재의 직장에서 성공하겠는가? 만일 모두가 최대한 정직해진다면 성공할 수 있겠는가? 성공의 정의가 바뀌어야 하는 것 아닌가?●

● 이 주제에 대해서는 TOW 웹사이트 핵심 주제 코너에서 '진실과 거짓' 부분을 보라.

구하라, 하나님께

야고보는 기도 얘기를 하면서 하나님 의존 원칙으로 되돌아간다. "너희 중에 고난당하는 자가 있느냐 그는 기도할 것이요"(약 5:13), "너희 중에 누구든지 지혜가 부족하거든 …… 하나님께 구하라"(약 1:5). 야고보는 하나님께 구체적으로 아뢰라고 우리에게 요청한다. "하나님, 저는 생산에 차질을 빚게 된 이 실패를 어떻게 처리해야 할지 모릅니다. 상사에게 이 문제를 이야기하기 전에 주님께 먼저 도움을 구합니다."

하나님은 우리의 기도마다 우리가 기대한 그대로 응답하겠노라 보장하시지는 않지만, 우리의 필요를 능히 채워 주실 수 있다. 많은 크리스천들은 이상하게도 매일 직장에서 부대끼는 특정 이슈들, 상황, 사람들, 필요, 두려움과 의문에 관해 마지못해 기도한다. 하나님의 구체적인 인도하심을 (심지어 특정 결과를 위해 간구하라는 야고보의 권면도) 자꾸만 잊어버린다. 그는 우리에게 믿음을 가지라고, 그러면 하나님께서는 삶에서 실제로 응답하시리라고 말한다. "너희 중에 누구든지 지혜가 부족하거든 모든 사람에게 후히 주시고 꾸짖지 아니하시는 하나님께 구하라 그리하면 주시리라"(약 1:5).

서로 죄를 고백하라

야고보는 서로 죄를 고백함으로써 치유를 받도록 하라고 권고한다(약 5:16). 일터에서 가장 흥미로운 말은 '서로'다. 여기서의 전제는 사람들이 단순히 하나님께만 죄를 짓는 것이 아니라 서로서로 죄를 짓는다는 것이며, 일터에서의 경우는 분명히 그렇다. 우리는 매일 생산과 업무 수행의 압박, 시간의 제약을 받고, 종종 귀 기울이지 않은 채 행동하고, 반대 의견을 무시하고, 불공정하게 경쟁하며, 자원을 독차지하고, 귀찮은 정리를 옆 사람에게 떠넘기고, 내 욕구불만을 동료들 탓으로 돌리곤 한다. 우리는 서로 상처를 주고받는다.

유일한 치유의 길은 서로 죄를 고백하는 것이다. 만약 내가 동료의 성과를 부정확하게 비판함으로써 그가 승진에서 제외되었다면, 단지 하나님께 개인적으로 기도할 때뿐 아니라 직장에서도 그 죄를 피해자에게 고백해야 한다. 그 손상을 정말 바로잡기 원한다면, 해당 부서의 나머지 사람들에게도 죄를 고백해야 한다. 우리는 어떤 동기로 죄 고백과 병 고침을 원하는가? 그것을 통해 다른 사람의 필요를 섬길 수 있다. "너희가 알 것은 죄인을 미혹된 길에서 돌아서게 하는 자가 그의 영혼을 사망에서 구원할 …… 것임이라"(약 5:20). 사망에서 누군가를 구원하는 것은 아주 깊고 절실한 필요를 채워 주는 섬김이다. 그리고 (우리 모두는 죄인이기 때문에) 아마 우리 역시 잘못된 길에서 돌이켜 사망에서 구원받도록 다른 누군가도 지금 우리를 돕고 있을 것이다.

베드로전서와
일

〰〰〰〰〰〰〰〰〰〰〰〰〰〰〰〰〰〰〰〰〰〰〰

베드로전서는 예수님께 충성했기 때문에 비방을 받고, 거짓 고소를 당하고, 신체적으로 학대받는 사람에게 쓴 서신으로(벧전 2:12, 18-20; 3:13-17; 4:4, 14, 19), 여기서 베드로는 어떻게 크리스천이 자신의 고난을 세상을 위한 섬김으로 바꾸어 살도록 부름받았는지 설명한다.

그리스도는 그분을 알지 못하는 세상에서 그분을 따르도록 우리를 부르셨다. 우리는 낯선 이곳에 머무는 나그네이며, 여기는 우리의 진정한 집이 아니다. 그래서 우리는 "여러 가지 시험"을 경험할 수밖에 없다(벧전 1:6). 그러나 베드로는 우리가 이 세상의 희생양이 아니라 하나님의 복을 세상에 가져오는 "거룩한 제사장"이라고 부른다(벧전 2:5). 크리스천의 일은 이 땅에서 나그네로 살아가면서 그리스도께서 다시 오셔서 그분의 왕국을 회복할 때까지 세상을 축복하는 일이다.

▽ 벧전 1:1-2:12

나그네요, 제사장으로 세상을 섬기다

서신 서두에서 베드로가 수신자들에게 쓰는 "나그네들인, 택하심을 입은 이들"(벧전 1:1, 새번역)이라는 본 구절은 베드로 서신 전체를 관통하는 주된 메시지의 전조로 보인다. 이 구절은 '나그네들'과 '선택받은'이라는 두 부분으로 나뉜다.

만일 당신이 그리스도 왕국의 시민이라면, 당신은 나그네다. 당신을 둘러싼 현재 이 세상은 그리스도의 지배 아래 있지 않기 때문이다. 당신은 외세 지배 아래 있는 것이다. 당신이 그리스도의 재림을 기다리는 동안, 당신의 진정한 왕국 시민권은 '하늘에 간직돼' 있다(벧전 1:4). 어떤 나라에 잠시 거하는 나그네들처럼, 당신도 당신이 사는 땅의 통치자들의 총애를 반드시 누리는 것은 아니다. 그리스도는 이 땅에 스스로 오셨지만 "사람에게는 버린 바"(벧전 2:4) 되셨다. 마찬가지로 그분 왕국의 모든 시민들도 같은 대우, 곧 사람들에게 버린 바 되는 상황을 예상해야 한다. 그런데도 하나님은 그리스도의 일을 하는 동안 이 낯선 땅에 머물도록 우리를 부르셨다(벧전 1:15-17).

정치적 은유로 말하고는 있으나, 베드로는 일터의 용어를 들고 있다. "행위"(벧전 1:17), "은이나 금"(벧전 1:18), "불로 연단"(벧전 1:7), "깨끗하게 하여"(벧전 1:22), "집으로 세워지고"(벧전 2:5) 등등. 베드로가 일터 용어를 사용한 까닭은 우리가 일의 세계에서 살고 있다는 것, 그리고 주변 노동세계 가운데서 우리가 주님을 따를 길을 찾아야 한다는 것을 상기시키기 위해서다.

'나그네'라는 말의 의미를 설명한 뒤, 베드로는 또 다른 용어 '선택받은'(벧전 1:1)을 사용한다. 만일 당신이 크리스천이라면, 당신은 하나님께 선택받은 자다. 당신이 임시로 거주하는 이 나라의 제사장이 되기 위해서다. "너희도 산 돌같이 신령한 집으로 세워지고 예수 그리스도로 말미암아 하나님이 기쁘게 받으실 신령한 제사를 드릴 거룩한 제사장이 될지니라"(벧전 2:5). 베드로전서 2장 9절에서도 제사장의 타이틀 또는 '왕 같은 제사장직'은 거듭 나온다.

고대 이스라엘의 제사장들은 희생제사를 드렸고 이스라엘을 축복했다

더 나아가기 전에 고대 이스라엘에서 제사장이 된다는 게 무엇을 뜻했는지 알아야 한다. 제사장에게는 주로 두 가지 역할이 있었으니, 예루살렘 성전에서 희생제사를 드리는 것, 그리고 제사장적 축복 선언이었다.[12]

제사장들은 희생제사 의무를 감당하기 위해 성소나 성전의 내실로 들어가야 했고, 대제사장의 경우 매년 한 번씩 지성소에 들어가 하나님의 임재 앞에 서 있어야 했다. 대리적 축복 선언을 하기 위해 그들은 하나님 당신을 대신하여 말해야 했다. 이 두 가지 직무를 수행하려면 모두 하나님의 임재 앞에 나아가야 했다. 거룩한 하나님의 임재 앞에는 불순

하거나 부정한 것은 아무것도 용납될 수 없기에 결국 각별한 정결 또는 성결은 필수적이었다.[13]

그러면서도 제사장들은 순번제로 돌아가며 자기 차례에 섬겼고(눅 1:8) 주된 생계 수단으로 일반 직업에 종사했다. 그들은 일상생활에서 격리될 수도 없었지만, 세상의 더러움과 부패에도 불구하고 정결을 유지해야만 했다.

우리는 이 시대 제사장이다

베드로가 크리스천들이 "거룩한 제사장"(벧전 2:5)과 "왕 같은 제사장"(벧전 2:9)으로 부름받았다고 한 것은 모든 신자가 자신을 전임 목회자로 생각해야 한다는 뜻이 아니다. 전도자나 선교사가 되는 것이 선택받은 자들에게 하나님의 부르심을 성취하는 최선의 길이라는 의미도 아니다. 무슨 일로 생계를 유지하든, 크리스천들은 그 가운데서 순결하고 거룩한 삶을 산다는 뜻이다. 오직 그렇게 함으로써 우리는 주변 사람들을 대신하여 하나님께 희생제사를 드릴 수 있고, 하나님의 복을 전달할 수 있다. 베드로는 직설적으로 말한다. "사랑하는 자들아 거류민과 나그네 같은 너희를 권하노니 영혼을 거슬러 싸우는 육체의 정욕을 제어하라 너희가 이방인 중에서 행실을 선하게 가져 너희를 악행한다고 비방하는 자들로 하여금 **너희 선한 일을 보고 오시는 날**에 하나님께 영광을 돌리게 하려 함이라"(벧전 2:11-12).

물론 크리스천들이 유대인 제사장들과 똑같은 희생제사를 드리는 것은 아니다. 우리는 동물을 죽여 바치지 않는다. 대신 우리 주님이 앞서 하신 것과 같은 희생제사를 드린다. 즉 궁핍한 자들의 유익을 위한 자기희생이다. 베드로는 "이를 위하여 너희가 부르심을 받았으니 그리스도도 너희를 위하여 고난을 받으사 너희에게 본을 끼쳐 그 자취를 따라오게 하려 하셨느니라"(벧전 2:21)라고 말한다. 이것은 '영적 희생'(벧전 2:5) 즉, 궁핍한 자들의 유익을 위해 자신을 선한 청지기로 드리는 것을 뜻한다(벧전 4:10).

우리는 날마다 일터에서 크든 작든 이런 자기희생의 기회를 만난다. 이는 베드로전서 1장 3절-2장 10절을 요약한 것으로, 사도 베드로가 수신자들을 왜 '선택받은 나그네들'(NRSV)이라고 불렀는지 내력을 알 수 있다. '나그네들'이라는 용어에는, 우리가 본향이 아닌 낯선 땅, 부정부패가 만연한 곳에서 외국인으로서 우리의 소명을 살아 낸다는 뜻이 담겨 있다. '선택받은'이라는 말은 예수님을 따르는 자들, '왕 같은 제사장들'은 특별히 자기희생을 통해서 세상에 복이 되는 제사장의 소명을 지녔음을 확인시켜 준다.

▽ 벧전 2:13-4:19
세상 권세자들 아래서의 고난

크리스천의 노동 환경에서 나그네와 제사장으로서의 부르심을 수행한다는 것은 어떤 일일까? 베드로는 이것을 외국인과 종인 수신자들에게 주는 직접적인 지침으로 말한다. 비록 하나님 나라의 시민권은 우리에게 '자유인'(벧전 2:16)으로 살아갈 권리를 부여해 주지만, 땅의 외국인들로서의 우리는 우리가 사는 나라가 어디든 그곳의 모든 시민법과 제도를 존중하고 순종해야 한다(벧전 2:13-14). 비록 베드로가 어떤 부류의 일꾼들이라고 밝히지는 않지만, 분명히 수신자들의 다수를 이루는 '종들'에게 자신이 받는 대우가 정당하든 부당하든 어떤 주인에게도 순종해야 한다고 말한다. 사실, 부당한 대우를 받는 것은 예견된 일(벧전 4:12)이며, 오히려 보복하지 않고 그리스도 고난의 자취를 따라 고난을 감당할 기회를 우리에게 제공해 준다(벧전 2:21).

주의할 것은 여기서 베드로는 부당한 수난을 말하는 것이지, 우리 자신의 무능, 오만, 무지로 인해서 겪는 어려움을 말하는 게 아니라는 점이다. 물론 정당한 형벌이라면 순복하는 맘으로 받아야 한다. 사실 당신은 위의 권위에 불복할 자유가 없다. 비록 당신이 생각하기에 올바르다고 해도 그렇다. 당신이 승진, 임금 인상, 창이 있는 사무실, 수준급의 의료 보험 제도 혜택을 받을 만한 충분 조건을 갖추었는데도 그것을 누리지 못하는 상황이 올 수도 있다. 어쩌면 고용주가 당신을 의도적으로 기만하고, 시간 외 근무를 강요하고, 상사의 잘못을 당신에게 뒤집어씌워 징계를 가할 수도 있다.

반면 당신 또한 아프지도 않으면서 병가를 내고, 개인 물품을 사면서 회사에 전가시키고, 회사 사무용품을 슬쩍 챙기거나 업무 시간에 빈둥거리는 것 같은 일로 고용주가 당신을 속인 것만큼 그렇게 윤리적으로 회사를 속일 수도 있을 것이다. 그렇지만 그래서는 안 된다. "선을 행함으로 고난받는 것이 하나님의 뜻일진대 악을 행함으로 고난받는 것보다 나으니라"(벧전 3:17).

하나님은 뺏기는 만큼 도로 취하라고 가르치지 않으신다. 당신이 속은 만큼 남을 속인다고 해서 당신의 행위가 덜 악하게 되는 것도 아니다. 적대적인 업무 환경일지라도 오직 선을 행하도록 당신을 부르셨다(벧전 2:20). '악을 악으로, 욕을 욕으로 갚지 말라'(벧전 3:9). 오히려 크리스천들은 심지어 불의하고 부당한 권위도 존중해야만 한다.

왜 그런가? 그리스도께서 세상을 구원하기 위해 자신을 옹호하지 않으시고 십자가에 죽으셨듯이(벧전 2:21-25), 우리는 제사장으로 사람들을 축복하도록 부름받았지, 우리 자신을 옹호하도록 부름받은 게 아니기 때

일하는 크리스천을 위한
서신서 · 요한계시록

문이다. 물론 그리스도께서는 어떤 상황에서는 권위에 도전하시고 권세를 사용하는 데 주저함이 없으셨지만, 베드로는 여기서 복음의 전체 개요를 다시 말하지는 않았다. 특별히 예언서와 같은 다른 성경의 경우, 억압적이고 불법적 권위에 대해서는 저항하라고 하나님이 강조하셨다.

항복이 항상 순종을 뜻하는 것은 아니다. 예수님이 그러셨던 것처럼, 우리도 공공연하게 불순종하고 그 결과를 받아들임으로써 권위에 복종할 수도 있다. 이 대목과 그의 서신서 전체를 통해 베드로는 오로지 그리스도의 자기희생 모범으로 우리를 이끌어 간다.

▽ 벧전 5장
지도자들과 따르는 자들을 위한 지침들

베드로는 이제 '장로들'(elders; 오늘날 많은 교회에서는 헬라어 어원에서 온 영어식 표현 'presbyters'나 'bishops'가 익숙하다)이라고 칭한 교회 리더들에게 지침을 준다. 이것은 또한 다른 사람을 섬기는 데 초점을 맞추고 있어 일터에 있는 지도자들에게도 훌륭한 조언이다. "너희 중에 있는 하나님의 양 무리를 치되 …… 자원함으로 하며"(벧전 5:2). 돈에 대한 탐심을 품지 말라(벧전 5:2). 맡은 자들에게 주장하는 자세를 하지 말고 본을 보이라(벧전 5:3).

베드로는 잠언 3장 34절을 인용하면서 젊은이들에게 (아니, 사실 모든 사람들에게) "하나님은 교만한 자를 대적하시되 겸손한 자들에게는 은혜를 주시느니라"(벧전 5:5) 하고 겸손을 권유한다. 이것이 유독 베드로전서에만 있는 것은 아니지만, 여기서 확대 설명을 하지는 않겠다. 단지 오늘날 일터에서 널리 활용하는 종의 리더십 개념을 베드로가 잘 알고 있었음을 기억하는 것만으로도 충분할 것이다. 그렇지 않다면 어떻게 예수님의 탁

월한 종의 리더십이 전수될 수 있었겠는가?(벧전 4:1-2, 6)

베드로후서와
일

베드로후서는 거룩한 삶과 고난을 견디는 인내의 필요성에 관해 야
고보서와 베드로전서에서 이미 보았던 여러 주제들을 강화한다. 여기서
는 이 부분을 반복해서 다루지 않고, 일의 신학에 대한 강한 도전을 주는
베드로후서 3장에서만 그렇게 할 것이다. 만일 "현재의 하늘과 땅은 심
판 날에 모든 경건치 않은 사람들을 불로 멸망시키기 위해 동일한 하나
님의 말씀으로 보존되고 있는 것"(벧후 3:7, 현대인의성경)이라면, 오늘날 우
리의 일은 그 가치가 무엇인가? 대럴 코스덴(Darrell Cosden)의 중요한 책에
서 제목을 빌려 살펴본다면, 이 땅에서의 노동은 하늘에 무슨 유익이 있
는가?[14]

▽ 벧후 3:1-18
이 땅의 끝, 영원의 시작

우리가 이 땅에서 하는 일은 하나님과 관련이 있을까? 대럴 코스덴은

이 질문에 '그렇다!'고 답한다. 그의 논쟁의 핵심인 예수님의 몸의 부활은 (1) 물질 세상의 선함을 확인시켜 주고, (2) 지금 세상과 새 창조 세계 사이의 연속성을 보여 주며,[15] (3) 아직 완전히 구현되지 않았지만 이미 시작된 새 창조의 표징이다.

우리의 노동은 궁극적인 가치가 있다. 구속받고 성화된 우리의 수고의 열매는 하늘을 그 본향으로 삼을 것이기 때문이다. 그렇지만 3장은, 코스던의 일의 신학에서 두 가지 필수불가결한 면모들 즉 (1) 창조물의 타고난 선, 그리고 (2) 지금의 세상과 다가올 창조 세계의 연속성에 대한 질문을 떠올려 주는 것 같다.

베드로는 여기서 악을 심판하는 역사에 하나님이 개입하지 않는다고 주장하며 조롱하는 불법자들에게 맞선다(벧후 3:3-4). 그러면서 현재 세계와 미래 세계의 연속이 결여된 듯한 모습을 보이는데, 그것은 우주의 종말 또는 소멸을 뜻하는 것 같기도 하다.

1. "이제 하늘과 땅은 그 동일한 말씀으로 불사르기 위하여 보호하신 바 되어 경건하지 아니한 사람들의 심판과 멸망의 날까지 보존하여 두신 것이니라"(벧후 3:7).

2. "하늘이 큰 소리로 떠나가고 물질이 뜨거운 불에 풀어지고 땅과 그중에 있는 모든 일이 드러나리로다"(벧후 3:10).

3. "이 모든 것이 이렇게 풀어지리니"(벧후 3:11).

4. "하늘이 불에 타서 풀어지고 물질이 뜨거운 불에 녹아지려니와"(벧후 3:12).

5. 그러나 우주의 종말이 눈에 보이듯 너무나 가깝다고 속단하지는 말라.[16] 베드로가 사용하는 종말의 이미지는 임박한 하나님의 심판을 독자들에게 확증해 주는 구약 성경의 예언적 계시에서 흔히 찾아볼

수 있다. 구약 성경의 예언서들과 제2성전 시대 유대 문학은 모든 의인의 정화와 악인의 멸망을 언급할 때 불의 이미지를 은유적으로 사용했다.[17]

베드로후서 2장 7절, 10절과 3장 12절을 종말묵시문학의 관행적 흐름 안에서 읽어 보면, 불에 타서 풀어지고 녹아 버리는 이미지를 하나님이 선과 악을 구별하시는 과정의 은유로 이해할 수 있을 것이다.[18]

이것은 베드로가 첫 번째 서신에서 불의 이미지를 어떻게 사용했는지 보여 준다. 즉 수신자인 성도들도 역시 금을 제련하는 것과 같은 시련을 거칠 터인데, 이 불 시련을 통과한 사람들이 하나님께 칭찬과 영예를 얻으리라는 진리를 상기시켜 주었다(벧전 1:5-7). 이 구절들은 문자 그대로 하늘과 땅이 소멸될 것을 강조한다기보다 모든 악이 궁극적으로 단절될 것임을 말한다. 이와 마찬가지로, 베드로는 '녹아 버리다', '불에 풀어지다', '심판', '예비된 불' 같은 용어로 세상을 변화와 시험의 면에서 조심스럽게 표현한다. 더글러스 무(Douglas Moo)는 베드로후서 3장 10-12절에서 사용된 '불에 녹아 버리다'는 헬라어 'luō[루오]'가 멸절의 의미가 아니라, 급격한 변화를 뜻한다고 해석하면서 그 대안으로 'undone'(풀린 상태의 또는 미완의 - 옮긴이 주)이라는 번역을 제안한다.[19]

베드로는 노아 시대를 언급하면서(벧후 3:5-6) '물의 넘침'을 완전한 멸절로 풀이하는 해석을 경계한다. 그것은 세계의 존재 자체의 끝이 아니라 인간의 악을 정화하는 의미였다. 노아와 가족, 소유와 방주 속 동물에 국한된 인간의 선은 보존되었고, 생명도 물리적 지구에서 다시 시작되었다.

끝으로, 궁극적 미래에 대한 베드로의 긍정적인 비전을 물질계 질서의 쇄신으로 묘사한다. "우리는 그의 약속대로 의가 있는 곳인 새 하늘과 새 땅을 바라보도다"(벧후 3:13). 이것은 보잘것없고 육체를 벗어난 저세상이 아니라 '하늘'과 '땅'을 포함한 새로운 우주다. 베드로후서 3장 10절에 "땅과 그중에 있는 모든 일이 드러나리로다"라는 말씀이 있다. 드러난다고 했지 파괴된다고 하지 않았다. 불타고 난 후에도 여전히 '일들'이 남아 있으리라는 뜻이다. 이상은 본 베드로후서가 현재 일의 영원한 가치에 관한 신학의 주된 근간이라는 얘기가 아니다. 다만 본 서신이 그런 신학으로 일관되어 있다는 얘기다.

우리가 원하는 만큼 충분히 상세하지는 않지만, 베드로후서는 현재 땅에서 하는 일과 미래에 경험할 일 사이에 모종의 연속성이 분명히 있다고 말한. 모든 악은 결국 소멸되지만, 모든 의로운 것들은 영원한 본향에서 새 창조를 맞이할 것이다. 불은 소멸하면서 더불어 정화시킨다. 풀어짐(용해됨)은 일의 끝을 가리키지 않는다. 하나님을 위해 행한 일은 오히려 새 하늘과 새 땅에서 참된 결말을 이끌어 낸다.

요한일서와
일

∞∞∞∞∞∞∞∞∞∞∞∞∞∞∞∞∞∞∞∞∞∞∞∞∞∞∞∞∞∞∞∞∞∞∞

비록 야고보서와는 무척 다른 상황에서 기록되기는 했지만, 요한일서도 역시 하나님께 대한 순종의 행위인 '행함'이 없는, 그런 믿음이 가능한지 도전한다.[20]

요한일서 2장에서 요한은 하나님을 진실하게 안다는 것은 성화된 인격과 행동, 하나님께 대한 순종으로 명백히 나타난다고 말한다.

> 우리가 그의 계명을 지키면 이로써 우리가 그를 아는 줄로 알 것이요 그를 아노라 하고 그의 계명을 지키지 아니하는 자는 거짓말하는 자요 진리가 그 속에 있지 아니하되 누구든지 그의 말씀을 지키는 자는 하나님의 사랑이 참으로 그 속에서 온전하게 되었나니 이로써 우리가 그의 안에 있는 줄을 아노라 그의 안에 산다고 하는 자는 그가 행하시는 대로 자기도 행할지니라(요일 2:3-6).

요한일서는 재차 야고보서와 보조를 같이하면서 궁핍한 자를 돌보는 것을 하나님을 바로 아는 지식에서 나온 행동으로 간주한다. "누가 이 세상의 재물을 가지고 형제의 궁핍함을 보고도 도와 줄 마음을 닫으면 하나님의 사랑이 어찌 그 속에 거하겠느냐?"(요일 3:17) 한 걸음 더 나아가 요한일서는 믿음과 행함 사이의 관계를(요한의 용어로는 '하나님을 아는 것'과 '순종하는 것' 사이의 관계를) 이해할 수 있도록 돕는다.

요한은 어둠에서 빛으로 옮겨지는 것(요일 2:8-11), 하나님께 사랑받게 되는 것(요일 3:16; 4:7-10, 16, 19-20), 하나님으로부터 나서 하나님의 자녀가 되는 것(요일 2:29; 3:1-2, 8-9), 사망에서 생명으로 옮겨가는 것(요일 3:14) 등의 다양한 이미지를 사용하면서, 하나님께 순종하기 전의 우리 실상을 보여주는 동시에 순종이 가져오는 결과까지 설명해 준다.

요한에 의하면, 올바른 삶은 무엇보다 먼저 우리를 향한 하나님의 사랑의 결과요 그에 대한 우리의 응답이다.

> 사랑하는 자들아 우리가 서로 사랑하자 사랑은 하나님께 속한 것이니

사랑하는 자마다 하나님으로부터 나서 하나님을 알고 사랑하지 아니하는 자는 하나님을 알지 못하나니 이는 하나님은 사랑이심이라 하나님의 사랑이 우리에게 이렇게 나타난 바 되었으니 하나님이 자기의 독생자를 세상에 보내심은 그로 말미암아 우리를 살리려 하심이라 사랑은 여기 있으니 우리가 하나님을 사랑한 것이 아니요 하나님이 우리를 사랑하사 우리 죄를 속하기 위하여 화목 제물로 그 아들을 보내셨음이라 (요일 4:7-10).

요한은 이런 과정의 결과로 '그가 빛 가운데 계신 것같이 우리도 빛 가운데 행할 수 있다'(요일 1:7)고 말한다. 하나님의 사랑은 예수님의 대속적인 희생제사를 통해 우리를 질적으로 다른 존재가 되게 하여, 우리 삶을 향한 하나님의 뜻을 알고 그대로 행할 수 있게 만들어 준다. 우리는 단지 이따금 한 번씩 빛을 켜 놓는 사람들이 아니다. 새로운 삶의 양식으로써 계속 빛 가운데 걷는 사람들이다. 이로써 직장 윤리에서도 직접적으로 중요한 역할을 한다. 프로테스탄트(개신교) 사상 및 생활에서 오랫동안 경시해 오다가 최근 많은 관심을 기울이는 것 하나가 '덕 윤리학'(virtue ethics)이다.[21]

덕 윤리학은 규율을 정하고 즉각적인 결정의 결과를 계산하기보다 장기적인 도덕성 함양에 중점을 둔다. 규율과 명령이야 아무래도 상관없다는 말이 아니다. "하나님을 사랑하는 것은 이것이니 우리가 그의 계명들을 지키는 것이라"(요일 5:3). 즉, 좀 오래 걸린다 해도 도덕성을 먼저 형성해 두어야 그런 규율들을 준수할 수 있다는 것이다. 더 긴 논의는 이 글의 범위를 벗어나겠지만,● 요한의 '빛 가운데 걸어가기'라는 개념은 덕성으로 접근하는 라

● TOW 웹사이트 핵심 주제 코너에서 '윤리' 부분을 보라.

이프스타일이라고 분명히 말할 수 있다. 우리가 하는 것(일)은 필연적으로 우리의 됨됨이에서 비롯된다. "우리가 사랑함은 그가 먼저 우리를 사랑하셨음이라"(요일 4:19).

빛의 은유에서 우리가 특별히 적용할 한 가지는, 우리의 직장생활이 열려 있어야 하고 투명해야 한다는 사실이다. 우리의 행동을 빛으로부터 감추려 하기보다 면밀하게 검토하고 행하자는 얘기다. 빛 가운데 행하면서 투자자를 속이지 않고, 품질 기록을 허위로 조작하지 않으며, 동료를 험담하지 않고, 뇌물을 갈취하지 않아야 한다. 이런 의미에서 요한일서 1장 7절은 요한복음 3장 20-21절 말씀 "악을 행하는 자마다 빛을 미워하여 빛으로 오지 아니하나니 이는 그 행위가 드러날까 함이요 진리를 따르는 자는 빛으로 오나니 이는 그 행위가 하나님 안에서 행한 것임을 나타내려 함이라 하시니라"의 되풀이다. ●

롭 스미스(Rob Smith)는 아프리카 빅토리아 호수에서 사용할 배를 만드는 비즈니스 선교사역체를 이끌고 있다. 그는 지역 관리들로부터 자주 뇌물을 요구받는다고 한다. 그런 요청은 언제나 비밀리에 이루어진다. 그런 지불에는 영수증도 없고 거래 기록은 어디에도 남지 않는다. 스미스는 이런 요청들을 빛 가운데로 가져가기 위해서 요한복음 3장 20-21절을 사용해 왔다. 그는 뇌물을 요구하는 관리들에 이런 식으로 말하곤 한다. "저는 이런 식의 지불에 대해서는 잘 모릅니다. 이에 대한 문서 작성을 위해 대사님이나 경영책임자를 불러들이고 싶습니다." 그는 이런 전략이 뇌물에 맞서는 데 도움이 된다는 것을 깨달았다. 뇌물이 비윤리적이기는 해도 시장 및 이익 확장의 도구가 된다는 믿음이 널리 퍼져 있지만, 하버드 경영대학원의 조지 세라핌(George Serafeim)의 연구에 따르면, 뇌물 증여는 사실 장

● 보다 자세한 논의는 이 시리즈 3권 《일하는 크리스천을 위한 사복음서 · 사도행전》 4장 부분을 보라.

기적으로 회사 수익을 감소시킨다.[22]

　이와 관련하여 요한일서에서는 하나님 나라에 의미 있는 일을 하기 위해서 반드시 전임 사역자가 될 필요는 없다고 역설한다. 대부분의 크리스천들은 소위 '영적' 사역이라고 불리는 설교와 전도를 하면서 월급을 받지는 않지만, 모든 크리스천들이 하나님께 순종하는 행위로써 빛 가운데 행할 수 있다(요일 3:18-19, 24). 그런 모든 행위는 무엇보다 하나님의 사랑에 기인하며, 따라서 매우 영적이고 의미가 깊다. 이와 같이 교회에서 하는 일이 아닌데도 가치가 있는 것은, 그것이 전도의 기회를 잡을 수도 있는 곳인 데다 선교기금으로 쓸 수 있는 임금을 받는 곳일뿐더러 주변 사람들을 섬김으로써 그리스도와 함께하는 친교를 구현할 수 있는 곳이기 때문이다. 일터가 이웃 사랑의 가장 실천적인 수단인 까닭은 멀고 가까운 사람들의 필요를 채워 주는 물자와 봉사를 창출해 내는 곳이기 때문이다. 그런 의미에서 노동은 하나의 영적 소명이다.

　이런 의미로, 요한일서는 우리를 다시금 야고보서로 이끌어 간다. 두 책 모두 크리스천의 삶에서 순종이 반드시 필요하다고 강조하며, 이것이 어떻게 일의 신학에서 하나의 요인으로 포함되는지 보여 준다. 일터에서든, 어디에서든, 우리는 하나님께 순종할 수가 있다. 궁핍한 자들의 유익을 위해 자신의 목숨도 주셨던 그리스도를 본받기 때문이다.

요한이서와
일

◇◇

요한이서는 일반서신서들의 전반적인 틀과 들어맞고 그리스도 안에서 일과 삶에 관한 자체적 통찰을 제공해 준다. 짧은 서신이지만 실천적 지침들로 가득하다.

▽ 요이 1-11절

진실함으로 대하라

진실함이 빠진 사랑의 위험성 요이 1-6절

요한의 각 서신서는 "진리"(truth; 진실)와 "사랑"의 개념을 하나로 묶어서 다루는 게 특징이다(요일 3:18; 요이 1, 3절; 요삼 3절). 이 개념이 가장 확장되고 발전된 모습을 발견할 수 있는 곳이 바로 요한이서다.

> 은혜와 긍휼과 평강이 하나님 아버지와 아버지의 아들 예수 그리스도
> 께로부터 진리와 사랑 가운데서 우리와 함께 있으리라 너의 자녀들 중
> 에 우리가 아버지께 받은 계명대로 진리를 행하는 자를 내가 보니 심히
> 기쁘도다 부녀여, 내가 이제 네게 구하노니 서로 사랑하자 이는 새 계명
> 같이 네게 쓰는 것이 아니요 처음부터 우리가 가진 것이라(요이 3-5절).

요한에 의하면, 사랑에 진리를 더하면 은혜와 긍휼과 평강이 우리와 함께할 수 있는 환경이라고 한다. 유감스럽게도 우리는 종종 진실이 빠진 사랑의 은혜와 긍휼과 평강을 추구한다. 일터에서 다른 사람과 의사소통을 하면서, 진실을 말하는 것은 사랑이 아니라는 잘못된 믿음으로 불편한 진실은 가리거나 숨긴다. 혹은 진실을 말하면 평강이나 은혜보다 악감정이나 충돌이 일어날 것이라고 걱정한다. 딴에는 긍휼을 베푼다고 생각하면서 진실을 말하지 않는 것이다.

그러나 사랑은 언제나 진리와 함께 출발해야 한다. 사랑은 그리스도를 통해 우리에게로 오며, 그리스도는 하나님의 진리의 완전한 구현이시다. 말하자면, 사물 본연의 모습을 잘 아시는 하나님은 그분의 지식을 사랑으로 감싸 그분의 아들을 통해 우리에게 전해 주신 것이다. 그래서 우리가 만약 하나님의 사랑으로 사랑한다면, 허위와 회피 혹은 거짓말이 아닌 진실에서 시작해야만 한다. 진실을 말하노라면 충돌을 일으키거나 자신 혹은 다른 사람의 감정을 어지럽힐 수 있다. 그렇지만 진정한 은혜와 긍휼과 평강은 현실과 맞닥뜨리고 어려움의 수고를 거쳐 진정한 해결점에 다다를 때에 절실하게 다가온다.

제너럴 일렉트릭사 CEO 잭 웰치는 직원들의 업무 성과에 대해 진실하면서도 노골적인 평가를 내리는 그의 관행 때문에 논쟁의 중심에 섰던 사람이다. 그는 매월 회사가 기대하는 바를 직원들이 얼마나 충족시켰는지 본인에게 알려 주었다. 그리고 일 년에 한 번씩은 그들이 최고의 성과를 올렸는지, 아니면 이런저런 부무에서 개선이 필요한 중간 성노의 성과를 보였는지, 혹은 해고의 위험에 처한 최하위 성과를 보였는지도 말해 주었다.[23] 이런 관행을 가혹하다고 간주하는 사람들도 있겠지만, 웰치는 그것을 사랑의 표현이라고 봤다.

거짓 친절을 베푸는 관리자야말로 가장 나쁜 관리자다. 나는 (나긋나긋하게 잘해 주기만 하려는) 사람들에게 이렇게 말한다. "당신은 당신이 친절한 관리자이니 훌륭한 관리자라고 생각해요? 그럼, 내 말을 들어 봐요. 당신이 영원히 그 자리에 있지는 않겠죠. 안 그래요? 승진을 하든지 은퇴하겠죠. 그리고 당신 후임으로 새 관리자가 와서 당신 부하였던 직원을 보고는 이렇게 말할 거요. "이런, 경력에 비해 실력이 너무 부족하군요." 그런데 이제 그 직원이 쉰 살도 넘고, 삶의 다른 선택지도 별로 없다고 합시다. 그럼, 당신은 그 직원한테 뭐라고 할 건가요? 이젠 집에 가서 쉬라고 할 건가요? 그게 어떻게 친절인가요? 그렇게 되면 당신은 가장 잔혹한 관리자가 되는 겁니다."[24]

진실함에는 대가가 따른다 요이 7-11절

요한은 우리에게 '미혹하는 자가 세상에 많이 나왔다'(요이 7절)는 것을 상기시켜 준다. 진실을 말하다가는 속임수로 이득을 챙기는 자들과 충돌할 것이다. 이런 난관에서도 진실을 말할 것인가, 아니면 속이는 일에 참여할 것인가? 만일 속이는 편을 택한다면, 우리는 이제 더 이상 정직한 사람들이 아님을 인정하는 셈이다. ●

미국의 전 조폐국장 에드 모이(Ed Moy)에게는 이런 일화가 있다. 대학 졸업 후 첫 직장에서 일을 시작했을 때, 회사 차량을 개인적으로 사용한 경우와 공적으로 사용한 경우의 유지비 보고서를 늘 구별해서 기록했다. 그때까지 회사에서는 집에서 직장으로 갈 때만 개인 용도로 처리하고, 나머지는 (심지어 개인적 여행일지라도) 회사 공용으로 처리하는 관행이 있었다. 그런데 에드가 이렇게 사적 용도를 정직하게 구분

● 이 주제에 대해서는 이 시리즈 1권 《일하는 크리스천을 위한 모세오경·역사서》 3장의 "출 20:16" 부분과 6장의 "신 5:20" 부분을 보라.

하자 그의 상사는 마치 그를 해고할 듯이 나무랐다. "우린 보수도 시원 찮고, 이렇게 하는 편이 더 수입을 올리는 길일세. 자네 보고서는 동료들을 나쁜 사람으로 만들고 있어." 그러자 에드는 이렇게 답했다. "원하신다면 저를 해고하실 수는 있습니다. 그러나 당신은 그런 작은 일로 거짓말하는 사람이 부하로 있길 원하십니까? 그 부하의 영향력이 올라간다면 어떻게 그를 믿을 수 있겠습니까?" 우여곡절 끝에 에드는 그 직장을 계속 다녔다.[25]

속이는 자들이나 거짓 교사들과의 관계는 어떻게 할 것인가? 에드의 예에서 우리는 그런 계약을 파기시키는 것만이 최선은 아니라는 것을 알 수 있다. 우리는 단순히 그 자리를 피하기보다 계약을 유지하며 진실을 말함으로써 더 많은 일을 할 수 있다. 게다가 만일 우리가 거짓을 일삼는 모든 사람들과 계약을 파기한다면, 누가 남게 될 것인가? 심지어 우리 자신조차 말이다.

▽ 요이 12-13절
얼굴을 맞대고 소통하는가

요한은 대면하여 계속 대화하고 싶다는 말로 본 서신을 마무리한다. "내가 너희에게 쓸 것이 많으나 종이와 먹으로 쓰기를 원하지 아니하고 오히려 너희에게 가서 대면하여 말하려 하니 이는 너희 기쁨을 충만하게 하려 함이라"(요이 12절).

아마도 전달하려는 의사를 편지로 써서 간접적으로 전하는 경우에는 오해가 생길 수 있다고 깨달은 듯하다. 이것은 비록 거리 때문에 서로 대면하는 것이 어렵다 할지라도 대면하여 직접 말하는 편이 더 효과적이라는, 세심한 의사소통에 관한 중요한 통찰을 제공해 준다. 21세기 일터는 개인 의사소통에서 훨씬 더 복잡한 도전이 기다린다. 오늘날 원거리 소통에는 화상회의, 전화, 문자 메시지, 편지, 이메일, 소셜 미디어 등등의 다양한 옵션이 있다.

그러나 효과적인 소통은 여전히 메시지의 성격에 적합한 미디어를 요구한다. 예를 들어서 이메일은 주문하는 데는 가장 효과적인 수단이지만 업무평가 내용을 전달하는 데는 아마 그렇지 못할 것이다. 더 복잡하고 더 감성적인 메시지일수록, 더 직접적이고 사적인 수단이 필요하다. 인텔 상무였던 팻 겔싱어(Pat Gelsinger)의 말을 들어 보자.

> 내게는 나만의 규칙이 있다. 만일 한 가지 주제로 네다섯 번쯤 이메일을 주고받았다면, 나는 더 이상 이메일을 사용하지 않는다. 그 후에는 전화를 사용하거나 직접 만난다. 어떤 문제를 빨리 해결하지 못한다면, 시간이 지나면서 다른 한쪽은 냉정함을 잃게 된다는 사실을 알았다. 당신이 가장 직설적으로 말한 내용을 이해하지 못하는 상대방을 무능하다고 생각할지 모르지만, 이는 의사전달 수단 때문일 수 있다. 이것은 이 문제를 설명하는 데 중요한 요소다.[26]

잘못된 소통 수단은 쉽게 오해를 살 수 있고, 진실 전달에 실패하는 결과를 낳는다. 그뿐인가, 잘못된 수단은 사랑을 전하는 데도 실패할 수 있다. 그래서 바른 소통 수단을 선택하는 일은 우리 동료들에게 진실을 전하고 사랑을 보여 주는 데 필수적이다. 힘든 대화라도 존경과 온정으로 소통해야 하며, 달갑지 않은 사람과 소통할 때는 특히 그렇다. 마음이 불편하거나 불쾌할 때라도 얼굴을 맞대야 한다.

요한삼서와
일

◇◇◇◇◇◇◇◇◇◇◇◇◇◇◇◇◇◇◇◇◇◇◇◇◇◇◇◇◇◇◇◇◇◇◇

요한이서와 마찬가지로 요한삼서도 짧아서 여러 장으로 나누지 않았다. 그렇더라도 노동에 적용할 수 있는 두 구절이 있다.

▽ 요삼 1-12절
험담은 이제 그만

요한은 가이오라는 이름의 '동역자'(요이 8절)에게 이 서신을 보냈다. 요한은 서신을 통해서 개별적으로 접근한다. "사랑하는 자여 네 영혼이 잘됨같이 네가 범사에 잘되고 강건하기를 내가 간구하노라"(요삼 2절).

그는 동역자의 육체(강건)와 영혼에 관심을 나타낸다. 동료를 단지 일꾼으로서만이 아니라 전인적으로 본다는 그 자체로, 이것은 일터에서 중요한 교훈이다. 그런 다음 요한은 일한 것에 맞게 대우받지 못하는 예로 자기 자신을 든다. 회중의 일원 가운데 디오드레베를 거론하면서 교회의 권위를 악화시키러 '악한 말로 우리를 비방한다'고 요한은 말한다(요삼 10절). 세 서신서 모두에서 요한은 주로 진리와 사랑에 함께 관심을 둔다(요삼 1절). 그런데 디오드레베는 이와는 정반대로 증오 가운데 거짓 언행을 일삼았다. 다음 번역에서 요한의 고통이 더욱 생생하게 느껴진다. "내가 가면, 그가 하는 일들을 들추어내겠습니다. 그는 악한 말로 우리를 헐

뜯고 있습니다"(요삼 10절, 새번역).

디오드레베가 신자라는 사실은 고통을 가중시킨다. 여기서 크리스천이 되었다는 자체만으로는 우리가 완전해질 수 없음을 알 수 있다. 디오드레베는 자신이 옳다고 여겼을 것이 틀림없다. 우리가 거짓 비방이라고 인식하는 그것을, 그는 다른 사람들에게 경고로 알려 주어 그들 자신을 방어할 수 있게 해 주는 것이라고 생각했을 법하다.

일터에서 의견을 내놓으면서 자신이나 남들에게 좋지 못한 인상을 끼친 적이 있는가? 다음과 같은 간단한 질문을 스스로에게 던져 보면, 남들의 시각으로 자신을 보는 데 도움이 될 것이다. '누군가에 대해서 말할 때 그가 한 방에 같이 있더라도 똑같이 말할 자신이 있는가?' 만일 여기에 부정적인 대답이 나왔다면, 우리는 당사자에 대한 거짓 인상을 심어 줄 수 있고, 우리 자신에 대해서도 나쁜 인상을 줄 수 있다. 요한이 디오드레베에 대해 말하는 것은 비방이 아니다. 그는 자신의 편지가 교회에서 회람될 것을 잘 알았고, 디오드레베가 자신의 불평을 듣고 반응할 것에 대해 마음을 열어 놓고 있었다.

반대자에게 기회를 주어서 자신의 불평에 대응하도록 한 것은 요한이 진실과 사랑을 하나로 묶은 본질적 요소다. 디오드레베에 대한 요한의 불만을 전한 것은 반대자에게 설명이나 자기변호의 기회를 마련해 준 것이다. 오늘날 같은 강도로 반응할 기회가 주어지지 않는 대중 매체에 의해서 퍼져 가고, 수많은 공인들이 자행하는 '언론재판'과는 어떻게 다르다고 볼 수 있을까?

이 원칙은 개인뿐만 아니라 단체에도 적용할 수 있다. 여러 사람을 폄하하는 것은 한 개인을 비방하는 것보다 행여 더 나쁘지는 않더라도 마찬가지로 나쁘다. 사실 일터에서 생기는 온갖 종류의 불공정한 대우는 그들을 열등한 혹은 위험한 그룹으로 낙인찍으면서 시작된다. 그런 일이 일어났다는 얘기를 들을 때마다, 곧 특정 상황의 진실을 발견하려는 쪽에 서서 편견과 연대 죄에 대한 거부 발언을 할 기회가 왔다는 신호다.

요한이 칭찬하는 데메드리오는 이 편지를 전달하는 형제로, 그 또한 흥미롭다. 요한은 데메드리오를 가이오와 그의 교회 앞에 높임으로써 자신의 지도자로서의 영향력을 행사한다. 요한은 데메드리오의 진실한 삶과 교회의 신자들에게 존경받는 삶을 칭찬한다. 일터에서 리더들은 (설사 표면상으로 복음이 승인받지 못할 때도) 그들의 권력과 영향력을 진실, 정의, 사랑, 그리고 긍휼이라는 목표를 향해 효과적으로 사용할 수 있다.

▽ 요삼 13-15절
소통을 잘하려면

본 서신도 요한이서와 동일한 생각으로 끝을 맺는다. 요한에게는 지금 펜과 먹으로보다는 얼굴과 얼굴을 맞대고 말하는 것이 더 나을 법한 소통 내용이 있다(요삼 13-14절). 그러나 요한삼서는 우리 일상을 약간 색다른 시각으로 바라본다. 바로 마지막에 요한이 이렇게 덧붙인다. "너는 친구들의 이름을 들어 문안하라." 사람의 이름을 거들며 말하는 것이 소통상 필요하다는 점과 그런 소통이 개인적인 터치를 증대시킨다는 점을 그는 알고 있었던 것이다.

우리 대다수는 일하는 과정에서 수많은 사람들을 대면한다. 복도를 지나며 가볍게 인사를 나누는 사람들과도 어느 정도는 소통해야 한다. 그렇다면 우리가 이름을 불러 가며 인사할 정도로 잘 아는 대상은 몇 명일까? 당신은 상사의 바로 위 상사, 그 위 상사, 또 그 위 상사의 이름을 아는가? 아마도 알 것이다. 그렇다면 당신 일터의 쓰레기통을 비우는 사람의 이름은? 당신과 의견 충돌이 있는 사람의 이름도 부르며 인사하는가? 어떤 시점에 필시 당신의 도움이 필요할지 모를 회사 신참 직원들의 이름은 익혔는가? 이름을 모르는 데다 익히는 것도 귀찮아 하면 사람들에 대한 당신의 존경과 온정의 수위가 여실히 드러날 터이다. 요한은 각 사람의 이름으로 그에게 인사를 할 정도로 충분한 배려심이 있다.

유다서와
일

◇◇◇

유다의 이 짧막한 서신서는 바로 역기능적인 한 일터, 즉, 경건치 못한 지도자들 탓에 엉망이 된 교회를 그린 놀라운 그림으로 시작한다. 교회마다 고유의 문제들이 있는데, 예수 그리스도를 부인하는 것(유 4절)과 이단('고라의 반란'-유 8절) 등과 같은 이슈들이다. 다른 문제들은 권위 부정, 중상모략(유 8절), 폭력('가인의 길'), 탐욕(발람의 실수, 유 8절) 등등, 세속적인 일터에서 일어날 수 있는 일들이다.[27]

최악의 권력 남용은 자기 양 떼를 희생시켜 가며 자기 배를 채우는 지도자들에 의해 저질러진다. "그들은 겁 없이 너희와 함께 먹는다. 그들은 자기 자신만 기르는 목자다"(유 12절, NRSV). 유다는 탐욕스런 교회 지도자가 자신을 위해서 교회 재정을 유용하는 경우를 언급하는데, 이는 탐욕스런 경영진이 보고이익과 자신들의 상여금을 유지하려고 회사 연금 기금을 횡령하는 것, 혹은 사무실 직원이 업무 시간에 웹 서핑을 하는 것과 마찬가지다.

이 모든 악한 일에 관해 유다는 교회와 마찬가지로 일터에도 놀라운 명령을 하고 있으니, 바로 긍휼히 여기라는 것이다. "어떤 의심하는 자들을 긍휼히 여기라 또 어떤 자를 불에서 끌어내어 구원하라 또 어떤 자를 그 육체로 더럽힌 옷까지도 미워하되 두려움으로 긍휼히 여기라"(유 22-23절).

유다는 악한 일에 강하게 대응하기를 주저하지 않는다. 불이나 두려움이나 더럽혀진 육체 같은 이미지 표현을 볼 때, 유다의 긍휼은 유약함이 아니다. 그가 말하는 긍휼은 엄격하다. 그 긍휼의 소망은 단순히 범죄자를 처벌하는 것이 아니라 구원하려는 것이다.

이 엄격한 긍휼은 직장 상황에 따라 필요해진다. 누군가 사기를 치거나, 동료를 괴롭히거나, 고객에게 거짓말을 하는 것은 가볍게 넘어갈 수 없는 문제다. 더 큰 악으로 발전할 것이기 때문이다. 그렇지만 단순히 설욕하여 대갚음하는 징계를 해서는 안 된다. 그리스도의 관점에서 어느 누구도 소망이 없는 사람은 없다. 경건한 지도자는 각 개인을 존중하고, 어떤 징계로써 그를 다시 일원으로 맞아들일지 현명하게 판단해야 한다.

○
결론

일반서신은 두 가지 원칙에서 시작했다. (1) 그리스도를 믿고 따르는 자들의 필요를 채워 주시는 하나님을 신뢰함, (2) 궁핍한 자들의 유익을 위해서 일할 수 있도록 채워 주시는 하나님을 신뢰함. 이 두 가지 원칙은 믿음의 삶에서 일터를 이해하는 신학적 통찰과 일터를 위한 여러 가지 실천적 지침의 기저를 이룬다(특히 야고보서에서).

여기 두 가지 질문이 있다. (1) 우리는 이 두 원칙을 믿고 있는가? (2) 우리는 실제로 이 원칙들을 직장생활 속에 적용하고 있는가?

우리는 두 가지 원칙을 믿고 있는가

우리는 일터에서 셀 수 없이 많은 상황을 겪는다. 어떤 사람은 하나님을 과연 우리의 필요를 채워 주시는 분으로 믿을 수 있을지 의심하기도 한다. 다른 사람들은 그것을 확신하거나 장담한다. 하나님을 신뢰해 온 듯한 사람들의 필요가 채워지지 않는 예가 있다는 것도 잘 안다. 직업, 집, 은퇴 자금, 심지어 삶 자체를 상실하는 사람도 있다. 다른 한편으로, 우리는 결코 기대하지 못했던, 혹은 전혀 가져 보지 못했던 좋은 것을 얻기도 한다. 새로운 기회가 생기고, 작은 노력이 큰 성공을 거두기도 하고, 투자한 일이 잘되기도 하고, 낯선 사람이 내 필요를 채워 주기도 한다. 우리의 진정한 필요를 하나님께서 채워 주리라고 믿는 게 옳은가? 일반서신은 이 심오한 질문에 확고한 답을 얻기까지 씨름하게 만든다. 이 씨름은 아마 일생 동안 계속될지 모른다. 하지만 부정하는 것보다 씨름하는 게 더 낫다.

궁핍한 자들의 유익을 위해서 일을 해야 한다는 원칙 또한 미심쩍기는 마찬가지다. "모든 사람들은 주로 자신의 부를 증대시키기 위해서 일한다"라는 경제의 기본 원리와 충돌하기 때문이다. 아울러 사회 전반에 팽배한 '자기 자신만을 생각해라'라는 태도와도 충돌한다. 우리는 (만약 우리에게 그럴 능력이 있다면) 우리가 제대로 보수를 받고 있는지 증명해 달라고 요구하고 싶어 한다. 그러나 같은 맥락에서 우리는 우리의 노동이 다른 사람들에게 제대로 유익을 끼치고 있는지에 대해서도 증명하려 하는가?

두 가지 원칙을 일터에 적용하고 있는가

우리는 자신의 필요를 채우는 일을 스스로 점검하면서, 하나님의 공급하시는 능력을 신뢰하는 정도를 가늠해 볼 수 있다. 혹시 우리 자신을 없어서는 안 될 꼭 필요한 존재로 만드는 지식을 비축하고 있는가? 미래에 대한 안전감을 주는 고액의 퇴직금 혹은 고용계약서를 요구하는가? 날마다 해고의 두려움을 안고 출근하는가? 가족과 공동체를 소홀히 여긴다는 강박관념을 느끼며 일하는가? 다른 여지가 없다는 불안 탓에 굴욕, 분노, 업무 미숙과 건강에 문제가 있는데도 맞지 않는 일을 계속하고 있는가? 엄격한 원칙은 없으며, 이런 행동 중 (강박 상태를 제외하고) 일부 혹은 전부는 특정한 상황에서 현명하고 적절할 수 있다.

일터에서의 행동을 보고 우리가 하나님을 얼마나 신뢰하는지 알 수 있을까? 내가 얼마나 다른 사람을 위해 일하는지가 하나님을 얼마나 깊이 신뢰하는지를 읽어 내는 가장 탁월한 지표다. 나는 주변 사람들이 일을 잘할 수 있게 돕는가? 혹 그가 나보다 앞서갈 가능성이 있더라도 그리하는가? 내 자리를 잃을 위험을 무릅쓰고도 동료들, 고객들, 납품업자들, 그리고 힘없고 어려운 자들을 지원하러 나서는가? 선택 가능한 범위 안에서 나 자신의 유익보다 궁핍한 자들의 유익을 위해 일하는 편인가?

유다서가 상기시켜 주듯이 우리는 매일 일터에서 이런 원칙을 적용할 무거운 책임이 있다. 하나님 말씀에 순종하는 것은 영적 민감성의 문제가 아니라, 우리와 우리 일에 영향을 받는 사람들의 육신적 결과의 문제다. 그렇지만 그 책임은 판단하기 위한 것이 아니라, 긍휼한 마음을 갖기 위함이다.

일반서신은 일의 개념을 재정립할 과제를 제시할 뿐만 아니라 누구를 위해 일해야 하는지를 재정립하는 과제도 준다. 만일 우리 필요를 채워 주시는 하나님을 신뢰한다면, 우리 자신이 아닌 그분을 위해서 일할 수 있다. 하나님을 위해서 일할 때, 남을 섬기게 된다. 남을 섬길 때 우리는 이 사회의 일원으로서, 그러면서도 하나님 나라의 시민으로서 이 세상에 하나님의 복을 가져오게 된다. 우리의 일을 통해 세상에 들인 하나님의 복은, 세계가 우리의 참된 집이 되도록 변화시키는 하나님의 다음 발걸음이 된다. 그러므로 우리는, "그의 약속대로 의가 있는 곳인 새 하늘과 새 땅을" 바라보며(벧후 3:13) 일한다.

THEOLOGY OF WORK
BIBLE COMMENTARY
4

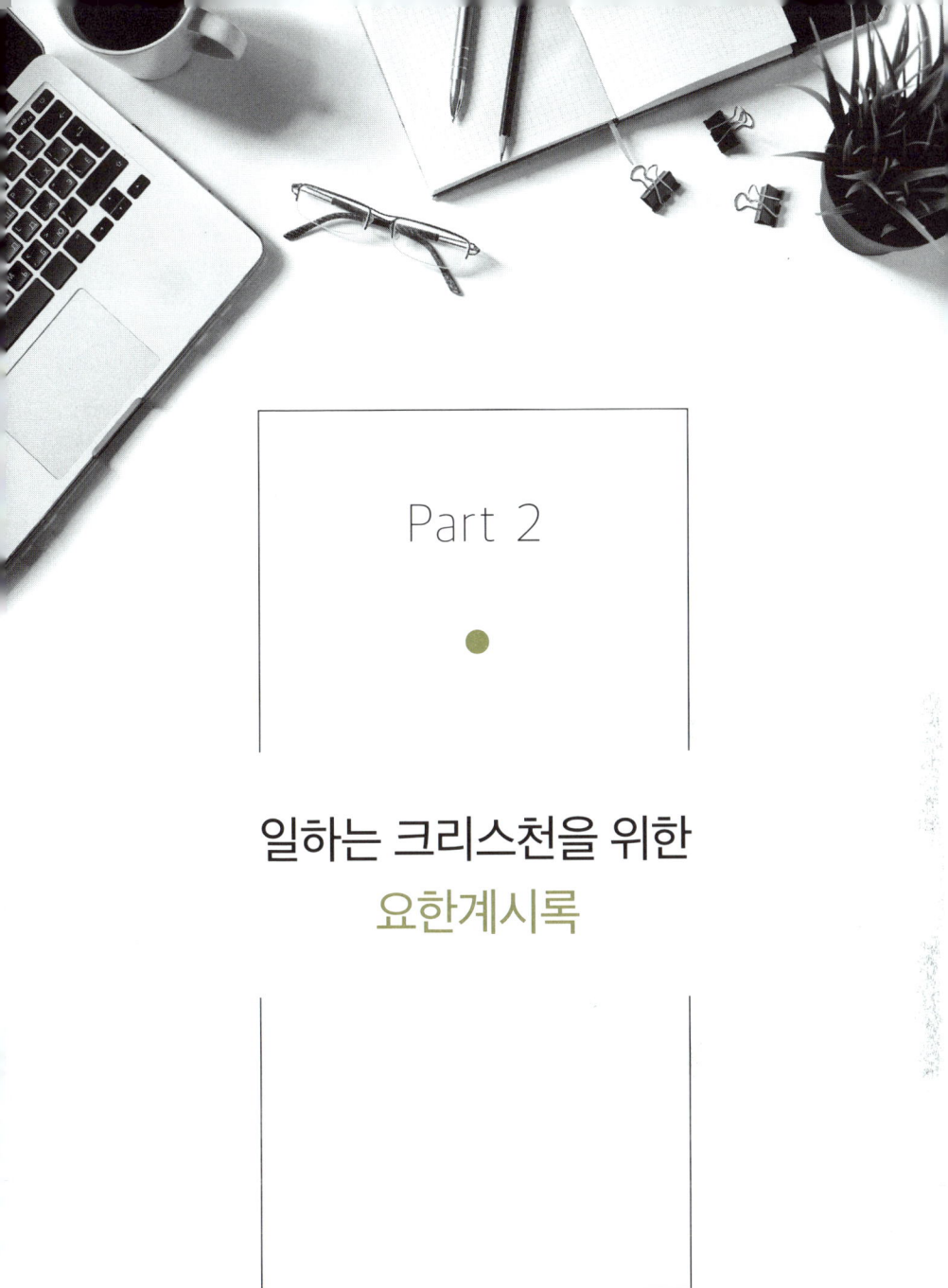

Part 2

일하는 크리스천을 위한
요한계시록

10

요한계시록 & 일의 신학

**"오늘, 영원히 남는 일에
더 집중하는가"**

○
서론

요한계시록은 일에 대한 '큰 그림'과 관련해 성경에 나오는 가장 예리한 통찰력을 제공한다. 그러나 이는 깨기 어려운 견과류처럼 단단한데, 요한계시록 본연의 난해함과 아울러 그 책을 둘러싸고 생겨난 무수한 해석들이 바로 그 이유다. 여기서 이런 문제들을 다 해결할 수는 없지만, 성경 마지막 책인 계시록에서 통찰력을 얻기에 충분한 공통의 토대를 찾을 수는 있을 것이다.

아마도 여러 해석들 가운데 가장 큰 간극은 기본적으로 이 책이 6장 이후부터 역사의 절대적 종말을 말한다고 보는 미래적 해석과, 요한이 이 책을 쓰던 당시(대략 AD 1세기 후반 무렵)의 사건들을 중심으로 보는 해석일 것이다. 다행스러운 소식은 '미래주의적' 견해를 가진 사람들도, 장래에 일어날 일들 역시 과거에 하신 하나님의 일들(가장 두드러진 예를 들자면 창조 때와 출애굽 때 하셨던 일과 같은 과거의 일들)을 모델로 삼고 있다는 사실을 인정한다는 점이다. 마찬가지로 요한계시록을 기본적으로 1세기의 관점으로 해석하는 사람들도 이 책이 최후의 미래(예를 들면, 새 예루살렘)를 얘기한다는 점을 인정한다. 이런 이유 때문에 어느 누구도 요한계시록에서 영속하는 영적 진리들을 찾아내는 것에 반대해서는 안 되며, 또 요한계시록에 담긴 약속에서 의미심장한 미래적 지향성을 보지 못해서도 안 된다.

하나님 나라의 때가
가까이 왔다
계 1장

계시록을 써 내려가고 채 몇 절도 안 돼 요한은 확고한 일의 신학 밑 동을 싹둑 자르는 듯한 말을 한다. "때가 가까이 왔다!" 어떤 사람들은 이 말을 요한이 자기가 살아 있는 동안에 예수님이 오실 거라고 생각했다는 걸 의미하고, 그런 생각은 틀렸다고 본다. 반면에 또 어떤 사람들은 종말 적 사건들이 일어나기 시작했기 때문에 그 일들이 앞으로 신속하게 일어 나리라는 의미로 보기도 한다. 하지만 이 두 견해 가운데 어느 쪽도 신약 의 나머지 성경과 맞지 않는다.

어떤 의미에서 '종말 시대'는 예수님의 죽음, 부활과 함께 시작되었기 때문이다(히 1:1; 고전 10:11; 행 2:17). 따라서 '때가 가까이 왔다'는 말은 '하나님 나라가 코앞에 이르렀다'는 뜻으로 보고, "그렇다면 당신은 어떻게 살아 야 하는가?"라고 질문하는 것으로 해석하는 것이 최선이다. 일상에서 확 실하다고 하는 것들이 하나님 나라에 반(反)하는 것처럼 보이지만, 이미 하나님 나라는 이 땅을 뚫고 들어와 있다.

이것은 일을 바라보는 우리의 견해에 깊은 영향을 끼친다. 일을 칭찬 하는 내용이 성경에 많이 나오지만, 현재 상태의 일들 가운데 어떤 것도 절대적인 것으로 보아서는 안 된다. 앞으로 다루겠지만, 하나님의 영광을 위해 충성스럽게 일하는 것은 영속적인 가치가 있다 하더라도 처음이자 마지막 말씀은 항상 하나님이셔야만 한다. 그분의 가치에 맞게 사는 것은 너무도 중요하며, 세상 시스템과 세상의 우상숭배 방식과는 어떤 타협도 있을 수 없다.

일곱 교회에 주는 메시지들
계 2-3장

일곱 교회에 주는 메시지들은 크리스천의 삶에서 일의 중요성을 강조하면서 일을 이해할 수 있도록 돕는다. 몇 개의 교회들에게 주는 메시지들은 '내가 너희 행위(한 일들)를 아노니'라는 말로 시작한다. 에베소 교회는 처음 행위를 하지 않은 것 때문에 책망을 받고(계 2:5), 사데 교회도 마찬가지로 예수님을 위해 당연히 했어야 할 일을 마무리하지 않아서 책망을 받았다(계 3:2).

이 책은 성경에서 '행위들'이 나쁜 것이 아니라는 사실을 반복한다. 그 행위들은 도리어 하나님을 향한 우리의 확고한 사랑을 표시하는 방편이다. 하나님은 우리의 마음과 감정만 중요시하신다는 잘못된 믿음 탓에, 일부 개신교 진영에서는 지금까지 일반적인 노동을 홀대했다.

라오디게아 교회의 악명 높은 세속성이 겉으로 하는 일과 경제에 확연히 드러났다는 증거가 있다. 예수님께서 이 신자들에게 불에서 정련한 금과, 그들의 벗은 몸을 가릴 흰 옷, 그리고 그들의 눈을 치료할 약을 사라고 권면했을 때, 예수님은 마치 라오디게아의 3대 주요 산업인 은행업, 양모 산업, 그리고 안과학을 가지고 장난을 치고 계신 듯 보인다. 라오디게아 사람들은 자신들의 문화 안에서 구해다 쓸 수 있는 그 자원들이 삶에 필요한 전부인 것처럼 생각한 것 같다. 교회들(특히 번성하는 나라들에 있는 교회들)은 물질적 풍요가 종종 영적 빈곤의 가면이 될 수 있다는 것을 깨달아야만 한다. 일에서의 성공이 절대로 우리를 자족하게 만드는 원인이 되어서는 안 된다.

보이는 세상,
단지 천국의 서곡이 아니다
계 4-5장

4-5장에 나오는 요한의 환상은 요한계시록의 핵심이다. 그것은 "나라가 임하시오며 뜻이 하늘에서 이루어진 것같이 땅에서도 이루어지이다"라는 주기도문을 시각화하는 핵심이다. 예수님의 신실한 증거와 희생적 죽음을 통해 하나님 나라가 임할 것이다.

하나님은 요한계시록 4장에서 만물의 창조주로서 정확하게 찬양을 받고 계신다(계 4:11; 14:7 - '복음'의 정수가 '하늘과 땅, 바다와 모든 샘들을 지으신 분'을 경배하는 것으로 되어 있다). 보이는 세상은 나중에 생각해 낸 것이나 또는 단순한 천국의 서곡이 아니라, 하나님 영광의 표현이며, 피조물이 그분을 찬양하는 근거다. 그리고 이것이 다시 한 번 일을 올바르게 이해하는 토대가 된다. 만약 세상이 단순히 천국에서의 실제 삶과 우리를 분리시키는 하나의 환영에 지나지 않는다면, 우리가 세상에서 하는 일은 결국 완전한 시간 낭비로밖에 보이지 않을 것이다. 이와는 대조적으로 세상이 만약 하나님의 선하신 창조물이라면, 의미 있는 일에 대한 전망은 더욱 희망적이 된다. 우리는 이 세상이 늘 하나님의 손안에 달려 있으며, 현재의 세상 질서는 중대한 개혁의 대상이라는 사실을 기억해야 한다. 동시에 우리는 하나님께 지음받은 이 세상이 그분의 임재 안에서 의미 있으며, 하나님을 찬양하도록 설계되었음도 명심해야 한다.

요한계시록 5장에서, 하나님 나라가 앞으로 나아갈 수 있도록 그리스도께서 구속하셨고, 그 구속의 역사는 지금도 우리 눈에 보이는 피조물들 사이에서 계속해서 진행 중이다. 자크 엘륄(Jacques Ellul)이 주목한 대로, 예수님께서 그 나라를 받으시는 것은 이 땅에서 그가 하신 일에 근거한 것이다. 즉 "지상의 사건은 천상의 사건을 촉발시킨다. …… 신적 세상에서 일어나는 것들은 이 땅 위에서 예수님께서 하셨던 모험에 의해 규정되고, 결정되며, 촉발된다."[1]

구원 전에
재앙이 먼저 온다
계 6-16장

◊◊

하나님 나라를 전진시키기 위한 하나님의 계획은 매우 놀랍다. 구원

전에 재앙이 오는 것이다. 하지만 어찌 보면 그렇게 놀랄 일이 아닐 수도 있다. 요한계시록 6-16장을 보노라면 하나님께서 자기 백성을 구원하신 가장 모범적인 이야기인 출애굽기가 생각난다. 물이 피로 변하고, 메뚜기 재앙이 일어나고, 천체가 어두워진다. 이 모든 것들은 하나님께서 자기 백성들을 압제하는 후기의 바로에게서 그들을 구출시키는 종말적 탈출을 이끌고 계신다는 표시들이다. 다시 한 번, 우리가 이것을 요한 당시의 시대로 보든, 아니면 미래의 어느 시점으로 보든, 하나님의 방식들은 시대가 달라져도 한결같다는 것과, 하나님께서 새 하늘과 새 땅을 향해 일해 나가시기 때문에 역사의 패턴은 반복된다는 기본 요점은 바뀌지 않는다.[2]

일터에서 이것이 갖는 중요성은 대단히 심오하다. 계시록의 유명한 '네 명의 말 탄 사람들'을 예로 들어 보자(계 6장). 그들이 전쟁과 그로 인한 죽음과 기근과 재앙이라는 참혹한 결과를 대변한다는 데는 의견을 같이한다.[3] 특히 흥미를 끄는 것은 6장 6절이다. "내가 네 생물 사이로부터 나는 듯한 음성을 들으니 이르되 한 데나리온에 밀 한 되요 한 데나리온에 보리 석 되로다 또 감람유와 포도주는 해치지 말라 하더라." 감람유와 포도주에 대한 기록은 애매한데(아마도 심판이 부분적이라는 것을 의미하는 것일 수 있다[4]), 밀과 보리의 가격은 분명히 인플레이션이 되어 있다. 데이비드 E. 아우내(David E. Anne)는 밀이 정상 가격의 여덟 배, 보리는 정상 가격의 약 5.33배라고 말한다.[5]

이는 장래에 있을 재앙을 가리키는 것일 수도 있지만, 그 사이클은 모든 세대 사람들에게 친숙한 것이다. 즉, 사람들이 다 함께 평화롭게 지낼 수 없음이 경제에 무서운 결과를 부른다는 것이다. 크리스천들이 이런 고난에 사로잡혀 있는 까닭에(계 6:9-11) 우리 일과 일터가 종종 우리의 통제를 넘어서고 만다. 이런 힘들이 정말 무섭기는 하지만, 요한계시록

6장의 또 다른 메시지는 그것들이 모두 하나님의 통제 아래 있다는 것이다. 우리의 일터를 정의가 살아 있는 곳, 사람들이 하나님이 주신 은사를 개발하는 축복을 경험하는 현장으로 만들어 가기 위해, 우리는 힘닿는 데까지 고군분투해야만 한다. 그러나 우리는 또한 하나님의 섭리에는 우리 삶에 역경이 오도록 허락하시는 부분도 포함한다는 사실을 인정해야만 한다. 요한계시록은 종종 울퉁불퉁한 길이 있다 하더라도 우리의 최종 목적지인 새 예루살렘을 바라보라고 우리를 권면한다.

요한계시록 6장 6절에는 어려운 시기에 취약한 자들을 약탈하지 말라는 확실한 과제도 있다. 경제가 힘들 때는 가격 폭등을 요구할 수도 있지만, 그렇다고 그것이 다른 사람들의 비참함을 이용해 우리가 많은 이윤을 내는 명분이 되어서는 안 된다.

여기서는 그 강조점을 자연적 재앙에 두고 있긴 하지만, 8-9장의 대접 심판도 이와 비슷한 교훈을 준다. 정확한 역학이 명시되어 있지 않은 까닭에 자연적 재앙은 보다 더 명백하게는 초자연적인 현상을 포함하지만, 여기에는 또한 인간의 오염도 포함하고 있을 것이다. 인간이 우상을 숭배하도록 만드는 자양분이 되는 타락한 세상 때문에 하나님께서 세상을 치신다는 것, 그것이 요점이다. 이것은 형벌일 뿐 아니라, 또한 옛날 찬송가 가사에 나오듯이 '이 세상에는 숨을 곳이 없다'는 사실을 사람들에게 일깨워 주는 것이기도 하다. 당신은 하나님의 임재를 벗어나 마음대로 움직일 수가 없고, 그분에게서 벗어나기 위한 피신처가 되도록 환경을 조종할 수도 없다.

요한계시록이 전개되면 될수록, 강조점은 세상에 대한 하나님의 심판에서 짐승(역사의 마지막에 등장할 유일한 우상숭배 통치자, 또는 모든 그런 우상숭배 통치자들의 전형)의 통치하에 있는 그의 백성들의 충성스런 증거로 옮겨 간다. 신실한 "정복자들"(계 2-3장)이, 비록 마지막에 가서 하나님에 의해 신원되긴 하지만(계 11:11), 짐승에 의해 한동안 '정복당하게 된다'(계 13:7)는 것은 (의도적인) 아이러니다.

성도들의 고난에는 경제적인 고난도 포함된다. 악명 높은 "짐승의 표"를 거부한 사람들은 "매매"가 허락되지 않는다(계 13:17). 에스겔서 9장에 나오는 "표"의 비유는 그 짐승의 표가 우상숭배(로마제국?) 시스템(666은 악한 황제의 화신인 "네로 황제"를 의미할 수도 있다)에 대한 집착의 상징일 수도 있음을 시사한다. 그러나 혹 누군가가 훨씬 더 글자 그대로 미래주의적인 해석을 취한다 해도, 여기서의 영적인 교훈은 분명하다. 거짓 예배에 대한 세상 시스템을 따르길 거부하는 행위는 신실한 자들에겐 때로 부정적인 경제적 결과를 안겨줄 수 있다는 것이다. 이는 크든 작든 어떤 사회에서나 일어날 수 있다.[6]

크리스천들은 항상 옳고 하나님을 영화롭게 하는 일을 할 준비가 되어 있어야 하며, 이것은 경제 활동을 하는 기회를 박탈당할 수도 있다는 것을 알아야 한다. 우상숭배자들은 틀림없이 심판받을 것이고, 아무리 엄청난 재정 이익도 자신의 운명을 하나님에 대적하는 자들 편에다 집어던질 만큼 가치가 있지는 않다. 바로 이것이 13장에서 짐승을 따르는 자들이 14장의 144,000명, 곧 '그 입에 거짓말이 없는'(계 14:5) 사람들과 대조되는 이유다. 그들은 어떤 상황에서도 하나님을 향한 자신들의 충성심과 진실한 증거를 유지해 나간다.

바벨론 제국
VS 새 예루살렘
계 17-22장

<hr/>

　일의 큰 그림에 대한 가장 중요한 깨달음은 결론 장에 나온다. 거기서는 세상 도성 바벨론이 하나님의 도성 새 예루살렘에 맞서 우뚝 서 있다. 요한계시록 17장 1절과 21장 9절에 나오는 그 도성들 소개는 아주 분명한 병행 구절 묶음이다.

> 이리로 오라 많은 물 위에 앉은 큰 음녀가 받을 심판을 네게 보이리라
> (계 17:1).

> 이리 오라 내가 신부 곧 어린 양의 아내를 네게 보이리라(계 21:9).

　바벨론은 하나님을 떠나 자신들의 문화를 건설하려고 시도했던 인류의 막다른 골목을 상징한다. 거기에는 인류가 항상 열망해 왔던 낙원의 모든 모습이 들어 있다. 그곳의 금과 보석들이 새 예루살렘의 금과 보석들을(계 17:4) 떠오르게 하는 건 우연이 아니다. 새 예루살렘처럼 바벨론도 열방에 대한 권세를 행사하고 그들이 바치는 부를 받는다(요한계시록 18장 3절의 "땅의 상인들"에 대한 언급과 15-19절에 나오는 바다 무역상들의 애가를 주목하라). 그러나 실제로 그것들은 가짜이며, 마지막 심판 때 하나님이 멸하실 것이다. 특히 도움이 되는 것은 요한계시록 18장 11-13절에 나오는 화물 목록이다.[7] 그 목록은 에스겔 27장 12-22절과 두로의 몰락을 모델로 하고

있지만, 요한 시대에 로마에서 인기 높던 사치품들도 포함시켜 최신판으로 수정됐다.

> 땅의 상인들이 그를 위하여 울고 애통하는 것은 다시 그들의 상품을 사는 자가 없음이라 그 상품은 금과 은과 보석과 진주와 세마포와 자주 옷감과 비단과 붉은 옷감이요 각종 향목과 각종 상아 그릇이요 값진 나무와 구리와 철과 대리석으로 만든 각종 그릇이요 계피와 향료와 향과 향유와 유향과 포도주와 감람유와 고운 밀가루와 밀이요 소와 양과 말과 수레와 종들과 사람의 영혼들이라.

"사람의 영혼들"을 마지막에 기록하는 것은 노예 무역과 관련이 있을 가능성이 크며, 그것은 약탈을 일삼는 바벨론 제국의 관에 마지막 못을 박는 것이다. 즉 바벨론 제국은 인신매매조차 못하게 되며, 그저 육욕에 빠진 방종을 추구하면서 어떤 일도 서슴지 않게 될 것이다.

하나님께서 그 도성의 경제 풍습 때문에 한 도성을 심판하실 거라는 교훈에 정신이 번쩍 든다. 요한계시록에서 경제는 분명히 도덕적인 문제다. 상당수의 정죄가 자기 방탕에서 유래한다. 이 같은 사실은 한결같이 더 많고 더 나은 것을 추구하는 근시안적 시각에 빠져 있는 현대 소비 문화에 특별히 더 충격을 준다.

그러나 그 어떤 것보다 더 염려스러운 것은 바벨론이 새 예루살렘과 아주 흡사해 보인다는 점이다. 하나님은 선한 세상을 창조하셨다. 우리는 생명을 누려야만 하며 하나님은 이 땅의 아름다운 것들을 기뻐하신다. 만약 세상 시스템이 시궁창이라는 걸 스스로 증명해 보인다면, 크리스천들을 세상의 미혹에 빠지게 만드는 유혹은 아주 적을 것이다. 그런 위험을 구성하는 것은 정확하게는 기술의 진보와 광범위한 무역 거래 네

트워크에서 오는 혜택이다. 바벨론은 하나님의 임재라는 간섭 없이도 에덴의 모든 영광들을 약속해 준다. 그것은 서서히 그러나 냉혹하게 하나님이 주신 선한 선물들을 경제적 상호 교류, 농업적 풍요, 근면한 장인정신, 거짓 신들을 섬기는 것으로 바꿔 놓고 있다.

이쯤에서 어떤 이는 이렇게 생각할 수도 있을 것이다. 세상 경제에 조금이라도 참가하면 (또는 심지어는 지역 경제에 참여하더라도) 우상숭배가 항상 따라붙기 때문에, 사람들에게서 물러나 광야에서 혼자 사는 게 유일한 해결책이라고 말이다. 그러나 요한계시록은 함께 사는 삶이라는 대안적 비전인 새 예루살렘을 제시한다. 이것은 "하늘에서 내려온 도성"이며, 그래서 그것은 그만큼 하나님 은혜를 그린 최고의 표현이다. 또한 스스로 만든 괴물인 바벨론과 극명한 대조를 이룬다.[8]

어떤 면에서 새 예루살렘은 에덴으로의 귀환이다. 즉 만국을 소성케 하는 과실이 맺히는 가지와 잎새가 있는 생명나무가 서 있는 강이 그 중앙에서 흘러나온다(계 22:2). 인류는 다시 한 번 하나님과 화평한 가운데 동행할 수 있게 되었다. 주님의 영광 자체가 그 도성에 빛을 제공해 주기 때문에(계 22:5) 그것은 진실로 에덴을 능가한다.

그러나 새 예루살렘은 단순히 더 낫고 새로운 동산이 아니다. 그것은 전원 도시이며, 바벨론의 무게에 균형을 맞추게 해 주는 평형추를 형성하는 이상적 도시다. 예를 들면, 아직도 이 땅에 내려오는 하늘 도성에서의 삶에 인간의 의미 있는 참여를 하며 살아간다. 물론 이것의 중심에 있는 것은 하나님과 어린 양에게 예배하는 백성들이다. 그러나 새 예루살렘으로 '사람들이 만국의 영광과 존귀를 가지고 그리로 들어가게 될 것"(계 21:24-26)이라는 기록에는 그 이상의 뭔가 더 있는 듯하다.

고대 사회에서는 성전을 지을 때 세상 최고의 자재들로 지었으며, 솔로몬이 예루살렘 성전을 지을 때 그렇게 했다. 그리고 성전이 완공된 후에는 사람들이 성전을 장식하기 위해서 각처에서 예물을 가지고 올 것이다. 새 예루살렘 성으로 왕들이 예물을 가지고 오는 이미지는 아마도 이런 배경에서 나왔을 것이다. 이 예물들이 인간 문화의 산물이며, 이제 그것을 하나님의 영광에 바친다는 상상을 펼치는 것이 그렇게 과해 보이진 않는다.[9]

우리는 또한 오늘날의 삶에까지 영향을 끼치는 미래에 대한 구약의 비전이 암시하는 바도 고려해야 한다. 예를 들면, 이사야서 65장은 요한계시록 21-22장의 배경이 되는 핵심 본문으로, "또 내가 새 하늘과 새 땅을 보니 처음 하늘과 처음 땅이 없어졌고 바다도 다시 있지 않더라"(계 21:1)라는 요한계시록의 근본적인 가르침을 제공해 준다. 그러나 같은 장에서 하나님은 백성들이 받을 장래의 복을 이렇게 말한다. "그들이 가옥을 건축하고 그 안에 살겠고 포도나무를 심고 열매를 먹을 것이며 그들이 건축한 데에 타인이 살지 아니할 것이며 그들이 심은 것을 타인이 먹지 아니하리니 이는 내 백성의 수한이 나무의 수한과 같겠고 내가 택한 자가 그 손으로 일한 것을 길이 누릴 것이며"(사 65:21-22).

우리는 이사야가 단순히 농업의 풍요로움이 아닌 그 이상의 거대한 무언가를 당대에 통용되는 방식으로 언급하고 있다고 자신 있게 말할 수 있다. 따지고 보면 축소시켜 말하는 게 불가능했을 것이다. 왜냐하면 축소시켜 말한다는 것은 "천국"을 구름이나 수금, 하얀 세마포 등 기존의 틀에 박힌 모습으로 묘사한다는 뜻이기 때문이다.

이것이 어떻게 작용하는지를 해부하는 건 쉽지 않다. 나는 새 하늘, 새 땅에서 아직도 농사를 짓고 있을까? 만약 내가 경건한 컴퓨터 프로그래머라면 나의 1.0 소프트웨어는 기꺼이 소각해 버리고, 반면에 향상된 2.0 버전은 하늘의 도성으로 들어갈까? 성경은 이런 유형의 질문에 직접적으로 답하지 않지만, 우리는 다시 한 번 한 걸음 뒤로 물러나 큰 그림을 살펴볼 수 있을 것이다. 하나님은 인간이 땅에 대한 통치권을 행사하도록 창조했는데 여기에는 창의성이 담겨 있었다. 그렇다면 그런 하나님께서 등을 돌리고 돌아서서서 믿음으로 행한 일을 아무짝에도 쓸모없는 것이라고 여기시고, 저쪽으로 던져 버리신다는 게 온당한가? 균형을 맞춰 생각해 본다면, 하나님께서는 그 일을 높이 여겨 주시고 그분의 영광을 위해 한 모든 일을 완전케 하실 것이다.

마찬가지로 미래를 보여 주는 예언적 비전도 창조 세계 안에서 의미 있는 활동에 참여하는 사람들을 이미 그려 보이고 있다. 현 세상에서 만들어진 물건들을 새로운 세상의 일들로 바꾸실지, 또는 앞으로 미래 상태에서 정확하게 어떤 일을 할 것인지 하나님께서 자세하게 말씀하시지 않기 때문에 이것이 구체적으로 무얼 의미하는지는 단지 추측만 할 뿐이다. 그러나 이는 당신의 '수고가 주 안에서 헛되지 않을 줄을 알기' 때문에, 당신은 '항상 주의 일에 더욱 힘쓰는 사람이 될 수 있다'(고전 15:58)는 걸 의미한다. [10]

일하는 크리스천을 위한
서신서 · 요한계시록

o
결론

매일의 일터에서 살아가는 삶에 이 모든 것들은 무엇을 의미하는 걸까? 요한계시록은 최고의 일터에서 어떻게 행하라고 자세한 지침을 주지는 않는다. 하지만 중요한 지침, 특히 큰 그림이라는 쟁점들과 관련된 지침을 제공한다. 고개를 푹 숙이고 당신이 할 일만 하고 일에만 신경을 쓰는 것만으로는 충분치 않다. 당신은 일이 어디로 가고 있는지 그 방향성과, 당신이 현재 이 일을 왜 하는지 자각하고 있어야 한다.

사람이 맡은 권한이 커지면 커질수록 그 조직이 하나님을 영화롭게 하려는 목적을 향해 가는지, 이웃에게 사랑을 실천하는 방식으로 일을 하는지 살필 책임도 더 커진다. 착취를 일삼는 바벨론과 달리, 크리스천 비즈니스는 재화와 용역의 공정한 거래, 근로자들에 대한 정당한 대우, (기업과) 협력하는 관계자 및 사회의 장기적인 이익에 대한 관점 등 상호 이익을 위해 애를 써야 마땅하다.

오늘날 대부분의 일터는 공식·비공식적으로 이교도 신들과 연관은 없지만(고대 사회에서는 종종 관련이 있었다) 우리가 알지 못하는 사이에 아주 교묘한 방법으로 우상숭배가 파고 들어올 수 있다. 오늘날 이윤과 지속을 회사 존재의 궁극적 목적으로 보는 회사가 있다면(아마도 그 회사 사장은 어마어마한 왕좌에 앉아 있을 것이다), 그런 회사는 성경의 바벨론과 같다. 우리는 삶의 전부가 하나님께 열려 있으며, 모든 삶은 하나님께서 인정하시는지 아닌지에 달려 있음을 항상 명심해야 한다. 바벨론의 멸망은, 하나님은 조롱을 받지 않으시는 분이라는 점과, 그것이 종교적인 일들 못지않게 일터에까지 해당된다는 점을 되새기게 해 주는 강력한 각성제다.

결국 이런 충성심은 행동 그 자체로 드러나기 마련이다. 예수님의 도에 헌신하는 사람들은 그들의 윤리에 흠잡을 데가 없도록 애써야 한다. 성도들은 예수님의 보혈을 통해서만 가능한 용서라는 영원한 의무를 감당하고, 일상 속에서 그분의 중대한 증인으로서의 삶을 닮아가도록 부름받았다.

그러나 새 예루살렘에 대한 긍정적인 비전으로 결론을 내리는 게 적절하다. 현재의 세상과 새로운 세상 사이에는 근본적인 나뉨이 있는 게 사실이다. 하지만 그 둘 사이에는 아주 강력한 연속성이 있는 것 또한 사실이다. 결국 새 예루살렘은 여전히 그 새 예루살렘이다. 그것은 지상의 도성과 몇 가지를 공유하는데, 어떤 면에서 그것은 지상의 예루살렘이 간절히 되고 싶어 하던 이상향이다.

마찬가지로 우리의 미래도 궁극적으로는 하나님의 선물이다. 그러나 그분의 창조적인 선함의 신비 안에서 (우리가 하는 친절한 행동, 하나님을 향한 우리의 예배, 우리의 손으로 하는 일 등) 우리가 행한 일들은 반드시 우리를 따른다(계 14:13).

주

Part 1

일하는 크리스천을 위한
서신서

--- 1 ---

로마서 & 일의 신학

1. 예를 들면, Ian A. McFarland, *Creation and Humanity: The Sources of Christian Theology* (Louisville: Westminster John Knox Press, 2009), 138쪽을 보라.

2. N. T. Wright, *After You Believe: Why Christian Character Matters* (New York: HarperOne, 2010), 69쪽. 톰 라이트, 《그리스도인의 미덕》(포이에마 역간).

3. 예를 들면, N. T. Wright, "*The Letter to the Romans*," *The New Interpreter's Bible* (Nashville: Abingdon Press, 1994)을 보라. 톰 라이트, 《로마서》(에클레시아북스 역간).

4. Albert Z. Carr, "Is Business Bluffing Ethical?" *Harvard Business Review 46* (January/February 1968).

5. Robert Jewett, *Romans: A Commentary* (Minneapolis: Fortress Press, 2007), 487쪽.

6. "Inaugural Global Slavery Index Reveals More Than 29 Million People Living in Slavery," *Global Slavery Index 2013*, October 4, 2013, http://www.globalslaveryindex.org/category/press-release.

7. "Poliomyelitis Eradication," *Wikipedia*, http://en.wikipedia.org/wiki/Poliomyelitis_eradication.

8. Peter Pace, "General Peter Pace: The Truth as I Know It," *Ethix* 61 (September/October 2008, http://ethix.org/2008/10/01/the-truth-as-i-know-it.

9. Martin Linsky and Ronald A. Heifetz, *Leadership on the Line: Staying Alive Through the Dangers of Leading* (Boston: Harvard Business Review Press, 2002), 114쪽.

10. Gerhard Kittel, Gerhard Friedrich, and Geoffrey William Bromiley, eds., *Theological Dictionary of the New Testament* (Grand Rapids: Eerdmans, 1985), 960쪽.

11. Michael J. De La Merced, "Released from Prison," *New York Times*, December 4, 2013, B6.

12. Wright, "The Letter to the Romans," *The New Interpreter's Bible*, 735쪽. 톰 라이트, 《로마서》 (에클레시아북스 역간).

--- 2 ---

고린도전서 & 일의 신학

1. Strabo, *Geographica* 8.6.20.

2. Donald Engels, *Roman Corinth: An Alternative Model for the Classical City* (Chicago: University of Chicago Press, 1990), 49쪽.

3. Anthony C. Thiselton, *The First Epistle to the Corinthians: A Commentary on the Greek Text, New International Greek Testament Commentary* (Grand Rapids: Eerdmans, 2000), 4쪽.

4. Gordon Fee, *The First Epistle to the Corinthians* (Grand Rapids: Eerdmans, 1987), 5쪽.

5. Ronald F. Hock, *The Social Context of Paul's Ministry: Tentmaking and Apostleship* (Philadelphia: Fortress Press, 1980), 21-22쪽.

6. Wayne A. Meeks, *The First Urban Christians: The Social World of the Apostle Paul*, 2nd ed. (New Haven: Yale University Press, 2003), 51-73쪽.

7. Peter T. O'Brien, *Introductory Thanksgivings in the Letters of Paul, Novum Testamentum* (Leiden: Brill, 1977), 11쪽.

8. Margaret M. Mitchell, *Paul and the Rhetoric of Reconciliation* (Louisville: Westminster John Knox Press, 1993).

9. David E. Garland, *1 Corinthians, Baker Exegetical Commentary on the New Testament* (Grand Rapids: Baker, 2003), 329쪽.

10. Fee, *The First Epistle to the Corinthians*, 336쪽.

11. Hans Conzelman, *1 Corinthians*, trans. James W. Leitch (Philadelphia: Fortress Press, 1975), 176쪽. 11-13쪽도 포함.

12. Dale B. Martin, *The Corinthian Body* (New Haven: Yale University Press, 1995), 87-92쪽을 보라.

13. "영적 은사"라는 용어와 관련된 문제에 관한 학술적 논의는 다음을 보라. Kenneth Berding, "Confusing Word and Concept in 'Spiritual Gift': Have We Forgotten James Barr's Exhortations?" *Journal of the Evangelical Theological Society 43* (2000), 37-51쪽.

14. N. T. Wright, *The Resurrection of the Son of God, Christian Origins and the Question of God* (Minneapolis: Fortress Press, 2003), 359-360쪽.

15. 연보에 대한 개관은 Scott McKnight, "Collection for the Saints," *Dictionary of Paul and His Letters*, ed. Gerald F. Hawthorne, et al. (Downers Grove: InterVarsity Press, 1993), 143-147쪽을 보라.

16. E. P. Sanders, *Judaism: Practice and Belief, 63 BCE-66 CE* (London: SCM Press, 1992), 146-169쪽을 보라.

17. Jeannine E. Olson, *Calvin and Social Welfare* (Selingsgrove: Susquehanna University Press, 1989), 18쪽.

--- 3 ---

고린도후서 & 일의 신학

1. 어떤 학자들은 고린도후서 10-13장이 바울이 언급한 "혹독한 편지" 또는 그것의 일부이며 이것은 나중에 고린도후서에 추가된 것이므로 원래 고린도후서의 형태는 9장에서 끝난다고 주장한다. 이 주제의 간략한 변론에 대해서는 Charles H. Talbert, *Reading Corinthians: A Literary and Theological Commentary on 1 and 2 Corinthians* (New York: Crossroad, 1987), xviii-xxi를 보라. 고린도후서 10-13장의 억양이 이전 장들에서 들을 수 있는 억양보다 도드라지게 호되지만, 고린도후서는 처음부터 통일성을 갖춘 편지로 쓰였음을 의심할 수 없다.

2. Dennis W. Bakke, *Joy at Work: A Revolutionary Approach to Fun on the Job* (Seattle: PVG, 2005)과 Raymond Bakke, William Hendricks, and Brad Smith, *Joy at Work Bible Study Companion* (Lake Mary: Charisma House, 2005)은 상세하게 이 질문을 탐구한다.

3. 드로아는 유럽과 소아시아 사이의 무역과 소통에 중요한 중심지였다. 사람들은 이 항구를 거쳐 로마제국 전역을 여행했다. Jerome Murphy-O'Connor, *Paul: A Critical Life* (Oxford: Clarendon, 1996), 300쪽을 보라.

4. Murray J. Harris, *The Second Epistle to the Corinthians: A Commentary on the Greek Text* (Grand Rapids: Eerdmans, 2005), 253-254쪽을 보라.

5. Harris, 258쪽.

6. Cicero, *Epistulae ad Familiares* (The Letters to His Friends), 13.6a를 보라. 더욱 면밀한 논의를 위해서는 Peter Marshall, *Enmity in Corinth: Social Conventions in Paul's Relations with the Corinthians, Wissenschaftliche Untersuchungen zum Neuen Testament* 2.23 (Tübingen: Mohr

Siebeck, 1987), 91-129쪽, 특히 93-95쪽을 보라.

7. Harris, *The Second Epistle to the Corinthians*, 349쪽.

8. 문자적으로, "말에서." Harris, *The Second Epistle to the Corinthians: A Commentary on the Greek Text*, 574쪽을 보라.

9. Steve Harrison, *The Manager's Book of Decencies* (New York: McGraw-Hill, 2007), 67쪽.

10. Harris, *The Second Epistle to the Corinthians*, 590쪽.

11. John Stott, *The Grace of Giving: 10 Principles of Christian Giving*, Lausanne Didasko Files (Peabody: Hendrickson Publishers, 2012)에서 그가 읽은 고린도후서 8-9장 본문에 기초해 깊이 있게 논한다.

12. 여기에서 "온갖" 또는 "모든"에 해당하는 용어는 "온갖 가능한" 축복이라기보다 "온갖 종류의"라는 의미다. Gerhard Kittel, Gerhard Friedrich, and Geoffrey William Bromiley, eds., *Theological Dictionary of the New Testament* (Grand Rapids: Eeerdmans, 1985), 631c를 참조하라.

--- 4 ---

갈라디아서 · 에베소서 · 빌립보서 & 일의 신학

1. Richard N. Longenecker, *Galatians The Word Biblical Commentary* (Waco: Word, 1990), lxxiii-lxxxvii를 보라.

2. 예를 들어 Dan P. McAdams, *The Redemptive Self: Stories Americans Live By* (New York: Oxford University Press, 2005); Donald E. Polkinghorne, *Narrative Knowing and the Human Sciences* (Albany: State University of New York, 1988)를 보라.

3. 이 쟁점들과 그들이 시사하는 바를 논의한 내용은 Andrew T. Lincoln, *Ephesians, Word Biblical Commentary* (Nashville: Thomas Nelson, 1990), xlvii-lxxiv. 앤드류 T. 링컨, 《WBC 에베소서》(솔로몬 역간); Gerald F. Hawthorne, Ralph P. Martin, and Daniel G. Reid, eds., "4.3. Place and Date" of "Philippians, Letter to the," *Dictionary of Paul and His Letters* (Downers Grove, IL: InterVarsity Press, 1993)를 보라.

4. Gerald F. Hawthorne, *Philippians*, rev. and exp. by Ralph P. Martin, *The Word Biblical Commentary* (Nashville: Thomas Nelson, 2004), xxvii-xxix, xxxix-l.

5. Gerald F. Hawthorne, Ralph P. Martin, and Daniel G. Reid, eds., "4.3. Place and Date" of "Philippians, Letter to the," *Dictionary of Paul and His Letters* (Downers Grove, IL: InterVarsity Press, 1993)를 보라.

6. David Noel Freedman, "Haustafeln" and "Household Codes," *The Anchor Bible Dictionary* (New York: Doubleday, 1992)를 보라.

7. James Strong, *Enhanced Strong's Lexicon* (Ontario: Woodside Bible Fellowship, 1995), G2052.

8. www.momtomom.org를 보라.

--- 5 ---

골로새서 · 빌레몬서 & 일의 신학

1. 골로새서를 누가 썼느냐 하는 문제는 상당수 학자들이 의문을 제기해 왔으나, 저자 설명이 이 주석의 목적이 아니기 때문에 여기서는 바울이 저자라는 의견을 받아들인다. 이 논란이 이 서신을 일터에 적용해 이해하는 데 끼치는 영향은 미미하다.

2. James D. G. Dunn, *The Epistles to the Colossians and to Philemon: A Commentary on the Greek Text, The New International Greek Testament Commentary* (Grand Rapids: Eerdmans, 1996), 104쪽.

3. Flannery O'Connor, "A Good Man Is Hard to Find," *Collected Works* (New York: Library of America, 1988).

4. 1세기 노예제도에 대한 더 상세한 설명은 S. Scott Bartchy, *MALLON CHRESAI: First Century Slavery and the Interpretation of 1 Corinthians 7:21, Society of Biblical Literature Dissertation Series* (Missoula: Scholars Press, University of Montana, 1973; reprinted by Wipf & Stock, 2003) 을 보라.

--- 6 ---

데살로니가서 & 일의 신학

1. 미국 욕실 청결제 "Scrubbing Bubbles"(문지르는 거품)의 텔레비전 광고 문구다.

2. Rainer Riesner, *Die Frühzeit des Apostels Paulus: Studien zur Chronologie, Missionsstrategie, und Theologie, Wissenschaftliche Untersuchungen zum Neuen Testament* (Tübingen: Mohr, 1994), 301쪽.

3. 데살로니가에 대한 더 자세한 정보는 Gene L. Green, *The Letters to the Thessalonians* (Grand Rapids: Eerdmans, 2002), 1-47쪽을 보라.

4. 일반적인 성경 주석에서 논의한 대로 저자가 누군지를 두고 논란이 오래 계속되긴 했지만, 여기서는 바울이 데살로니가후서의 저자라는 것을 액면 그대로 받아들인다(살후 1:1; 3:17). 상대적으로 데살로니가전서를 바울이 기록했다는 설을 두고는 크게 논란이 없었다. 어떤 경우든 기독교적 관점에서 바라본 일이 어떠한지 살펴보는 데 저자가 누군지는 두 서신 어느 쪽에도 크게 영향을 끼치지 않는다.

5. 데살로니가전서 4장 3-7절에서의 성적 순결에 대한 지시 사항과 4장 9-12절에서의 지시 사항이 갖는 관계에 대해서는 Traugott Holtz, *Der erste Brief an die Thessalonicher, Evangelisch-katholischer Kommentarzum Neuen Testament* (Zürich: Benziger, 1986), 161-162쪽과 Karl P. Donfried, "The Cults of Thessalonica and the Thessalonian Correspondence," *New Testament Studies 31* (1985): 341-342쪽 및 Earl J. Richard, *First and Second Thessalonians, Sacra Pagina* (Collegeville: Michael Glazier, 1995), 194, 202쪽을 보라.

6. 예를 들면, G. Agrell, *Work, Toil and Sustenance: An Examination of the View of Work in the New Testament, Taking into Consideration Views Found in Old Testament, Intertestamental and Early Rabbinic Writings*, trans. S. Westerholm and G. Agrell (Lund: Ohlssons, 1976), 122-123쪽; John A. Bailey, "Who Wrote II Thessalonians?" New Testament Studies 25, no. 02 (1979): 137쪽; Peter Müller, *Anfänge der Paulusschule: Dargestellt am zweiten Thessalonicherbrief und am Kolosserbrief, Abhandlungen zur Theologie des Alten und Neuen Testaments* (Zürich: Theologischer, 1988), 162-167쪽; K. Romaniuk, "Les Thessaloniciens étaient-ils des parasseux?" *Ephemerides Theologicae Lovanienses* 69 (1993): 142-145쪽; 그리고 A. M. Okorie, "The Pauline Work Ethic in 1 and 2 Thessalonians," *Deltio Biblikon Meleton* 14 (1995): 63-64쪽을 보라.

7. John Barclay, "Conflict in Thessalonica," *Catholic Biblical Quarterly* 55 (1993), 512-530쪽; Trevor J. Burke, *Family Matters: A Socio-Historical Study of Kinship Metaphors in 1 Thessalonians* (London: T&T Clark, 2003), 213쪽 이하를 보라.

8. 여러 강조점들과 함께 D. E. Aune, "Trouble in Thessalonica: An Exegetical Study of 1 Thess. 4:9-12, 5:12-14 and II Thess. 6:6-15 in Light of First-Century Social Conditions," ThM thesis (Regent College, 1989); Colin R. Nicholl, *From Hope to Despair: Situating 1 &2 Thessalonians, Society for New Testament Studies Monograph Series* (Cambridge: Cambridge University Press, 2004), 157쪽 이하; Ben Witherington, *1 and 2 Thessalonians: A Socio-Rhetorical Commentary* (Grand Rapids, Eerdmans, 2006), 43-44쪽을 보라.

9. Gerhard Kittel, Gerhard Friedrich, and Geoffrey William Bromiley, eds., *Theological Dictionary of the New Testament* (Grand Rapids: Eerdmans, 1985), 8:48을 보라. 연구의 도움을 받으려면 Ceslas Spicq, "Les Thessalonicien 'inquiets' etaient-ils des parrassuex?" *Studia theological* 10 (1956): 1-13쪽을 보라.

10. Abraham J Malherbe, *The Letters to the Thessalonians, Anchor Bible* (New York: Doubleday, 2000), 258-290쪽; idem, *Paul and the Thessalonians: The Philosophic Tradition of Pastoral Care* (Philadelphia: Fortress, 1987), 99-107쪽을 보라.

11. Gustav Wohlenberg, *Der erste und zweite Thessalonicherbrief, Kommentar zum Neuen Testament* (Leipzig: Deichert, 1903), 93쪽; I. Howard Marshall, *1 and 2 Thessalonians, New Century Bible Commentary* (London: Marshall, Morgan, and Scott, 1983), 223쪽; Ernest Best, *The First and Second Epistles to the Thessalonians, 2nd ed., British New Testament Conference*

(London: A&C Black, 1986), 338쪽.

12. Johannes P. Louw and Eugene A. Nida, *Greek-English Lexicon of the New Testament Based on Semantic Domains* (New York: UBS, 1988), §88.243; Horst Balz and Gerhard Schneider, *Exegetical Dictionary of the New Testament*, trans. J. W. Medendorp and Douglas W. Scott (Grand Rapids: Eerdmans, 1990-1993), 3:73.

--- 7 ---

목회서신 & 일의 신학

1. 이 논의는 목회서신의 저자가 바울이라는 것을 전제하고 있다. 그러나 이 사실이 이 서신들을 일에 적용하는 데 결정적으로 중요한 건 아니다. 저자에 대한 보다 면밀한 논의는 William D. Mounce, *Pastoral Epistles, Word Biblical Commentary* (Nashville: Thomas Nelson, 2000), lxxxiii-cxxix을 보라. 윌리엄 D. 마운스, 《WBC 목회서신》(솔로몬 역간).

2. W. Edwards Deming, *The New Economics for Industry, Government, Education*, 2nd ed. (Cambridge: MIT Press, 2000), 92쪽.

3. Luke Timothy Johnson, *The First and Second Letters to Timothy: A New Translation with Introduction and Commentary*, The Anchor Yale Bible Commentaries (New York: Doubleday, 2001), 149쪽.

4. Johnson, *The First and Second Letters to Timothy*, 149쪽.

5. "장로"(헬라어 Presbyteros)와 "감독"(episkopos)이라는 용어를 다룬 간략한 논의는 Philip H. Towner, *The Letters to Timothy and Titus, New International Commentary on the New Testament* (Grand Rapids: Eerdmans, 2006), 246-247쪽을 보라.

6. Robert Frost, "The Death of the Hired Man," 125행, *North of Boston* (New York: Henry Holt, 1915).

7. John Piper, *Desiring God: Meditations of a Christian Hedonist*, rev. and exp. ed. (Colorado Springs: Multnomah, 2003), 188쪽. 존 파이퍼, 《하나님을 기뻐하라》(생명의말씀사 역간).

8. 이 주장에 대한 좀 더 자세한 설명은 Wayne Grudem, *Business for the Glory of God: The Bible's Teaching on the Moral Goodness of Business* (Wheaton: Crossway, 2003)를 보라.

9. *AG ISA (NZ) 570 The Auditor-General's Statement On Going Concern*, The Auditor-General's Auditing Standards, Controller and Auditor-General, http://www.oag.govt.nz.

10. Anna Kuchment, "Report: More Employees Visiting Porn Sites At Work," *Newsweek* (November 28, 2008), http://www.newsweek.com/report-more-employees-visiting-porn-sites-work-85229.

--- 8 ---

히브리서 & 일의 신학

1. Sean M. McDonough, *Christ as Creator: Origins of a New Testament Doctrine* (Oxford: Oxford University Press, 2010)을 보라.

2. 하나님의 일에 대한 논의는 Robert Banks, *God the Worker: Journeys into the Mind, Heart and Imagination of God* (Sutherland, NSW: Albatross Books, 1992), 그리고 R. Paul Stevens, *The Other Six Days* (Grand Rapids: Eerdmans, 2000), 118-123쪽을 보라.

3. 더불어 시편 102편을 인용함으로써 우주를 성자를 통해 창조하신 것으로 묘사한다. 이는 지금도 정결케 되는 과정에 있는 것으로 그리는 이 단락의 흐름에도 부합한다. 주님은 그분의 창조 세계 안에서 지금도 일하고 계신다.

4. 히브리서의 다양한 구약 인용은 항상 히브리어 성경의 헬라어 번역본인 칠십인역에서 하고 있다. 그래서 칠십인역보다는 히브리어의 마소라 본문(Masoretic text)에 근거하는 오늘날의 번역과 항상 상응하지는 않는다.

5. J. Laansma, *I Will Give You Rest: The Rest Motif in the New Testament with Special Reference to Mt 11 and Heb 3–4, Wissenschalftliche Untersuchungen zum Neuen Tesament* (Tübingen: Mohr Siebeck, 1997).

6. W. Bauer, W. F. Arndt, F. W. Gingrich, and F. W. Danker, *Greek-English Lexicon of the New Testament and Other Early Christian Literature*, 3rd ed (Chicago: University of Chicago Press, 2001), under *pistos*.

--- 9 ---

일반서신 & 일의 신학

1. 한 가지 예를 들자면, 2009년 9월 18일에 'Harvard Business School Publications' 웹 사이트 (www.harvardbusiness.org)에서 "대인관계 기술"이라는 주제로 검색했더니, 첫 번째 결과가 "사람들 경청하기"였다.

2. TOW 프로젝트 팀 편집장인 윌리엄 메신저(William Messanger)가 2010년 7월 29일 홍콩에서 인터뷰한 내용이다. 본인 요청으로 실명은 밝히지 않겠다.

3. Al Erisman, "Gloria Nelund: Defining Success in the Financial World," *Ethix 80* (March/April 2012), available at http://ethix.org/category/archives/issue-80.

4. Gk. #2041 in James Strong, *Enhanced Strong's Lexicon* (Ontario: Woodside Bible Fellowship, 1995), and #2240 in Gerhard Kittel, Gerhard Friedrich, and Geoffrey William Bromiley, eds., *Theological Dictionary of the New Testament* (Grand Rapids: Eerdmans, 1985), 6:635를 보라.

5. Luke Timothy Johnson, "The Letter of James," *The New Interpreter's Bible* (Nashville: Abingdon Press, 1998), 177쪽.

6. 이러한 믿음에 관한 이해와 바울의 해석이 어떻게 일치하는지에 대한 논의는 Douglas Moo, *The Letter of James* (Grand Rapids: Eerdmans, 2000), 37-43, 118-144쪽을 보라.

7. 산상수훈을 다시 상기시킨다(마 5:9).

8. 야고보는 구약 예언서에서 간음의 비유를 가져와, 하나님 대용품으로 자기 기쁨과 세상의 부를 추구하는 것을 종종 묘사했다.

9. Elizabeth Dunn and Michael Norton, *Happy Money: The Science of Smarter Spending* (New York: Simon & Schuster, 2013).

10. 이것들은 예수님의 가르침과 구약 예언서의 경고인 듯하다. (겔 34:3; 암 2:6-7; 5:12; 미 2:2; 6:12-16; 마 6:19; 눅 6:24-25; 12:13-21, 32-34; 16:19-31; 18:18-30 참조). 또한 야고보서 1장 1-18절은 과거와 현재의 성공과 실패에 대한 이해에 초점을 두지만, 본 장에서는 미래의 예측에 초점이 있음을 주의하라.

11. 레위기 19장은 야고보가 선호하는 구약 말씀 가운데 하나다. L. T. Johnson, *Brother of Jesus, Friend of God* (Grand Rapids: Eerdmans, 2004), 123쪽 이하를 참고하라.

12. 제사장의 축복은 민수기 6장 23-24절에서 제사장에게 하나님께서 명하신 것이며, 민수기 6장 24-26절 말씀이 그 내용이다. "여호와는 네게 복을 주시고 너를 지키시기를 원하며 여호와는 그의 얼굴을 네게 비추사 은혜 베푸시기를 원하며 여호와는 그 얼굴을 네게로 향하여 드사 평강주시기를 원하노라."

13. 하나님의 거룩하심과 성결은 그분의 임재 앞에 인간의 거룩함을 요구했다(레 11:44-45). 민족적 성결 의식은 대속죄일에 시행되었다(레 16장).

14. Darrell Cosden, *The Heavenly Good of Earthly Work* (Peabody: Hendrickson Publishers, 2006).

15. 예수님의 못 박힌 손과 발은 도래할 새로운 창조 세계의 원형이다. 그분의 육신에서 찾은 진리를 우리는 이 비전에서도 찾게 된다. 아무리 잘해 봐야 우리가 행한 일은 모순투성이지만, 어찌 됐든 우리는 용서받고 변화됐다. 그리고 이제는 새로운 창조 세계 안에서 제집(본향)을 찾았다. Cosden, *The Heavenly Good of Earthly Work*, 76쪽.

16. 이 복잡한 구절에 대한 논의를 보다 정확히 알고 싶다면 Richard J. Bauckham, *Jude, 2 Peter*, eds. Bruce M. Metzger, David A. Hubbard, and Glenn W, Barker, *Word Biblical Commentary* (Dallas: Word, 1983). 리차드 J. 보컴, 《WBC 유다서 · 베드로후서》(솔로몬 역간); and John Dennis, "Cosmology in the Petrine Literature and Jude," *Cosmology and New Testament Theology*, eds. Jonathan Pennington and Sean McDonough (London: Continuum, 2008), 157-177쪽을 보라.

17. 예를 들어 다음을 살펴보라. 사 30:30; 66:15-16; 나 1:6; 습 1:18; 3:8; 슥 13:7-9; 말 3:2-3; 4:1-2; 신약에서도 역시 불의 이미지는 이런 식으로 사용했다. 고전 3:10-15; 벧전 1:5-7; 4:12-13 등을 보라.

18. Douglas Moo, "Nature in the New Creation: New Testament Eschatology and the Environment," *Journal of the Evangelical Theological Society 49*, no. 3 (2006), 468쪽. 또한 불

이미지를 하나님이 세상을 정련시키는 과정으로 나타낸 알 월터스(Al Wolters)의 주장도 보라. Al Wolters, "Worldview and Textual Criticism in 2 Peter 3:10," *Westminster Theological Journal 49* (1987), 405-413쪽.

19. Moo, "Nature and the New Creation," *Journal of the Evangelical Theological Society 49*, no. 3 (2006) 468-469쪽을 보라.

20. Colin G. Kruse, *The Letters of John* (Grand Rapids: Eerdmans, 2000), 14-28쪽.

21. Stanley Hauerwas, *Character and the Christian Life* (Notre Dame: University of Notre Dame Press, 2001)의 "서문"(introduction) 부분을 보라.

22. George Serafeim, "The real Cost of Bribery," *Harvard Business School Working Knowledge*, November, 4, 2013, accessed at http://hbswk.hbs.edu/item/7325.html.

23. "Should I Rank My Employees?" *Wall Street Journal*, April 7, 2009. http://guides.wsj.com/management/recruiting-hiring-and-firting/should-i-rank-my-employees/.

24. Jack Welch, "What I've learned: Jack Welch," *Esquire*, December 31, 2006. http://www.esquire.com/features/what-ive-learned/wil0104jackwelch#ixzz2nkRA41TP.

25. Ed Moy, "Faith and Work: Spiritual Insights from a Career in Business & Public Service", at *Kiros*, Seattle, October 11, 2013. 오디오 녹음파일은 http://Kiros.btexpo.we/media/에서 들을 수 있다.

26. Pat Gelsinger, "Faster Chips, More Opportunity?" interview in *Ethix 57*, Jan-Feb, 2008, accessible at http://ethix.org/2008/02/01/faster-chips-more-opportunity.

27. Richard J. Bauckham, *Jude, 2 Peter*, eds. Bruce M. Metzger, David A. Hubbard, and Glenn W. Barker, *Word Biblical Commentary* (Dallas: Word, 1993). 리처드 J. 보컴, 《WBC 유다서·베드로후서》(솔로몬 역간).

Part 2
일하는 크리스천을 위한
요한계시록

--- 10 ---

요한계시록 & 일의 신학

1. Jacques Ellul, *Apocalypse*, trans. G. W. Schreiner (New York: Seabury, 1977), 47-48쪽.

2. 만약 우리가 요한계시록을 요한 당대에 초점을 맞춰서 받아들인다면, "exodus"(대탈출)이라는 주제는 무엇보다 먼저 충실하게 자신의 신앙적 증언을 지켜 나가는 사람들은 죽자마자 하나님 앞으로 "가게 될 것"이라는 사실을 가리키는 것일 수 있다. 미래주의자의 견해는 문자 그대로 사악한 나라가 뒤집어지는 것과 하나님 백성들의 천년왕국 입성(이스라엘을 중심으로 이해했을 수도 있고, 그렇지 않을 수도 있다)에 중점을 두는 것이다. 어떤 경우든 두 시나리오 모두 대탈출 모티프의 궁극적 성취는 하나님 백성들이 새 예루살렘 성으로 들어가는 것에 달려 있다.

3. Ben Witherington, *Revelation* (Cambridge: Cambridge University Press, 2003), 132-134쪽; Grant R. Osborne, *Revelation, Baker Exegetical Commentary on the New Testament* (Grand Rapids: Baker Academic, 2002), 274쪽. 그랜트 오즈번, 《BECNT 요한계시록》(부흥과개혁사 역간); G. K. Beale, *Revelation* (Grand Rapids: Eerdmans, 1999), 370-371쪽을 보라.

4. 이 견해를 선호하는 저자들을 보려면 오즈번(Osborne)이 쓴 책 281쪽에 있는 논의를 보라.

5. David E. Aune, *Rev. 6–16, Word Biblical Commentary* (Dallas: Word, 1998), 397-400쪽에 나와 있는 폭넓은 논의를 보라. 데이비드 E. 아우내, 《WBC 요한계시록 6-16)》(솔로몬 역간).

6. 오즈번이 쓴 책 518쪽에 있는 신중하고 적절한 언급을 살펴보라.

7. Richard Bauckham, "The Economic Critique of Rome in Revelation 18," *The Climax of Prophecy: Studies in the Book of Revelation* (Edinburgh: T&T Clark, 1993), 338-383쪽.

8. Richard Bauckham, *The Theology of the Book of Revelation* (Cambridge: Cambridge University Press, 1993), 126-143쪽.

9. G. B. Caird, *The Revelation of Saint John* (Peabody: Hendrickson, 1993), 279쪽을 참고하라. "하나님이 옛 질서에서 가치 있다고 보신 것은 새로운 질서에서도 배제되지 않는다. 요한의 천국은 세상을 부인하는 열반, 즉 세상에 존재하는 구제불능의 해악들로부터 도피하는 피난처가 아니라 하나님의 창조의 선함을 긍정하고 인치는 곳이다. 사람들이 천국에서 발견하게 될 보물은 알고 보면 열국의 보물과 부다. 그들이 지상에서 알고 사랑했던 최고의 것들이 하나님의 광채로 인해 온갖 불완전함을 벗고 변화한 모습으로 천국에 있을 것이다." 또한 Darrell Cosden, *The Heavenly Good of Earthly Work* (Peabody: Hendrickson Publishers, 2006), 72-77쪽을 보라.

10. 코스덴(Cosden)의 책 여러 곳과 Miroslav Volf, *Work in the Spirit* (Oxford: Oxford University Press, 1991), 특히 88-122쪽을 보라.

시리즈 집필진 및 역자 소개

존 알스도프(John Alsdorf)   뉴욕시에 거주하며, TOW 프로젝트 운영위원회 위원이다.

캐서린 L. 알스도프(Katherine Leary Alsdorf)   뉴욕시 리디머장로교회(Redeemer Presbyterian Church)의 '페이스앤워크센터'(Faith&Work Center) 설립자이자 명예이사다. TOW 프로젝트 운영위원회 위원이다.

패트리샤 앤더스(Patricia Anders)   매사추세츠주 피바디 소재 핸드릭슨출판사 편집장이다. 본 주석의 편집책임을 맡고 있다.

질 베이커(Jill L. Baker)   고대근동 고고학의 독립 연구자이며, 플로리다주 마이애미의 플로리다국제대학교(Florida International University) 우등대학 교수다. 사무엘상하, 열왕기상하, 역대기상하의 주석을 집필했다.

카라 비드(Cara Beed)   오스트레일리아 빅토리아주 멜버른의 오스트레일리아가톨릭대학교(Australian Catholic University) 사회과학부 사회학 교수, 교육학부 대학원지도교수, 대학교 명예회원을 역임하고 은퇴했다. 저자이자 연구자로서 여러 국제저널에 논문을 게재했다. TOW 프로젝트의 운영위원회 위원이다.

대니얼 블록(Daniel Block)   일리노이주 휘튼 소재 휘튼대학(Wheaton College)의 건서 H. 노들러 구약학 석좌교수다. 룻기 주석을 집필했다.

대니얼 버드(Daniel T. Byrd)   캘리포니아주 라번대학교(University of La Verne) 교무처장 특별보좌관이다. 2007년부터 2009년까지 TOW 프로젝트 운영위원회 위원을 역임했다.

앨리스 카밀(Alice Camille) 미국 전역에서 유명한 로마가톨릭 작가, 종교교육자이자 피정 지도자다. 캘리포니아주 데저트핫스프링스에 산다. 여호수아와 사사기 주석을 집필했다.

대럴 코스덴(Darrell Cosden) 일리노이주 엘진 소재 저드슨대학교(Judson University) 신학과 교수다. 2007년부터 2010년까지 TOW 프로젝트 운영위원회 위원을 역임했다.

앨 에리스만(Al Erisman) 워싱턴주 시애틀의 시애틀퍼시픽대학교(Seattle Pacific University) 상임이사이며, 보잉사 기술이사를 역임했다. TOW 프로젝트 운영위원회 공동위원장을 맡고 있다. 요한이서와 요한삼서의 주석을 집필했다.

낸시 에리스만(Nancy S. Erisman) 자원봉사자로서 카이로스(KIROS)의 이사이자 워싱턴주 벨뷰 소재 웨스트민스터교회(Westminster Chapel) '일터의여성들'(Westminster Chapel) 지도부에 있다. 본 주석의 편집을 담당했다.

재럿 폰트노트(Jarrett Fontenot) 루이지애나주 밴턴루즈에 산다. 본 주석의 편집을 담당했다.

래리 파울러(Larry Fowler) 워싱턴주 긱하버에 산다. 본 주석의 편집을 담당했다.

러셀 풀러(Russell Fuller) 켄터키주 루이빌에 있는 남침례신학교(Southern Baptist Theological Seminary) 구약학 교수다. 시편 주석을 집필했다.

두에인 개럿(Duane A. Garrett) 켄터키주 루이빌에 있는 남침례신학교 구약해석학 존 R. 샘피 석좌교수다. 신명기, 전도서, 아가서 주석을 집필했고, 시가서의 편집을 담당했다.

마크 지닐랫(Mark S. Gignilliat) 앨라배마주 버밍엄 소재 샘퍼드대학교(Samford University) 비슨신학부 부교수다. 이사야 주석을 집필했고 선지서 편집을 담당했다.

마이케이아 힐리(Michaiah Healy) 매사추세츠주 케임브리지 크레이터보스턴교회(Greater Boston Vineyard) 청년부 담당 목사다. 본 주석의 편집자로 섬겼다.

빌 히틀리(Bill Heatly) 캘리포니아주 오크파크 소재 달라스월라드선교회 총재를 역임했고, TOW 프로젝트 운영위원회 위원을 역임했다. 골로새서와 빌레몬서 주석을 집필했다.

빌 헨드릭스(Bill Hendricks) 텍사스주 달라스의 은사센터(Giftedness Center) 센터장이다. TOW 프로젝트 운영위원회 위원이다.

브라이언 하우스만(Brian Housman) 매사추세츠주 케임브리지 소재 그레이터보스턴비니어드교회(Vineyard Christian Fellowship of Greater Boston)의 행정목사다. 사무엘상하, 열왕기상하, 역대상하 주석을 집필했다.

L. T. 제야찬드란(L. T. Jeyachandran) 인도 콜카타 소재 인도 정부를 위한 이동통신부 수석 기사(토목기사)를 역임했고, 싱가폴에서 '라비재커라이어스국제선교회'(아시아-태평양) 대표를 지냈다. TOW 프로젝트 운영위원회 위원이다.

티머시 존슨(Timothy Johnson) 위스콘신주 나쇼타 소재 나쇼타하우스신학교(Nashotah House Theological Seminary)의 구약학과 히브리학 조교수다. 욥기 주석을 집필했다.

랜디 킬고어(Randy Kilgore) 매사추세츠주 노스비벌리 소재 '디자이어드헤이븐선교회'(Desired Haven Ministries/Made to Matter)의 수석작가이자 사목이다. TOW 프로젝트 운영위원회 위원이다.

알렉산더 커크(Alexander N. Kirk) 델라웨어주 윌밍턴에 거주한다. 디모데전후서와 디도서 주석을 집필했다.

애런 킥커(Aaron Kuecker) 텍사스주 롱뷰 소재 르투노대학교(LeTourneau University) 신학 부교수이자 우등대학 과정 책임자다. 누가복음과 사도행전 주석을 집필했다.

존 란스마(Jon C. Laansma) 일리노이주 휘튼 소재 휘튼대학과 휘튼대학원의 고전어 및 신약학 부교수다. 히브리서 주석을 집필했다.

클린트 르 브레인스(Clint Le Bruyns) 남아공 콰줄루나탈주 피터마리츠버그 소재 콰줄루나탈대학교(University of Kwazulu-Natal) 신학과발전 프로그램의 책임자이자 수석교수다. TOW 프로젝트 운영위원회 위원이다.

존 루이스(John G. Lewis) 텍사스주 샌안토니오 소재 성공회서부텍사스교구 '성베네딕토기독교영성형성워크숍과선교센터' 책임자이다. 로마서 주석의 자문을 맡았다.

켈리 리번굿(Kelly Liebengood) 텍사스주 롱뷰에 있는 르투노대학교 성서학 부교수다. 야고보서, 베드로전후서, 요한일서, 유다서 주석을 집필했다.

케리 러디(Kerry E. Luddy) 뉴욕주 로체스터 소재 브라이튼장로교회(Brighton Presbyterian Church) 지역사회관계 및 제자도 책임자다. 본 주석의 편집을 담당했다.

그랜트 맥커스킬(Grant Macaskill) 　영국 스코틀랜드 파이프주 세인트앤드루스 소재 세인트앤드루스대학교(University of Saint Andrews) 신약학 수석교수다. 마가복음 주석을 집필했다.

알리스터 맥켄지(Alister Mackenzie) 　뉴질랜드 크라이스트처치 소재 레이들로대학 (Laidlaw College) 신학, 선교, 목회학부 수석교수다. TOW 프로젝트 운영위원회 위원이다.

라이언 마셜(Ryan P. Marshall) 　매사추세츠주 니덤 소재 리디머커뮤니티교회 (Redeemer Community Church) 학생부 담당 목사다. 본 주석의 편집을 담당했다.

스티븐 메이슨(Steven D. Mason) 　텍사스주 롱뷰 소재 르투노대학교 교무부처장 겸 학장이다. 에스겔서 주석을 집필했다.

앨리스 매튜스(Alice Mathews) 　매사추세츠주 사우스해밀턴 소재 고든콘웰신학교 (Gordon-Conwell Theological Seminary) 로이스 W. 베넷 명예 특훈교수다. TOW 프로젝트 운영위원회 위원이다. 창세기 1-11장, 잠언, 사무엘상하, 열왕기상하, 역대 상하 주석을 집필했고 선지서, 이사야, 예레미야, 예레미야 애가, 마태복음 도입을 썼다. 본 주석의 편집자문도 맡았다.

케네스 매튜스(Kenneth Mathews) 　앨라배마주 버밍엄 샘포드대학교 비슨신학부 신학과 교수다. 다니엘서 주석을 집필했다.

션 맥도너(Sean McDonough) 　매사추세츠주 사우스해밀턴 소재 고든콘웰신학교 신약학 교수다. TOW 프로젝트 운영위원회 위원이다. 여호수아, 사사기, 요한복음, 요한계시록 주석을 집필했고, 성서연구와 서신서 편집을 담당했다.

팀 메도크로프트(Tim Meadowcroft) 　뉴질랜드 오클랜드 소재 레이들로대학 성서학 수석교수다. 호세아, 요엘, 아모스, 오바댜, 미가, 나훔, 하박국, 스바냐, 학개, 스가랴, 말라기 주석을 집필했다.

윌리엄 메신저(William Messenger) 　매사추세츠주 보스턴 소재 TOW 프로젝트 편집장이자 뉴질랜드 오클랜드 소재 레이드로-캐리대학원(Laidlaw-Carey Graduate School) 겸임교수다. 주식회사 알큘(ArQule, Inc.)의 이사도 맡고 있다. TOW 프로젝트 운영위원회 위원이다. 요나서 주석을 집필했다.

앤디 밀스(Andy Mills) 　매사추세츠주 보스턴 소재 톰슨재정전문출판사의 사장이자 대표를 역임했다. TOW 프로젝트 운영위원회 공동위원장을 맡고 있다.

조슈아 문(Joshua Moon)   미네소타주 미니애폴리스에 거주한다. 예레미야와 예레미야애가 주석을 집필했다.

콜린 니콜(Colin R. Nicholl)   영국 북아일랜드의 독립 연구자이자 저자다. 데살로니가전후서 주석을 집필했다.

밸러리 오코넬(Valerie O'Connell)   매사추세츠주 버밍엄의 독립 컨설턴트다. 본 주석의 편집을 담당했다.

제인 랭커스터 패터슨(Jane Lancaster Patterson)   텍사스주 오스틴 소재 사우스웨스트신학교의 신약학 조교수다. 로마서 주석의 자문을 맡았다.

조너선 페닝턴(Jonathan T. Pennington)   켄터키주 루이빌 남침례신학교 신약학 부교수이자 박사과정 책임자다. 마태복음 주석을 집필했고, 사복음서와 사도행전 편집을 맡았다.

고든 프리스(Gordon Preece)   오스트레일리아 빅토리아주 멜버른 소재 '에토스: 기독교와사회를위한복음주의연맹센터'(Ethos: the Evangelical Alliance Center for Christianity and Society)의 책임자다. TOW 프로젝트 운영위원회 위원이다.

마크 로버츠(Mark D. Roberts)   텍사스주 커빌 소재 'H.E.버트가족재단/고귀한소명'(H. E. Butt Family Foundation/The High Calling) 디지털미디어 대표다. TOW 프로젝트 운영위원회 위원이다. 에스라, 느헤미야, 에스더, 갈라디아서, 에베소서, 빌립보서 주석을 집필했다.

해돈 로빈슨(Haddon Robinson)   미국 매사추세츠주 사우스해밀턴 소재 고든콘웰신학교 해럴드-오켄가 설교학 특훈교수, 목회학박사과정 수석책임자이며 고든콘웰신학교 임시총장을 역임했다. TOW 프로젝트 대표이자 명예회장이다.

저스틴 쉘(Justin Schell)   로잔운동 국제리더십과 지원팀에 속해 있다. 본 주석의 편집을 담당했다.

앤드루 슈머처(Andrew J. Schmutzer)   일리노이주 시카고 소재 무디성경연구소 성서학 교수다. 창세기 1-11장 주석을 집필했다.

밥 스톨만(Bob Stallman)   워싱턴주 커크랜드의 노스웨스트대학교(Northwest University) 성경과 히브리어 교수다. 창세기 12-50장, 출애굽기, 레위기와 민수기 주석을 집필했다.

크리스틴 탠(Christine S. Tan)   매사추세츠주 보스턴의 TOW 프로젝트 마케팅 및 소셜미디어 책임자다. 본 주석의 편집을 담당했다.

하노 반 더 베일(Hanno van der Bijl)　앨라배마주 모빌에 산다. TOW 프로젝트의 웹 관리자이며 본 주석의 편집을 담당했다.

브루스 월키(Bruce Waltke)　캐나다 브리티시콜럼비아주 밴쿠버 소재 리젠트칼리지 (Regent College) 구약학 명예교수다. 펜실베니아주 글렌사이드 소재 웨스트민스터 신학교(Westminster Theological Seminary)에서 가르치기도 했고, 플로리다주 포트로 덴데일에 있는 녹스신학교(Knox Theological Seminary)에서는 지금도 구약학 특훈교 수로 있다. 잠언 주석을 집필했고 모세오경의 편집을 맡았다.

조엘 화이트(Joel White)　독일 기센의 기센신학교(Giessen School of Theology) 신약학 교수다. 고린도전후서 주석을 집필했다.

앤디 윌리엄스(Andy Williams)　르완다 키갈리에 있는 호프인터내셔널의 사업관리 자이다. 본 주석의 편집을 담당했다.

데이비드 윌리엄슨(David Williamson)　텍사스주 커빌 소재 레이어티로지의 명예이 사장이다. TOW 프로젝트 운영위원위 위원이다.

린지 윌슨(Lindsay Wilson)　오스트레일리아 빅토리아주 멜버른의 리들리멜버른선 교목회대학(Ridley Melbourne Mission and Ministry College) 대학원장이자 구약학 전임 교수다. 시편 주석을 집필했다.

옮긴이_ G&M글로벌문화재단

한국과 아시아의 소외된 이웃을 섬기며, 더 나은 세상을 만드는 문화 활동을 지원하기 위해 모인 공동체다. 사랑으로 자원을 나누고, 함께 배우고, 행하고, 가르칠 수 있도록 돕는다. 성경을 입체적인 오디오로 제작해 말씀을 즐겁게 들을 수 있게 재현한 '드라마 바이블', 눈으로 보고, 귀로 듣고, 함께 나누는 오디오 JSU 북클럽 운영, 일터 크리스천들이 각자의 일을 통해 삶의 열매를 맺을 수 있도록 돕는 TOW 국내 사역에 앞장서고 있다.

www.gnmkorea.org